本书获得中南大学社会学一流学科能力提升项目资金支持；国家社会科学基金项目重点课题“居住空间结构化与人口城镇化路径及策略研究”（批准号 15ASH007）的结项成果；国家社会科学基金重点项目“构建工农互促、城乡互补、协调发展、共同繁荣的新型农工城乡关系研究”（批准号 21AZD031）的阶段性成果。

空间转换

人口城镇化中国战略与多样化效果

李　斌　著

KONGJIAN ZHUANHUAN

RENKOU CHENGZHENHUA ZHONGGUO ZHANLÜE YU DUOYANGHUA XIAOGUO

中国社会出版社
国家一级出版社 · 全国百佳图书出版单位

图书在版编目（CIP）数据

空间转换 ：人口城镇化中国战略与多样化效果 / 李斌著．-- 北京 ：中国社会出版社，2022.12
ISBN 978-7-5087-6824-3

Ⅰ．①空... Ⅱ．①李... Ⅲ．①城市化—研究—中国
Ⅳ．① F299.21

中国版本图书馆 CIP 数据核字（2022）第 154390 号

出 版 人：浦善新　　**终 审 人**：胡晓明
责任编辑：曲丽媛　　**责任校对**：张耀文
封面设计：时　捷

出版发行：中国社会出版社　　**地　　址**：北京市西城区二龙路甲 33 号
邮政编码：100032　　**编 辑 部**：(010)58124823
网　　址：shcbs.mca.gov.cn　　**发 行 部**：(010)58124864；58124848
经　　销：新华书店

印刷装订：北京九州迅驰传媒文化有限公司　　**开　　本**：170mm×240mm　1/16
印　　张：30.25　　**字　　数**：480 千字
版　　次：2022 年 12 月第 1 版　　**印　　次**：2022 年 12 月第 1 次印刷
定　　价：88.00 元

中国社会出版社微信公众号　　中国社会出版社天猫旗舰店

目　录

导论:空间变动与人口城镇化

20世纪下半叶以降,西方社会科学领域兴起“空间”热潮。与“空间”相关的学术语词层出不穷,如空间政治、空间利益、空间偏好、空间生产、空间规划、空间经济、空间权力、空间性别、空间结构等。随着现代性、城市化和全球化、“一带一路”的迅速拓展,隐含于城市、乡村、建筑、自然、社区等空间中的问题被激发,进而日益凸显,因空间变动出现的增长与蜕变、现代与传统、发展与落后等诸多社会矛盾日益增多。

如何记录或描绘因空间变动而产生的利益增加、集聚、分化现象,提升利益增加的空间机制,让尽可能多的公众共享空间利益红利,化解各种空间困境,消除空间利益争斗?这一美好目标得以实现,或者说化解空间困境的逻辑起点应该置于何处?不同的利益集团以及学术流派之间可否寻找到“最大公约数”?

在针对上述重要问题展开探寻的过程中,越来越多的人注意到“空间正义”议题。他们认为只有在空间正义的前提下,“最大公约数”才可能找到并起关键作用。为此,欧洲一些国家的大学甚至专门开设了空间正义方面的相关课程,如英国的杜汉姆大学、纽卡斯尔大学和美国的佛蒙特大学等著名学府,就开设了“社会幸福与空间正义”(socail well-being and spatial justice)、“社会排斥与空间正义”(socail ex-clusion and spatial justice)课程。

正义议题往往有三类指向:良善的品性、良善的行为、良善的状态。毫无疑问,空间正义是指“良善的状态”。而所谓的“良善的状态”有两个方面的含义:其一是指空间及其结构内涵的整体风貌是正义的;其二是指空间所内构的各种关系是正义的。托马斯·费希尔(Thomas Fisher)认为:“一个

‘良善的空间’,就像良善的人一样以一个公正的、明智的和温和的方式去容纳他人……它规避极端主义,展示质朴,以及显现人性。”

令人遗憾的是,现实中的空间变动往往遵循的是市场逻辑以及工业主义逻辑,因而空间变动结果展现在世人面前的更多是异化、分化、极化,排斥、非平衡,集中、中心、荒芜、空心,集权、边缘等现象。通常情况下,如果市场导致空间结构过度失衡,政府就需要运用“看得见的手”干预。

中国新型城镇化促使人与空间均发生了根本性变动。一方面,人因为新型城镇化或积极主动或消极被动地“市民化”;另一方面,新型城市化使城市空间越来越成为“增长机器”向四周迅速扩张。城市拓展使传统农村空间性质发生转换,附着其上的价值发生根本性变化。城市空间发展的表征有很多,而居住空间的变动以及变动后的结构动态,则最具有政治、经济、社会等多重含义。

一、空间变动引发新议题

(一)居住空间宏观格局变迁态势

居住空间变动是一个非常重要的社会议题,因为居住空间变动体现人的社会属性的更改(Glenn H. Bayer,1965),同时居住空间的变动则会因为水、人口、交通、地形地貌、技术以及社会政治经济环境等基础动力要素的变迁而发生相应变化(Abigail M. York,et al. ,2011)。在最近几十年内,居住空间在宏观上呈现两大变动趋势。其一发生在欧美等发达国家,这些国家的居住空间正在呈现零散化、郊区化、低密度化格局(Clark,et al. ,2009; Downs,1998; Mieszkowski and Mills,1993; Walker,et al. ,1997; York and Munroe,2010)。许多学者对欧美国家出现的零散性居住方式持批评态度。他们认为,零散性居住会破坏重要地理走廊的地貌(Alberti and Marzluff,2004; Dale,et al. ,2005; Grimm,et al. ,2008; Wang and Moskovits,2001)、增加公共交通成本(Camagni,et al. ,2002)、降低农业产品供给与森林面积(Carsjens and van der Knapp,2002；Kline,et al. ,2004；Rickenbach and Gobster,2004)、降低自然亲和力(Deller,et al. ,2001；Schipper,2008)等。尽管如此,零散性趋势在西方国家仍然在加速推进。其二发生在发展中国家或土地资源相对稀缺的发达国家,这些国家的居住空间则呈现高密度化趋势。学者们比较认同这种居住方式,他们认为,高密度居住能够节约土地、增加交通需求、节约交通成本、提升生活质量(Malhotra K. B. ,2014)。目前不少城市,如新加坡、巴西的库里提巴(Curitiba)、中国香港以及德国的弗赖堡(Freibourg)就是很好的例子(Dr. Biswajit Das,Tushar Dash,2014)。这些城市都对农村土地实施严格限制,这使城市政府对城市土地进行多用途开发,如伦敦、阿姆斯特丹。值得注意的是,如果一个国家的人口城市化水平低,城市化率却比较高,并且城市居民收入水平低,收入差距大,城市基础设施投入不足,相关服务供给缺乏,高密度居住则不能发挥积极作用。如印度的许多城市由于人口高度密集而呈现出基础设施不配套、贫民窟、交通拥挤、土地缺乏、污染严重、自然环境退化等问题(Dr. Biswajit Das,Tushar Dash,2014)。

(二)居住空间微观变迁引发认识更新

而对城市内部的居住空间方面的研究,国外持批评意见者居多。这些研究大多集中于城市化加速导致住房问题产生,如城市平民以及非法定居者的住房问题、政府公房问题等。代表性的观点有四种。一是生产资料观。这种观点倾向于将住房视为获取利益的来源,有所谓的有房阶级与无房阶级。如马克思、恩格斯揭露了住房所形成的剥削关系。另外,Michael Ball(1983)认为,住房作为私有市场的一种供给形式会陷入一种与大多数人经济利益相冲突的矛盾。二是供需失衡观。该观点将住房视为市场产品。如戴维·D. 史密斯(2000)认为,住房问题是住房供给与有效需求之间缺乏同步性所致。三是社会指标观。该观点将住房运行状况的良性与否视为社会和谐度的一个综合指标。阿布朗(1975)认为,住宅问题是衡量生活费用、政治稳定、就业失业的指标,如空置率与租房率太高则反映出城市社会阶层关系存在问题。四是增长观。该观点从城市增长机器理论出发,认为城市住房的快速发展有利于财富积累以及人口集中,进而产生累积效应。如 Glenn

H. Bayer(1965)强调,城市人口增长与住宅增长之间存在累积效应,个人拥有城市住房包含多种意义。

(三)城镇化促使居住空间结构化

中国快速城镇化引发城市居民居住空间结构调整。这一重要现象已经引起众多学者关注(刘精明、李路路,2005;徐晓军,2000;李斌,2013)。政府强力推动城镇化,配合流动人口的主动城镇化以及失地农民的被动城镇化,建构了中国城市居住空间的独特而复杂的格局。变迁中的居住空间格局正在挑战人口城镇化的既有逻辑,迫使原有的城镇化策略应景而变:居民经济收入差距日益扩大建构了居住空间阶层化的基本条件;城市土地区位的优劣决定住宅价格多样化,使居住空间阶层化成为现实;住宅商品化、市场化正在成为居住空间阶层化的动力机制;既有单位制的瓦解、社会流动的增加成了居住空间阶层化的加速器;居住空间调整与人口城镇化路径构成的互动图景具有深刻的理论与现实意义。上述现象又导致如下事实:城镇化水平加速导致城市居民的居住空间日益呈复杂性结构化变动;居住空间阶层化日益明显,阶层化意蕴提升;居住空间是人口城镇化、社会治理、政治管理与市场管理的载体;同时居住空间的流动性挑战既有的为人口城镇化而设置的社会服务模式,它需要管理哲学、社会政策的适应性更新。

(四)农村居住空间的"空心化""稀疏化"

农村居民的居住空间出现大规模"空心村"(hollow villages)现象。"空心村"不仅表现在地理上的"空心",更反映了经济、人口、社会、文化等方面的"空心"(张志胜,2009;张茜、张俊,2008;周祝平,2008;王文龙,2010;刘彦随、刘玉、翟荣新,2009);出现大量凌乱稀疏现象。农村住房的"自建、自管、自用、自灭、稀疏、凌乱"成为普遍现象(王建国、胡克,2003;张红、谢娜,2009;杨恢武,2012)。为有效抑制上述现象蔓延,江苏省于2001年提出了"集中居住"(concentrated villages)概念,不过,实际操作只涉及那些被纳入城镇化建设用地的农村,规模非常有限。

（五）失地农民居住空间的根本性变更

传统上失地农民的住房安置一般采取统建分购、统管代建、统管自建以及自主购买商品房等模式（吕维平，2007）。于此，失地农民居住空间也就大致呈现两种形态：集中居住与插花居住。前者是失地农民集中居住在一起，后者是分散居住在城市各地。

总之，于20世纪末启动的中国城市住房市场化改革加速推进了中国城市居住空间的阶层化速度，变更了城市空间的地理格局与生态。更为重要的是，城市住房空间变动还创造性地产生了社会分层研究的“财产权利转移”范式，并且，中国城市住房空间阶层化事实已经成为人口城镇化、居民社会流动的“筛选器”，它累积性地生成了各个城市的排挤逻辑。拥有不同形态资本的城市居民享有不一样的居住空间，在城市至少拥有一套体面住房被视为中产阶层的标志。而新进入城市的大学生、农民工等群体获得住房的途径特别有限，他们强烈地体验到了城市对他们的排斥感。原有城市底层居民的居住空间则因为其住房的维持或者改变致使其住房空间有变化趋势。不少失地农民则能够利用补偿获得的住房进行资产化运作，弥补了他们从农业生产方式转换为城市生产方式而不得不支付的转移成本。一些研究已经发现，失地农民仅仅依赖补偿获得的房产，很难实现阶层向上的流动性生产。

二、城镇化变动引发的新议题

众所周知，城镇化过程要求农村人口向城市集中。20世纪50年代，全球只有29%的人口居住在城市，这一数字到1990年上升到43%，2010年为50%左右，预计到2030年会增加到61%（Manzoor M.，et al.，2010）。因此，大多数人口居住在城市正在成为现实。21世纪以来，中国迅速处在“城市社会来临”阶段（张鸿雁，2013），2014年底，中国人口城镇化率已经达到54%；2019年末，中国人口城镇化率已经达到60.6%，2030年以后预计会超过70%。

（一）城镇化理论

社会整体变迁意义上的进步莫过于城市社会取代农业社会，这种取代本质上是人类现代化的过程和结果。城镇化是人口从乡村流入城市以及人口在城市的集中（赫茨勒，1963）。威尔逊将城市化理解为一种居住在城市地区的人口比重上升的现象（Christopher Wilson，1986）。有学者认为，城市化是城镇体系（urban system）特征方面发生了巨大变化，城镇化过程在城镇之间引起土地利用模式改变、社会生态（social ecology）改变、建筑环境改变和城镇生活的本质变化（保罗·诺克斯等，2011）。有关城市化的理论大致有四大类型，即区位理论、城乡结构转换理论、非均衡发展理论和协调发展理论。而城市化道路的理论来源也有三种：田园城市的思想，这一思想由霍华德提出（Howard E.，2003）；精明增长理论，这一理论由美国马里兰州州长Parris N. G. Lending 提出，该理论认为城市发展要使每个人都能受益，社会公平得以提升；二元发展理论，由英国经济学家拉文斯坦（E. G. Ravenstein）、舒尔茨（T. W. Schultz）、托达罗（M. P. Todaro）、库兹涅茨（S. Kuznets）以及刘易斯（W. A. Lewis）等人提出并完善。就政府推动城镇化发展的选择上大致也有三种：市场主导模式、自由放任模式和被动发展模式。可以看出，城镇化理论主要回答城镇化的动力问题与人类生活工作的发展方向问题。学者们大多期待城镇化能够带领人类迈向公平、富足、有活力的未来。

（二）中国城镇化历程及经验模式

中国的城镇化道路从发展历程来看，大致可以分为三个时期：1900—1949 年、1949—1978 年、1979 年至今，第一时期速度特别缓慢，第二时期相对快些，第三时期城镇化速度恢复正常（李强，2014）。在实践层面，各地已经形成了很多经验，如河北保定的白沟镇、河南省舞钢市、山东邹平县等，以及苏南模式、温州模式、珠江三角洲模式、胶东模式、六里坪模式等。总而观之，中国各地、各时期的城镇化经验丰富多彩，为此而总结的经验成果也特别丰厚（中国城市经济学会中小城市经济发展委员会，2013；新玉言，2013；刘晓鹰，2008；吴振兴，2012；潘培坤、凌岩，2012；李强，2012）。

早在1983年，费孝通就提出“小城镇，大问题”，他主张通过大力振兴乡镇企业和积极建设小城镇，以解决农村经济发展及农村劳动力转移问题（费孝通，2010）。他的这一主张被当时的决策层采纳且付诸实施。费孝通的观点被称为“小城镇论”，随后学界相继提出大城市论、中等城市论、大中小城市和小城镇多元发展论、城市群发展论、多元城镇化理论等多种理论见解，提出的城镇化动力也有生产方式论、工业推动论、市场机制论、内在机制论、产业聚集论、推拉作用论、产业结构论、二元主导论、多元主导论、内外力作用论（刘刚，2008），又可被归纳为区位选择、产业发展、人口迁移、制度变迁四大类推动力（张岩，2012）。不过，直到目前中国城镇化仍然没有很好地解决一些基本问题：如中国经济社会发展的城乡二元分割体制问题，中国城市市民与农村农民之间的二元身份分隔问题，城乡统筹、城乡一体化问题，工业化和农业现代化相互促进、协调发展问题。因此，城镇化理论需要进一步创新，以解决基本问题。

《国家新型城镇化规划（2014—2020年）》《关于落实中央经济工作会议和中央城镇化工作会议主要任务的分工方案》《关于开展国家新型城镇化综合试点工作的通知》等一系列文件的发布，说明城镇化特别是新型城镇化已经成为中国各级城市政府的核心发展战略（侯静珠、魏广君，2007），由此产生的巨大动力已经或正在超能量释放，各城市新区建设、开发区建设已经成为一大“风景”（鲍小东，2014）。尽管大量年轻劳动力和各种人才向大中城市集中表现出较为活跃的人口城镇化（郭志刚，2014），但是，由于各城市政府将主要精力放在土地城镇化、投资城镇化以及工业城镇化方面，中国人口城镇化的步伐严重滞后（中国人口与发展研究中心课题组，2012）。人口城镇化严重滞后，滋生了以下失调现象：政府、市场、社会、个人四者之间嵌入性失调（Kam Wing Chan，2010；张鸿雁，2013）；地理空间位置布局失调（中国人口与发展研究中心课题组，2012；秦佳、李建民，2013）；制度体系配套失调，中国流动人口虽然进入了城市，也找到了工作，但是城市的社会、制度和文化系统并不配套以整合性逻辑支持流动人口长时间在城市生活与发展（王春光，2006）。上述呈现出的复杂性、不协调所引发的综合结果客观上已经阻碍了流动人口的城市融入，导致人口城镇化难以向深度拓展。另外，很多案例已经揭示,失调的城镇化甚至会成为诸如贫穷、环境退化与生活质量降低等诸多自然、社会问题的温床(Ghulam Yasin,Sumaira Sattar,2012)。世界银行的报告称,发展中国家的快速无计划的城镇化由于没有很好地与人口城镇化同步已经成为环境恶化、社会问题丛生的源泉(World Bank,1999/2000),而就这一问题,特别是城市贫困恶化问题,许多国际组织并没有给予足够的认知(Cohen,2005)。

(三)人口城镇化的重要意义、实现机制与策略

如果把人口城镇化当作新型城镇化战略的核心问题考量并加以解决,就能够较好地解决城市空间迅速拓展与城市问题产生之间的矛盾。因为,只有居住在城市的居民实现了完整意义的城市化,城市生态才会健康。就目前的中国来说,人口城镇化可以被期待在经济上带来百万亿元内需(蒋秀娟,2013),在结构上化解中国社会二元结构困境(接栋正,2013),在制度建设层面形成更加公平可持续发展的社会环境(匡贤明,2012),甚至还可以有效破解集中连片贫困地区的贫困问题(Wang Zhizhang,Li Mengzhu, He Cuicui,2014),在现代性层面创造更多的“共容空间”,让更多的人过上有尊严的生活(张鸿雁,2013),同时它还是国家治理、社会治理创新的应有之义(刘武俊,2011)。就人口城镇化的具体实现机制来说,国外学者更多地关注由于城市迅速发展,如果规划不当或者没有规划,城市管理者很难及时地发展出相应服务部门来解决流入人口面临的问题,而部分流入人口工作于非正规部门,这容易造成流入者与城市之间的“盲点”,阻碍流动人口实现城市融入(Parkinson,Tayler,2003;Antharvedi,Usha,2007)。国内学者则主要关注人口城镇化所引发的协调性与变迁,如是否实现有效就业(李斌,2013),经济收入是否增加(程莉、周宗社,2014),能否找到住房(崔莹,2014),城市基础设施能否有效承载(李森圣、张宗益,2015),城镇用地拓展速度的恰当性(杨丽霞、苑韶峰、王雪禅,2013),配套制度是否跟进(周幼曼,2014;安培培,2011;Ong,Lynette H. ,2014),社会结构是否变动(接栋正,2013)等。

而就人口城镇化的路径或策略问题,有两种方法。其一是人口比例法,即只使用城市人口占总人口的比例来表示。人口城镇化的一般定义是人口

向城镇集中或乡村地区转变为城镇地区，从而变乡村人口为城镇人口，使城镇人口比重不断上升的过程，反映人口城镇化的指标是城镇人口占总人口的百分比。目前在中国又有两个数字表示城镇化率，一个是户口城镇化率；另一个则是常住人口城镇化率，也有学者将城镇常住人口比重称为名义城镇化，城镇户籍人口比重称为完全城镇化（郭熙保，2013）。这种方法将人口性质的变更作为人口城镇化的路径。其二是综合法。因为人口城镇化不仅仅是农村人口与城市人口数量上的变更，更是生活方式、工作方式等多层面的发展，有学者采用4个指标度量人口城镇化：居住空间的改变，即人口从农村社区转换到城市社区；经济城镇化，经济城镇化是核心驱动力，人均GDP增长，非农收入增加是核心指标；生活方式（包括生活质量、生活环境）城镇化；社会文明程度城镇化（Ye Li and Meng Qin，2014）。也有学者选择了人口、土地、经济、社会4个指标（谢正观、武爽，2015）。综合法视域中的人口城镇化包含更多内容，能够反映人口城镇化的深度与广度。

综上所述，学术界既有研究明确显示，城镇化已经成为当今世界的基本态势，80%的人口将居住在城市空间。中国正在强力推进新型城镇化，人口城镇化已经成为中国政府的主要战略。然而，“过客式”或“钟摆式”的人口流动不是也不能实现有效的人口城镇化，只有以居住为目的的人口流入才能够实现全方位的人口城镇化，因为它会带动就业、生活方式、社会交往、心理感受、社会服务、相关制度等方面的根本变革。比较遗憾的是，既往学者很少以居住空间或居住空间变动为基点，展开人口城镇化方面的研究。以居住空间变动为基准，研究人口城镇化可以获得更多理论创见，并为新型城镇化战略的路径选择与多元城镇化政策提供丰富有效的学理依据。

人口城镇化是新型城镇化的核心，而人口城镇化往往需要以城市融入为基本尺度，只有以居住为目的的流入才能实现完整意义上的人口城镇化，因此，从居住空间视角出发研究人口城镇化具有重要理论意义和现实意义。

居住空间结构化已经成为中国社会的基本事实，居住空间对个人（流动人口）的城镇化存在至关重要的作用，城市政府的诸多管理政策与措施一般以居住区为基准实施。将居住空间与人口城镇化结合进行研究有助于居住空间本身水平的提质，同时也为人口城镇化获得新的培育路径。

随着城镇化的加速，居住空间格局变动迅速。不同性质的居住空间对新加入城市的居民，或者居住其中的原有居民的城市化有特别重要的作用。新型城镇化内含多种推进模式，据此而有的居住空间格局变动也呈现多样性。本课题设定的核心任务是探究居住空间与人口城镇化之间的逻辑关系，观察推断人口在居住空间变动后，城市化指标会有哪些变化？这些变化对我国新型城镇化战略的实施与路径的选择，可能在政策与策略上产生哪些影响？在学术上的价值则是推进“选择”与“约束”之间既有的理论研究，即人口在何种条件下会积极选择融入城市化浪潮，又在何种条件下会抵制城市化以及人口城镇化量化指标的确定。

三、中国城市居住空间变革四十年

（一）住房改革的历程与逻辑

早在1949年8月，中国共产党就公开承诺：“人民政府将来是一定要修筑多量的城市房屋来解决市民的住宅问题的。”[①]因此，中国政府从20世纪50年代起，就致力于为中国城市居民提供近似免费的住宅。令人始料不及的是，1949年，中国城市人均住房面积4.5平方米，而到1978年，中国城市居民的人均住房面积反而下降到3.3平方米，直至1982年，即中华人民共和国成立33年时，人均住房面积才恢复到1949年的人均居住水平。城市住房状况非常紧张而严重，“三分之一的城市人口无房或缺房”。无房导致“五难”，即“烧饭吃饭难、休息睡觉难、全家团聚难、夫妻生活难、孩子复习功课难”。

1978年9月，谷牧在城市住宅建设会议上指出，城市住宅问题已经“到了非解决不可的程度了”，“如果任其继续下去，将会严重脱离群众，那就不仅是一个生活问题，而成为一个政治问题了”。1979年11月，邓小平同志在中央副部长以上干部会上把住房问题列为急迫解决的重要民生问题。1978

---

① 国家房地产政策文件选编（1948—1981年）[J]. 房产通讯，1982(7):7.

年3月6日，国务院在北京召开了新中国成立以来的第三次城市工作会议，制定了《关于加强城市建设工作的意见》，决定加速住宅建设；9月，国家建委召开了我国历史上首次城市住宅建设会议；9月9日，李先念在国务院务虚会上强调："特别要加快职工住宅的建设。"华国锋也多次强调要改善城乡人民居住条件。中央提出若干原则：一是"好事要做，又要量力而行"；二是"必须充分发挥国家、地方、企业和个人四个方面的积极性，把路子走宽"；三是"要坚持艰苦奋斗、勤俭建国的方针，反对铺张浪费，反对盲目追求高标准，力求做到少花钱、多办事"。

由于城市人口绝对数增加，加之政府缺乏科学的城市发展规划以及对城市住宅投资的忽略，中国出现了前所未有的住房危机。针对日益加重的住房危机，中国政府进行了一系列改革，其改革的主导逻辑就是"市场化"；改革的思路是"摸着石头过河""走一步，看一步""看中学"，并将中国城镇住房改革的目标定位为：减缓短缺，将公房私有化和商品化，以实现住房资源的市场配置最终取代住房资源的行政配置。

"住房"主要是一种地方、历史现象，受制于当地经济、社会发展水平。因此，住房改革过程中的"地方性"特征就特别明显，这意味着在中国很难找到两个城市有完全相同的住房政策，甚至在同一个城市也很难找到两个单位采用完全相同的住房政策。由此，学术界对中国住房制度的阶段划分观点也不一致。一是四段论。有学者定义1978—1993年为"以出售公房为主要内容的住房商品化"探索阶段，1994—2000年为"以权力下放为特征的住房商品化"全面推进阶段，2001—2015年为"以价格调控为主要内容"的住房市场建设阶段，2016年以后属于"回归住房的基本功能"的房地产市场规范发展阶段。二是七段论。第一阶段：中华人民共和国成立前（1912—1949年），住房是完全意义上的商品。第二阶段：1949—1977年，社会主义实物福利方式配置住房资源。第三阶段：1978—1993年，以住房商品化为导向的实验阶段，实行公房提租、发补贴和出售住房试点。第四阶段：1994—1998年，正式确定停止实物分房，实行保障房和商品房相结合的市场化方式。第五阶段：1999—2006年，住房市场化加速并达到极高水平的阶段。第六阶段：2007—2009年，政府注意到住房市场却忽略了中低收入者，开始加强住房保障制度建设。中央政府制定了一系列住房保障政策，如扩大廉租房覆盖范围，廉租房与公租房合并，将经济适用房重新面向中低收入家庭，推出限价商品房、自住型商品房、共有产权住房等销售型保障房，以及公租房等来解决夹心层的住房问题，开始将城市常住外来人口和新就业人群作为住房保障的对象。第七阶段：2010 年至今，希望建立房地产市场长效机制。

还有学者认为，住房制度改革是"四个轮子"推动的。"第一个轮子"是变实物分配为货币分配的制度。"第二个轮子"是住房供应体制的变革，即由单位供应发展到通过房地产市场供应，并且针对不同收入家庭采取性质不同的有排斥性的供给办法。如将廉租房供应给低收入家庭，将经济适用房供应给中等收入家庭，将商品房供应给中等及以上收入家庭。"第三个轮子"是建立交易市场，不仅是一手的商品房交易，更是针对二手房和租赁市场的交易。"第四个轮子"是为房地产而设置的金融服务。

1. 1978—2002 年：实物型福利住房的货币化

住房价值因其所处位置不同而价值差异巨大，因此住房的货币化异常复杂。为了破解上述难题，中国政府围绕两条主线开展改革：一条是住房实物提供与配置，另一条则是推出差异性的住房政策。

(1)规定不同层次的城市居民居住不同类别的住房。从 20 世纪 80 年代早期住房改革推动直到 2002 年这段时间设置的住房种类大致有：解困房，解困房以成本价或低于成本价出售或出租给住房特别拥挤的居民或与父母住在一起的城市夫妇；安置房，对应着城市因为发展而需要搬迁的居民；公房，各城市政府房管部门将掌握的少量公房配置给少数有城市户口的居民；单位福利房，这类住房只提供给本单位有工作档案的正式职工(干部或工人)，员工只向单位交纳象征性租金，住房产权实行全民所有(单位代管)，这类住房被要求 1998 年底停止，不过直到 2000 年以后的一段不太短的时间内，单位福利分房现象仍然存在；安居房，安居工程的主要任务是在 1995—2000 年，用 5 年时间在原有住房规模的基础上，新增 1.5 亿平方米住房，用于解决中低收入家庭的住房困难问题，逐步建立具有社会保障性质的住房供应体系，安居工程直接以成本价向城镇中低收入的无房户、危房户和住房困难户出售，在同等条件下优先出售给离退休职工、教师中的住房困难户；完全市场型的商品房，对应着较好工作的高收入者，他们是干部、管理人员、个体户以及商人，他们管理或拥有自己的企业，住房配置逻辑是市场规则；康居房，建设部1999年正式实施国家康居示范工程，到2002年底全国有50多个此类工程，涉及20多个省区市，主要分布在经济发达地区，国家康居示范工程要求在住宅建设中更多运用新技术、新材料、新设备、新工艺，达到健康居住的效果，在全国起到示范作用。

（2）不同的住房制度对应不同收入层次的居民。20世纪80年代住房改革以来的20多年内，住房政策涉及7个方面。一是买公房给优惠制度。住房改革的主要目标就是针对单位的福利分房。决策者首先想到的就是将单位房卖给原职工，这样一方面可以甩掉政府或企业对职工住房的维持和维修负担；另一方面可以回笼一部分建房资金，加速后继住房建设。国家在住房改革初期的80—90年代推行了“三三制”售房，即个人只要拿1/3的资金就可以拥有一套全额住房。二是提租制度。提租制度被当时的决策者认为是房改的“两条腿”之一。理论界认为，人们之所以不愿意买房，就是因为公有住房的房租低。提租的目的是：多住房，多掏钱。迫使原公房职工主动选择购房。三是住房公积金制度。住房公积金采取职工和单位分别交纳职工月工资5%—6%的比例，这种办法能够在相应时期内筹集到一定的住房建设资金。四是集资建房制度，就是指由单位和职工按一定比例投入土地、资金，从而使投资职工因出资而获得相应权利的一种建房形式。五是住房分配的货币化制度。住房货币化从内容上看有两个方面的意思，空间上使用货币作为价值尺度与流通手段参与住房分配与交易，时间上货币发挥价值贮藏与支付手段的功能，跨时期为住房的分配与交易融通资金。而住房货币化政策是在分配原则上，将以往各种住房补贴从暗补改为明补；在住房分配形式上，从直接分配实物住房的形式改为以货币工资形式每个月支付住房消费；在住房的分配渠道上，从政府和单位的行政性分配改为通过市场流通渠道。六是廉租房制度。廉租房制度是为了解决城镇住房特困户的住房问题而设置的制度。七是商品房制度。住房商品化在20世纪末被认为是中国住房改革的基本目标和解决中国住房问题的“灵丹妙药”。住房商品化是指居民真正按市场原则买卖和租赁而取得住房的方式。

2. 2003—2017 年:分化的住房政策

中央政府要求于1998年底在全国范围内停止实物型福利分配住房,不过这一政策要求直到2005年前后才在全国范围得以基本完成。如宿迁市2003年还在下文规范有关公房的出售问题。总体上,2000—2004年这段时间仍然有少数欠发达的城市在完成住房改革第一阶段,即公房商品化任务(如湖南省一所师范大学直到2002年才开始落实公房商品化任务),绝大多数中东部城市住房政策的主线都是围绕商品房销售制度、住房公积金制度而展开的。就商品房制度来说,鉴于各城市尤其是一线城市商品房价格上涨太快,国务院几乎每一年都会出台抑制房价上涨的政策:2005年4月30日,《国务院办公厅关于切实稳定住房价格的通知》发布,共有8点,被称为旧"国八条";2006年5月24日,《国务院办公厅转发建设部等部门〈关于调整住房供应结构稳定住房价格意见〉的通知》发布,共15点,被称为"国十五条";2006年5月29日,国务院九部委颁布《关于调整住房供应结构稳定住房价格的意见》,共6点,被称为"国六条"。这一年建设部强调并督促对符合廉租房入住标准的低收入群体实现"全覆盖""应保尽保",截至2006年底,"全国657个城市中,有512个城市建立了廉租住房制度";2008年,国务院出台扩大内需的10项措施,简称"国十条";2009年12月14日,国务院常务会议就房地产市场健康发展提出四大举措,称"国四条";2010年4月10日,《国务院关于坚决遏制部分城市房价过快上涨的通知》发布,被称为"新国十条"①;2011年1月26日,国务院常务会议推出8条房地产市场调控措施,被称为"新国八条";2013年2月20日,国务院常务会议确定5项加强房地产市场调控的政策措施,称"国五条";2013年3月1日,颁布《国务院办公厅关于继续做好房地产市场调控工作的通知》,称"新国六条"。2013年5月1日,广州市开始实施公共租赁住房政策,并于2016年作了补充。2014年国家开始部署不动产登记的顶层制度设计以及住房公积金的专项检查,央行发布"央五条"满足首次购房者;2015年政府工作报告指出,房地产政策坚持

① 其中第一条是"加快建设保障性安居工程,加大对廉租住房建设支持力度,加快棚户区改造,实施游牧民定居工程,扩大农村危房改造试点"。

分类指导，因地施策，落实地方政府主体责任。规定购买第二套住房的首付不能低于40%；2016年房地产政策围绕“二孩政策、降首付、公积金调整、契税新政、开放小区、降准、去库存、二手房改增、租赁”等展开。2016年深圳市推出人才住房政策。2017年房地产政策围绕“降公积金贷款利率、租售并举、居住证新政、农民工进城买房、税收优惠”等展开。

综上所述，尽管中央政府一直在平抑房价，但是以商品房政策为中心的逻辑迫使城市居民只有通过市场才能获得住房，这在客观上迅速推高了城市住房价格。其导致的直接结果就是城乡居民之间的住房利益因为国家政策以及社会发展等宏观因素而加大。这一时期的住房政策可以归纳为“分化的住房政策”，具体原因是，不同层级城市住房价值差异拉大；城市内部不同社区类型的住房价值差异拉大；居民家庭年收入与其住房价值之间的关系在强化，甚至城市住房逐步演变成一部价值增长机器，建构成一个结构化整体。其中，“城市”和“居住区类别”成为住房价值增长的关键因素。北京、上海、深圳和广州处于中国城市的顶端，这些城市的居民既有的住房价值提高迅速；而中西部的区县，由于其处于城市体系的末端，这些城市居民的住房价值提升的空间就特别小。比较之下，两者的住房资产量差异在超限度地放大。另外，在同一城市（主要是省会以上的城市），高等级商品房或者别墅区处于城市住房的顶端，其住房价值上升的速度也很快；而老城区或者没有改造的居住区，处于城市住房体系的底端，这些区域的住房的价值上升的速度就特别慢。于是，城市内部不同类别居住区的住房资产量差异也在拉大。

表1中的数据是黎泉、张波、林靖欣等学者列示的35个大中城市按城市竞争力分成四组①后的住房价格与城市居民家庭年收入之比。表中数据显示，2010年各组城市房价收入比最高，除此之外，基本上呈现各组城市居民随着时间的推移，需要更多年份才能付清房款。

---

① 第1组城市：北京、广州、上海、深圳、杭州、南京、厦门；第2组城市：天津、西安、大连、济南、宁波、福州、青岛；第3组城市：沈阳、石家庄、武汉、重庆、长沙、成都；第4组城市：太原、长春、呼和浩特、合肥、兰州、哈尔滨、昆明、南昌、郑州、银川、贵阳、乌鲁木齐、南宁、西宁、海口。

表 1　2005—2015 年四组城市住房价格和收入比平均值

组别＼年份	2005	2006	2007	2008	2009	2010	2011	2012	2013	2014	2015
第一组	10. 7	13	14. 8	13. 4	14. 9	17. 1	14. 9	14	14. 7	14. 5	14. 7
第二组	9. 1	10. 9	11. 1	10. 3	10. 5	11. 2	11. 2	10. 2	9. 5	9	9. 2
第三组	7. 7	8. 6	8. 9	8. 2	8. 8	9. 2	9. 3	8. 7	8. 2	7. 6	7. 6
第四组	8. 4	8. 9	9	8. 8	9. 4	10. 2	9. 5	9. 1	8. 9	8. 3	8. 1

另外，二手房交易价格呈现总体上涨的趋势。住房价格的上涨意味着有房人与无房人之间的利益差距在拉大；在有房人内部，因为住房价值上涨的差异性，也使他们之间的财富差异在扩大（见图 1、图 2）。

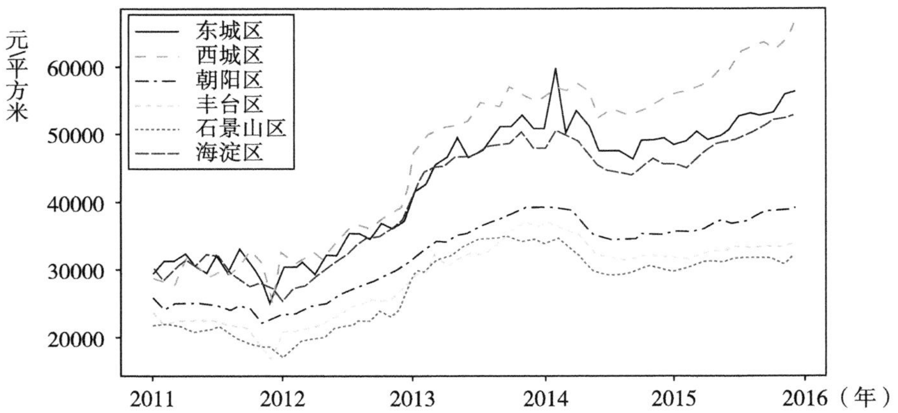

图 1　北京市二手房交易均价

3. 新时期的住房制度：全体人民住有所居

鉴于近 20 年来，中国城市商品房价格一直处于非常规性高位，这导致进入城市的新居民以及一直居住在城市因为各种原因而没有解决住房问题的老居民，住房困难。

党的十八大报告指出要构建“市场配置和政府保障相结合”的住房制度。党的十九大报告倡导，“坚持房子是用来住的、不是用来炒的定位，加快建立多主体供给、多渠道保障、租购并举的住房制度，让全体人民住有所

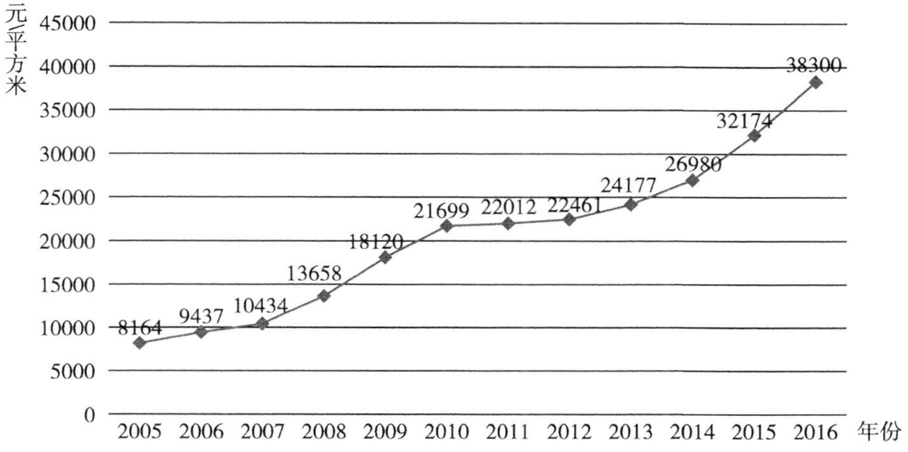

图 2　上海市二手房交易均价

居”。这说明，新时期住房制度改革的定位、路径以及目标，契合“以人民为中心”的新时代精神。一是多主体供给的住房制度。将商品房供应主体扩展到个人、集体、社区与合作群体。另外，将政府、企业与非营利机构纳入保障性住房的供给主体，才能真正实现多方共同参与，更有效地缓解保障性住房供应不足的问题。二是多渠道保障的住房制度。从土地供给保障上分析，应该让占比较大的农村宅基地进入租赁市场；从融资方面分析，可以试用目前广泛采用的政府与私人部门合作的 PPP 模式①、房地产投资信托基金（REITs）模式；从需求角度分析，可以对低收入家庭提供租金补贴、住房津贴、减免税等，以提升“精准保障”水平。三是租购并举的住房制度。党的十九大报告突出了大力发展住房租赁市场的迫切性。发展住房租赁市场，应从供需两个方面入手，采取措施降低开发商的投资风险、完善保障承租人利益以及满足其个性居住需要的法律法规、完善社会保障制度等。

① PPP（Public-Private-Partnership）模式，是指政府与私人组织之间，为了提供某种公共物品和服务，以特许权协议为基础，彼此之间形成一种伙伴式的合作关系，并通过签署合同来明确双方的权利和义务，以确保合作的顺利完成，最终使合作各方达到比预期单独行动更为有利的结果。

（二）住房改革40多年取得的成就

1. 统计数据上的成就

（1）住房改革使住房供应由短缺过渡到富足。住房改革40多年彻底告别住房短缺。仅2016年一年，“我国商品住房竣工面积7.72亿平方米，为2000年的3.45倍；商品住房销售面积13.75亿平方米，为2000年的8.3倍”。40多年来，国家推动的保障房工程使1900多万住房困难群众入住公租房，6000多万棚户区居民乔迁新居。中国城镇家庭人均住房建筑面积1985年、1995年、2000年、2005年、2010年、2015年、2017年分别为10.0平方米、19.2平方米、22.4平方米、28.4平方米、30.3平方米、35.3平方米、36.6平方米。另外，笔者计算了两个数据：其一是由北京大学中国社会科学调查中心（ISSS）于2014年主导的家庭追踪调查（CFPS）数据库，结果显示全国城镇家庭人均住房面积为38.34平方米；其二是2015年中国人民大学数据中心主导的CGSS调查数据库，计算结果是人均住房面积为34.76平方米。这说明，中国城镇人均住房面积超过35平方米已经是一个基本事实。从居住方便度看，到2010年，中国城市居民就已经达到户均一套住房的水平。住房改革增加了居民住房数量，提高了住房质量，改善了居住环境，提高了城市居民住房自有率。

（2）住房改革使城市政府获得了巨额财政收入。住房改革初始阶段，中国政府希望通过住房改革在最低的目标是实现减轻财政负担；中层目标是实现住房资金的快速回笼，加速新的住宅建设；远期目标是建立一个公平而有效率的住房体系，促进劳动力的合理流动，实现新的经济增长点，带动其他产业的发展。因住房改革而催生的经济活力在各个城市都有不同程度的体现。住房改革推动各城市政府积极为商品房项目建设供应以土地为主体的各类住房建设用地的征收与拍卖，这为城市政府获得巨额财政收入创造了机会。数据显示，1998—2015年，中国城市土地出让金总规模为27.3万亿元，其中，2014年土地出让金收入占当年GDP的比例达到6.77%，占商品房销售额的比重为56.28%。2017年，光北京市的土地出让金额就达到2509.1亿元，上海市为1472亿元；2018年1—5月，杭州市土地出让金为

1391 亿元。许多城市的财政收入中,土地收入占的比重普遍超过 40% 甚至 50% 。土地出让所获得的财政收入对更新城市基础设施建设、增加公共服务数量、提升服务质量、促进城市发展发挥了重要作用。

2. 理论创新上的成就

(1)共产党领导是住房改革成功与继续推进的关键。边燕杰、罗根(John Logan)等认为,中国社会转型的两大根本社会制度——共产党的领导与“单位”制度是促使中国社会成功转型的关键。这两个制度在住房改革 40 多年来一直发挥着关键作用,只是 2002 年以前,党和政府的领导以及单位制同时发挥作用。这种协同强化作用使中国城市绝大部分单位公房在短短几年以内迅速实现住房“私有化”,为住房商品化体制的形成打下了基础;而 2002 年以后,单位制对住房改革的影响逐步减弱,城市住房供给主要依赖政府引导下的房地产开发商完成。在房地产商的推动下,城市住房市场逐步形成并日趋成熟。面对日益增长的住房价格,中央政府以及各城市政府多次出台政策要求平抑房价。政府出让土地给开发商,并规定或者限制商品房价格。

党的十九大报告指出,“坚持房子是用来住的、不是用来炒的定位”,与“加快建立多主体供给、多渠道保障、租购并举的住房制度”以及“让全体人民住有所居”是新时代住房改革的方向与战略目标。目标的达到需要中国共产党的领导。

(2)住房制度改革改变了城市住房的基本属性与城市空间格局。住房改革以前,城市居民的住房以“公有”为特征;改革以后,居民的住房以“自有”为特征。

住房改革促使城市居住空间发生改变。第一,原有社区成员发生分化、解体、重组,社会地位相近或相同的人走到一起。其中又有两种情况:一种是社会地位得到提高的人主动迁出原社区,另觅与自己的社会阶层相符的社区居住,将原社区留给社会阶层相对较低者;另一种是社会地位降低的人无力居住在原社区,主动迁出原社区另觅更低层的社区居住。第二,新建小区由于品位和价格本身的差距而自然吸引不同社会阶层的人,从而自然形成不同的阶层社区。第三,居住在同一社区的居民在居住格局不变的情况下逐步向同一社会阶层靠拢,呈现出一种社会地位和文化品位越来越接近的趋势。第四,众多流入城市的初等劳动力集中居住在城市与农村的接壤部,这里的生活设施较差、居住拥挤、犯罪率较高、成员构成复杂,他们拥有自己的边缘亚文化,他们通常将自己定义为"城市过客"。第五,一线城市出现"蚁居"现象。住房改革引发城市居住空间阶层化,各城市借助各小区住房的外在物理特征与符号特征呈现五彩缤纷的"阶层"特征。

(3)住房改革改变了人们的主观认知。城市居民的公平观念随着住房改革的推进发生了本质变化。住房改革以前,住房分配制度所体现的公平原则主要是人们生理需要基础上的"结果公平";而住房改革以后,"机会公平"逐步演变为住房分配的重要原则,随着改革的推进,另一个公平要素——资本,逐步成为人们获得住房的绝对要素。

(4)居民的市场观念与产权意识形成,使住房领域实现市场化。中国的住房改革曾经被认为是中国市场化改革的最后堡垒。中国城市住房改革40多年毫无疑问已经实现了这一目标。与此同时,城乡居民因为住房改革强化了市场意识与产权意识,这给中国社会带来了活力。它让中国社会实现了由封闭、贫穷、落后和缺乏生机到开放、富强、文明和充满活力的历史巨变。住房的市场化制度改革开启了美好生活的大门。它让人们发现市场,提高效率和质量,破除了福利分房的各种弊端,"仿佛用法术从地下呼唤出来"了巨大的生产力。住房商品化改革的基础是住房所有权,获取住房产权激发了城乡居民的热情,激发了居民的市场能力。相关研究证明,在住房改革40多年中具有较强市场能力的城乡居民获得了更多的住房利益。在中国城市,已经拥有住房产权的居民有更好的满足感与幸福感。

(5)住房改革丰富了"中国经验"。"渐进式改革"被中外学者归纳为"中国经验",渐进式改革是中国城市住房制度改革的基本路径。中外学者对城市住房改革的理论研究结论众说纷纭,从提租制度到售公房制度,再到安居房经济适用房康居房制度、住房公积金制度、集资建房制度、住房货币化制度、商品房制度、公租房制度以及廉租房制度的相继推出,以及不同的售房制度体系——商品房(康居房)、单位房、公房(政府房)以及安置房、廉租房、解困房等的出台都体现了渐进式改革的基本逻辑。住房改革实践丰富了"中国经验"。

(6)住房成为社会分层的分析工具。住房成为社会分层的维度扩展了既有社会分层理论的空间。既有的社会分层研究大多以收入、权力、声望或者以是否拥有生产资料,或者以职业为导向进行社会分层,这些社会分层的理论有一个共同点,那就是始终围绕着“人”或者“行动者”。而以住房为视角进行分层研究则有可能改变上述传统的分层视角,在社会分层领域植入“物”“产权”视角。以住房为社会分层维度,社会分层就会是一种既有包容性又兼具排斥性的图景。

(7)住房改革引发的问题可能成为社会风险的预警器。随着住房改革的推进,城市住房已经逐步脱离住房的自然属性而实现自我增长。这种增长方式突破了马克思政治经济学意义上社会财富分配机制,它将社会不平等固化并累积性地向后向外传播,并形成“吸血机器”机制,即大中城市通过住房这部“吸血”机器将全国的资源以非常规的方式积聚至大中城市,从而导致中西部地区和农村发展速度缓慢,社会发展的非均衡效应日益明显。另外,在城市内部加深了拥有产权房与没有产权房两个群体之间的对立。

(三)住房改革 40 多年累积的问题

自 20 世纪 80 年代开始的住房改革的初始目标有两个:一是要消除住房领域的严重短缺现象;二是众多城市居民希望通过住房改革来消除住房领域的不公正现象。40 多年后的今天,住房改革成功实现了第一个目标,但是第二个目标不但没有实现,反而恶化了。

1. 住房价格高位危险运行,泡沫有加大趋势

中国城市住房价格已经成为政府左右为难的头号难题。近 20 年的商品房制度导致房价居高不下而且增长迅速,2000—2016 年,大中城市房价年涨幅普遍在 10% 以上,还有超过 20% 的。2016 年北京市三环路以内二手房的售价,每平方米就普遍超过 12 万元。北京等一些大城市的城区房价在过去不到 20 年的时间内,上涨已经超过 56 倍。绝大多数城市房价偏离了经济基本面,出现了泡沫,并且还在加大。有学者研究发现,如果从时间维度考量,中国 30 个大中城市,2003 年以前泡沫较少,2005 年泡沫加速膨胀,2009 年

泡沫膨胀剧烈，2011年泡沫膨胀势头有一定缓解。如果从空间维度看，东部城市的泡沫度高于中西部地区，长三角地区城市的泡沫度最高，中西部城市的泡沫度基本接近，中部的南昌、西部的重庆泡沫最大。另有学者对2010—2014年全国27个大中城市的年度数据进行分析，得出了我国中西部的二、三线城市由于人口较少房价泡沫水平反而高于一线城市的结论。

住房价格之所以如此快速上涨、泡沫增大，除了住房商品化政策本身以外，还有银行负利率与金融机构贷款增加、住房投机和投资泛滥、土地财政三大推力。三大推力相互强化似乎形成难以阻挡的力量。

2. 城市居民住房利益结构分化在加速累积

中国城市政府推行的渐进性住房改革解决了中国城市住房严重短缺的问题，成为“中国经验”的一部分，避免了改革过程中的整体性震荡，但也实实在在逐步积累和强化了不同社会空间位置的城市居民所获得的住房利益差异。2002年以前，福利型实物公房的商品化过程使以再分配权力为核心的“位置”成为关键变量。这意味着处于权力核心的单位以及单位中处于权力中心位置的个人，有机会、有能力获得更多住房利益；而2002年以来的住房市场化过程，则基本只张扬“经济实力”变量，那些有较多支付能力的居民更有机会在2002年以前购买单位房，2003年以后购买商品房。于是，购买有住房的城市居民就会因为国家宏观政策（如货币政策）变化、社会发展进步以及国际局势的变迁而获得“结构转型红利”。如图2所示，上海市某居民在2005年，以均价每平方米8164元的价格购买到100平方米的住房，11年后的2016年，因宏观结构变迁，他就可以收益300多万元。最终，建立在居民既有社会位置与市场经济实力基础上的不同住房策略行动，导致原本大体一致的居民，经过住房改革以后其利益差异悬殊，进而进入不同的阶层群体。住房改革累积结果催生城市住房阶层化趋势加速。

总而言之，中国城市住房制度改革的结果导致城市居民之间住房利益产生较大分化。有些群体，如各类精英，获得了更多的住房利益，他们要么以较低的花费获得了较好的住房，或者以较高的花费获得更好的住房；而另一些群体，如社会困难群体，由于其所处的单位在住房改革过程中获取住房资源的能力低下，在住房改革过程中获得特别少的住房利益。于是，以较低成本获得好住房的精英群体就可以有更大的能力参与商品房的买卖过程，他们可以凭借日益成熟的金融手段（如银行贷款、住房公积金等），获取新的住房资源，达到“以房养房”“以房养人”“以房获利”的目的。而在住房改革过程中没有获得相应住房利益的居民，他们很难投资商品房，甚至随着城市改造的推进，他们在不得不购买商品房的情况下，走上“房奴”之道。

3. 城市中低收入者获得住房的机会与可能性在降低

城市中低收入者越来越缺乏机会与可能获得价格畸高的商品房，更少有机会在城市获得保障房。首先，社会结构和社会政策造成我国农民工遭受整体性社会排斥，从而使其住房呈现极强的同质性，并且随时间推移其住房没有改善的迹象。相关数据显示，我国在城市打工的农民工约2.7亿人，如果他们中有一半定居城市，则需要1亿多套与其经济水平相适应的保障房，即使减为1/4定居城市，也需要五六千万套保障房。但是国家的“十二五”“十三五”规划中并没有就此作出相应安排。其次，城市低收入家庭的住房条件差。截至2015年，我国有约1亿人口居住在城镇棚户区。城市居民收入不平等程度一直上升会显著加重低收入家庭的住房成本负担，显著降低其人均住房面积和居住质量，使大量中低收入家庭面临买房难，出现了被媒体广泛报道的城市“蜗居”和“蚁族”等现象。最后，城市低保家庭，他们在市场上的竞争能力很弱。相当一部分家庭的住房面积小、住房的内外环境差，不利于低保户的身体健康。

（四）住有所居、住有宜居：新时代的住房保障体系

新时代中国特色住房保障体系必须立足中国住房改革40多年的成就，立足解决前期留下的问题，提升住房领域的公正性，构建民生型政府。因此，新时代住房改革的总任务是解决好广大居民，重点是中低收入者、最低收入者和需要在城市定居农民工的住房问题。习近平总书记在党的十九大报告中指出，“提高保障和改善民生水平，加强和创新社会治理”“坚持房子是用来住的、不是用来炒的定位，加快建立多主体供给、多渠道保障、租购并

举的住房制度，让全体人民住有所居"。这就需要从战略格局上变动我国运行近20年的商品房制度，将商品房所占份额限定在一个科学合理的范围。降低或剥离住房的商品性质、投资性质，增加住房的消费与保障特征，还原住房"住"的功能特征。

1. 设置两类住房制度，禁止保障房升值

国家有关部门负责人曾经表示，解决城市住房问题的基本思路是"市场加保障"。保障房分为租赁型的廉租住房、公共租赁住房以及出售型的经济适用住房、限价商品住房，此外，还有棚户区改造安置住房与解困房。新的住房保障政策需要像第一轮住房改革设定1998年为停止公房实物福利型分配年那样，设定特定年份为第二轮住房改革年（时间宜早不宜晚）。之后，设置各自封闭的不能越界的两类住房制度：商品房制度与保障房制度。第一类商品房制度，商品房可以在市场上买卖交易，可以升值；第二类保障房制度，保障房只能租用，不能升值，不能转换为商品房。把大多数中等收入人群的购买力从开发商的渠道里分离出来，发展各类可以居住使用、可以继承，但是不能上市自由交易的住房，从制度上保证普通百姓的消费性住房不得成为投资投机的对象，以此将中低收入阶层的居住逻辑脱离高收入者的炒房投机逻辑[①]。鉴于城市的中低收入者人数远远多于城市高收入者人数，就两类住房的房源来说，一是现房的转换与定性。将各城市现有的所有租住型的住房都纳入保障房类别，而将居民通过购买获得的住房定性为可以交易的商品房。二是新增房比例的设定。设置各城市新增住房中两类住房的比例，原则上一线城市要求保障房占新增房的比例不低于70%，商品房不高于30%；三、四线城市保障房的比例可适当降低，但也不能低于30%，商品房的比例可以适当提高，最高不能超过70%，当然具体比例还可以通过动态大数据做更加精准的测算。三是鼓励城市政府购买本城市居民手中的二手房，然后将其转化为保障房，杜绝将回购房重新流入商品房市场，杜绝将保

---

① 以前的住房改革逻辑是尽可能地住房商品化。例如，针对中低收入人群推出经济适用房，政府在土地供应、税收等方面优惠力度很大，按道理不允许上市才能保证房子的居住功能不产生异化。但政策却规定5年以后允许上市。推出的公租房，仍然提出5年以后可以买断上市。按此实施下去，公租房也会产生异化，以及后来推出的共有产权房，依然是允许上市。

障房房源转变为商品房房源。如此逻辑运行一定年份,各城市保障房所占的比例就会逐步与城市住房困难人群所占的比例相契合。

2. 建立商品房、保障房健康运行的长效机制

通过两类住房的区隔设置,实现党的十九大报告中指出的"房子是用来住的、不是用来炒的"设想。即便是炒房,也只在一个不超过30%城市居民的"小众"范围,将土地供应方向和人口流动方向匹配起来。以城乡一体化战略眼光,打破城乡土地界线,研究农村的集体建设用地进入城市商品房、保障房建设用地的政策与路径,增加大城市的土地供应量。房地产企业需要提高住房建设质量与品质,不仅要把房子盖好,还要满足老百姓幸福生活的需求。中国城市住房改革40多年一直存在一个根本性错误,那就是相关政策往往用住房建设质量的高低、容积率的多少、舒适度的高低,来区分商品房与保障房。住房和城乡建设部原部长姜伟新曾经坦言,我国保障性住房建设开工以来,就出现了"选址离城区较远、部分质量不过关、退出机制不完善"三大问题。国家审计署审计结果显示,多地建成的保障房配套设施不好,居民不愿住或不能住。这就让人不得不认为,租赁保障房居住是一种难受、不光彩、无能的表现。因此,新时代住房保障体系的健康运行必须从根本上改变这一错误,让保障房与商品房除了产权性质不同,面积存在上限以外,包括教育、医疗、工作等在内的各方面,拥有的相关权限没有任何差异。

3. 明确保障房管理主体及管理技术

城市保障房管理主体必须是城市政府住房管理部门,具体日常管理可以以区县为基层管理单位,人口较多的区县,以街道为管理责任主体。采用现代网络智能技术、大数据集成、自动跟踪技术收集保障房承租人的相关信息。保障房承租者需要将自己及家庭成员的有关职业、收入、人口、生活消费等方面的数据及其变化上报保障房管理信息系统,以方便保障房管理信息系统研判。当然随着智能技术的提升与普及,保障房信息系统也可以自动跟踪保障房承租户的信息变化,以评判并建议承租户后期的延租或搬离。保障房相关管理主体与手段,需要有立法保障。

4. 新一轮住房改革需要重新激发单位的积极性

单位一直是我国政府普遍采用的一种特殊的社会组织形式，是我国社会结构的基本单元。单位制是中国社会两个核心的制度安排之一。许多著名学者对“单位”进行过研究，如路风研究了单位体制；王沪宁、刘建军研究了单位的社会调控、社会控制作用；边燕杰、约翰·罗根、李路路等认为，中国的单位制度是一种分层制度，单位的“德治原则”“一致性政治学”“幕后解决”构成了单位组织的突出特征，派系结构中的权力关系和“寻租”性活动构成了单位“政治经济学”的主要内容。计划经济时期的住房福利就是通过单位创造并配置给单位干部职工的。非常遗憾，1998 年的住房货币化改革以及此后的商品房政策，将单位与职工住房的主要关系割裂。即使绝大部分单位为职工缴纳了住房公积金，为职工买房提供了一定程度的贷款支持，但是在飙升的房价前，单位所起的作用非常微弱。

新时代保障房体系建设需要重新激发单位的作用。与计划经济时期的福利分配住房不同，新时代的单位仅仅承担职工的住房保障功能，只向单位所在城市的无房职工提供住房保障服务，即应该尽可能向本单位职工提供出租房，让职工缴纳月租获得住房居住权，绝对禁止向职工提供产权房。单位的参与会极大缓解城市保障房的不足，进而提升城市的住房保障能力，“让全体人民住有所居”的目标就非常容易实现。

四、研究对象、目标与方法

（一）研究对象

本研究依据清华大学李强教授等学者归纳并提出的 7 种城镇化模式（李强、陈宇琳、刘精明，2012）的逻辑，选择研究对象。具体来说，就是分别在开发区、新区新城、旧城改造区、城市内建设的 CBD、城市周边的拓展部分（如失地农民安置区、流动人口集中居住区等）、国家新型城镇化战略确定的试点镇以及就地城镇化发展程度较高的村庄，选择研究对象。

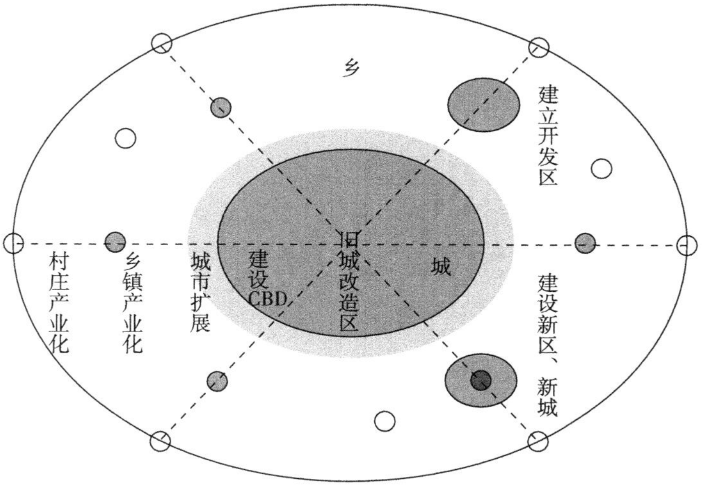

图 3　7 种城镇化模式

（二）主要目标

鉴于课题负责人前期就居住空间阶层化有比较多的研究，相关论文发表了 20 余篇，且于 2013 年在光明日报出版社出版了专著《中国城市居住空间阶层化研究》。因此，本课题以国家新型城镇化战略实施为目标，以居住空间变动为背景或基点，围绕人口城镇化策略与路径展开。研究过程中持续不断地探寻人口城镇化过程中“个体选择”与“结构约束”之间的理论意义。研究的主要目标是：探究城市化理论变动以及中国新型城镇化的实施路径；城镇化战略背景下乡村秩序面临的挑战、农村青年的发展以及农村就地城镇化；集镇居住区人口的城镇化路径；失地安置区城镇化道路，失地农民人口特别是失地青年人城镇化路径，失地人口的就业促进，失地安置区的社区治理；农业转移人口与城市以及城市居民之间的关系，包括城市居民接纳农业转移人口的意愿、农业转移人口社区政治参与、农业转移人口融入城市的机制、转移人口的身份认同、转移人口与城市居民之间的交往等；社区治理与转移人口发展，包括社区参与的资本逻辑、社区治理的模式、社区治理的理念与战略等；基本议题的思考，包括劳动力的工作时间与工作满意度之间的关系、城市劳动力的幸福感、不同时空条件下的户籍制度等。

（三）研究方法

文献研究法。通过文献了解、归纳国内外在居住空间结构化与人口城镇化方面的最新成果，力图归纳既有的理论成果获得课题研究的理论指导，使研究可以“顶天”；收集整理国内外有关居住空间、社区情理、社会服务、社会文明、生活方式、经济收入、城市化、现代化等方面的成果；收集整理人口城镇化政策与措施；收集了解城乡统筹发展过程中人口城镇化模式创新方面的经验，以形成理论框架。

理论分析法。运用社会结构理论、社会空间理论、选择理论、城镇化理论对所获得的资料进行理论整理，以期获得理论突破。

实证调查法。实证研究流动人口空间变动，测量城镇化程度；在所选定的居住区域详细调查了解所有与人口城镇化相关的政策措施以及社会服务；前往选定的城市与居住区，访谈政府主管部门在促进人口城镇化方面的历史经验与工作计划、展望，政府部门的工作创新等；就流动人口的生活工作发展状态，进行定点观测与问卷调查。

专题调查法。一是2015年就城乡社区发展过程中，居民需求以及社区组织设置开展了一次调查。调查对象主要是长沙市开福区下设的东风一村社区、蚌塘社区、丽臣社区、刘家垅社区等17个社区，发放有效问卷为186份；访谈对象还涉及雨花区、岳麓区等不同的下设社区类型，比如文艺新村社区、德馨园社区、学堂坡社区、银盆岭村等。二是2017年的长沙市新移民融城调查。涉及社区有岳麓区麓谷街道的长庆社区居委会、长丰社区居委会、麓景社区居委会、麓源社区居委会，天心区坡子街街道的八角亭社区居委会、太平街社区居委会、坡子街社区居委会、文庙坪社区居委会，雨花区黎托街道的大桥社区居委会、合丰社区居委会、平阳社区居委会、东澜湾社区居委会，芙蓉区湘湖街道的南湖社区居委会、西湖社区居委会、湘湖社区居委会、东湖社区居委会，芙蓉区马王堆街道的滩头坪社区居委会、古汉城社区居委会、新桥村委会、火炬村委会，一共20个社区（村），每个社区调查25户，一共500户。三是课题组利用相关工作机会，于2018年选择湖南省QD县、HC区，就农村社区贫困户以及贫困边缘户展开调查，了解农村困难户生活情况，新型城镇化背景下农民的福利增长情况。重点了解贫困户（建档立卡贫困户）数目占该县总户数的比例；年人均收入低于3200元的农村家庭获得保障的情况；是否还有村民存在吃穿两方面不能维持生存需要的情况；在住房、义务教育以及基本医疗三方面没有获得保障的情况；村民对在农村工作的基层干部工作的满意情况等。HC区调查：完成对1个村的全面普查、2个村的村小组普查（共4个村民小组）、16个村的重点抽查。在调查评估的19个村庄中，包括12个贫困村和7个非贫困村，其中7个村位于HC区偏远地区。入户调查共收回问卷1085份，其中有效问卷1081份，问卷有效率99.63%。QD县调查：完成1个全面普查村、2个村的村小组普查和23个重点抽查村。在调查的26个村庄中，包括16个贫困村和10个非贫困村，其中10个村庄位于QD县的偏远地区。共收回有效问卷1049份，包括576份建档立卡户问卷和473份非建档立卡户问卷。四是转移人口在长沙市的融入状况调查。2019年一共抽取了20个街道，分别是芙蓉区文艺路街道、马王堆街道、湘湖街道，天心区的新开铺街道、赤岭路街道、暮云街道，岳麓区的望月湖街道、银盆岭街道、望城坡街道，开福区的芙蓉北路街道、东风路街道、伍家岭街道，雨花区的东塘街道、雨花亭街道、高桥街道，以及望城区的高塘岭街道、月亮岛街道、金山桥街道、乌山街道、铜官街道。然后在每个街道再抽取2个社区，一共40个社区。采取入户调查的形式，累计调查1000户。

统计分析法。运用专业统计软件对学界有影响力的全国数据（CGSS数据，中山大学流动人口数据，清华大学流动人口数据①）所获取的数据进行整理、清理。构建“以居住空间为基础的人口城镇化策略与多元推进路径体系”的基本要素及环境条件。

① CGSS数据以及清华大学的流动人口数据，本课题组成员一直在实质性参与。

五、本课题内容简介

本课题依据研究目标、研究对象以及学界既有的研究成果，大致开展了如下研究。

（一）理论研究

理论研究包括导论与第一章。主要涉及城市化理论及其变迁，如城镇化理论大致经历了从强调区域发展转向城乡协调发展，从重经济产业到重生态与人文宜居环境的转变过程。正在加速推进的中国城镇化也在从一元城市论走向多元城市论，由结构二元、空间区位到全域理论、去极化理论，从政府主导、整体规划到市场导向、主体多元推进，由“生产性发展”理念向“生活性幸福”理念转向，城市化路径也在相应调整。中国新型城镇化战略在理念上需要确立“多元、复合、容纳”思想，目标上需要“以人为本，促进人的发展与幸福”，而在城镇化路径上，则需要建立“市场主导、政府规划与监督、社会参与、成果分享、责任追究”机制，走“全域、去极化、城乡统筹，多梯度复合型”的发展道路。

居住空间阶层化反映在住房改革议题上，40 多年的住房改革较好地实现了效率与目标，解决了城市住房的短缺问题，让住房资源步入富足状态。住房制度改革实践在多个方面实现了中国社会理论的创新，印证了“渐进性改革”在效率上的合适性。不过，由于 40 多年住房改革过度强调住房的商品化与产权、政府对土地出让金的追求、银行货币政策变动以及“渐进改革”本身的缺陷，住房改革过程累积了分化。新时代住房改革制度以“人人住有所居”为目标，需要构建各自独立运行的“商品房体系”与“保障房体系”，并且重新激发单位在住房保障体系中的作用。

（二）农村发展与农村居民就地城镇化

农村发展与农村居民就地城镇化包括第二章、第三章与第四章。第二章，乡村秩序的现代建构。研究发现，政府与农民的互动关系发生了由“国家汲取型”向“情感诉求型”的转变。农民基于丰富的乡土生活经验，灵活运用各种手段，使乡土秩序能够在某个时候暂时成为维持自治的重要力量，出现“有意见不争取”局面。警惕农民因“互动”不当造成“失范性宣泄”，对现阶段我国社会治理和乡村振兴有很好的意义。第三章，农村青年发展机制研究。本章以乡村振兴战略为背景，认为以往青年群体因受制于结构因素逃离乡村社会而造成乡村发展主体缺失，乡土社会产业“脱嵌式”或“弱嵌入式”发展，城乡一体化阻滞。本章认为，乡村振兴战略需要青年群体成为乡村产业主体。而以农户、村庄、乡镇、县域为层级的四级产业立体网络平台一旦建设成功，则一方面可以提升农村产业的可持续性与盈利空间，另一方面使青年群体有了宽广的职业发展空间。农村青年职业及盈利空间的拓展也成就构造了农村青年的发展路径。第四章，农村居住区人口城镇化路径。本章介绍了农村居住空间物理形态及其变迁，农村村落人口就地城镇化的路径。农村居民自身要素（包括职业、收入、阶层感受、婚姻状态、社会态度等）变迁会引发城镇化程度提升，而更为重要的是，国家精准扶贫与乡村振兴战略的实施，则极大地加速了农村居民在地城镇化的速度与水平。

（三）集镇居住区人口城镇化

集镇居住区人口城镇化包括第五章，集镇居住区人口城镇化。涉及集镇人口城镇化的两条路径：结构路径与行动路径。国家地理空间的价值变动会促进结构路径的位移；而职业、收入、阶层感受以及满意度等方面的指标则会影响集镇人口的行动逻辑。

（四）失地农民与安置社区居民的人口城镇化

失地农民与安置社区居民的人口城镇化包括第六章至第九章。第六章，失地安置区青年人际压力研究。本章发现，城镇化作为重大历史事件会影响人们之间既有的人际关系。农村青年失去土地这一重大事件导致其人际关系发生相应变化，进而引致人际压力：失地青年正在经历着原有生活群体、职场与家庭代际三重人际关系变迁，这些变迁给失地青年带来了新的人际关系压力;失地事件、个体发展需求以及个体认知差异是失地青年人际压力感变动的基本原因;控制失地青年人际压力范围,将压力转变为失地青年融入城市的动力,可以更有效地推进新型城镇化战略。第七章,社会工作介入失地青年就业创业。本章研究发现,在城镇化过程中,文化堕距问题在安置型社区居民身上体现得比较明显:新的社会关系的建立滞后于生活场域的变化,内在素质的提升滞后于快速发展的城市化水平,思维方式的转变滞后于城市生活环境的变化。在社会多元治理结构下安置型社区治理需要引入社会组织与社会工作,以项目为载体提升失地青年的文化素质、职业技能,转变思维方式,弥合城镇化快速发展过程中社区居民面临的文化堕距问题,增强其对社会变迁与发展的适应能力。第八章,失地农民就业行为城镇化转型。本章发现,失地农民就业在时间与空间上面临结构上的复杂性,其就业主题与就业结构的持续互动是其特点。从时间上看,失地农民的就业行为遵循"解构""嵌入""分化"等形式上的流变轨迹。相应分化有四种行为类型:全面适应、变通适应、依赖适应和拒绝适应。对失地农民就业行为发展阶段和所属类型的识别,有助于失地农民就业的现代性诊断,进而促进失地农民就业行为的嬗变。第九章,安置区失地农民就业能力促进。失地农民在城市就业中处于弱势地位。为提升失地农民就业能力和就业机会,检验社会工作的实践知识和操作技能,本章以长沙市 M 社区失地农民就业创业促进项目为例,通过社会工作介入失地农民所处系统,激发失地农民就业动机,通过技能培训、多元小组活动和社区活动提升失地农民人力资本,构建社会支持网络,促进失地农民就业,将社区整体就业率从 21.3% 提升至 66.01%。有效开展社会工作,可以促进失地农民的就业能力,让安置区的失地农民更有效地实现城镇化。

(五)农业转移人口城镇化

农业转移人口城镇化包括第十章至第十四章。第十章,城市居民对转移人口的接纳意愿。基于一个混合社区的访谈材料,采用质性研究方法,从身份认同、社会交往、群体评价三个方面探讨城市居民对农业转移人口的接纳意愿。发现城市居民对农业转移人口的接纳意愿并未随着城镇化建设进程同步提升。要使农业转移人口真正融入城市社会，一方面需要通过制度改革破除旧有的困局；另一方面要提倡人文精神，以社区为依托构建支持网络。第十一章，农业转移人口社区政治参与行为研究。本章发现，住房产权状态显著影响农业转移人口的社区政治参与，农业转移人口的政治参与行为基本不受居住社区类型、户籍身份、身份认同等传统上特别重要的因素影响。获得城市住房产权比获得城市户籍更能激发农业转移人口参与社区政治，或者说，以房权维护和社区政治参与为导向的社区房权政治，正逐步取代二元户籍分割体制下的户籍身份政治。当前有关农业转移人口的社区治理正逐渐由属地化原则向居住地原则转变，要警惕新型城镇化过程中形成的住房产权壁垒。第十二章，转移人口城镇化效果检测。本章研究了农业转移人口在城市的职业、住房、社会网络、身份以及社区层面的城镇化逻辑，在相关方面探究了各自发展的程度与效果。第十三章，流动人口城市融入的复杂性逻辑。本章从"结构 - 选择"视角探究流动人口市民化的实践逻辑。处于结构层面的政治、市场、社会三大体系之间的整合度低；大多数流动人口在城市只感知到市场排斥，还没有注意到可能有的政策与城市社会排斥；具备如下特征的流动人口相对容易融入城市，这些特征大致是女性、较高的教育程度、已婚状态、配偶是城里人、对法律规范以及现代城市组织有较多的了解、家庭经济收入高、在城市生活压力少、有正能量以及认同城市主流文化等。第十四章，农业转移人口身份认同的分化逻辑。本章基于"行动 - 结构"和"主体 - 建构"视角，研究了结构性排斥和主体能动性对农业转移人口身份认同的分化逻辑。研究发现，农业转移人口身份认同呈"阶梯推进"态势；对农村转移人口身份认同起作用的结构性因素的"面向"呈离散性：有些要素有激励作用，如户口改革政策、村改居政策、征地政策等；而有些要素则起阻碍作用，如城市住房保障服务、社会管理服务与公共医疗卫生服务；有些要素似乎被漠视了，如基础教育服务的获取；个体建构层面，则是行动造成分化的逻辑已经由"过程"迈向了"结果"。

（六）社区发展与社区治理研究

社区发展与社区治理研究包括第十五章至第十六章。第十五章，社区参与的社会资本逻辑。本章以社会资本为分析工具,从“互惠与一般信任”“社区信任”“非正式社会互动”“地方性社会网络”“参与社团或组织”“社区凝聚力”“志愿主义”7 个维度将社区参与分为四种类型:权益性参与、文体娱乐性参与、志愿性参与和福利性参与。结果显示,不同维度的社会资本对社区参与存在较大的影响。第十六章,迈向共建共治共享的社区治理。本章发现,尽管在概念上,社区存在“实体”论与“虚无”论之类的争论,但是在行政管理实务领域,近10 多年来社区一直是真实的存在。于是,社区治理理论转向了以社区行动为特色的干预主义。中国社会市场转型30 多年来过多地忽视了社会建设,导致基层社区碎片化现象严重。党的十八大报告指出“党委领导、政府负责、社会协同、公众参与、法治保障”治理体制,然而5 年多的运行,尽管获得了一些典型经验,但总体上“碎片化”现象没有改变。建设必须确定民政部门作为执行机构,分别落实相关任务,才可能达到社区治理的“社会化、法治化、智能化、专业化”这“四化”目标。

(七)本课题基本议题引发的思考

本课题基本议题引发的思考包括第十七章至第十九章。第十七章,城市劳动力幸福感研究。本章研究发现,在控制个体所处结构位置后,奋斗意志力、奋斗效能感、奋斗－获得公平感这三大心理特质因素对生活幸福感都有显著正向影响,且前两种心理特质带来的幸福回报基本不因社会阶层位置或生活条件差异而变化,但越是在结构位置上处于社会底层的城市劳动力,其生活幸福感越是更多地与奋斗－获得公平感强相关,这一发现将结构不平等与心理公平感联结起来,对于更好践行习近平总书记的“奋斗幸福观”具有重要现实意义。第十八章,城乡劳动力的工作时间与工作满意度。本章研究发现,如果将工作时间的属性区分为社会属性与自然属性,那么,劳动者的工作满意度很大程度上是时间作为“资源、秩序与意义”等社会属性作用的结果。其中,劳动者在工作时间内体验到的意义既对劳动者工作满意度产生直接影响,又对工作时间带来的收入多少和工作时间所具有的刚性程度产生完全中介效应。这些发现揭示,社会发展与个人幸福在时间上存在一定张力。因为社会发展需要劳动者工作时间数量上的投入,而个人幸福在很大程度上却是基于劳动者在工作时间所体验到的意义。第十九章,户籍制度及其时空转换意蕴。本章借助中国户籍制度改革,讨论时空转换机制建立的可能性与现实性路径。基于时空社会学视角,户籍制度实质上作为一种结构化的时空转换机制嵌套在时空结构中,在社会整体性机械连接向零散性有机连接的时空转换背景下,户籍制度通过改革实现了由城乡整体静态维持到社区空间动态竞争的转型,并促进了时空结构的转换。

(八)发现与结语

就本课题研究所获得的一些发现作集中性处理,以方便阅读与思考。

第一章 城市化理论与中国新型城镇化战略

西方城市化理论经历了从强调区域发展转向城乡协调发展，从重经济产业到重生态与人文宜居环境的转变过程。中国城镇化正在加速，城镇化理论也在从一元城市论到多元城市论，由结构二元、空间区位到全域理论、去极化理论，从政府主导、整体规划到市场导向、主体多元推进，由“生产性发展”理念向“生活性幸福”理念转变，城市化路径也在相应调整。中国新型城镇化战略需要在理念、目标、路径与机制上确定新议题：理念上需要确立“多元、复合、容纳”思想；目标上需要“以人为本，促进人的发展与幸福”；而在城镇化路径与机制上，则需要建立“市场主导、政府规划与监督、社会参与、成果分享、责任追究”机制，走“全域、去极化、城乡统筹，多梯度复合型”的发展道路。

一、城市化理论

（一）城市化理论

社会整体变迁意义上的进步莫过于城市社会取代农业社会。表面上，城市化是人口从乡村流入城市以及人口在城市集中的过程（赫茨勒，1963）；深层上则是城镇体系（urban system）与农村特征发生了巨大变化，是城镇之间、城市与农村之间土地利用模式的改变、社会生态（social ecology）的改变、建筑环境的改变和城镇生活的本质变化（保罗·诺克斯等，2011）。毋庸置疑，由于工业化、商业化以及科学技术的升级换代，城市化成了人类社会发展的必然趋势。因此，有关城市化的研究自然成为学界的主题。仔细梳理伴随城市化而有的理论成果，发现以空间结构主义为导向的城市化理论占据主要地位。该理论体系目前已大致分化为四个子类。

第一类为区位理论。区位理论强调不同区位空间的生产要素之间交换会产生重要价值，要素在空间上集聚也会产生效益。并且处于中心区位的空间会因为要素集聚获得挤压性发展优势。随着城市化的变迁，区位理论经历了古典区位理论、近代区位理论，再到现代区位理论的发展历程。古典区位理论重视“成本”，冯·杜能（1993）的农业区位理论和德国经济学家阿尔弗雷德·韦伯（1997）工业区位理论是其代表；近代区位理论强调“市场”，其代表是沃尔特·斯塔勒（2000）的中心地原理和奥古斯特·勒施（A. Losch，1995）的市场区位理论；现代区位理论则在专注总体经济结构转变的同时也考虑到人及其行为的影响，其关注范围还在拓展。

第二类为城乡结构转换理论。这一理论路径从二元结构分裂与融合视角来分析人口迁移，认为人口迁移会导致城乡融合。这一理论的主要代表人物刘易斯（W. Arthur Lewis，1951）指出，在具有二元经济结构特征的社会里，由于城乡收入水平、就业机会和生活水平等方面存在差异，只要城市中的工业部门能够提供稍大于维持农村人口最低生活水平的工资，农业部门就会有大量劳动力涌入工业部门，为工业部门的扩张提供无限的劳动力。这就会导致从农村到城市、从农业到工业的大规模人口流动。这一过程将持续到农业部门劳动力被完全吸收，农村收入和城市收入趋向一致，城乡差别慢慢消失，城乡之间得以均衡发展，城市化得以完成。英国的哈维（D. Harvey，1973）和美国的麦纽尔·卡斯泰尔（Manuel Castells，1976）、麦吉（T. G. McGee，1967）等学者通过实证分析，认为城市化的最终目的是实现城乡一体化。克拉克甚至提出“城市世界”概念，他预计世界一半以上人口将居住在城市或城镇，世界正在变成城市地区（David Clark，1996）。金斯（Jones）等系统分析了中国、印度、巴西、印度尼西亚等人口大国的城市化，指出城乡之间必然实现转换并融合的趋势（Barlow K. E. & Jones，G. ，1997）。

第三类为非均衡发展理论。这一理论从区域发展、空间过程与区域结构变迁展开研究。“非均衡”一直是区域经济学的研究主题，已经产生了很多理论成果。比较著名的理论有冈纳·缪尔达尔的循环累积因果理论、阿尔伯特·赫希曼的不平衡增长论、佩鲁的增长极理论、弗里德曼的中心－外围理论、弗农等的工业生产生命循环阶段论、威尔伯等归纳的“工业区位向下渗透”理论、区域经济梯度推移理论以及依赖均衡的倒“U”形理论等。这些理论的共同特征是针对“分化”与“均衡”两种不同的发展方向，分析可能的结局。前者由于“中心区”效应、回流效应、极化效应等作用，经济发展效率会高些，但是，分化、不平衡现象会很突出；后者由于“外围区”效应、扩散效应、涓滴效应的存在，均衡发展的可能性增加，而效率则可能降低，这一派学者相信，二元经济必然随着发展向更高层次的区域经济一体化过渡。因此，非均衡化理论暗含了“美好图景”可能会实现。

第四类为协调基础上的有机疏散理论。这一理论将主要精力放置在人与自然的和谐发展与可持续发展方面。代表性理论有霍华德（Ebenezer Howard）的田园城市论、恩维（Unwin）的卫星城市论和沙里宁（Eliel Saarinen）的有机疏散理论等。霍华德在1898年出版的著作《明日：真正改革的和平道路》中指出，理想城市应该集城市和乡村优点于一身，这样的城市可称为“田园城市”。恩维针对中心大城市内部，人口与工业过于拥挤等问题以及由此而产生的附带问题，提出了卫星城设想，试图通过卫星城市的设置来分散中心城市的人口和工业，解决中心城市过度膨胀问题，以及由膨胀而引发的其他城市社会问题。“卫星城”从提出至今有了很大的发展，经历了卧城、半独立的卫星城、独立的卫星城（新城）三个阶段。卧城只提供居住空间，如美国的马里兰绿带城（Greenbelt Maryland）；半独立的卫星城则在卧城基础上，还设置一定数量的企业和服务设施，吸纳部分居民就地就业，其他人仍然去中心城市工作；而独立的卫星城则具有“反磁力”特征，它对抗中心城市的既有引力，与其形成一定的竞争与合作关系。沙里宁的有机疏散理论基于两个空间布局原则：集中安排城市居民个人日常生活区域和工作区域，分散安排居民不经常的“偶然活动”场所。城市努力将前者的交通量减到最低，或采用步行；而将偶然活动区域安排在离城市较远的地方，让城市居民使用较高速的交通工具实现迅速往返。沙里宁认为，如此安排与配合可以实现城市的协调发展。另外，哈格斯特朗（T. Hagerstrand，1968）、佩鲁（F. Perrous，1988）、弗里德曼（Friedmann，1973）等也有类似理论观点。

（二）城市化理论转向以人为核心

大多数人口居住在城市正成为现实。20世纪50年代，全球只有29%的人口居住在城市，这一数字到2014年上升到53.6%。联合国预测，到2030年会增加到60.0%，2050年会达到66.4%（United Nations，2014）。针对城市人口急剧增加的态势，西方学者较早地关注了城市化需要“以人为中心”，W. L. 托马斯和F. 兹纳涅茨基在对身处欧美的波兰农民的研究中关注了移民文化身份的转换所引发的适应问题（托马斯、兹纳涅茨基，2000）。由于城市化加速，流动人口现象日益变得复杂，越来越不同于以往，针对如何让流动人口快速融入城市等议题，学术界出现了一些新思路，提出了一些有影响的理论和模式。首先，在分析城市化过程中新市民身份的转变时，社会结构嵌入、政治与社会系统整合、市场结构性动力、推－拉理论、新经济移民理论（new economics of migration）、劳动力市场分割理论、移民系统理论等较宏观理论视角有比较强的发现能力，这些理论可以发现人口迁移与城市化过程中具有的逻辑耦合关系。其次，社会资本理论、社会网络理论、社会政策理论、社会空间理论、移民网络理论、公民权理论（Bryan S. Turner，1994；Dorothy J. Solinger，1999）、社会孤立（social disaffiliation）假设、贫穷集中、社会分割（social segregation）或网络分割（segregation of network）理论、生命周期迁移理论以及社会排斥理论、社会整合理论（理查·弗克，2000）等，这些理论从微观层面追求社会平等与正义，更具操作性。最后，资源动员理论（McCarthy & Zald，1977）、社会认同理论、群体适应理论（波普诺，2003）、社会距离研究、社会建构理论、框架建构理论（Snow & Benford，1988）、社会融入与融合、集体认同（Melucci，1989）、多元文化、文化生成与适应、复杂网络生长模型、集体行为的发生机制、相对剥削感的形成与突变（Davis，1969；Gurr，1970）、政治过程理论（Eisinger，1973）以及雇佣关系与心理契约理论等则对人口城镇化的内容、实施步骤、操作指标设计具有推进与评价作用。

上述理论议题一方面丰富了城市化内涵，极大拓宽了理论研究视野；另一方面也说明了当今的城市化理论研究越来越指向包容性、可持续性、多元融合性、脆弱性发展、生活质量提升等发展型战略，并且融合性、一体化基础上的多样性、可持续生计型发展日益成为城市化的基本底线。值得注意的是,城市化实践与城市化理论并不鼓励消除人与人之间的差异,进而实现无差别化“平等”,而是更加推崇差别基础上的系统融合,承认并强调公正基础上的差异性。

二、中国城镇化的历史逻辑

中国城镇化实践一直处于创新与探索中,城镇化也遵循小范围内试点,进而拓展的实践逻辑。就中国城镇化实践的时段特征,学界大致有两种观点。第一种观点认为,中国的城镇化开始于1949年,这又可以分为三个阶段:第一阶段,1949—1958年,可称为“正常和健康”的城镇化阶段;第二阶段,1958—1978年,是“大起大落最终停滞不前”的阶段,其中还出现了20世纪60年代的“反”城市化现象,大量城市青年被下放到农村;第三阶段,1978年至今,称“快速发展的城镇化阶段”(叶耀先,2006)。第二种观点则仅考虑1978年以后的城镇化实践,也有三个阶段。第一阶段1978—1985年。这一阶段理论界则在讨论中国是否要走城市化道路,如果要走应该遵循哪些基本原理与规律;而实践层面,则由于农村生产承包责任制普及,农村劳动力释放、大量农村富余人口外流“打工”、农民职业与收入的“非农化”程度迅速拓展。第二阶段从20世纪80年代中后期到90年代中期。政策与理论界仍然在探索城市化道路,思考中国城镇化策略应该如何推进,城市与农村的关系如何处理。不少城市时不时地推出排挤农民工的行政举措,限制排挤进城务工人员,不让他们进入如“出租车、金融、保险、商业”等行列。尽管如此,农村富余劳动力仍然以顽强的态势集聚于城市,沿海相对发达城市常住人口中城市非户籍人口占比迅速增加。第三阶段从20世纪90年代中期到现在。这是中国城市化、城镇化国家层面的加速推进期(李培林,2013)。孙立平将1995年定为中国步入快速城市化的“前夜”年(孙立平,2002)。这以后,中国各城市政府逐步认识到流动人口对城市建设的重要性,开始吸引人口流入。2000年以后,新型城镇化概念提出并逐步得到重视,最终演变为国家重点发展战略(邓大松等,2014)。

客观说,中国城镇化理论研究并没有走在城镇化实践前面起引领作用,不过仍然探索总结了许多城镇化议题。1983 年,费孝通提出了“小城镇,大问题”。他主张通过“大力振兴乡镇企业和积极建设小城镇,来解决农村经济发展及农村劳动力转移问题”(费孝通,2010)。费孝通的“小城镇论”一度成为中国城镇化的基本策略与发展指针。“小城镇论”的核心是在不干扰大中城市发展的基础上实现农村与小城镇的发展,就地解决农村富余人口,实现城市与农村之间各自无干扰地发展。鉴于小城镇存在发展水平低,社会分工很难充分,吸纳农村人口能力有限,低水平竞争,粗放、浪费现象突出等问题,中等城市模式、大城市模式、卫星城市模式、多元城市模式、城市群模式、城市带模式等概念与策略相继提出。除此之外,一些地方特色的城镇化模式也相继推出,如苏南模式、温州模式、珠江三角洲模式、胶东模式、六里坪模式、舞钢模式、德阳模式等。针对新出现的城镇化模式相继挑战旧有的分析框架这一现实,清华大学李强教授甚至创建性地提出“乡村城市化”模式(李强,2002),即“乡村生活的城市化”,“村民”越来越接近城市人的生活方式,或称农村农民“非农化程度日益提高”的城镇化路径。有学者注意到“多梯度城镇化策略”(张鸿雁,2013),提出容纳力最大化的“复合型城市化道路”框架。也有学者提出,中国的城镇化应该因地制宜向多元化城市目标推进。随着研究与思考的深入,一些学者借鉴了脆弱性理论、可持续生计理论、可持续生态理论、权益赋予与保护理论,提出了“包容性城市化”概念(王旭辉,2012)、“零失误城镇化”战略(张鸿雁,2014)等新的路径。总而观之,30 多年的市场转型催生了经验丰富、特征多彩的中国城镇化现状,理论界为此而总结的经验成果也比较丰厚,新的概念、新的议题、新的理论模型还在不断出现(中国城市经济学会中小城市经济发展委员会,2013;新玉言,2013;刘晓鹰,2008;李强,2012)。新概念、新议题与新模式的生产有助于中国城镇化理性、有序地推进。

三、中国新型城镇化战略

2015 年 2 月 2 日国家发改委等 11 部门联合下发《关于开展国家新型城

镇化综合试点工作的通知》(以下简称《通知》),《通知》确定了62个国家新型城镇化综合试点地区。试点区域涵盖了省、市、县、镇四个层次,这一国家层面的城镇化战略被概括为"两横三纵"城市化格局,试点时间从2014年底至2020年。中国政府希望用6年左右的时间获得中国城镇化可以复制与推广的经验,再实质性地全方位推动城镇化发展。以国家名单为基础,各省份又确定了更多的城镇化试点名单与城镇化框架。如湖南省于2015年7月21日公布了5个地级市、15个县市区、28个建制镇作为湖南省新型城镇化试点地区,其城镇化战略被概括为"一核三极四带多点"①新格局;四川省的城镇化规划被描绘为"一轴三带四群一区"格局②。有理由推断,最晚到2050年,中国将整体上实现城镇化、城市化。

然而,新型城镇化需要从宏大叙事走向接纳人、尊重人的方向。随着城镇化战略的推进,复杂性程度提高,城镇化问题不再是单一视角下农村人口向城市流动的问题,也不是简单的"造城运动"问题,城镇化是一个涉及社会结构、制度变迁、社会治理、群体心理、社会意识、身份转变、就业创业、价值文化等多层次的转换过程,这些过程需要以人为核心,它是一个动态、异质化、持久的整合过程。这一过程必然引发许多新的议题。对这一过程以及由此产生的新的议题的本质的认识、接受以及积极行动,考验着当代政府、市场、各相关群体以及相关人员对基本问题的把握与坚守,以及理性成果的积累逻辑。

城镇化或城市化通过宏大叙事正在展示其变动社会结构的巨大能量,以及对改造每个当事人心路历程与心智结构的巨大兴趣。置身于这一巨大

---

① "一核",就是加快推进长株潭一体化,积极融入中三角城市群建设,打造长江中游城市群核心引领区。"三极",就是打造岳阳、郴州、怀化三个新增长极。其中,岳阳是湖南省融入长江经济带建设、对接中三角城市群、长三角城市群发展的前沿区域;郴州是湖南对接珠三角城市群、承接沿海产业转移的战略要点;怀化是西南地区区域性交通枢纽,是东中西部地区经济要素双向流动的过渡地带,可打造成辐射大西南、对接成渝城市群的新增长极。"四带"就是依托交通干线、地理位置、产业基础、自然环境,坚持板块联动、块中有极、极辐射带、极带互动,打造京广高铁经济带、沪昆高铁经济带、环洞庭湖经济带和张吉怀精品生态文化旅游经济带。"多点"就是依托国家级新区、国家级经济技术开发区、高新技术开发区和一些特色园区,形成多个基础扎实、实力雄厚、特色明显、产城融合的新增长点。

② "一轴":成渝城镇发展轴;"三带":成绵乐、达南内宜、沿长江城镇发展带;"四群":成都平原、川南、川东北和攀西城市群;"一区":川西北生态经济区。

变迁过程，期待城乡之间刚性二元结构获得最终消解，更具包容性的多样化、异质性的发展型的一体性结构格局得以提升，社会的公平正义实现提质性普及，个人心智、群体规范得以向适合城市社会异质性和谐共处发展的逻辑转型。以此引发的新议题将产生极大的理论魅力。

然而，近 20 年过度蓬勃发展的“造城运动”[①]已经在宏观、微观两大层面上产生了一些不容忽视的问题。宏观上的问题表现在城市有“空城”“死城”现象，留给农村的有环境污染、空心现象突出、脆弱性提升、地区差异拉大；微观上出现的问题是无论城乡都呈现居民之间、代与代之间差异扩大，主流价值观传承与当代认同困难、碎片化严重、极化加剧、弱势感提升、留守现象凸显等。甚至在城市体系上，似乎也出现了“结构性离心”“社会偏心圆”等现象，城市、城镇、农村之间的不协调加剧。因此，中国新型城镇化战略急需思考如下新议题。

（一）新型城镇化理念

如前所述，目前中国城镇化战略正面临复杂、多样性实践，不能奢望高水平、抽象力强，同时又具有操作指导性的城镇化理论迅速产生。然而，“造城运动”却在各地如火如荼地展开。为了尽可能减少失误，至少要对新型城镇化理念有基本共识。

1. 以人为本，促进人的发展与幸福

2013 年 1 月 15 日，中共中央政治局常委、国务院副总理李克强在国家粮食局科学研究院考察时指出，推进城镇化，核心是人的城镇化，关键是提高城镇化质量，目的是造福百姓和富裕农民。以现代化为目标、以人的城市化为核心、以市场化运作为主导、以政府推动为保障、以人为本促进人的幸福感提升的新型城镇化模式体现了我国城镇化发展理念的转向，体现了人的发展、生活

---

① 在全国“四纵四横”主要高铁网上，目前已有 36 座高铁新城正在规划或建设中，密度最大的属京沪线和哈大线。在高铁沿线的一些城市规划中，“速度”成了关键词：“一年成名、三年成型、五年成城”“一年成势、三年成型、八年成城”。另外，国家发展改革委员会城市和小城镇改革发展中心在对辽宁、内蒙古、河北、江苏、河南、安徽、湖北、湖南、江西、广东、贵州、陕西 12 个省份调研发现，12 个省会城市，平均每个省会城市要建 4.6 个新城新区；144 个地级城市，平均每个城市规划建设 1.5 个新城新区。

品性、生活方式、生活环境宜人变迁等多方面的转型。诸如生态城市、无边城市、紧缩城市、知识城市、宜居城市等代表性的城市发展模式呈现交错发展的态势。经过30多年的经济改革与快速发展,城市化理论经历了“强调经济和产业发展”到“重视人本、生态建设”的价值取向转变(中国发展研究基金会,2010),促进人的发展的“幸福型”理论转向。在城镇化的物理空间上由生产要素的聚焦到以人为核心的转变,走“以人为本、统筹城乡发展”的城市化道路(田雪原,2013),倡导城市发展中自然属性和历史人文要素的“复兴”,观照自然环境与社会环境中的脆弱性①要素的保护,导引自然原生态要素“入城”,建构“感恩自然文化要素”,创造“田园型适度紧缩的城市空间结构”(张鸿雁,2008)。未来城镇化发展要走出一条以人为本、四化同步、优化布局、生态文明、文化传承的中国特色新型城镇化道路(《国务院公报》,2014)。总而言之,新型城镇化需要走以人为核心、集约、智能、绿色、低碳的道路,以社会和谐、促进人的发展与幸福的城镇化道路。因此,现有的城镇化理论必须回应与满足“以人为本”的战略内涵,满足人的各项基本权利,强调人与人、人与自然、人与生态环境关系的协调与可持续发展。

人的发展与幸福包含两个层面。一是人与人之间的和谐。能够保障异质性很强的城市居民各自的基本的合理要求,如居住空间、公共空间、公共服务等;满足包括发展在内的人们的基本权利;不同阶层居民之间互相尊重、和谐共处;工作、生活、休闲等要求得到尽可能满足;在公平正义的基础上各主体的效率得以激发。二是人与环境的协调发展。首先是人与城市人文环境之间实现传承性发展与协调。城市承载的历史能够通过城市古迹、建筑物、道路、山水、神话传说、戏剧以及书本等人文元素反复注入城市居民心智,锤炼城市居民性格。城市居民对城市的历史人文拥有敬畏崇敬之心,保护之意,建设之行动。其次是人与自然环境之间的协调与幸福。城市空气、水、食品等符合人体生活质量要求,城市交通设计嵌合人性结构,城市居民免于环境恶化及由此带

---

① “脆弱性”概念首先出现于地学研究领域,是Timmerman于1981年提出的概念,后广泛运用于自然科学与社会科学领域。学者们普遍认为脆弱生境的特点主要是:其损失不可弥补;对人类引起的变化特别脆弱;如果这一损失或者退化导致物种多样性降低和生态系统不稳定性增加,将可能产生广泛的不良连锁反应。

来的恐惧。总之,自然环境质量适合人的可持续性生存与发展。

2. 多元、复合与容纳

一些学者指责过去城镇化策略中的“唯扩大规模”的单一取向导致城市体系出现了极化:中西部大量小型城市空心化,而沿海少数城市规模巨型化。城市之间需要形成有机结构整体日益成为理论共识。于是,多元城镇化理论受到重视(王旭辉,2012)。早在20世纪80年代就有学者提出中国应走城市结构、城市化形式、城市化发动主体多元并行的多元城镇化道路(解新华、刘传江,1988);近年来则有更多学者呼吁中国城市化需要实施多元并进战略,既有“以小为主”也有“以大为主”策略,还需要在“中”上做足文章(田雪原,2013)。中国的城市化理论一定要是多元型、多模式、多类型、多层次的城市化理论。不同区域环境条件的城市需要有不一样的城市化策略与理论(张鸿雁,2010)。因此,多元城市化理论逐步成为理论共识。湖南、四川等省份出台的规划宏观上体现了这一理论要求。

一般来说,推进多元城镇化必然催生、完善复合型城镇体系。复合型的城镇化理论需要有两个面向。第一个是区域层面的面向,是指城市、城镇、农村之间形成一种有机复合格局,在这一格局中各特定城市、城镇与农村的功能定位、主体能量、要素形成与发育、实体与虚拟的沟通管道、能量交换,能够实现复合性动态均衡。同时,又不排斥区域内各城市、城镇与农村创新要素的显现、培育与成长,既有区域结构的重组,既定“中心－外围”格局的足够弹性,要素之间可以实现创新性发展基础上的重组,而且重组结果有利于城镇化体系整体提质与升级换代,有利于城乡协调发展,有利于城乡之间不平等差异的消除。第二个是区域内部的面向,是针对农村、城镇、城市内部,即无论在哪个特定的农村、城镇或城市,或其内部的某个区域,其生存生活工作逻辑、市场逻辑、行政逻辑、社会关系逻辑以及发展逻辑都遵循基本公正底线基础上的多元复合价值指向。在社区内部的每一个平面,传统与创新获得尊重,保守与改革在对话与实践中获得均衡,弹性与容纳是生活其中居民的基本心智倾向,民生、人性、规则、秩序、和谐与幸福成为所有居民的核心追求。社区居民的生活方式、工作职业、人生目标、幸福观、创新欲望、人格品性呈现多元复杂性融合局面。

（二）新型城镇化路径

城镇化路径大致有三：一是政府调控下的市场主导模式，其代表是西欧各国，这种模式以市场为主导，政府通过行政、法律等手段，发挥引导作用，城市化与工业化总体保持比较协调的互动关系，实现同步型城市化；二是自由的市场化的城市化模式，以美国为代表；三是受殖民地经济制约的被动城市化模式，这一模式往往受经济发达国家经济动力驱使，拉美和大部分非洲国家的城市化属于此类，这种模式容易产生“城市病”和“农村病”。中国新型城镇化路径应该综合上述三种路径并扬弃其糟粕。具体路径需要体现以下机制。

1. 建立市场主导、政府规划并监督、社会参与的责任分担、成果分享机制

清华大学李强教授认为，中国城镇化的既有路径是“政府主导、大范围规划、整体推动、土地的国家或集体所有、空间上有明显的跳跃性、民间社会尚不具备自发推进城镇化的条件”，以此为背景，中国城镇化路径一直以“建立开发区、建设新区和新城、城市扩展、旧城改造、建设中央商务区、乡镇产业化和村庄产业化”等宏观空间调整为主线（李强等，2012）。应该说，这种政府与市场联盟所产生的空间结构变动，在过去 30 多年的城市化实践中产生了巨大效能。然而，由于社会力量参与不够，调查研究缺乏，宏观层面规划的“造城运动”在各省份也产生了很多负效益①。在具体造城的项目中，大量失地农民利益受损，脆弱性加剧。因此，新型城镇化需要修正传统城市化路径，允许并吸引社会力量加入，建立起长期的成果分享机制。同时，还要以真实城镇化指标体系为依据建立对相关领导干部的责任追究机制，免除地方政府的浪费行为，遏制“死城”“空城”现象的蔓延。

鉴于城市所具有的多样化特征，社会力量推动新型城镇化需要提升包

① 如辽宁省规划建成的“五点一线”如今成为“死城”“空城”。“五点”即辽宁沿海岸线上的大连长兴岛临港工业区、辽宁（营口）沿海产业基地、辽西锦州湾沿海经济区（包括锦州西海工业区和葫芦岛北港工业区）、丹东临港产业园区、大连花园口工业园区 5 个重点区域。“一线”即辽宁将建设 1443 千米的滨海路。通过打造沿海公路网，连接沿黄海和渤海的“五点”，而到 2016 年“五点一线”竟然成了“鬼城一线”。

括流入人口在内的人的素质，抑制城镇化过程中可能出现的底层化现象。目前中国新型城镇化急需推动五大工程。一是各城市根据其城市战略功能定位采取措施，公平而有效率地吸纳已经流入城市的人口转变为城市市民。如北京、上海、广州等一线城市，可以根据流动人口流入该城市的年限，采取“指标法”①有序推进流动人口的城市实质性融入。二是对失地农民积极实施市民化工程。推动并落实保障他们各项权益的制度与法规；通过各类教育培训帮助他们实现有效就业创业，提升公民素养，改善生活习惯；建设公共机构、公共设施，解决诸如老年人、儿童等群体的问题；建立城市化成果分享机制，让失地农民可以从其被征收的土地上获得长久生计来源。三是确定并严格实施征地补偿红线，让被征地对象的意见建议反映到各类补偿方案中，确保被征地对象的各项权利。四是实施就地城镇化与就近城镇化工程，通过产业布局合理调整现有人口。五是实施城镇化过程中的责任追究工程。针对日益增多的“空城”“鬼城”现象，追究主要领导的责任。

2. 全域、去极化、城乡统筹，多梯度复合型发展

全域城市化理论②在理念和方法上与田园理论和有机疏散理论类似，是对既有城市化理论的继承和发展。全域城市化理论强调城市化模式由人口和产业向城区（点状）集中，向人口与产业全域（网络状）布局转变，实现城乡一体化和城乡统筹发展，空间上表现为人口、产业、设施全域布局、共融发展。“不论是发达的西欧工业国还是新兴的亚洲工业国，在其发展过程中城市与乡村、工业和农业都是全方位互动的城市与乡村整合成一个系统。”（赵新平等，2002）李强（2009）指出：“我国未来的城市化并不会雷同于世界上其他国家的城市化，而会是具有中国特色的城市化，而且强调城市与农村的一体化，走城乡一体化发展的道路。”所谓城乡一体化，就是使农民能够在享有

① 这里设计的“指标法”类似于北京、上海目前汽车牌号的发放模式，即根据流动者流入城市的年限，以抓阄摇号的方式获得市民资格，相关城市可以限定不一样的数目。

② 在中国最早提出“全域城市化”概念的城市是大连，大连市于2009年首次提出了“全域城市化”发展战略。所谓的大连全域城市化就是“在大连全域以城镇化扩张为基础，以推进产业化为依托，以实现城乡一体化为核心的统筹城乡产业发展、统筹城乡规划建设、统筹城乡收入分配、统筹城乡社会管理的全面的转型升级过程，从而逐步实现全域基本公共服务均等化、基础设施网络化、城区现代化、村镇社区化、农民市民化和农业都市化”。

市民的生活品质和公共服务的同时，农村还能保持田园风光（李培林，2013a），是指农村和城市构成一个有机整体，城乡居民能够生活在同一个世界，城乡之间的“极化”得以消除，大中小城市和小城镇均衡有效率地发展，资金、劳动力、信息、技术、人才等生产要素能够自由流动，民间力量得以充分发挥。

新型城镇化还必须依据中国“多梯度社会结构”的现状走“复合型多梯度城镇化道路”（张鸿雁，2013）。当然，“多梯度复合型”发展路径中的“多”不能无限制地多。国家发改委等11部门于2015年联合下发的《关于开展国家新型城镇化综合试点工作的通知》设定的62个城市（镇）试点区以及各地方进一步确定的实验区均会获得有价值的城镇化经验。于是，以“复合型多梯度城市化道路”为路径归纳提炼城镇化经验也就成为城镇化试点过程中以及试点完成以后理论界的重要研究议题。

四、小结

城市化、城镇化理论已经走向以人为本。理念与路径是新型城镇化战略的核心议题。新型城镇化理念应该在“多元、复合与容纳”基础上追求“以人为本，促进人的发展与幸福”，其遵循的路径首先应该建立“市场主导、政府规划监督、社会参与、成果分享、责任追究”机制；其次还要走“全域、去极化、城乡统筹，多梯度复合型发展”道路。新型城镇化试点区域根据实验获得的经验，以及自身的发展历史、现状与规划，形成政策与推进模式，在中央政府统一部署并获得授权后，推进本地城镇化战略。如此，全国范围内的“全域型多梯度”城市化体系就可以理性有效率地推进。

第二章 乡村秩序的现代建构

政府与农民的互动关系呈现出由“国家汲取型”向“情感诉求型”的转变。日常生活中,由于利益表达机制不畅以及信息不对称,农民在与基层政府的互动中处于被动,使国家秩序和乡土秩序的互动成为常态,农民基于丰富的乡土生活经验,灵活运用其日常表达不满的各种手段,为“气”的集聚与宣泄提供了土壤,从而也提炼出“有怨恨无抗争”这一不同于学界既往的抗争范式。充分认识和理解两种秩序在日常生活中的“互动”,警惕农民因“互动”不当造成的“失范性宣泄”对现阶段我国社会治理和乡村振兴战略以及构建新型国家－农民关系意义深远。

一、问题的提出

党的十八大提出建设“生产发展、生活宽裕、乡风文明、村容整洁、管理民主”的美丽乡村建设目标,党的十九大提出以“产业兴旺、生态宜居、乡风文明、治理有效、生活富裕”为总要求的乡村振兴战略,这标志着与以往相比,进入新时代我国乡村治理内涵、功能、目标等均发生了较大变化。

以乡村环境治理为例,近年来颇受关注的雾霾问题,相关报道认为秸秆焚烧难辞其咎。“焚烧秸秆被拘留,能否倒逼有效利用”“为什么焚烧秸秆变成了话题”“秸秆禁烧令行不止该反思”“秸秆禁烧成基层治理第一难”等相关报道屡见报端,作为秸秆焚烧的主体,农村社区的村民被推到台前。面对气势汹涌的讨伐和禁烧令,国家与农民之间的互动关系的型构,重新审视国家与农民的关系就显得尤为重要。不可否认,国家－农民的关系由征粮以及收取各种税费的"国家汲取型"关系转变为征地拆迁、环境质量等"情感诉求型"。由此,似乎呈现一种悖论:在称之为"框架型的国家"的总体支配型社会权力结构向分散多元化社会转型的过程中,在强调对基层社会力量培育的今天,社会本质上所具有的活力似乎不容易被现存政治框架吸纳甚至存在不少的相悖性,出现了"政治框架呆滞而社会事实活跃"的矛盾,或如某些学者所归纳的"总体稳定、具体失范"的社会图景(文军、吴晓凯,2018)。因此,在利益表达机制尚不完备的乡土社会场域,民意表达渠道不畅会导致"失范型的活跃状态"①,较易产生触动政治框架边界的社会行动,由此使得乡村治理效果大打折扣。

当前,乡土社会出现了以抱怨、牢骚、生气、宣泄等为表征的不满情绪。究其原因,农民的意见表达与公共参与机制缺失是引发上述乖戾之气的根源。加布里埃尔·A.阿尔蒙德、G.宾厄姆·鲍威尔(1987)将与政府和政治接触的过程称为利益表达,并归纳出利益表达的两种方式:一种是个人方式的利益表达,即向政府官员提出自己的诉求,其效果取决于个人所拥有的社会资源;另一种是组织方式的利益表达,常由利益集团来承担。卜约翰(Jhon P. Burns,1988)指出改革前中国农村的政治参与,农民偏好采取非正式的利益表达手段,即在正式渠道沟通失败时,会转而采取消极抵抗和更直接暴力的手段。对利益表达渠道缺失背后机制的研究,主要为"弱势地位说",于建嵘(2003)认为,处于弱势地位的农民,其经济利益和政治权利得不到保障,会产生社会挫折感和疏离感,使得不满情绪蔓延。另有学者将此种情况归结为农民组织化程度低,政府与农民的沟通渠道阻塞以及权利救济程序的阻塞与复杂化,导致农民过多选择非制度化的利益表达方式(贺青、李强彬,2007)。以上因素大多会导致乡村治理呈现"内卷化"困境(陈锋,2015)。

另外,针对农民利益表达以及群体性事件的解释框架归结起来主要有

① "失范型活跃状态"是笔者结合"社会失范"和"社会活跃"两个概念提出来的一个糅合性概念。适当的社会活跃有利于调动社会成员参与社会建设和社会治理的积极性,但如若社会成员过分活跃,且呈现一种无序、癫狂的状态,就会冲击社会规范体系,整个社会就会陷入"失范型活跃状态",这不利于社会的整合与社会质量的提升。

四种。一是在抗争中诉诸国家法律、法规和政策。如李连江、欧博文提出的“依政策抗争”和“合法抗争”概念(Li Lianjiang,Kevin O. Brien,1996),于建嵘提出的“以法抗争”策略框架(于建嵘,2008),陈鹏提出的“法权抗争”(陈鹏,2010)解释框架。二是在抗争中利用弱者身份和诉诸身体的“弱者的武器”。此种策略通过制造舆论压力产生对弱者的同情,迫使抗争对象屈服。如董海军提出的“依势博弈”(董海军,2010),折晓叶提出抗争中的“韧武器”策略(折晓叶,2008)。三是将道德、伦理、情感等因素运用于抗争过程中。应星认为,利益或理性并非我国乡村社会集体行动再生产的基础,而是伦理,更确切地说是“气”,是我国乡村社会集体行动再生产的基础(应星,2007);吴长青将抗争者行动的道德逻辑重新纳入分析范畴以分析抗争行为(吴长青,2013);罗亚娟认为,当今抗争的内在实践逻辑是“以情理抗争”(罗亚娟,2013)。四是将网络等新媒体资源运用于抗争过程中。曾润喜等认为以互联网为手段进行抗争,使政府主动或被动地卷入其中并成为影响抗争进展的主导性力量(曾润喜等,2013)。

上述研究揭示出以下特点:一是工具范式,即热衷于提出一个具有普遍解释力的分析框架;二是结构范式,即重点考察农民抗争所受到的强大的结构性约束;三是情感范式,认为情感、道德、伦理等因素作为农民抗争的内在驱动力发挥着越来越重要的作用。

除此之外,现有研究较多关注所发生的明显的、强硬的、引起轰动效应的“大”事件,而相对忽视了与农民生活场域息息相关的、看似无关紧要的“小”事件;多集中于公开的、有组织的、以法或是依靠法律途径的抗争,对较为常见的、以乡土特质特有的表达形式表现出来的抱怨情绪、愤懑情绪等消极情感互动的行为表现得视若无睹,殊不知,这种悄无声息的、传播力度较大、速度较快的情绪感染,对基层社会治理具有相当大的破坏力,正在一步步瓦解着基层治理的合法性基础,必须加以重视。针对此,本章选择河南省一个村庄在国家强力推进“秸秆禁烧”政策过程中村民的配合与不配合行为为案例,以此探究乡村社会现代秩序的建构逻辑。

二、乡村秩序的现代建构逻辑

大体说来,惯常秩序有两种:一种是自上而下的国家秩序;另一种是来自乡土场域的民间秩序。前者代表国家在场,往往以强制、惩罚、规训等方式完成国家权威力量的实施;后者则更多借助农村熟人社会网络中的关系资源,是民间秩序的重要内生力量。

(一)自上而下的国家政策

中国在治理模式上有一个显著特征,即中央政府通过自上而下的权力分派,将真正处理百姓事务的任务最终落在县级政府层面实现。瞿同祖把这种现象称为"治民之官"(县官)和"治官之官"(县级以上)(瞿同祖,2003)。同样,环保部掌握着对地方环境保护履职情况监督的权力,省级政府作为"守土有责"的地方政权,制定相应的奖惩措施。市级政府仅作为"二传手",将秸秆禁烧治理重任打包分派给县级政府。县级政府接到任务不敢懈怠,将此作为体现"执政能力"的重大政治任务,这是当前基层政府面临的"政策性"负担(田雄、郑家昊,2016)。

调研发现,河南省Q县H乡[①]通过集体动员、层层分解任务、精细设计考核指标和抓过程监督等举措严密布控秸秆禁烧工作。一是召开动员大会。在麦收和秋收之前,提前召开秸秆禁烧工作动员会议。县、市级干部到省里开会,再组织乡镇干部召开会议,把会议精神传达到乡镇,乡镇领会到会议精神以后,召集各村村干部对禁烧工作进行具体安排和具体实施。二是成立禁烧组织。成立秸秆禁烧领导小组,包片、包村、包地块,由包片书记、包片领导、片长、包村干部、村支书、村主任等相关负责人组成严密的秸秆禁烧组织队伍。三是明确责任分工。镇领导班子成员作为秸秆禁烧小组的核心成员,到各村担任工作组组长,统领禁烧工作,村里建立相应的工作领导小组,村支书和村主任分别作为第一责任人和直接责任人,其他村干部

① 本书所说的H乡,是基于学术研究惯例所取的一个学名。

为具体责任人，并成立多支扑火小分队。四是严格惩罚手段。各村田间地头均划定包村干部责任人和干部包地块分布图并进行公示，并出台《秸秆禁烧处罚办法》，对监督不力者进行批评教育、责令书面检查、劝勉谈话、通报批评、调整职务等惩罚。如“焚烧秸秆，拘留 15 天，罚款 2000 元”“以火查地，以地查人，依法严惩”“谁烧罚谁，烧谁罚谁”等警示标语。五是镇村全力动员。通过督查通报、责任追究、扣罚保证金等制度，全面加强夏秋秸秆禁烧工作的督查和巡查。

从以上禁烧工作的安排来看，呈现出纵横交错的“全方位、立体式”的工作落实模式。这种主要依靠行政力量，依靠“人海战术”，采取“人盯人”的做法，不仅付出了高昂的行政成本，而且压力巨大，也难以持续。由于工业化和城镇化的推动，乡村社会急剧变动，国家和农民之间的关系已经发生了嬗变、疏离，此种状态使得基层干部缺乏权威性和号召力。用基层工作人员的话说：“钱花了，秸秆也烧了，但也与老百姓之间制造了很多矛盾。”

（二）自下而上的乡土情谊

“气”对于当事人是一种极大的心理负担，对于村庄也是一种社会负荷，在很大程度上需要排遣、宣泄和释放（陈文玲，2017）。马克斯·韦伯（2010）认为，行动者的一切行动都是被赋予意义的。除了严格的国家在场式的秩序监督，乡土还存在一种内生性秩序力量，用以维系乡土社会的存在。

基层政府与上级政府也存在某种“发包 - 接包”的关系，而镇村两级不能像县政府那样可以向下转包施压，作为最终“接包”主体，必须亲自落实各项具体任务（田雄、郑家昊，2016），乡村干部作为最底层、最直面农民群体的核心力量，迫于“维稳”的压力，本着“不出事”的逻辑，便开始了与村民群体在田间地头斗智斗勇的各种博弈和较量。本来秸秆禁烧具有严密的网络布控体系，从直接责任人到间接责任人，从宣传条幅到禁烧宣传车，所有参加秸秆禁烧工作的人员，各司其职，责任到人。但由于土地经营的分散性，加之基层干部人员数量有限，每年的夏秋禁烧工作对村干部各个方面都是一种极大的考验，因此一些基层干部对此颇有微词，认为禁烧监管工作如履薄冰，稍有不慎就要挨罚，又因其不具备执法权，在面对违抗禁令的村民时束手无策。

和很多村民一样，村干部生长于农村，在具有“差序格局”（费孝通，2013）特征的生活世界，他们有着丰富的地方知识，也熟稔乡村社会的各类规则。在农忙时，秸秆处理时间较短，劳动力有限，为抢农时，节省开支，农民无法按政策规定处理秸秆，一烧了之自有其合理性，这些认识促使基层干部对一味地秸秆禁烧政策也产生了疑问。体制任务、社会诉求的约束与经济激励的强化，使基层干部出于双重立场考虑，既要考虑农民的处境，又必须对上级下达的任务负责，往往要采取“两面光”的弹性手段，以达到一种折中式的权力运作。由此看来，基层组织在完成上级指派的任务的过程中，由于受政治化的考核指标的压力，不得不按规定完成任务，但在面对乡土社会中的成员时，为了完成上级规定的“硬指标”和“硬任务”，又要竭尽全力争得农民的支持，以防止自己处于被动孤立的局面，在上级考核和农民抵制夹缝中的基层干部不得不对禁烧政策做变通处理，甚或是对农民焚烧行为予以理解乃至默认，对不影响工作大局的农民所犯的“细小差错”采取适当掩盖或“睁一只眼闭一只眼”的方法处理。

作为“麦田守望者”的基层干部，由于客观条件和主观条件的限制，基层干部无法很好完成秸秆禁烧的任务，自然会带来被惩罚的风险。在政治管理的金字塔结构中，基层干部处于政治身份最低但责任压力最大的尴尬处境。但是基层干部明知秸秆禁烧政策难以奏效，但为了对上级负责和证明自己的工作能力，竭力避免激化与农民之间的矛盾，使农民在以后的工作中配合自己的工作，必须小心翼翼地协调和平衡这种关系，“法”与“情”由此也成为基层干部处理农村事务面临的两难困境。

将个案研究置于更加广阔的时空场域进行考量，作为“家长”，基层政府承担着“乡村守门人”的角色，面临着民众对基层政府“父爱主义”角色的期待，这种角色冲突与张力，对其合法性建构提出了挑战（陈颀，2018）。

作为国家具体事务的主要落实者和实施责任人，同时也是重要的国家代理人，基层干部这一乡土社会的主要主政者，理应是正式制度中的权威代表，却受制于乡土秩序，采用正式身份的非正式化运作手段，以更好协调自我双重角色冲突。它造成的后果是:虽一定程度上避免了更为激烈的干群矛盾,但也削弱了国家相关政策的靶向精准瞄向农村的可控能力,一定程度上背离了政策制定的最终出发点和落脚点,使国家尤其是基层政策处于进退两难的境地。由于熟人社会里特有的人际关系网络,使秸秆禁烧工作并未落到实处,间接表明乡村场域中正式权力体系内部的非正式化运作,亦是国家政策被消解、被裹挟的一种表现。

三、秩序建构的矛盾表征与化解

城乡一体化逐渐打破了传统城乡二元体制的制度壁垒,使乡村发展势头良好。从精准脱贫战略到乡村振兴战略,农村价值得以彰显。随着项目制的推进,国家与农民的关系由汲取型向输送型转变,村庄得以获取更多用以乡村可持续发展的人力、物力和财力。然而与国家预期可能会存在不同,较多的投入不一定会取得预期想对乡村获得更多控制的效果,反而会诱发乡村在涉及公共资源或公共物品建设、分享时,产生令人尴尬的局面,不配合、消极抵抗、积极破坏等现象会不合时宜地出现。

(一)"气"的积攒

农村税费改革后,农民从义务本位走向权利本位(陈锋,2015),农民表达权利的意识逐渐增强。然而,利益表达渠道不畅引发了乡土社会中特有的"气"的产生。

应星把"气"归为中国人在蒙受冤抑、遭遇不公、陷入纠纷时进行反击的驱动力(应星,2007),把"气"归结于基层政府对行动精英惯有的强力打压引发的反弹。陈柏峰认为,"气"是在未能达到期待的常识性正义衡平感觉时所生发的一种激烈情感(陈柏峰,2007)。

这种"气"的累积是逐步的,首先,由于城乡二元结构长期存在的事实,城乡差距较大是不争的社会事实,在此基础上,农民感受到强烈的经济上的剥夺感,且多倾向于选择非制度化的形式进行表达;其次,农民权利意识的增强,农村基层政权的合法性受到怀疑和挑战;再次,随着知识界对中国农民问题本质的揭示,通过知识精英传播给社会民众,从而使农民认识到了自身所受到的体制性剥夺;最后,这种不满情绪多是对不当的干群矛盾处理的不满、怨恨和愤慨,并在乡土场域得以迅速传播,极有可能引发聚众行动的后果。

农民的不满以及被剥夺直接涉及农村公共资源的分配以及农民参与村庄公共事务的公共参与能力(陈文玲,2017)。农村的经济体制改革没有触及农村公共产品供给制度的变化,政府依然是农村公共产品的供给主体,农村需要什么样的公共产品并不是由农民的需求决定的,而是由政府或有关部门根据自己的价值取向和偏好来决策的,农民作为农村公共产品最大的消费者和投资者在公共产品供给决策中缺少话语权,不能有效表达自己的利益。这种局外人的决策体制,最大的弊端就是忽视了农民的利益和真实的需求,导致公共产品供需结构失衡,公共资源配置的低效率(郑沪生,2007)。

在日常生活中,村民通过调取社会记忆功能,将以往与基层政府的互动情境和互动结果进行回忆,将以往的互动体验进行分析,如村庄公共资源分配,在低保名额和危房改造的指标选取和分配过程中,若互动体验较差,即指标分配不公,自己未享受任何政策红利,将采取"往事回忆法",利用"旧事重提",再加之现如今的秸秆禁烧政策,利用话语传播、引起舆论关注等形式宣泄自己的愤懑情绪,对基层政府以往的工作表达不满和抱怨。

这老百姓,他也知道,国家不让烧秸秆,因为这个中央都下政策了,不能烧。既然不让烧,那中央给老百姓想的肯定有其他办法,但这政策下到俺们村里吧,就是光说不能烧,一烧就罚就逮,也不给俺们想想办法,这倒是也有外地来的秸秆打捆机,但它贵,老百姓觉得不划算,还不如烧了……(村民 H,女,50 岁)

你说现在好多人抱怨,其实你仔细听听,抱怨的也不光是秸秆让不让烧的事,还有好些事。你比如说这大街上的垃圾呀,门店边上的垃圾,还有这两边的下水道,我们一直反映这个问题,都一直没人管,这个秸秆倒是管得真严!还有低保哇、危房改造哇,这也是中央给老百姓的好处,特别是家庭条件不好的人,但是你看看,现在这名额都给谁了,没有关系都拿不到,也不知道怎么选的,你说气人不气人!(村民 H,男,78 岁)

（二）“气”的释放

美国学者蒂利（Tilly）把“为特定的目标组成的专项协会和联盟、公开会议、依法游行、守夜活动、集会、示威、请愿、声明、小册子等方式的随机组合称为社会运动的‘常备剧目’”（查尔斯·蒂利，2009）。

1. 作为“报复”的烧

农民根据以往与基层政府的互动体验，来决定其对政府所安排的任务采取何种态度。有的村干部平常不能为村民谋福利，村民便不会买账，因此碰到一些涉及考核村干部成绩的规定任务或政治工作时，那些在以往互动经历中体验差的村民则表现出极大的不配合，以此来作为自己报复“当官的”的一种策略和手段。由于力量弱小，不会采取公开、直接的对抗，而偷偷的、背地里的行动便成为一种较为保险的方式，这样既宣泄了自己对现行基层政权的不满，又使自己免于处罚，可谓“一石二鸟”。

村民的不配合使得禁烧工作的推进受到梗阻。有村民表示：“下水道的水从来都没有人管，恶臭满天，天天知道坐车来回转，把下水道搞好，你看大家买他们的账不？”这一说法大大夯实了村民诉求的道义基础，即以诉求策略营造诉求的道义性。可见，村民对日常生活境遇改善的希望并未及时得到回应，长期积累和压抑使得合理的诉求借由民生政策的落地而进一步激化，进而利用法不责众、熟人关系、乡土知识等便利条件，在禁烧秸秆的过程中与“当官的”进行谈判，试图扭转基层干部以秸秆禁烧问题作为工作重心的事实，从而使其对村民的日常生活境遇给予更多的关切。

2. 抛至路沟河道

由于对焚烧秸秆的惩处较为严厉，一旦发现秸秆焚烧，就会采取拘留、罚款等措施，一定程度上对村民造成了威慑，为了规避惩罚，更多的村民选择将秸秆抛进河道或田地头的路沟里，或直接成片摊到路面上，使本就拥挤的田间小路更为拥挤和混乱，而大量抛至河道的废弃秸秆和杂草亦使得本就污浊的河水臭气冲天。秸秆禁烧政策执行以来，村民随意丢弃和堆放现象较为严重。正如有的村民所言：“现在政府管得严，不让我们烧，我们知道烧了也不合适，但好歹帮我们想想办法吧，像有的地块比较小，收割机收不了,那我们只能自己用镰割掉,家里现在也不用这些秸秆烧锅了,对我们没啥用,就随便丢了……"

3. 抱怨发牢骚

"生存伦理"在斯科特看来对农民反抗行为研究意义同样重大,他认为,行为、思想是研究农民反抗行为的两个方面。固着于特有的社会网络,基于熟人社会共同的生活实践以及精神情感的粘连,村民通过采取抱怨和私下谴责的方式,向"圈外人"表达他们对地方政府及村干部的不满。就实地调查而言,直指秸秆问题的村民不在少数,诸如"上边光不让烧秸秆,让还田,也没见有啥补贴,秸秆留着没用,还田成本又高,我当然烧了它们省事儿了",以及"天天开车宣传焚烧秸秆造成空气污染,那他们天天开车转悠呢,不污染空气吗?咱们村的河里、沟里的垃圾臭水他们咋视而不见?"等,这些言说反映了多数村民的普遍心理。诚然,新时代背景下的乡村振兴得益于和谐的干群关系,但是,就广大农村而言,干群矛盾仍不容乐观,村民普遍认为即使现在生活水平显著提高了,但居住环境状况越来越引起人们的关注,且对环境的要求也越来越高,认为农村环境问题之所以严重是由于"当官的"放任自流,对村庄环境状况无作为导致的。而担任职务的村干部则认为当前农村管理越来越难,上级政府施加的压力也越来越大,"刁民"越来越多。

4. 非合作

非合作指的是非完全合作的状态,是一种适度遵从的策略选择。因为家庭条件限制、缺乏劳动力或心存怨气而采取的一种抵抗的方式。就秸秆禁烧处置而言,这种禁而不止、非合作又不至于引起冲突的方式,在村民的行动逻辑中较为常见。不理睬策略就是一种非合作的、柔性的抵抗方式,主要表现为"装糊涂""假装不清楚",当基层政府亟须执行某项政策或需要村民进行配合才能完成任务时,部分村民会以自己的其他利益未得到回应和满足作为借口,干脆"躲"起来,不与"当官的"碰面。

5. 诽谤和说坏话

数落当地政府官员不作为和"不守规则"也是村民表达不满的常备剧目。村民指责官商勾结、政府不作为、截留农业补贴款项,尤其是对当下的农村低保问题，表现出极大的愤慨。这种对政府工作进行消极评价的方式较为常见，尤以诽谤和说坏话者居多。这种策略不需要“领袖人物”的组织，有人群聚集的地方，就是这种抵抗方式发挥作用的地方。以秸秆处置为例，村民经常谈到的话题是“现如今秸秆处罚力度较为严格，国家的出发点是好的，却有点不近人情”，这“不近人情”说的就是基层官员。

村庄舆论的表达空间，以房前屋后、田间地头为主，这也是村民生活的主要场域，是人与人之间沟通和联系的公共空间，也易于吸引其他村民的参与；在舆论的表达形式上，以“国家政策是好的”“这个惠农政策好”等作为舆论表达或者情绪表达的开头，以表达一种对国家最高级的强烈认同感；家长里短、所见所闻、对村干部或地方政府政策的不满，更易引起大家的共鸣，形成热闹的气氛和高涨的舆论，发泄者也会因得到村民集体的支持而获得精神上的满足。

国家政权在介入乡村场域时并非一帆风顺。由此可以看出，随着农村青壮年劳动力外出数量的持续扩大，留守群体在应对政府政策时出于对自身力量和处置成本的考虑，按政策所倡导的处置方式进行处理稍显吃力，加之物价上涨等原因，农产品投入较大、产出较少已成事实，故秸秆处置问题引发的抱怨和不解就在所难免。村民综合各种因素的考量，对秸秆禁烧工作作出种种应对。这种看似遵从，实则阳奉阴违的做法，孕育着潜在的社会矛盾和冲突。但与此同时，他们亦清醒地知道，这种对地方政府的不满只能停留在谴责层面，为了自身和家庭利益考虑，他们必须想方设法把自身的利益表达方式限制在“合法”的范围之内。

四、讨论

（一）原子化的利益表达方式何以可能

农民之所以在上述对抗中取得所谓的“成功”，一是顾左右而言他，通过转移话题表达日常诉求；二是进行自我建构，将自我弱势化或无知化，使其暗含某种道德潜力，激发“圈外人”的支持与关注；三是从种种行为来看，其中也暗含着控诉某种实际存在的不平等，即带有伸张正义的意味。

现代性拓展，个体被日益剥离，处于原子型的离散状态。“表达不满”“诉苦”等成为其进行抵抗的常态化。更有甚者，个体亦采取极端方式表达其内心的不满。村民所采取的以上种种“原生态”的、本土化特色的抵抗方式，与其“过日子”（陈辉，2013）的逻辑发生场域密不可分，他们运用“过日子”的思考逻辑和生存智慧，在劳动力紧缺和秸秆处置成本较高的算计中，总是尽量采取各种手段使得自身损失最小化。无条件地服从和极端性暴力都不是农民的最优选择，从理性小农的立场出发，经过权衡利弊，勇于示弱，并以弱抗强，使这种隐藏的日常式的利益表达方式较易被忽视，从而得以持续存在。

农民在受到社会排斥和机会剥夺的双重作用下，他们选择在强大的政治力量裹挟中完成“被遵从化”的过程，受限于本身的弱组织性、非政治化色彩、力量分散性以及隐蔽性等特征，决定了其“日常表达”流于局部也难成气候，这种糅合了理性与感性、激烈与稳当的“日常表达”成为最佳选择，尽管这种隐柔兼备的策略注定无法达到“一石激起千层浪”的理想效果，但不可否认的是，这种表达策略正日益成为农民表达利益诉求的常规化手段（董海军，2008）。

（二）“有怨恨无抗争”何以可为

“有怨恨无抗争”的行为之所以在农村比较广泛地存在，主要是因为以下三个方面。一是弱组织性。即行动分散、无组织性、隐蔽性等特点，个体所生发出来的怨恨更多的是对基层政府僵硬治理方式的一种不满情绪的宣泄。其充分利用熟人社会的行动逻辑和各种非正式规则展开，主要是为了表达对基层政府的不满，更多的是一种情绪的表达和怨恨的发泄。这本质上不是为了撼动结构而参与，也不是为了改变现有政策，只是出于“理性”的计算所采取的行为。原子化的日常表达具有弱组织性的特点，他们看似紧密，实则疏离而又分散，这种原子化的个体、单家独户的非联结的对抗式表达，不易引起较大的关注，因此这种方式也就具有了生存的空间，并日益蔓延，符合农村社会的零散性现实。二是利益表达主体的局限性。农民自身素质与其采用何种策略和手段存在一定的关系，甚至也决定着双方互动的走向与态势，从而影响最终目标的达到与否。这种局限性制约了农民在选择表达政治态度时的方式与程度。同时，村民由于知识文化水平相对较低、法律意识淡薄，并抱有“从众”“搭便车”心理，以及缺乏精英领袖参与也是制约农民有效表达的因素。三是基层政府权力的运作方式的武断性。作为乡村的主要政治权威，是底层政治运作的主要动力源。村民日常利益表达行为的产生，导火线来自对秸秆一禁了之的生硬处理方式，在“强政府，弱社会”的治理格局下，农民成了面对政府的“弱者”。“高压之下的局部失灵”的基层治理窘境，这种科层制组织弊端本应在正式的组织制度中才可能显现，之所以在村庄内部显现出来，正是体现了正式权力对村庄社会的渗透性，使村庄生活的个人都置于正式权力的统治网下，个体的命运受制于体制，这决定了个体所进行的日常抵抗多表现为“柔性抗争”（萧楼，2002），而缺乏继续抗争的勇气和谋略。

由于弱组织性、利益表达主体的自身局限以及基层政府的权威压力，这种日常抵抗与学界现有的解释框架不同，更倾向于是一种“怨恨的表达”，但未发展至公开的、具体的、冲突性的双方对抗。农民作为弱者，不再强调农民抗争所依据的法律法规或政策，而主要是强调利用自身的弱势条件，并进一步建构化和符号化进行形态各异的日常抵抗，并且把熟练运用社会公正、生存道德等普适性观念的语言诉求作为载体，以付出健康、尊严甚至是生命的代价使抗争有利于自己一方。这种隐性抗争抑或是“隐藏的文本”，既表达了自己的利益诉求，同时又规避行为本身可能招致的风险，利用弱者的符号来缓和直接冲突的发生，以使危险减至最小，更大限度地保全自己。但也要警惕这种所谓的利益表达方式若是被一些精英或别有用心的人利用，后果将不堪设想。由此，政策制定者和落实者要本着以人民为中心的发展思想，并对当前民生问题，尤其是城镇化进程中的“三农”问题给予足够的重视，乡村振兴和社会治理才能迈入新阶段。

（三）目标置换：乡村治理的隐喻与转向

从组织学的角度出发，政府组织作为正式组织，它由组织环境、组织目标、管理主体和管理客体构成。传统的组织学理论认为,组织是理性设计的产物,也即人们为达到目标而设计的理性工具,并提出相关激励机制、分工协作等组织设计以便精确达到组织目标。但是,本研究发现,较多正式组织在动态演化的过程中并不总是按照人们设计的初衷进行运转的,而往往会出现偏离组织目标的情形。政府作为一个组织,亦会如此。

正如上文所述,基层组织的这种"变通"策略虽然一定程度上对缓和熟人场域中的人际关系起到了暂时性的作用,但从更长远意义上来看,基层组织和农民的这种"合谋现象"破坏力极大。一是它消解了政策目标,使国家治理收效甚微;二是它浪费了资源,造成"集体无行动"的治理窘境;三是它导致目标置换现象的发生。这种基层组织与农民之间合谋不同于周雪光(2009)探讨研究的基层政府之间的"合谋"(周雪光,2009),基层政府之间的合谋是由于受到政府组织结构和制度环境的影响,它不能简单归咎于政府官员或行政人员的素质或能力问题,它是一种制度化了的非正式行为,而基层组织与农民之间的合谋现象的发生更多是由二者对中央政策目标理解的不一致造成的。这种基层组织与农民合谋使得政策目标被消解之后,造成了组织预期的反面,即目标替换(置换)问题,即政策制定与政策执行的分离偏差。这在一定程度上是由于政策在制定过程中无法做到与各地实际情况相符,因此其从一开始便带有微观层次上的不合理性。加之乡村社会是一种费孝通所说的"差序格局",熟人社会场域,村干部与农民处于乡土生活场域中,基于人情、面子的考量,因此执行过程中的灵活性是必不可少的一个环节。政策制定的一统性和熟人场域的乡土性相互作用,使治理目标被逐渐替换。但不可否认,倚仗对乡村规则的熟稔,部分村民顾左右而言他,通过转换话题、转换诉求、转换秸秆处理方式,造成了国家治理目标的消解,使国家需要从治理大气污染转变为治理固体废弃物和村容村貌的政治目标,这应引起警惕和深思。

霍耐特(2005)在《为承认而斗争》中指出,"叛乱、抵制和反抗的动机被转化为'利益范畴',而且假设这些利益来源于物质机会分配的客观不平等,而没有以某种方式将它与日常道德情感立场联合起来。社会反抗和社会叛乱的动机形成于道德经验语境,而道德经验又源于内心的期望遭到破坏,仅当主体能够在主体间解释框架内表达对伤害的感受,并把它作为整个团体的表征时,这种对伤害的感受才能成为集体反抗的基本动机”,从而演化为一种“为承认而斗争”的集体道德动机。正如马斯洛五层次需求理论所讲的,尊重的需要和自我实现的需要是较高级别的人类需求,农民的基本需求被满足后,也应当循序渐进,对其尊重的需要和自我实现的需要给予恰当的关注和回应,给予农民最基本的人格尊重和社会承认,让“农民”从身份称谓回归到职业称谓,成为体面、有尊严的职业,这一观念的转变对重构新时代国家 - 农民关系以及有效推进基层社会治理将意义重大。如此转变自然也就意味着现代乡村秩序的积极构建。

第三章　农村青年发展机制研究

本章以乡村振兴战略为背景，对以往青年群体因受制于结构因素逃离乡村社会而造成乡村发展主体缺失，乡土社会产业“脱嵌式”或“弱嵌入式”发展，城乡一体化阻滞的原因进行分析。新时代的乡村振兴战略需要青年群体成为乡村产业主体，这就需要通过网络化产业平台集约农村自然而分散的产业元素。而以农户、村庄、乡镇、县域为层级的四级产业立体网络平台一旦建设成功，一方面可以提升农村产业的可持续性与盈利空间，另一方面也使青年群体有了宽广的职业发展空间。农村青年职业及盈利空间的拓展也成就构造了农村青年的发展路径。

一、问题的提出

陆学艺曾经提出“社会学应该重视研究当今的农村问题”的倡导。市场化改革导致城乡发展出现结构性失衡，持续扩大的城乡差距曾经整体上呈现“断裂社会”特征。党的十八大以来，国家进入新时代，政府工作重心开始转向农村。从最初的发放种粮补贴、取消农业税，到构建农村基本社会保障体系，开展“新农村”建设，全面实施“精准扶贫”战略，到2020年消除农村绝对贫困。2018年9月，中共中央、国务院印发《乡村振兴战略规划（2018—2022年）》，“乡村振兴”由政策设计全面转向政策实践。

2018年9月21日，中共中央政治局就实施乡村振兴战略进行第八次集体学习，习近平总书记强调：“人才振兴是乡村振兴的基础，要创新乡村人才工作体制机制，充分激发乡村现有人才活力，把更多城市人才引向乡村创新创业。”人才与产业构成乡村振兴的两个核心支点。然而，当前乡村振兴在发展主体的“补位”上存在人才“引不进、育不成、用不好、留不住”的现象，无论是人才的总体规模，还是从业类别、文化素质和职业技能，都面临结构性“人才瓶颈”。当然也有学者持乐观态度，如厉以宁就认为，中国的人口红利其实并没有消失，大量经受过城市人力资本培训的农村青年（根据世界卫生组织确定的新的年龄分段，把青年群体的年龄范围界定为15—44周岁，本章采用此年龄段）未来会积极返乡，他们既有一定的职业经验和社会关系网络，又具有一定的积蓄和技术，新的人口红利会在农村全面释放。然而，问题的关键在于如何才能将这些青年人才吸引回农村，而不是进一步离开农村。乡村振兴离不开乡村产业，乡村产业离不开青年人才。因此，本章关注的核心议题是，如何实现青年与产业的双重持续发展，并以此为乡村振兴战略提供全方位发展动力与成果。

二、乡村振兴的基础问题

乡村振兴战略的有效实施需要以乡村产业作为支撑，而乡村产业的发展生机以及可持续发展需要依赖广大青年人才的加盟。然而以下问题直到目前还没有得到根本性解决，需要引起重视。

（一）“孔雀”仍然东南飞

学界对流动人口的研究已经发展出多种理论模型。二元经济理论认为，基于城乡的二元社会格局的制度制约，城乡差距拉大，农村人口大规模涌向城市；人力资本理论认为，受教育程度越高，越倾向于流动，教育普及提升了农村劳动力素质，也提升了他们的流动欲望与能力；推拉理论强调，城市强大的拉力和农村地区的推力双重作用，导致农村人口大规模迁往城市，进而导致农村劳动力缺失和农村空心化状态出现。改革开放40多年来，受以城市为中心的发展逻辑影响，农村青年外流现象严重、“在乡青年”稀缺，农业劳动力出现老龄化和女性化现象,农村家庭空巢化、村庄空心化现象突出,农村缺少人气与生机。据统计,2018 年农村宅基地闲置程度已经超过 10.7%,大约有 6800 万农村流动人口已经将自己的承包地进行了流转。基于对 CGSS 数据中有关农村部分人口数据的分析结果发现,农村人口中老年人所占比例呈逐年提升状态(见表 3-1)。

表 3-1 2005—2015 年我国农村老年人所占比例

年份	2005	2008	2010	2015
60 周岁及以上人口所占比例(%)	13.8	13.5	22.8	33.5

注:表中数据来源于中国人民大学主持的中国综合社会调查(CGSS)相应年份的数据。

(二)"扶贫攻坚"并不必然推动"乡村振兴"

党的十八大、十九大提出精准扶贫战略,要求到 2020 年所有贫困县必须脱帽。贫困县脱帽首先要求完善农村的基础设施,其次需要将农村产业发展作为主要路径和抓手。这一重大政策调整为乡村产业的起步、发展乃至崛起奠定了基础。各贫困县在进入脱贫攻坚阶段以后,农村脱贫工作从根本上实现从"输血"到"造血"的转变,产业发展基础上的脱贫成为脱贫攻坚的核心内容。

首先,脱贫攻坚战略的确完善了贫困县的基础设施。笔者于 2019 年 1 月对 S 县与 W 县作了相关调查研究。调查发现,S 县和 W 县通过脱贫攻坚、贫困县脱帽,从根本意义上改善了农村产业的发展基础条件。这两个县完善了基础配套设施,分别就农村的道路、饮水、电力、通信网络、自然环境以及村级综合服务平台等基础公共服务作了很好的提升,如 S 县 2014 年以来基础设施建设投入资金超过 25 亿元。农村硬件设施的改善,为乡村产业的生成、成长与发展奠定了基础。此外,他们通过金融扶持,让村民获得创业小额资本。S 县 2014—2018 年共发放小额信贷 1.81 亿元,W 县 2014—2018 年共发放小额信贷近 2 亿元,这使具有产业发展意愿的人能够及时获取产业发展的原始资金。创业环境的改善，自然会吸引在外打拼的青年回乡。

我之前是在外面打工，城市生活条件好，赚钱机会相对多些。前年我听家里人说政府在村子里投了好多钱，统一发展种养殖业，还给修了路，建了合作社，解决了很多实际问题，我就回来了，回来搞种养殖业。现在搞的是立体农业，经济效益还不错，带动了很多农户，他们都愿意跟我一起干！（返乡青年Z，30岁）

我对乡村是有一种情怀的，我当初回来就觉得应该要为乡村做些什么，况且近几年政府确确实实做了很多实事。你看现在，村容环境变整洁了，道路通畅了，家家户户都有Wi－Fi，生活很是方便，这和城市生活没什么两样了，而且我觉得在乡下生活还好些……我回来的时候瞄准了我们家乡的自然环境和宜人气候。我就开发旅游资源和民宿体验，我现在整合了很多资源和合作伙伴，每年的收益还不错。（××省生态旅游开发有限公司创始人，40岁）

其次，脱贫攻坚战略要求政府引入相关企业，并且在贫困县脱帽过程中发挥了重要作用。如W县就成功引进了养鸡公司，该公司计划总投资3.5亿元，从2017年起用4年时间建成年出笼2500万羽肉鸡产能，配套建设种鸡场、饲料厂、配送服务中心、办公综合服务大楼。以此为基础，W县政府通过设立扶贫开发公司，利用金融扶贫资金和涉农整合资金，采取“七定四统”（以乡镇定点、以点定规模、以规模定要求、以要求定对象、以对象定信贷、以投资定管理、以效益定分配，统一建设、统一经营、统筹收入、统一分配）模式，建设示范养鸡小区20余个；以奖代补发动社会能人建设300个民间鸡场，按照“四统一、一保障”（养鸡公司统一提供鸡苗、统一供应饲料兽药疫苗等物资、统一技术指导、统一保护价收购销售，保障养殖户正常利润）的模式经营。项目建成后，全市（县）年可出笼肉鸡2500万羽，年产饲料15万吨、种苗4000万羽，可委托帮扶1万名贫困人口增收脱贫，直接安排不低于400个贫困劳动力长期就业，1600多个临时用工。S县则利用其丰富的楠竹资源引进企业生产集装箱板材、竹筷。

然而，上述在贫困县“脱帽”过程中所产生的重要成就，并不必然自动催生“乡村振兴”。调查发现，政府牵头引进的涉农企业，因为产业发展内涵的产业化、规模化、效益化以及专业化特征，所有相关产业都面临涉及面太窄的问题，即只能解决极少数“贫困户”的就业问题，很难自如应对“多而分散”的农村居民在产业发展上所形成的难题。笔者在S县和W县两个县一共问卷调查了1354户农民，在脱贫政策支持下，有605户(占44.7%)被访者独立发展了“产业”，他们中有594户搞种植或养殖业，4户搞加工业，7户搞服务业。这些数据说明种植与养殖仍然是农村主导产业。令人遗憾的是，这样的主导“产业”的持久性也是个问题。到笔者调查时，已经有37户表示他们不做“产业”了，原因是在家搞所谓的“产业”还不如外出务工。另外，对农村产业发展构成挑战的还有目前乡村“产业”的参与主体受教育水平偏低、年龄偏大。调查发现，在农村做家庭产业的户主年龄在18—45岁的青年人只占10.6%，有高中以上学历的也只占10.2%。这些发现与相关数据无不表明，贫困县脱贫攻坚战略尽管为贫困县的发展注入并夯实了基础性要素，但是，如果这些刚刚注入的发展性要素不能得到巧妙运用，甚至在战略上缺乏有效创新，乡村产业可持续发展乃至乡村振兴就会成为一句空话。

因此，乡村振兴战略背景下的农村产业，必须正视、尊重农村因自然环境造成的“多而零散”的事实，挖掘、开发并强化农村产业的“时间”与“空间”元素，将此所谓的产业“劣势”转换为“优势”。于是，什么样的战略转换可以将“多而散”的零星分布的产业元素串联为有机联系的产业网络，而且，这样的产业网络还能够并且必须锻炼农村青年，发展农村青年，农村青年进入这一网络平台后，就能够进入发展轨道，并由此推动乡村振兴战略得以实现，就成为核心议题。

三、农村青年的发展空间

生计理论主张，农户生计改善与收入提高的出发点应是“农户现在有什么”，而非“农户现在缺少什么”。农户的生计资源大致包括自然资源、文化资源、经济资源、人力资源、社会资源和物质资源。从现代产业视角进行分析，农户“资源”大多呈零散分布状态。因此，乡村产业的开发应着重从农户可控制、可支配和可获取的生计资源入手，进行充分开发、动员和利用，调动农户的主体性和能动性来创造发展机会。农户习惯并熟练从事的生产便是在自然界分布的土地和空间，利用自然时间依据一年四季的自然规律，从事种植和养殖，或至多从事一些有地方特色食品的加工。人们习惯称这种小而分散的生产活动为农户生计，而非“产业”。小农式生产出的“产品”大多是比较固定的地方作物、畜禽产品、瓜果蔬菜和地方性加工的食品等。因此，新时代乡村振兴战略必须重新定义“农村产业”，突出并重点强调农村产业的自然时间与自然空间属性，将习近平总书记提出的“绿水青山就是金山银山”的操作化为农村产业发展的基础，将在“绿水青山”环境下成长的农产品赋予特别市场价值。

然而，目前学术界就“绿水青山就是金山银山”判断的阐述，要么是基于哲学理念层面的讨论，如有学者认为，“绿水青山就是金山银山”理念包含了“生态整体观、绿色发展观、资源多元化价值观和人与自然和谐共生观”四个方面的内涵，是新时代生态文明建设思想的价值观基础；要么是将之视为环境保护的行动纲领，是新时代环境建设的基本要求。笔者认为，上述研究远远不够，接下来的研究需要与农村产业发展相联系。也就是说，“绿水青山就是金山银山”这样的伟大判断在研究层面，不仅需要理念、倡导层面的研究，时间与空间自然属性与人文改造属性的区别方面的研究，更需要“绿水青山”如何才能价值化、市场化、产业化方面的研究；政策层面快速出台“绿水青山就是金山银山”的支持措施；宣传层面营造舆论环境，让广大民众明白农村家庭自然成长的产品的生态价值与生命价值；市场层面迅速开发、培育并推出市场专属平台与管道，让农村家户自然种植与养殖的农产品与消费者相连接。多个层面的综合作用，使生活在“绿水青山”中的农村居民真正体会到他们的的确确拥有了“金山银山”，而不是望青山而兴叹。

实践层面促进农村青年发展，需要在农村产业市场层面的网络与管道建设方面下大力气。如前所述，新时代乡村振兴的关键是农村产业的发展与农村青年的积极加盟。吸引青年人回乡参加乡村振兴战略，其政策工具或市场工具就离不开乡村产业。鉴于中国40多年改革在经济上取得的巨大成就，以及人们对健康食品日益强烈的诉求，有理由相信城市居民愿意支付相对高一些的价格购买农户生产的类似“跑步鸡”这样的自然生长的农产品。

2018年中央农村工作会议及同年中央一号文件，对小农户的作用给予肯定，重要论述如“帮助小农户对接市场”“促进小农户和现代农业发展有机衔接”“发展多样化的联合与合作，提升小农户组织化程度”“扶持小农发展生态农业”等。为此，新时代乡村振兴战略基础上的农村产业发展急需将分散的农户以及自然生长的农产品实现有效连接并形成市场网络，而这一目标的实现则需要建设基于农村产品自然属性的立体网络平台，而“农户—村—乡镇—县”四级网络则是一个能够有效利用智能互联网与青年发展的特别有效的平台。在这样的四级平台上，农村青年人可以根据自己的秉性（素质、资本与社会网络），活跃于各相应节点。如有志于一线生产的青年可以直接从事农产品的种植与养殖；对市场管理与销售更有兴趣的青年可以活跃在村、乡镇、县等市场网络中心，甚至构建跨区域联盟，成为区域联盟的代理人、负责人。在这样的四级网络平台，各级平台均有其独特的责任、角色和地位，农村青年在不同的平台上展示其发展的既有成果和进一步发展的可能。

（一）第一级发展空间：农户

恰亚诺夫（1996）曾断言小农家庭农场具有“强大抵抗力”和“历史稳定性”。乡村产业的主体应该是农户。农业生产的季节性、周期性、地域性、自然风险性、劳动对象的生命周期性等特点，决定了农业劳动需要劳动者具有丰富的经验、按自然规律安排劳动的自觉性和灵活性，而这样的劳动要求无疑在农村家户环境下有更好的适合性。因此，乡村振兴战略需要以农户经营为基本模式。

当下大多数农村青年有外出务工的城市体验，在从业教训、就业信息、发展视野等方面有比较好的储备时，他们的社会关系网络黏附于乡村社会，他们积极参与网络平台的第一级，直接从事养殖业与种植业，会具有比较好的鼓动力、号召力和示范效应。

我现在承包了一片土地，做立体农业：湖里养鸭、养鱼，空地上养殖的是蚯蚓。这不仅可以节省土地资源，还能减少成本开支，这些产品比普通的、单一的水稻种植或单一的家禽养殖带来的收入更高……我现在还在摸索这个立体农业的发展。（W县返乡青年W，立体农业探索者，29岁）

我现在种植的红心猕猴桃，是采用纯天然绿色的方式种植的，我是坚决拒绝使用膨大素的，如果打了膨大素和除草剂，猕猴桃就成熟得早，那么就要尽快采摘，还要尽快销售出去，不然它就很容易腐烂。我这种生态的种植方式，让我的猕猴桃一般可以比其他方式种植出来的猕猴桃晚采摘好几天，而且易储存，不易腐烂，市场价是一般猕猴桃的1.5倍至2倍，还供不应求……我就要种出这样健康的产品来。（××省红心猕猴桃种植大户L，40岁）

回归自然，着眼于自然，才能找回农村产业发展的核心竞争力。回乡创业青年农民必须以“绿色生态”作为农村产业的道德底线，在养殖种植过程中自觉拒绝产品中隐含的危害消费者健康的行为，让绿色农业成为中国农产品的基本要求。以此为基础，消费者尤其是数量庞大的城市消费者对天然、有机、绿色、健康农产品的需求，才会真正满足农村产业可持续发展要求。

（二）第二级发展空间：村

线性发展逻辑认定，被城市取代是乡村发展的最终归宿。然而，不同于以往乡村发展定位，越来越多的学者将目光定位于重新发现乡村价值，并构建乡村发展共同体，将发展思路实现“从乡村缺什么给什么”到“乡村有什么发展什么”的理念转变。

村级组织在四级网络平台中属于基础性的网络节点，它作为乡土社会的直接守门人，对农户产业发展的前期选择、中期监管、后期督促管理等方面作用重大。村组织需要教育更新农户尤其是青年农民的市场观念、生产理念、产品质量保证、知识与法规以及种植与养殖等最新的专业技术。首先，村组织应对本村生产状况和青年农户可资利用的“手头资源”进行调查摸底，动员闲散青年群体参与，并协助青年农户进行产业发展风险评估和规划，提高创业成功率。其次，通过初期的产业资源摸排和创业意向鼓励引导，成立村级产业发展小组，针对产业发展面临的问题进行调查，如前期启动资金问题、种养加工产业发展的场地问题、技术指导和生产管理问题等，为创业青年农户提供有针对性的帮助和扶持。重点扶持有创业经验的青年,以起到带动和示范作用。

创业资金需求问题,可与农村合作社对接,充分发挥小额信贷作用,利用惠农专项资金对青年创业者进行扶持;生产场地问题,可协助流转无人耕种的荒田,亦可通过有效协商整合闲置宅基地,开办家庭手工作坊;针对青年农民在产业发展中遇到的技术和管理困难,可成立村级农机、农资、农技知识普及推广中心,统一进行培训、跟踪和指导。

我在做合作社,是合作社的社长,隶属于我们村。我当时回乡发展一方面是因为村主任、村支书多次热情邀请;另一方面也是为了能够吃上健康安全的食品,为了我和家人的身体健康,为了下一代的口粮着想。我现在已经动员了本村2/3的青年农民加入了我的合作社。我自己研究怎样才能种出天然绿色有机的大米,多次摸索和试验,从堆肥、培土到种养管理。现在我已经做出自己的品牌了,与5家企业签订供货合同,也在淘宝上出售,反响很好。参加我合作社的青年农民按照我的方法和技术种植水稻,收入连年增加。不但我自己受益了,还带动了村里经济的发展,我还是蛮开心的。(返乡青年,合作社社长Y,31岁)

作为互助协作的熟人社会——村落,人们生活水平的提高、生产的发展都在这一熟人社会中维系。因此,熟人社会中的关系网络所形成的互惠机制以及互助的氛围,对重建村落共同体、村庄治理、村民参与及村庄共识至关重要,而经由"社区社会福利的内生性生产"才能从根本上重获乡村价值,进而更好地服务于生活在这片热土上的每个生命体。

(三)第三级发展空间:乡镇

乡镇是我国最基层的政权组织,是党和人民群众血肉相连的重要纽带,是党和国家各项工作的落脚点。乡镇政府作为推动乡村振兴发展的主导力量,扮演着国家与农民的"中介",是乡村振兴发展的直接领导者和管理者。

在立体网络平台中,乡镇可针对不同村域内的青年产业类型进行分类筛选,重点推广和扶持具有地方特色的产业发展,引导形成"一乡一业,一村一品"的产业布局,从资源优势和乡镇青年群体出发,充分挖掘和打造各村品牌产业和产品，确立主导产业。由乡镇统一地方性生产－消费中转平台，把分散在各村的产品集中起来，提供统一的产品服务交易市场。通过网络让信息流通起来，让人和人更好地连接起来，将农村内部关系与外部的联系流动起来。

我们这个镇吧，下面有17个村子，绝大部分村经济发展一般，而那些距离乡镇比较远的村子，仍然还很穷……国家现在有这个政策让老百姓脱贫，那我们乡镇起的作用可大着呢！就我们镇政府而言，我们要及时落实县里安排下来的政策。比如说，在脱贫这一块，用产业促进发展，带动乡镇经济，这是全国一盘棋的搞法，那我们肯定是落实中央的指示，但是具体怎样发展产业呢？那你还得有自己的做法，县里给我们规定的是“一乡一业、一村一品”，我们就要搞清楚，哪个村有什么产品能够推出去，直接销售也好，进行深加工销售也好；我们镇应该形成自己的产业，形成镇所属村的产业中心，这个中心应该对各村以及农户的产业进行全过程督促、监管与指导，甚至应该对农户所投入的产业起保障作用，消除农户的后顾之忧。（W县××镇政府，经济发展办公室主任，50岁）

现在互联网发展很快，这可是让农民大开眼界。现在我们每个村都有做电商的，就是在网上卖东西，人家在网上下单，我们这边接到订单给人家发货。这个电商是刚时兴的东西，我们这边年纪大的人还不知道怎么用呢，都是年轻人在搞，这一套他们都是从城里学回来的。你看这多好哇，这些年轻人他又不用远走他乡，直接上上网就能挣钱了！之前，我们种养的农产品需要拿到集镇卖，这乡里乡亲的，大家在集镇上卖的东西都一样，销路很不好，卖不到几个钱。现在这个网络就不一样了，它（指农产品）在这网上卖，就能卖个好价钱，因为其他地方的人要么没有这些东西，要么东西没我们的好吃，他们就愿意买。我们现在应该把各村的网络都要给它建好。（S县××镇党委书记，51岁）

要充分依靠产业集聚人口，以产立镇、以产带镇、以产兴镇，实现产镇统筹和协调发展，促进从乡镇资源到乡镇产业，从乡镇产业到乡镇经济，从乡镇经济到乡镇发展。青年人发展产业，需要有网络平台，有政府组织与服务组织，组织性加强可以避免盲目性，克服分散性带来的不足。

(四)第四级发展空间:县

县域作为中国经济社会的基本单元,事关城乡一体化联动以及乡村的全域振兴。县级政府是我国行政管理体制中的基础环节,直接联系群众和市场主体。就拓展农村产业、发展农村青年,进而实现乡村振兴战略目标这样的重大战略而言,县政府所在地的县城需要发展成农村产业网络立体平台中心,而且这一中心需要肩负如下责任。一是打造产业孵化基地。整合县域范围内有创业意愿的青年人,为其提供产业孵化;提供必要指导,如创业信息咨询、创业项目推介、经营管理指导等;提供创业政策咨询,积极协调相关部门落实相关税费减免、资金补贴、小额担保贷款等扶持政策。二是塑造特色的农业品牌。建设优势农产品生产加工基地,培育农业产业、农副产品深加工等龙头企业,引导企业与农户建立稳定的合作关系,完善"企业+家庭"经营方式,联系科研院所、涉农高校,创新本县农产品品种、技术和发展模式;完善市场流通、质量检测、信息服务和科技服务四大体系,并有针对性地举办适合本县特色的农业博览会、产品展销会以及项目洽谈会。三是制定回乡青年安家落户的政策。如社会保障政策、住房政策、教育政策等,让青年人感觉到家乡的吸引力和发展前景。四是打造产业园区。将县域内规模特色的农产品以及深加工后的农产品对接更为宽广的县域外市场。

随着现阶段合作消费、团结经济以及社群经济的兴起与发展,生态农户之间可以实现在地联合,消费者与生态农友之间可以实现无缝对接,并共同构筑基于农户、村、乡镇、县域与城市消费群体的立体网络体系,类似的立体农村产业网络,如"巢状市场",已经在全国多个地区出现、兴起并逐步走向成熟。这些例证可以佐证四级农村产业立体网络平台建设的迫切性、可行性与发展前景。

四、发现与讨论

回乡青年农民利用农村自然空间,按照时间的自然属性,种植、培育农产品，获得健康生态价值基础上的超额价值。村、镇和县分别将所在区域分散的农户通过立体网络连接起来，建立、依托、运行各自网络中心内所形成的特色农产品，通过网络技术对接目标消费群体。

这样的四级立体网络平台，从生产视角分析，集聚了分散农户与分散的农产品。农产品实现了产业集中，让农户聚集成产业主体队伍，实现连锁经营基础上的组织化，极大地拓展了农村青年的职业发展空间。从消费视角分析，它更新了消费者的消费观念与健康生态观念。让消费者亲近自然，珍惜自然空间与自然时间，快速回归人与农产品的自然属性。由此而形成的改变迫使人们重新思考并定义空间与时间的价值，以及应对由此而产生的新的议题。

家庭联产承包制从制度层面决定了我国农村小农户生产的现实。黄宗智（1992）曾提出“过密化”理论，解释中国人多地少，投入和产出不成比例会出现农业内卷化状态。因此，必须从根本上重新定义传统农业，给传统、自然以超额价值，以破解传统农村农业产业在现代产业价值视角下面临的发展效率低下问题，消解农业的内卷化困境。对传统农产品进行重新定义，让其获得超越产业价值的超额回报，需要以中国城乡结构的根本性改变为背景，即城市人口占绝大多数时才会发生，否则，无论如何定义、再定义农产品的自然属性，农产品价格都难以提升，孙立平所指的“厨师困境”依然是挥之不去的“恶魔”。目前中国新型城镇化快速推进，2018 年末，我国城镇常住人口城镇化率已经达到 59.58%，这就有利于通过重新定义农产品属性，即通过强调农产品的自然属性而不是增加更多投入的办法，来解决黄宗智所提出的农业“过密化”问题，客观上保证小农产业、绿色生态农业的可持续发展。

而上述的改变不仅是一场价值的定义问题，它也会为乡村振兴战略带来新的路径与机制，自然也为农村居民实现就地城镇化提供了坚实基础。

第四章　农村居住区人口城镇化路径

因居住区而累积的自然、历史、文化、经济、政治以及技术会作为强而有力的要素，以显性或隐性的方式作用于人，迫使居住其中的人按照相应逻辑生活。然而，交通通畅、交流拓展、信息技术、学习教育、媒体娱乐、市场交换、政治制度、外出体验等都会诱导特定区域内的居民跨越边界，实现主流文化认定的进步。农村居民正是会带着各自地区的特色，汲取城市“先进”成分，迈向城市化。

一、农村居住空间物理形态变迁

中国农村居住空间从地理区域划分，有鲜明的地方特色；从时间跨度上分析，则经历了从古代到现代形态上的发展。居住空间及其布局凝练了中华民族极其丰富的文化与习俗。

（一）传统农村居住空间以聚落为基本形态

钟敬文在其主编的《民俗学概论》中指出，人类居住方式首先是利用天然空间，其次才是人造居住空间（钟敬文，1998）。利用天然空间主要指露宿野处，《庄子·盗跖篇》云：“古者禽兽多而人少，于是民皆巢居以避之，昼拾橡栗，暮栖木上，故命之曰‘有巢氏之民’。”凿穴而居，利用的洞穴，多在湖滨河旁、高出水面较多的地方，洞内比较干燥，洞口多偏向东方、南方，既避风，又向阳（陈平，2002）；依树上宿，《太平寰宇记》载：唐宋岭南地区，“朱吾以南有狼野人居，无屋舍，依树上宿，食生肉，采香为业”；构木为巢，《韩非子·五蠹》云：“有圣人作，构木为巢，以避群害。”另有《礼记·礼运》云：“昔者先王，未有宫室，冬则居营窟，夏则居橧巢……后圣有作，然后修火之利。范金，合土，以为台榭、宫室、牖户。”

进入人造居住空间阶段以后，群居聚落就成了人类居住的基本形态。从考古发掘的原始聚落遗址来看，无论是西安半坡遗址还是临潼姜寨母系氏族村落遗址，都能推断出人类以聚落形式居住的历史已经久远。《汉书·沟洫志》云：“或久无害，稍筑室宅，遂成聚落。”《史记·五帝本纪》有云：“一年而所居成聚，二年成邑，三年成都。”村落作为村民共同拥有、经营、塑造的“存在空间”，有其世俗和神圣“轴心”，世俗“轴心”建构了人们日常伦理交往秩序；而神圣“轴心”，则是以宗祠为标志，建构了人们的心理场域并强化人们的血缘认同，进而构建人神秩序。有学者指出，祠堂与宗谱是村落文化的标志，古戏台是地方文化加工和保持的工具（刘沛林，1997）。

当群居聚落逐步演化为通常意义上的村落后，村落就成了社会结构的基本面，成为个体社会化的必需场所、个人心理依赖的归宿地、人群生息活动的集结体；村落进而成为民俗事象的承担者、民俗表演的舞台、家族文化的承载体，同时还是一种重要的权力体系。中国村落是理解中国社会特征的窗口，正因为村落具有如此重要的意义，村落也就成为学术研究的重要落脚点。早在1899年，美国传教士明恩溥（A. H. Smith）就出版专著《中国乡村生活》，书中大量记载了作者对中国农村的观察。1925年美国社会学家葛学溥（Daniel Kulp）出版了英文著作《华南的乡村生活——家族主义社会学》。这以后的20多年内，许多著名学术大师如梁漱溟、晏阳初、吴文藻、林耀华、费孝通、杨懋春等，都对中国村落展开过卓有成效的研究。中华人民共和国成立以后，英国汉学家莫里斯·弗里德曼（Maurice Freedman）于1958年出版了《中国东南的宗族组织》，美国学者施坚雅（G. William Skinner）于1965年出版了《中国农村的市场和社会结构》，这之后，黄宗智、杜赞奇（Prasenjit Duara）、韩丁（W. Hinton）等相继对中国村落的政治权力进行过研究。进入20世纪80年代，大批外国学者可以实际性地进入中国农村，探讨革命胜利以后的中国村落的变化。20世纪90年代以后，中国本土学者有关村落研究的成果逐步问世。如1992年，陆学艺出版了《改革中的农村与农民》，陆学艺发现在现代化过程中，农民逐渐离开土地，转化为非农业劳动者，即使留在农村从事农业的劳动者，其社会身份、生产手段、生活方式、价值观念等也发生了相应的变化，传统意义上的农民正在逐渐消失。之后，王沪宁、王铭铭、折晓叶、张乐天、曹锦清、阎云翔、王晓毅、于建嵘、庄孔韶、刘铁梁、董晓萍等一大批学者对中国农村村落进行过探讨。

大多数研究有一个基本共识：中国村落在建构上特别强调防御基础上的宗族礼制和风水观念，而“诗情画意”应该是村落建构的结果。所以，尽管许多村落，无论是“原始定居型”①，还是主动迁徙基础上的“开发型”②，或者是被迫迁徙基础上的“避世迁居型”③，或者是“历时嵌入型”④，村落建设的最终结果，用“后现代”学者的观点来说，都在不同程度上表现为“诗情画意”。

由于不同自然环境下所需要的竞争态势存在差异，传统村落居住空间从地理分布、形态特征、内部结构到周围山水园林、地形水系乃至文化沉淀都各具地方特色。由于聚落的形成和发展受自然地理、宗教信仰、经济活动方式、人口特点、家庭制度等因素的影响，在中华大地存在不同类型的聚落。如果依据自然地理分类，就有山地聚落（包括缓坡地带）、高原聚落、平原聚落（含低洼盆地、平坝）、草原聚落、沿海丘陵聚落、湖滨水域聚落等类型；依据经济活动方式分类，有采集狩猎经济聚落、游牧经济聚落、农耕经济聚落、商业经济聚落等类型；依宗教分类，有原始宗教聚落区、佛教聚落区、伊斯兰教聚落区、基督教聚落区、道教聚落区等；依据家庭分类，有单一血缘家庭关系组成的聚落和多个血缘家庭组成的聚落之分；从形态上分类，有方形、圆形、长方形、椭圆形、不规则的多边形和组团式、成片式、成条式、群集式等多种生长模式。聚落中，房舍布局紧凑，道路系统较为完整，人口多而居住集

① 原始定居型指因原始农业和定居生活的出现而形成的早期村落类型。（刘沛林，1997）

② 开发型是指原始村落因为人口的增加，生产力水平的提升，而出现的主动迁移开发建设的村落。（刘沛林，1997）

③ 避世迁居型是指人们为了避免战乱、纠纷或寻求隐居等目的而发生迁移后形成的村落，很多少数民族村落大多由此原因构成。（刘沛林，1997）

④ 历时嵌入型是指移民来此时，周围大环境中已经有聚居人口存在；它不是一个时期迁入的，而是不同时期陆续迁入的。（刘沛林，1997）

中，聚落与聚落之间有一定距离并且以道路相连。平坦开阔的地形、良好的水文气候条件、充足肥沃的土地资源、向心意识和群体意识，是集团型聚落形成和发展的地理条件和文化条件。此外，还有散列型聚落。这种聚落一般规模较小，房舍布局零散，无有序的街巷道路，人口少而分散，有的聚落只有几家，多者一二十户。聚落的分布上或绕弯溜脊，或背山占崖，或沿沟环谷，或雄踞山巅，为不规则的弹性组群。聚落建筑大都稀稀落落地散列，一个聚落因而往往拉长几里甚至十几里地（管彦波，2001）。

另外，刘沛林将中国民居的物理形态聚落分为11类："（1）北京的四合院，（2）南方的天井院，（3）云南'一颗印'和白族'三坊一照壁'民居，（4）客家五凤楼、围垄及土楼，（5）西北窑洞，（6）维吾尔族密肋地铺民居，（7）藏族方室、碉房以及彝族的土掌房，（8）傣族干栏式竹楼，（9）壮族、侗族、苗族的干栏式木楼，（10）蒙古包，（11）广东侨乡炮楼与地层高密度民居。"（刘沛林，1997）

（二）农村居住空间的聚落特征面临解体

首先，农村居住空间聚落的数量在迅速减少。从世界范围内看，1800年，世界人口总数的97%居住在传统农村聚落里，城市聚落中居住的人口只占3%（乌尔拉尼斯，1982）。18世纪中叶工业革命以后，人类聚落人口发生了根本性变化，城市人口占总人口的比重：1850年提升到6.4%，1900年占到13.6%，1920年则是19.9%，1950年是28.8%，1982年为38.2%，1990年进一步提高到50%（胡焕庸、张善余，1982；乌尔拉尼斯，1982；谢文惠、邓卫，1996），到2050年，世界人口将接近100亿，其中2/3将生活在城市。与此同时，城市的数量迅速增加，规模不断扩大。全世界10万人口以上的城市数从1800年的96座增加到1925年的767座，并且出现了3座500万以上人口的超大城市。"包括郊区在内，1900年世界上只有10万人口以上的城市302个，其中百万人口以上仅11个，而到了1950年便分别增加到906个和71个，1975年更达到1966个和181个。"（王春光、孙晖，1997）2018年世界上最大的20个城市拥有近5亿人口。随着现代价值观念的拓展，城市化和全球化的加速，中国传统村落加速解体。中国城市数量以及城市人口快速增长，据国家统计局综合司发布的《经济结构实现历史性变革，发展协调性显著增强——改革开放40年经济社会发展成就系列报告之二》公布的数据："1978—2017年，城市数量由193个发展到661个，其中，地级以上城市由101个增加到298个，县级市由92个增加到363个，建制镇数量由2176个增加到21116个。"2018年的城镇化率提升至58.52%。此外，村庄的数量（以村民委员会计）在快速减少，1985年中国村落的个数还有940617个，由于城镇化和村庄兼并等，到2001年就只有709257个了。仅2001年一年就减少了25458个，平均每天减少约70个。根据民政部统计，截至2017年12月31日，全国范围行政村总数只有691510个。

其次，村落的空间物理形态的集中有序的聚落性正在被分散而凌乱的单体型建筑取代。越来越多的农村人根据住房物理空间形态来评价住房的主人。所以，农村里几乎所有的传统农家大院的整体风貌都被零星新盖的"现代"建筑破坏而变成农家杂院。这种现象甚至发生在已经纳入遗产保护的许多传统民居保护点，如湖南省凤凰古城的民居群中。所以，目前中国的古村落主要残留于交通欠发达、偏僻独立、地势险要的地区（刘沛林，1997）。针对传统村落破败的局面以及发展趋势，住房和城乡建设部村镇建设司司长卢英方表示，第一阶段要将大部分传统村落列为保护对象，目前全国范围内已经有4153个村落被列入保护名录；第二阶段就是攻坚克难，复苏传统村落。恢复的这些"传统"村落大多是作为旅游景点开发的，与村民生活上的相关性已经很远。总体而言，中国农村聚落型居住的传统形态已经风光不再。

有学者依据全国14个省份28个村的返乡调查数据，发现超过96%的农民在1980年以后新建或改建了住房，2000年以前他们建设的住房大多在100平方米以内，而2000年以后则大多是100—200平方米，半数以上的建筑为两层或多层楼房。2000年以后城镇化速度加速，农民新建、翻建住房的目的呈现多样化：一些处于较好地段的农民通过扩大住房面积与住房房间数，经营租房业务；在一些有历史文化与旅游资源的村镇，农民则将自己的住房改造成"农家乐"自己经营，实现农民职业的转换。与此同时，也有相当多的农民出于攀比、炫耀的目的而建房。

最后，农村聚落住房空置现象严重，人口空心化问题日益突出。新型城镇化加速的直接后果促使农村人口向城市转移，于是农村居住聚落人口空心化现象也就成为不争的事实。有学者利用全国1995个县的农村人口流动数据计算后发现，“2000年、2010年中国农村人口空心化指数均值分别达到14.22、23.45，呈现时间上的动态大幅上升趋势”。针对农村为什么会出现居住空间聚落空心化问题，有学者提出了一些原因：“产业结构变动、城市化发展水平、城乡居民人均纯收入差距是农村人口空心化的主要驱动力。”有学者则认为，农村人口空心化给农村特定区域的治理带来了困境，并且，使乡村治理“面临村民自治主体缺位、农村经济发展受限、农村社会问题增多、农村基层党组织建设面临新挑战等”诸多问题，农村社会服务体系的建构也出现人员与资源很难到位的问题。

（三）美丽乡村居住聚落再造

新型城镇化战略的实施加速了农村劳动力向城市流动的速度，农村居住空间聚落零散化、空心化是广大农村面临的基本事实。破解农村败落趋势已经成为非常紧迫的政治任务。中国政府自2013年开始相继实施了精准扶贫战略以及美丽乡村建设工程。一方面，国家要求在2020年以前所有贫困县都必须退出贫困序列，实施脱贫摘帽。如湖南省在2017年实现了12个县的脱贫摘帽，2018年18个县脱帽，2019年最后的19个县完成脱帽。另一方面，在贫困县退出的同时，美丽乡村建设被纳入国家战略。2013年的中央一号文件提出要“努力建设美丽乡村”，紧接着农业部于同年2月发布了《关于开展“美丽乡村”创建活动的意见》，2013年11月在全国范围内确定1000个村为创建试点乡村，积极推动美丽乡村建设。

鉴于中国农村文化历史、地理位置、经济发展程度等多方面存在复杂性，各地的“美丽乡村”建设经验与推进措施应该有其独特性。如皖北美好乡村建设工程由政府统一将农民住房进行统一美化，要求房屋排列整齐，道路设施完备，自来水通到各家各户，并且设置有污水处理设施。浙江省的“安吉模式”依托农业第一产业优势，发展农产品加工业第二产业，拓展休闲农业、乡村旅游第三产业，实现“一二三产”联动；“临安模式”则按照“村点出彩、串点成线、板块打造、面上洁净”的要求，将既有行政村分为“整治村”“特色村”“精品村”三种类型，推进“美丽乡村”建设；“湖州模式”突出“科学、市场、合作、统筹与制度”5个关键因素（被称为“五位一体”的发展模式），打造美丽乡村品牌。各地经验与相关研究大多认同美丽乡村建设必须在政府外力与村民自主性力量的共同推动下才能完成。否则，如果不充分考虑农民的自身需求和认知，则“文化的抵抗”现象容易出现。针对一些历史文化迹象留存明显的乡村，如黔东南的传统村落，就必须从传统村落保护与开发的原则出发，在“美丽乡村建设中积极回归村落本原，保持村落本真风貌，维护村落的独特性”。为了让传统村落的保护行之有效，国家于2012年至2014年分四批公布了传统村落名录，一共有1598个村落被定位为传统村落。

尽管如此，如何在新型城镇化战略积极推进，农村流动人口加速、社会现代性提升的背景下，统筹好美丽乡村建设仍然是一项重要任务。中国各级政府必须坚持以居住集中为导向，引导农村居民居住空间的合理布局，让农村居民的居住空间既适应城镇化的趋势，也能够应对农村传统的基本要求，让美丽乡村中的农村居住空间成为促进农村居民市民化的有效工具。

二、农村村落人口城镇化路径

农村村落人口的城镇化路径从居住空间类型分析大致有两类：一类是就地实现人口城镇化，另一类是异地实现人口城镇化。前者是指农村人口在自己家乡的农村实现人口城镇化；后者是通过外出流动在异地城市实现人口城镇化。改革开放以来，中国城镇化以迁移性城镇化为主，即农村人口大量涌入城市而提升城市化率。随着大城市承载人口数量的限制，对流动人口的选择性增强，由此出台许多硬性的制度规定，越来越多的学者发现，中国未来城镇化将由跨省的异地城镇化逐渐过渡到就地、就近的城镇化。就近、就地城镇化与大城市吸纳人口的异地城镇化模式相互补充、缺一不可，就近、就地城镇化是城乡统筹建设的重要节点，是城乡融合战略得以实现的基础。因此,研究就地城镇化的路径具有很重要的意义。

李强等认为,中国城镇化推进模式大致有7种:建立开发区、建设新区和新城、城市扩展、旧城改造、建设中央商务区、乡镇产业化、村庄产业化。“乡镇产业化和村庄产业化”这两种模式可以比较有效地促进农村人口就地城镇化。鉴于此,有学者认为农村就地城镇化是新型城镇化建设的突破口和着力点,并提出了7种方式提升农村就地城镇化,即房地产商开发模式、企业发展带动模式、集中居住或项目统筹模式、村集体筹资建设模式、政府保障性住房模式、偏远农区(中心村)建设模式、慈善组织资助模式。房地产商开发模式适合毗邻城市或者容易与城市发生资源交换的村落,由于具有良好的地理优势,其土地开发价值能够给村民带来后续动力,如北京市的房山区。企业发展带动模式则有比较好的适应性,只要适合企业运行与发展的村落,当企业被引进落户后,就能吸引当地村民就业,实现人口非农化,进而实现人口就地城市化,如近年来中西部地区承接各类产业转移,众多贫困县开办的扶贫工厂、扶贫车间,都很好地起到了人口城镇化效用。集中居住或项目统筹模式把分散居住的农民集中到新建的规划良好的社区居住,或者以原有发展条件较好、有历史文化条件或者有旅游资源的村落为中心向其逐步靠拢的过程。村集体筹资建设模式的实质是村集体集资建房,鉴于存在众多法律政策困境,在实践中很难推行,目前只在温州市郊区有突破,况且它不适合边远农村社区。政府保障性住房模式适合农村困难群众的住房保障,目前众多易地搬迁普遍实行分散安置与集中安置两种方式。对于那些缺乏后续致富能力的农民采用分散安置的办法,而集中安置后续致富能力强的农户。集中安置点要么本身就是集镇,要么经过一定时间发展会成为集镇。中心村建设模式是在现有自然村的基础上,将几个村落合并,重新建立村落聚居区,改变农房过于分散、土地过于零碎的格局。中心村建设模式需要以村务服务活动中心、村卫生室、市场等公共服务平台为核心,以提高中心村建设的效率,满足村民要求。至于吴碧波在其博士学位论文中提出的慈善组织资助模式,还很难找到相关案例,目前只是一种设想。

非常明显,上述所谓的模式都是从住房建设或居住聚落集中的角度论及就地城镇化的,虽然居住模式在一定程度上可以改变人的城市化程度,

“人造住房，住房造人”，但是我们更应该知道，人的城镇化元素可以随着教育的普及、大众传媒的拓展、外出打工的流行等形式，不同程度地嵌入农村居民。陆学艺曾经指出，一旦农村居民受到现代化元素的冲击与影响，他们身上的城市化、现代性元素就在增长（陆学艺，2004）。而就地城镇化“强调农村的就地改造，农民在世代居住的乡村完成了生产方式、生活方式、权利权益等的城镇化、现代化的转型”。

于是，通过对农村居民非农化指标值的大小来说明农村人口就地城镇化程度是科学的。这自然有两条路径：其一是农村居民自身努力或者自身变化而引发的人的城镇化；其二则是由于国家制度逻辑变化，国家战略导致城乡一体化进程加快，而实现城乡居民一致性程度提升引发的城镇化。

（一）国家引领：精准扶贫与乡村振兴

精准扶贫与城镇化两大战略日益互为手段。一些学者提出了城镇化助推脱贫战略，也有人提出脱贫战略促进新型城镇化，还有学者则认为，脱贫战略与新型城镇化互相促进，彼此联动。实地研究证实，脱贫攻坚战略与新型城镇化战略的确互相促进。首先，新型城镇化吸引农村人口向城市集中，改变了中国城乡人口结构，消除了人口结构问题上的“厨师困境”，使农民增收获得结构上的保障；其次，实施脱贫攻坚战略极大而迅速地提升了农民就地城镇化的速度与程度。

课题组就精准扶贫战略与就地城镇化之间的关系问题，于2018年1月、2019年1月分别对湖南省的5个县（Q县、H县、X县、S县、W县）展开了实地调查，发现在脱贫攻坚战略驱动下，5个县的农村均提升了农村居民就地城镇化水平。5个县都相对完整地实施了如下战略以帮助农村居民脱贫，进而直接提升了农村居民的就地城镇化程度。

1. 道路“城镇化”：脱贫战略助力农村公路四通八达

农村公路网四通八达是新型城镇化的基本要求与硬件指标，优质道路与农村村庄的连接自然是就地城镇化的基本要求。调查的5个县均花费巨资按照现代标准新建或提质农村公路，所在县自然村（组）公路通达率100%。如H县在2014—2018年融资2亿元左右，新建农村村组公路7条

27.4 千米，提质改造 33 条 102 千米，完成安保设施 35 条 125 千米；Q 县建设贫困村组道路 336.52 千米；S 县投入 9.07 亿元完成农村公路项目 600 个 1128.837 千米，安保项目 73 个 511.543 千米，危桥 31 座，“窄改宽”改造 626.483 千米，通乡、通村、通组公路改造 502.35 千米，实现了村村通水泥路、农村客车村村通；W 县累计投入 5.75 亿元，新修建农村公路 776.23 千米（其中自然村通水泥路 433.35 千米）、农村公路提质改造 340.76 千米，安全保障工程 521 千米，全县农村公路通畅率已达两个 100%（即所有行政村 100% 通畅，299 个村 1376 个 100 人以上的自然院落 100% 通畅）；X 县投入资金 9.56 亿元，建设村组道路 1751 千米，413 个村（社区）1950 个组道路达标。

2. 家庭饮水“城镇化”：农村自来水

农村居民家庭能够像城市居民家庭一样，享受到自来水带来的便捷，不仅意味着农民生活质量的提升，也体现了就地城镇化程度的提升。因此，各地政府一直对城镇化进程中农民的用水问题特别重视。调查的 5 个县都将解决农民的饮水问题放在非常基础的位置，他们有相同的工作目标：力争将自来水接入每个农民家里，改变农民取水距离超过 500 米或者来回取水用时超过 30 分钟的局面。为了这样的目标，X 县投入 1.93 亿元，新建和改造供水工程 238 处，农村自来水普及率达 89.6%；W 县投入 5.03 亿元，通过自来水、打井、饮用山泉水等方式，完成水池水井、单村联村、管网延伸等饮水安全巩固提升建设项目 816 个，农村人口饮水安全覆盖率已达 100%；S 县投入资金 2.58 亿元，建设 289 处饮水工程，解决 48.22 万农村人口饮水安全问题；H 县累计投入 9356 万元，完成安全饮水工程 190 处，解决 6 万人饮水不安全问题；Q 县投入 8022 万元建设自来水管网、打井等安全饮水工程，解决 36.7 万农民的饮水问题。尽管这几个县在提升农村居民生活用水问题上投入了巨资，但由于农村地区居住分散，自来水的普及率还比较低，除 S 县以外，其他 4 个县自来水的真实覆盖率不足 50%。一些县，如 W 县一些离县城不足 3 千米的村，自来水还没有完全覆盖。

3. 住房“城镇化”：跨越与阻隔共存

中国城市住房改革 40 多年不仅极大地增加了中国城市住房的数量，提升了住房质量，变动了各城市之间以及城市内部的住房分布结构，还差异性地内生了住房的超额价值。而中国广大农村的住房则被排斥在城市住房这一巨大升值洪流之外，个中体现的到底是“不公正”还是“大智慧”，还需要进一步考察。不过，从社会学视角分析，住房不能够也不应该完全市场化。因此，不让农村住房进入市场交易，其正向功能应该大于负向功能。实质上，目前中国城市住房已经出现了过度市场化现象，由此而引发的问题正在显现。

不过，尽管农村住房不能直接在政府设定的市场交易，但仍然有不少农村住房，如那些位居城市周边地区特别是大中城市周边地区的农村住房，他们已经在想尽办法通过出租或出让参与市场分配。一些远离城市的住房也通过吸引企业进驻而获得出租机会，或者农村居民自己直接利用其住房从事经营活动，让住房产生市场价值。因此，那些处于优势位置的住房，或者市场能力较强的农村居民，往往能够较好地让住房获得市场价值，实现住房“城镇化”。

除此之外，农村住房还有豪华奢靡建设趋势：一是因为有不少获得巨额经济收益的农村外流人员回流老家建设豪宅；二是一些城市精英寻求农村安静生活而到农村建设住宅；三是部分农村居民通过举债而炫耀性建设。由此种种而产生的住房是一般城市居民难以模仿的，这或许体现了农村住房的“城镇化跨越”。如果说农村住房的上述“城市化”更多的是居民个体性行为的话，那么扶贫攻坚战略、乡村振兴战略实施而推动的农村住房更新就是国家战略直接作用的结果了。

调查的 5 个县不仅就地改造了贫困农民的危房，而且建设了集中安置点，即将相应区域内的贫困人口按照一定标准集中安置。2014 年以来，S 县完成危房改造 12984 户、发放补助资金 27996.6 万元，建设了 11 个集中安置点，70% 的贫困户入住后收入来源转为务工，务农的只剩下 27.7%，其他有 2 户经商、1 户从事公益岗位；W 县投入 3.16 亿元进行危房改造，完成 12321 户，投入易地扶贫搬迁资金 6.82 亿元，在乡镇集镇所在地及城区建设有 17 个易地扶贫搬迁集中安置点，2017 年搬迁 1432 户，2018 年搬迁 1477 户；X 县投入 5.29 亿元建设了 16 个集中安置点，完成易地搬迁 2201 户，投入 4.42 亿元资金对 16323 户农村危房进行了改造；H 县投入资金 1.28 亿元，新建改建C、D级危房7722户,投入8322万元建设集中安置点13个;Q县危房改造累计投入1.56亿元,改造危房10263户,投入7亿元资金新建集中安置点6处,解决3297户群众的住房问题。调查中,各个县集中安置点的建设加速了就地城镇化的速度。

4. 公共卫生"城镇化":村标准卫生室

农村地区医疗卫生条件长期处于落后状态。1968年国家承认当时在农村地区广泛存在的半医半农的医生为"赤脚医生",并以赤脚医生为主体建设了村卫生室。赤脚医生体系的运行为改善我国广大农村地区农民的医疗条件作出了贡献。然而,市场改革尤其是医疗制度的市场化改革,村卫生室大面积凋敝。尽管统计数字上仍然显示全国各村都有卫生室,如全国1999年底有72.8万个村卫生室,2012年有65.3万个,但是很多调查都证实20世纪80年代至2014年这段时间,我国绝大多数村卫生室名存实亡,即使存在也基本被个体诊所取代。2014年国家实施脱贫攻坚战略以后,村卫生室作为社区医院重新被重视,特别是在贫困县脱贫攻坚过程中村卫生室的建设被作为扶贫的重要手段——健康扶贫,被提升至战略高度。S县开展了村卫生室规范化建设大会战,按照"统一规划、统一设计、统一标准、统一组织施工、统一验收实施"的建设模式,投入1835.7万元在每一个村(共190个)新建或改扩建村卫生室,还在17个乡镇提升乡镇卫生院医疗水平。W县实施了筑网工程,投入1.05亿元,在每一个村(共299个)新建、改扩建村卫生室,投入9000万元提质改造14个乡镇卫生院,投入1.6亿元新建市人民医院住院门诊医技综合楼;建立了"基本医保+大病保险+扶贫特惠保+民政医疗救助+定点医院减免+政府兜底"六道医疗保障线,实现参加医保、大病保险、扶贫特惠保及资助参保率4个100%。X县投入3.4亿元抓"一站式"服务全覆盖、"先诊疗后付费"全覆盖、标准化村卫生室全覆盖、家庭签约医生全覆盖。H县新建标准化村级卫生室41个,定点医疗机构"先诊疗后付费""一站式"结算,建档立卡贫困人口参加城乡居民个人缴费部分实现财政代缴。Q县为10976名救助对象建立健康档案,健康立卡贫困户基本医疗报销比例比非贫困户多10%,此外,Q县安排483万元为全县建档立卡贫困户购买家庭综合保险。

5. 教育"城镇化":适龄儿童青少年就学

构建城乡一体化的教育体制机制,让农村孩子与城市孩子接受大体一致的教育,是教育公平正义的要求,也是新型城镇化的关键指标。然而自20世纪80年代市场改革至2014年这段不短的时间内,城乡之间、区域之间表现在教育上的分化已经成为众所共知的事实。促进教育公平是政府的责任,是政府合法性的基础。2014年精准扶贫战略实施以后,中国各级政府花大力气推进教育平等,配置更多教育资源于贫困县。调查发现,2014年以来,S县投入了1.2亿元改造升级7所农村中小学校,另外投入1.81亿元新建校舍3万余平方米,并且在每个乡镇建设了1所公立幼儿园。同时还向困难学生发放补贴:累计向121227人次发放7364.37万元,向137人次建档立卡的高校毕业生发放63.1万元,给117121人次补贴8319万元的农村学生营养餐,另外还向2837人次提供生源地信用助学贷款2132.52万元,完成5275人次的"雨露计划",涉及资金685.5万元,还发放了职业学历教育扶助款2336.67万元。全县义务教育阶段适龄儿童"零辍学"。W县投入资金13.5亿元,全面完成城乡163所条件落后学校改造,全县办学条件发生了翻天覆地的变化,另外累计发放各类助学金3.34亿元,资助家庭经济困难学生39.01万人次,补贴农村学生营养餐18774万元,农村学生中有48.79万人次受益。适龄儿童九年义务教育入学率、巩固率均达到100%。X县投入4.8亿元完成192所义务教育条件落后学校改造,发放各类资助资金5.13亿元,资助家庭经济困难学生133.47万人次,没有一个学生因贫因厌学而辍学。落实了学杂费减免、营养改善、雨露计划、困难助学等近20项扶贫助学政策,从幼儿园到大学,实现教育补助全覆盖,惠及427518人次。H县近4年累计投入教育扶贫资金2.3亿元,贫困家庭学生扶贫助学、职业学历补助覆盖率、适龄学生九年义务教育巩固率均达100%。Q县2013年以来投入资金3.96亿元改造农村义务教育学校267所,累计发放义务教育贫困寄宿生补助1.17亿元,发放高中和职业中专困难学生助学金4663.3万元,学杂费减免5007.42万元。各个县在教育上投入巨额资金,一方面提升了贫困县农村的教育资源,让农村学生能够享受九年制义务教育甚至完成大学教育;另一方面也是更为重要的是使农民后代能够更为顺利地完成城镇化。

6. 公共服务“城镇化”:网络、农村综合文化服务中心

公共服务与新型城镇化二者之间不仅需要协调发展,而且存在时空协调特征与耦合性,如果公共服务供给不足,则自然影响新型城镇化的质量。党的十八大以前,中国绝大多数农村的公共服务都相当缺乏,2014 年脱贫攻坚战略将公共服务的传送确定为提升农村生活质量的重要措施。于是所有贫困县都投入巨资提升农村公共服务水平。就调查的几个县的情况来看,2014 年以来,S 县投入资金 1.4 亿元,建成光缆近 6000 皮长千米,建设 4G 基站 174 个,开通光纤到户(FTTH)215 个村,通信 4G 覆盖率和光纤通达率都实现 100%。另外,集中建设村部,投入 9662.28 万元,按照“八个统一”的模式:统一规划设计、统一建设标准、统一功能布局、统一审批程序、统一资金拨付、统一招投标、统一检查验收、统一建章立制。新建 33 个、改扩建 147 个、维修 35 个村级综合服务平台,实现了村村有综合服务平台。另投入 1554.9 万元,按照“七个一”的标准(一个文化活动广场、一个文化活动室、一个简易戏台、一个宣传栏、一套文化器材、一套广播器材、一套体育设施器材)新建和改造了 215 个村文化综合服务中心,建成“村村响”县级平台 1 个、乡镇平台 17 个、578 个村级终端平台,覆盖了全县所有行政村。W 县实施了宽带乡村、覆盖优化工程,299 个行政村 4G 信号覆盖率 100%,275 个行政村开通光纤宽带。另外,实施农村人居环境整治三年行动计划,投入 5200 万元,配备 1566 名专职保洁员,集中转运农村垃圾,垃圾无害化处理率超过 90%;投入 1.86 亿元建设了 299 个村级综合文化服务中心、135 个文化广场、111 个简易戏台、315 个农家书屋,实现了广播电视全覆盖。X 县投入资金 4.64 亿元,使网络覆盖全县 354 个行政村、22 个社区、4665 个自然村组;投入资金 1.05 亿元,新建 16 座大中型垃圾中转站,2000 个村级垃圾收集亭;投资 4.04 亿元,新建 292 个、改扩建 94 个村级综合服务平台。H 县县域范围内 4G 覆盖率 100%、光纤通达率 100%,投资 3200 万元新建和改造 26 个农村综合服务平台,新建 33 个、改建 29 个综合文化服务中心,建成 62 个农家书屋、52 个“村村响”工程;新建及改造农村电网 4 批次,15 个贫困村农网升级改造全部完成;新建或改

扩建27所农村条件落后学校,创建了23所合格村小教学点。Q县实现4G网络、光纤通达率、中央有线电视节目100%全覆盖。此外,按99万元一个村的标准建设了51个村级综合服务平台。公共服务基础设施水平的提升,为农村就地城镇化的实现提供了基础性保障。

7. 产业"城镇化":产业培育与发展

城镇化的有效拓展需要产业推动。一般来说,城镇化水平高的县域在空间上的集聚特征,会产生"溢出效应",进而提升周边县域城镇化水平并提升产业的集中度。另外,产业的形态、类别以及与环境生态的关系也制约或者促进城镇化的发展。产业结构合理化与高级化会对新型城镇化的发展具有显著正向促进作用。国家设置的2020年脱离贫困的目标使得各级政府清晰地认识到了发展产业对脱贫攻坚的重要意义。2014年以来,各县级政府特别是贫困县政府积极努力发展农村产业,希望通过提升产业规模与效益达到高质量脱贫的目标。产业发展与脱贫摘帽也提升了新型城镇化水平。

调查的5个县中,S县积极打造"龙头企业+专业合作社+基地+农户"产业模式,脱贫进而提升城镇化水平,他们以"人有业、户有社、村有品"为目标。4年共整合产业资金2.9亿元,成立并培育1686家农村专业合作社。培养出的相关产业覆盖:2.26万亩青钱柳,3.5万亩绞股蓝,90个装机7177千瓦的光伏发电站,42.9万亩杂交水稻制种,11.5万亩油菜,4.6万亩蔬菜种植,75万亩楠竹,17.5万亩油茶,年出栏8900头东山花猪。上述这些产业持续运行能够让14701户4.9万贫困人口脱贫,提升其城镇化水平。另外,县政府积极设法促进销售,投资1500万元建成电商服务中心,与著名高校签订"以购代捐"协议,与龙头企业签订商品猪代养合同,与种业公司签订杂交水稻制种保护价收购协议,举办扶贫商品集中展销会等,以促进产品快速变现。调查发现,贫困户自主产业发展势头良好。有49.7%的贫困户(351户)获得了政府提供的资金或实物支持而独立发展出了自己的产业。另外,产业带动效应显著。有71.4%的贫困户(504户)在企业、合作社或大户的带领下发展了产业,其中40.3%的贫困户得到了技术服务,36.3%的贫困户得到了代购生产资料的服务,34.1%的贫困户得到了代销产品的服务，25.2%的贫困户得到了托管托养的服务。S县农村合作社已经成为贫困户摆脱贫困的重要支柱。在706户建档立卡贫困户调查样本中，有85.8%的贫困户（490户）加入了农村合作社，69.4%的贫困户入股了合作社。S县的产业扶贫产生了实实在在的社会效益。在706户建档立卡贫困户调查样本中，有66.1%的贫困户直接享受到了政府委托的产业分红。

W县积极将产业发展作为农村居民脱贫致富的根本之策，按照"资金跟着穷人走、穷人跟着能人走、能人穷人跟着产业项目走、产业项目跟着市场走"的产业发展路子，通过采取直接帮扶、股份合作、委托帮扶等模式发展产业，最终使67503名贫困人口实现稳定就业和增收。W县采取的办法：一是全面开展自主产业帮扶，出台《W县产业扶贫直接帮扶以奖代扶暂行办法》，对有劳动能力、有一定产业基础的贫困群众采取直接帮扶的办法，直接发放以奖代扶资金；二是发展特色产业，推行"企业（合作社）+基地+农户"模式，成立了494个农民专业合作社，在100个村设置有101个"一村一扶贫龙头带一贫困群体"项目，建成120亩大棚蔬菜、1150亩中药材基地、7个铜鹅养殖新型经营主体、9个生猪养殖新型经营主体；三是实施重大产业项目，按"户贷户用户还"、政府投入、招商引资等办法，实施光伏发电、温氏养鸡、大北农等重大产业项目，建成25个光伏发电站，15个温氏养鸡场，年出笼肉鸡800万羽；四是发展乡村旅游产业；五是把"互联网+"新经济形态引入农村，培育62家电子商务企业，建成1个市级电子商务公共服务中心，159个村级电商服务站；六是建设85个金融扶贫服务站、1196个助农取款服务点。调查发现，第一，W县自主产业发展势头良好。在被调查的741户建档立卡户中，42.5%（315户）的建档立卡户获得资金或实物支持，自己独立发展产业。第二，W县的产业带动效应显著。在企业、合作社、大户的带领下发展产业的有206户，36.0%（74户）表示有技术服务，24.3%（50户）表示有代购生产资料，38.3%（79户）表示有代销产品，23.8%（49户）表示有托管托养，66.5%（137户）表示有分红。第三，农村合作社发展状态良好。在被调查的741户建档立卡户中，加入合作社成为社员的有208户。第四，产业扶贫社会效益良好。在被调查的741户建档立卡户中，60.3%（447户）的建档立卡户得到了产业扶贫帮扶。这些措施实实在在地解决了贫困问题，同时也直接促进了W县农村的就地城镇化水平，让农村居民与城市居民之间没有了本质差距。

X县按照“一乡一业、一村一品”的思路，坚持“政府扶、市场引、企业帮”。2014年以来，共投入2.9亿元产业扶持资金，重点发展富硒、中药材、饮茶、油茶、特色果蔬、黄酒、禽畜加工七大主导产业，共筛选出34家重点帮扶企业，带动92691名贫困人口稳定增收。一是以种植业和养殖业为主。在被调查的613户建档立卡户中，283户（46.17%）发展了种植和养殖业。二是农村合作社已逐渐成为主要脱贫力量。在企业、合作社、大户的带领下发展产业的有333户，占比54.3%，300户（48.9%）加入合作社成为社员。

H县近4年整合投入1.38亿产业扶贫资金，采用自主发展、委托扶贫、入股专业合作社、产业奖补、发展光伏、收购电站等多种方式，因地制宜发展特色产业，形成板栗坪龙虾、长潭甲鱼、尽远鸡蛋、仇家香菇等区域性特色品牌，探索了乡村农业旅游、现代观光农业等新型产业扶贫模式。

Q县通过委托帮扶和股份合作的方式，建立紧密利益连接机制。通过湖南省级重点产业项目与Q县12102名贫困人口签订了项目合作协议，打造了62个县级重点产业扶贫项目，引导贫困户发展种养业，为2686户发放10015万元扶贫小额信贷。此外，Q县通过党建引领，全县296个村成立296个村级经济组织、120个农民专业合作组织、65个新培育家庭农场、200户科技示范户。农村产业的引入、培育与发展，使这些县农村居民的自然特征弱化，规划性、政策性、市场交易性等城市化特征明显增强。

（二）农村居民自身要素变迁引发城镇化程度提升

1. 职业城镇化：农民就地实现的非农职业转移提升就地城镇化程度

近10年来，全职务农的农民所占比例迅速下降。鉴于农民这一职业具有低收入、低声望、低权威特征，因而绝大部分农村居民并不满足于日常务农。有学者将农村居民的职业作了分层研究，依据从高到低分别列出农村干部、农村企业主、农村个体户、打工者、兼业务农者、纯务农者和无业者。

他们研究发现,“纯务农者比例正在逐年迅速减少,兼业务农群体扩大趋势明显,农民兼业已经成为明显的社会阶层现象”。由此,农村地区的村庄开办非农产业已经不是稀奇现象。

2005 年的数据(CGSS2005)有村办企业方面的调查,2005 年一共调查了 401 个村,其中 60 个村有村办企业,194 个村开办有私营企业。从村民职业分析,2005 年数据(CGSS2005)显示,被调查的农村居民全职务农的有 79.2%(3385 人),2006 年数据(CGSS2006)显示,有 67.06% 的农村居民全职务农,2013 年数据(CGSS2013)进一步下降,这时农村居民中已经只有 49.5%(2303 人)被访者回答他们还在全职务农,2015 年的数据(CGSS2015)显示,已经只有 33.9%(1523 人)的人回答他们目前在务农了[不过有 22.2%(998 人)的回答者反映他们过去务农但目前没有工作,见表 4-1]。

表 4-1　农村居民的工作经历及工作状况交叉状况(CGSS2015)

	目前从事非农工作	目前务农,曾经有过非农工作	目前务农,没有过非农工作	目前没有工作,而且只务过农	目前没有工作,曾经有过非农工作	从未工作过	合计
人	884	466	1523	998	449	178	4498
%	19.6	10.3	33.9	22.2	10.0	4.0	100.0

而如果从就业愿望,即城乡居民希望从事的职业分析,CGSS2005 数据显示,有高达 90% 的农村居民不希望从事农民这一职业,并且有意思的是,农民的职业愿望结构分布与城市居民比较,呈现大体一致的分布趋势(见图 4-1)。这说明早在 2005 年农村居民“主观愿望上”的职业城镇化程度就已经很高。

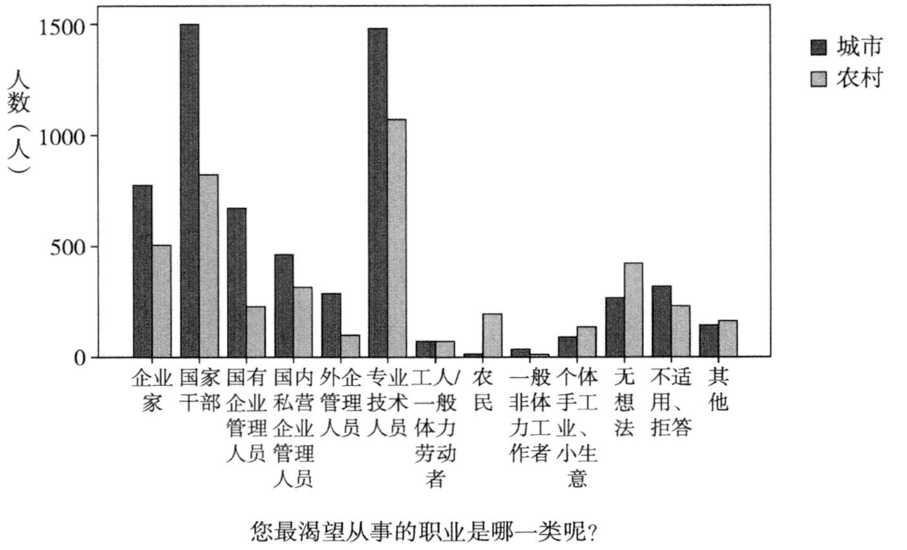

图4－1　城乡居民希望从事的职业分布

由于农民的职业转换往往可以增加收入，因此如何让更多农民尽快实现职业转换已经成为贫困县脱贫摘帽过程中一个重要的政策指针。在湖南省5个县的调查中发现，这5个县均花大力气让贫困户尽可能多地实现就业转移。

S县为了让劳务转移实现常态化，推行了“政府＋劳务公司＋劳务经纪人＋劳动力”的“四位一体”的就业扶贫模式。在过去的4年中让13338户28156个贫困劳动力签约，成功转移就业农民9463人。与此同时，还通过建设就业扶贫服务中心，与其他发达地区的经济开发区建立长期劳务协作关系，举办专场招聘会，培训贫困劳动力（4年共培训1538人），发放培训生活补贴（共发放39.16万元），累计发放交通补助472.6万元。在县委、县政府强有力的推动下，S县一共有贫困劳动力28156人，已经实现就业的有22142人，转移就业率达78.64%。95.2%的贫困劳动力成功实现就业转移主要是依靠农民自身的努力到县域以外寻找工作，而不是靠政府安排。因此，他们参加就业培训的意愿非常强烈。在调查的706户建档立卡贫困户中,58.4%的贫困户明确表示想参加就业培训,另外41.6%的贫困户是因为家里无人看顾没有办法参加培训。参加过就业培训的有91.3%的人认为参加培训对找工作或提高就业收入有帮助。当然,对于那些贫困的不方便外出务工的农民来说,政府安排的公益岗位是对他们极大的支持。大约有13.7%的贫困户(97户)表示家里有人参与了公益岗位。

W县大力推进就业扶贫。积极完成湖南省人社厅就业服务信息平台系统44052名建档立卡贫困劳动力信息的录入工作,将劳动力培训和劳务输出紧密结合起来,以培训提技能、以输出促增收。整合人社、残联、扶贫、农业等部门的教育培训资源,完成就业技能培训5774人。有50.7%(376户)的贫困户特别愿意参加培训。通过“批量安置、集中定向、分散自主、辐射对接、远程输送”等形式,转移城乡劳动力26928人就业,超过70%的劳动力被转移到县域以外就业。2017—2018年发放外出务工人员交通补贴42327人次1629.13万元,以此刺激在乡农民外出务工。

X县2014年以来先后2次对建档立卡贫困劳动力开展了信息采集工作,共采集和补充完善信息34633条,其中已转移就业15347人,未就业19286人。培训贫困劳动力和“两后生”2.43万人次(X县愿意参加就业培训的人所占比例相对较低,只占被调查户数的38.3%),转移贫困劳动力就业35188人。采取劳务输出、安排公益性岗位等方式,消除了有劳动力的“零就业”贫困家庭483户,贫困劳动力621人,实现零就业贫困家庭的动态清零。利用易地扶贫搬迁一楼门面等乡村民房,发展了43个“扶贫车间”,实现845名贫困人口在家门口就业。为了鼓励外出务工,2018年全县发放给31898名外出务工人员交通补贴1102.27万元。调查发现,X县本地就业和扶贫车间日渐成为贫困户增收的主阵地。建档立卡以来,有67人通过政府安排外出务工,120人获得了稳定的本地就业机会,31人参与公益岗位,20人成为扶贫车间工人。

H县转移贫困劳动力1960余人,贫困户稳定就业2460人、临时就业3300余人,注重培训“两后生”103人,开发就业扶贫特岗500个。

Q县2017年新增农村劳动力转移就业7300余人,通过劳务协作转移就业3010人,扶持自主创业151人。开展了贫困劳动力就业技能培训、创业培训等培训项目,解决贫困群众自身发展动力不足、缺技术等难题,促进贫困劳动力稳定转移就业。

2. 收入城镇化:农村居民的收入趋近城市居民,就地城镇化水平提升

农村居民对城市居民来说,经济收入倍差减少,但绝对数差异还在增加。中国城乡长期以来存在比较明显的分割现象。在经济收入领域,改革开放以后城乡居民之间的收入差距就一直在扩大。根据国家统计局的数据,1978年,中国城乡居民收入差距为209.8元,到2013年,两者之间的差距扩大到了18059.2元。城乡居民收入比从1997年的2.47上升到2003年的3.23,2018年城乡收入比回落至2.69,这一年城市居民人均可支配收入为39251元,农村为14617元。

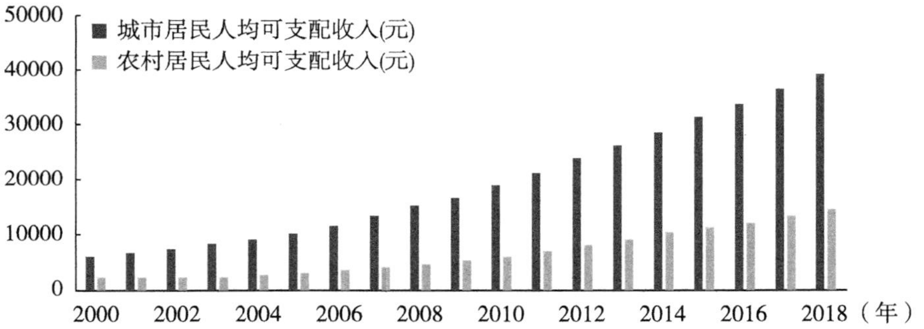

图4-2 2000—2018年我国城乡居民收入及差异

当农村居民的收入大致上与城市居民相当时,就可以表明农村有比较高的城镇化水平。2004年(CGSS2005)数据显示,被调查的城市居民人均收入是农村居民的3倍,而家庭收入则是2.84倍。2014年,CGSS2015数据显示,城乡居民收入差距的倍数有所下降,个人年收入倍差数下降至2.5倍,家庭总收入倍差数降低到1.84倍。当然表现在绝对数上的差距仍然在增加:个人收入之间的差距由2004年的7848元上升至2014年的24666元,家庭收入之间的收入差距更大,从18025元上升至37327元。

表 4－2　城乡居民全年总收入对比

（单位：元）

	2004 年（CGSS2005）			2014 年（CGSS2015）		
	N	均值	标准误	N	均值	标准误
城市（个人）	5819	12006	199.33	6470	41111	2822.19
农村（个人）	4035	4158	92.20	4498	16445	2274.92
城乡差额	—	7848	—	—	24666	—
城市（全家）	5665	27818	607.54	6470	81627	3475.93
农村（全家）	4020	9793	168.88	4497	44300	4292.71
城乡差额	—	18025	—	—	37327	—

如表 4－2 所示，尽管在收入上，城市居民远高于农村居民，但是对其获得的收入是否合理的判断上则呈现相反的情况，有 45.7% 的农村居民认为他们获得的收入是“合理”的，而这一比例在城市居民那里只有 35.6%。

表 4－3　考虑到您的能力和工作状况，您认为您目前的收入是否合理呢

		非常合理	合理	不合理	非常不合理	不适用	合计
城市	人	79	2174	2719	568	558	6098
	%	1.3	35.6	44.6	9.3	9.2	100.0
农村	人	59	1955	1769	214	277	4274
	%	1.4	45.7	41.4	5.0	6.5	100.0

3. 阶层感受城镇化：农村居民与城市居民大体一致的阶层感

阶层判断属于个体对自己所属阶层的主观认定，或称主观评价，它强调人们的主观认知成分（Kraus et al.，2012）。比较多的研究显示，中国城乡居民的阶层地位认同存在相对偏低的现象。有学者发现中国居民的阶层认同属于“混合型”主观阶层认同。与上述研究有所不同，本研究所用数据分析发现（见表 4－4），从 2005 年到 2015 年，城市居民认定自己处于较好的社会阶层的比例上升较多（提升 14.2%），而相应情况在农村这 10 年则下降明显（下降 6.3%）。

表 4－4　家庭社会经济地位在本地大体属于哪个层次

		上层	中上层	中层	中下层	下层	合计
2005 年	城市	25 （0.4%）	335 （5.5%）	2251 （36.9%）	2017 （33.1%）	1470 （24.1%）	6098 （100.0%）
	农村	54 （1.3%）	342 （8.0%）	1917 （44.8%）	1082 （25.3%）	879 （20.6%）	4274 （100.0%）
2015 年	城市	35 （0.5%）	456 （7.1%）	3160 （49.4%）	1977 （30.9%）	771 （12.1%）	6399 （100%）
	农村	45 （1.0%）	184 （4.1%）	1907 （42.7%）	1542 （34.6%）	785 （17.6%）	4463 （100%）

4. 获得感城镇化：农村居民与城市居民在获得感方面的比较

与上述数据表现出的意思似乎有所不同，当与自身作比较时相比城市居民来说，更多比例的农村居民认为较三年以前他们的社会经济地位上升了，相对小一些比例的农村居民经济地位下降了（见表 4－5）。提升居民的“获得感”已经成为新时代政府的执政理念，自 2015 年至 2017 年，光《人民日报》就发表了习近平同志 12 篇文章论及“获得感”，故此，提升获得感与提升居民的收入还是不能简单画等号，“获得感”所涉及的面以及内容要更加复杂。

表 4－5　与三年前相比，您认为您的社会经济地位是上升还是下降

		上升了	差不多	下降了	不好说	合计
城市	人	1946	2632	1423	97	6098
	%	31.9	43.2	23.3	1.6	100.0
农村	人	2053	1529	617	75	4274
	%	48.0	35.8	14.4	1.8	100.0

5. 人际关系"城镇化":农村居民与城市居民人际联系密切程度上的比较

一般认为,城市居民的人际关系会有更多的功利性与理性,而农村居民在处理人际关系时一般更强调伦理性与感性。农村人际关系简单、亲密、情感色彩浓重,城市人际关系则复杂、疏远、理性成分较多。不过,如果仅仅就接触与联系的密切程度来分析,城乡居民之间呈现的差异并不显著,这或许在一定程度上可以证明农村居民的"就地"城镇化水平抵近城市居民。CGSS2015 数据分析结果见表 4 -6。

表 4 -6　您和亲戚/朋友之间的接触和联系的密切程度是怎样的呢

		非常不密切	不密切	一般	密切	非常密切	合计
城市	人	51	256	2362	2849	580	6098
	%	0. 8	4. 2	38. 7	46. 8	9. 5	100. 0
农村	人	32	173	1190	2324	555	4274
	%	0. 7	4. 0	27. 9	54. 4	13. 0	100. 0

6. 婚姻状态"城镇化":农村居民与城市居民婚姻状态比较

一般来说,传统农村社会居民结婚年龄会早些,婚姻稳定性程度会高些;城市社会居民的初婚年龄会后延,并且婚姻的稳定性也较差。如有学者发现随着现代性的推进,城市居民的结婚率与出生率会出现双双降低现象。正是因为此特征,使用婚姻这一指标来度量城乡居民的接近度,如果两者相当或者相差不大,则表明城乡居民婚姻观念上具有一致性。对 2015 年数据(CGSS2015)进行整理发现,城市居民初婚平均年龄为 24. 25 岁,高于农村居民 22. 57 岁的平均初婚年龄;29. 6% 的农村青年在 20 岁以前就结婚,而 20 岁以前结婚的城市青年只占 16. 1%。值得注意的是,从 2005 年到 2015 年这 10 年间城乡居民婚姻状态均发生了较大变化:处于稳定婚姻状况的比例在城市下降了 6. 7%,农村则下降了 10. 4%。城市中有 24. 1% 的访谈对象没有处于婚姻状态,这一比例在农村是 18. 8%。其他类别的比例也都有不同程度的变化(见表 4 -7)。

表 4-7　城市农村被调查者婚姻状态

婚姻状态	2005 年		2015 年	
	城市	农村	城市	农村
未婚	755(12.4%)	221(5.2%)	801(12.4%)	327(7.3%)
已婚	4872(79.9%)	3830(89.5%)	4733(73.2%)	3556(79.1%)
离婚未再婚	121(2.0%)	24(0.6%)	180(2.8%)	49(1.1%)
离婚后再婚	21(0.3%)	15(0.4%)	126(1.8%)	74(1.6%)
丧偶未再婚	311(5.1%)	167(3.9%)	554(8.6%)	455(10.1%)
丧偶后再婚	17(0.3%)	16(0.4%)		
同居			57(0.9%)	22(0.5%)
分居未离婚			19(0.3%)	15(0.3%)
合计	6097(100.0%)	4273(100.0%)	6470(100%)	4498(100%)

注:Pearson 卡方检验 Sig = 0.000。

7. 社会态度"城镇化":农村居民与城市居民社会态度比较

中国社会转型 40 多年,经济领域、政治领域、文化领域等均发生了很大变化,于是人们的社会态度也发生了相应变化。社会态度一般是指社会大众对外界事物的各种感受、评价以及行为倾向等心理状态。有学者认为,社会态度既是社会变迁潜在但现实的结果,也是社会变迁潜在及现实的动因。因此,探测城乡居民在态度上的差异,可以反推农村居民就地城镇化程度。将 CGSS2015 数据中有关自认为自己的观点与社会大众是否一致的判断整理成表 4-8。表中数据体现了城乡居民之间有大体一致的分布。这一结果与郑昱在 2014 年所做的实证研究大体一致。

表 4-8　就您一般印象，您对一些重要事情的看法与社会大众一致的时候有多少

		一致的时候非常少	一致的时候比较少	一般	一致的时候比较多	一致的时候非常多	合计
城市	人	96	376	3272	2170	184	6098
	%	1.6	6.2	53.7	35.5	3.0	100.0
农村	人	48	246	2218	1619	143	4274
	%	1.1	5.8	51.9	37.9	3.3	100.0

不过在一些体现现代城市文明行为的遵从方面，城乡居民还是存在比例上的差异（见表 4-9）。归纳“反感”项的具体差异：在公众/公共场合大声喧哗，城市居民有 83.6% 反感，这一比例在农村居民中只占 62.4%；吸烟者在非吸烟者面前或附近吸烟，城市居民有 73.9% 反感，农村居民的比例只占 50.2%；随地吐痰，城市居民有 92.9% 反感，农村居民为 71.4%；随手扔垃圾，城市居民有 91.1% 反感，农村居民为 69.3%；讲粗话脏话，城市居民有 91.0% 反感，农村居民为 77.4%；不排队购物/付款/办事，夹塞，城市居民有 88.2% 反感，农村居民为 66.9%；不按照交通灯指示和行人线过马路，城市居民有 84.2% 反感，农村居民为 64.7%；不守时间，城市居民有 89.2% 反感，农村居民为 79.1%；不守信用，城市居民有 95.6% 反感，农村居民为 89.2%；不关照/协助老弱病残，城市居民有 96% 反感，农村居民为 94.6%。这些数据虽不能反映相关项目的深度，但是大致可以说明占绝大多数的农村居民在一些具体的公德、公共事务上的看法正在接近城市居民。这说明，就地城镇化在中国农村已经在具体的事务上实现了城市文明的扩散。

表 4-9　如果别人有以下行为，您的反应/看法是怎样的呢

			不反感	不太反感	无所谓	比较反感	很反感	合计
在公众/公共场合大声喧哗	城市居民	人	31	150	669	2441	1878	5169
		%	0.6	2.9	12.9	47.3	36.3	100.0
	农村居民	人	147	289	1161	1843	813	4253
		%	3.5	6.8	27.3	43.3	19.1	100.0
吸烟者在非吸烟者面前或附近吸烟	城市居民	人	94	240	1017	1940	1878	5169
		%	1.8	4.6	19.7	37.6	36.3	100.0
	农村居民	人	305	384	1427	1395	742	4253
		%	7.2	9.0	33.6	32.8	17.4	100.0
随地吐痰	城市居民	人	11	44	311	1961	2842	5169
		%	0.2	0.9	6.0	37.9	55.0	100.0
	农村居民	人	75	188	951	1930	1109	4253
		%	1.8	4.4	22.4	45.4	26.0	100.0
随手扔垃圾	城市居民	人	18	59	386	2142	2564	5169
		%	0.3	1.1	7.5	41.4	49.7	100.0
	农村居民	人	73	201	1034	1955	990	4253
		%	1.7	4.7	24.3	46.0	23.3	100.0
讲粗话/脏话	城市居民	人	11	58	396	1924	2780	5169
		%	0.2	1.1	7.7	37.2	53.8	100.0
	农村居民	人	48	140	772	1923	1370	4253
		%	1.1	3.3	18.2	45.2	32.2	100.0
不排队购物/付款/办事，夹塞	城市居民	人	10	80	524	2253	2302	5169
		%	0.2	1.5	10.1	43.6	44.6	100.0
	农村居民	人	63	168	1172	1918	932	4253
		%	1.5	4.0	27.6	45.0	21.9	100.0
不按照交通灯指示和行人线过马路	城市居民	人	12	104	702	2351	2000	5169
		%	0.2	2.0	13.6	45.5	38.7	100.0
	农村居民	人	43	158	1302	1807	943	4253
		%	1.0	3.7	30.6	42.5	22.2	100.0

续表

			不反感	不太反感	无所谓	比较反感	很反感	合计
不守时间	城市居民	人	11	81	465	2568	2044	5169
		%	0.2	1.6	9.0	49.7	39.5	100.0
	农村居民	人	34	131	724	2124	1240	4253
		%	0.8	3.1	17.0	49.9	29.2	100.0
不守信用	城市居民	人	13	33	183	1700	3240	5169
		%	0.3	0.6	3.5	32.9	62.7	100.0
	农村居民	人	18	73	372	1797	1993	4253
		%	0.4	1.7	8.7	42.3	46.9	100.0
不关照/协助老弱病残	城市居民	人	3	23	181	1800	3162	5169
		%	0.1	0.4	3.5	34.8	61.2	100.0
	农村居民	人	10	31	193	1660	2359	4253
		%	0.2	0.7	4.5	39.0	55.6	100.0

三、小结与讨论

在现代城市化拓展过程中，农民会因为“时间性”效应滞后，即农民的自然时间属性难以跟上城市时间，而导致自我认同的转换滞后于物质的变迁；相比城市空间具有的高价值性，农村空间存在的“空间性”效应带来强烈的相对剥夺感，也阻碍了农民的自我认同系统转换。尽管这样的时间上的“滞后”与空间上的“相对剥夺感”会使农村居民在一定时间内心情“不爽”，但是向现代城市迈进则是不可阻挡的。首先，当今中国人口流动已经成为一种常态，而流动对于推进就地城镇化具有特别意义。列宁曾经高度赞扬人口流动的现代性、城市化的价值，他指出，与居民离开农业而转向城市一样，外出做非农业的零工是进步的现象，它把居民从偏僻的、落后的、被历史遗忘的穷乡僻壤拉出来，卷入现代社会的旋涡中；周晓虹甚至认为，农民流动经历有连城之价。因为流动，农村居民会改变职业、收入，提升心理感受敏感力、获得感，拓展人际关系，学会理性计算与规划未来，形成主流社会推崇的社会态度。总之，因为流动、扩散、交流等动态要素，农村已经越来越离开其本土性，现代城市特征正在以硬件、软件形式在农村大地遨游并生根发芽。其次，国家政策对农村的改造，无论是以市场形式的土地开发，还是以精准扶贫形式的脱贫攻坚，或者是乡村振兴战略，这些国家政策的执行使得农村正在发生快速度、高效率以及脱胎换骨式的变更。

农村居民城镇化的路径首先需要他们自身努力与权衡，是留守老家，实现就地城镇化，还是流动至城市，完成异地城镇化？这两大方向的取舍在考验着每一个农村居民，特别是青年人的智慧与价值取向。目前我国的城镇化率才刚刚抵近 60%，一个拥有良好城乡关系的国家需要城镇化率达到 80%。也就是说，还要加速异地城镇化。不过众多数据显示，目前我国的异地城镇化主要通过吸取农村优质资源来实现。这就使得农村“弱化”“空心化”严重，农村就地城镇化的质量与可持续性成了问题。国家政策策略需要积极应对、抑制农村的“弱化”，真正实现城乡一体化背景下的农村就地城镇化，而不是简单地让农村成为城市，让城市变回农村。

第五章　集镇居住区人口城镇化

集镇有着悠久的历史，据秦汉以来的文字记载，禹的父亲鲧率先筑城。在古代，防卫是集镇的主要功能。在恩格斯那里集镇或城的出现是阶级社会开始的标志，在新的设防城市的周围屹立着高峻的墙壁并非别故，它们的壕沟深陷为氏族制度的墓穴，而它们的城楼已经耸入文明时代了。在当代，“集”一般指农村集市，而且不同地区有不同的叫法，在长江以北的省份，如山东、河南、河北、陕西、山西等地称“集”，长江以南的省份，如浙江地区则称“市”。所谓“日中为市，致天下之民，聚天下之货，交易而退，各得其所”。20世纪早期以降，人们将具有一定人口规模和经济功能的聚集区称为“市”，并将之作为基层行政单位。由于集镇或具行政功能，或具经济功能，或二者兼备，“集镇”在人口规模上差异很大，比如20世纪30年代，河套地区著名的五原县城只有660人，在江西省也存在只有几百人的县城；而在苏南及浙江省的一些地区，有些“镇”或“市”的人口有数万乃至十几万的。到20世纪80年代，我国小城镇和农村集镇多达5.7万个，其中有2800多个由省、自治区、直辖市批准的建制城镇，2074个县城和为数众多的工矿区，以及5万多个农村集镇。据民政部数据，全国有县级机关所在市360个，县城1537个，集镇21161个。

中华人民共和国成立以后，国务院分别于1955年和1963年颁布过在中国境内设定城镇的标准。1963年设镇的标准是聚居人口应当在3000人以上，而且其中非农业人口应该达到70%以上。1984年国务院同意并批转民政部的《关于调整建镇标准的报告》：“2万人以下的乡，如果乡政府驻地的非农业人口超过2000人；或2万人以上的乡，乡政府驻地非农业人口占全乡人口10%以上,可以撤乡建镇;县级地方国家机关所在地可以设置镇的建制;少数民族地区、人口稀少的边远地区、山区和小型工矿区、小港口、风景旅游区、边境口岸等地,非农业人口虽不足2000,如确有必要也可设镇。”宽松的设镇标准促进了镇的数目的快速增加。中国建制镇的数量从1983年的2968个增加到2002年的20601个,增长了5.9倍,年平均增长928个。2002年以后建制镇的数目开始减少:2003年20226个,2004年19883个,2005年19522个,2006年19369个,2008年19234个。

一、有关集镇的研究

有学者将我国集镇的发展历程分为四个时期:1949—1952年为恢复和初步发展期;1953—1966年为波动期;1967—1978年为停滞、萎缩期;1978年以后是加速发展与繁荣期。1980年胡耀邦同志到云南视察,发现保山县板桥公社的小集镇破旧、凄凉、人烟稀少,就指出发展商品经济,一定要发展小城镇。这以后,中国集镇迅速发展,实践内容日趋丰富,有关集镇的研究如雨后春笋,每年有数以万计的论文讨论集镇、城镇、集市等主题。截至2020年2月15日,以“集镇”“城镇”“集市”作为主题、关键词、篇名发表的论文数见表5-1。

表5-1 知网上分别以“集镇”“城镇”“集市”为题发表的论文数目(篇)

主题			关键词			篇名		
集镇	城镇	集市	集镇	城镇	集市	集镇	城镇	集市
6310	301290	294926	1159	40469	35114	2165	121857	245241

检索时间:2020年2月15日。

分年度检索发现,以“集市”为篇名,2010年达到高峰,达54862篇;而以“城镇”为篇名,则是在2014年达到顶峰,一共13128篇。这自然与2014年国家提出新型城镇化战略有极大关系。各年度发表论文的篇数分布图如图5-1与图5-2所示。

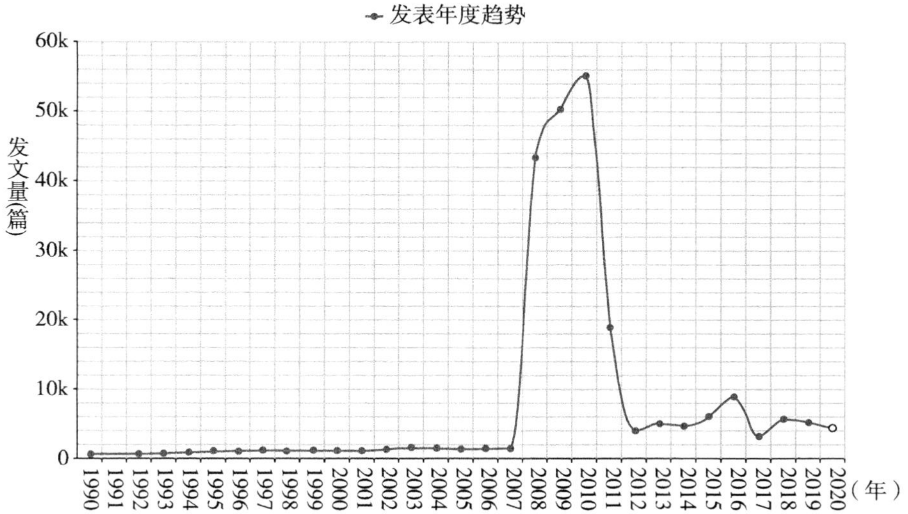

图 5-1　以"城镇"为篇名 121857 篇按年度分布(2020 年 2 月 15 日检索)

图 5-2　以"集市"为篇名 245241 篇按年度分布图(2020 年 2 月 15 日检索)

施坚雅(G. William Skinner)从市场结构的视角认为,"中国的县城基本上是中心市场(central market),镇是中介市场(intermediate market),集市是标准市场(standard market)"。有学者认为,"集镇与小城镇在生成、规模扩展过程中,会附带有关联地区在经济结构、居民生活方式由农村型向城市型转变等一系列内容”。小城镇不仅联结城市、辐射农村,而且它们还是“新型的正在从乡村性的社区变成多种产业并存的向现代化城市转变中的过渡性社区,它基本上已脱离了乡村社区的性质,但还没有完成城市化的过程”。20 世纪 80 年代,因经济发展或者政治需要迅速发展了两种类别的集镇:因经济发展而有的是乡镇企业发展带动的小城镇,这种类型可以称为“经济－政治型”城镇;另一种类型就是因政府行为而设定的小城镇,可以被称为“政治－经济型”城镇。王思斌研究发现,乡镇企业发展带动的集镇有良好的发展基础和前景,而政府行政设定的集镇发展后劲可能会不足。尽管在城镇发展的现实中存在各种各样的“变数”,在老一辈社会学家费孝通教授的积极倡导下,1980 年全国城市规划会议正式确定了中国的城市化路径与政策,即“控制大城市规模,合理发展中等城市,积极发展小城市”。于是,小城市(集镇)被置于优先发展的地位。

费孝通教授给小城镇以非常重要的地位,他指出“小城镇的复兴是出于农村经济的繁荣”“小城镇的形成和发展,它标志着农村城市化的开始”。针对我国数目繁多、性质各异、水平不一的集镇,费孝通教授使用“类别、层次、兴衰、分布、发展”5 个核心概念研究了小城镇。他提出的“类别”是针对不同特色的小城镇而希望作的归纳,如农贸集市、手工作坊集市、行政中心集市等类型;而“层次”是从发展方式、产业结构等方面来看的,如初级、中级等;“兴衰”是针对城镇的发展阶段来区分的;“分布”则是指城镇的地域布局结构;“发展”是一个更为复杂的逻辑概念,针对城镇的生长而使用的分析概念。

随着研究人员数目的迅速增加,研究成果增长迅速(见表 5－1),研究内容日趋分化与具体,相关研究内容如小城镇作用与地位的研究,小城镇发展战略研究,小城镇发展的动力机制研究,小城镇建设研究,小城镇产业发展研究,小城镇人口研究,等等。其中最为出名并作为经典被反复阅读的成果要数 1983 年费孝通发表的调研报告《小城镇大问题》。费孝通一直致力于小城镇研究,他做的 10 多年的小城镇研究大致有三个特点:“一是以‘志在富民’为根本目标探索以农民为主体的乡村工业化进程;二是以城乡一体化为导向，探索优先发展小城镇的城市化道路；三是以经济的体系化良性运行为核心，探索区域经济共同体合理布局的发展模式。”费孝通的小城镇发展实践反映在党的十五届三中全会报告中就是“农村—集镇—小城市—中城市—大城市或特大城市”的中国城市化战略。工农相辅，小城镇优先发展战略一直是中国社会经济发展的主导战略之一。

令人遗憾的是，尽管“小城镇战略”一度被视为国家城市化的主导战略，但在实践层面小城镇战略并没有能够在全国绝大多数小城镇得到执行，如中国的中西部地区，大多数集镇相当凋敝，如湖南省耒阳市城“肿”镇“衰”现象严重。鉴于此，大城市模式、中等城市模式和大中小城市相结合模式相继出现。2014 年国家正式推出《国家新型城镇化规划（2014—2020 年）》，提出要“以城市群为主体形态，推动大中小城市和小城镇协调发展”。这一规划试图积极有效地综合有分歧的研究结论，让中国城镇化道路快速而有效。

二、集镇人口城市化路径

城市扩建和人口迁移流动是 20 世纪 80 年代以来城镇化新增人口最主要的推动力。有学者依据“三普”“四普”“五普”的数据分析发现，1982—1990 年和 1991—2000 年两个时间段，因为城镇在纯地理扩展方面而导致的城镇人口增加，占城镇总人口增加的比例分别达到 66.8% 和 53.88%，人口迁移流动占城镇人口增加的比例分别为 27.46% 和 31.81%。如湖南省醴陵市 13 个主要集镇的人口变动，这 13 个主要集镇从 1981 年至 1984 年非农业人口增长仅为 4.16%，而亦工亦农人口增长率则高达 67.52%。而且，流动人口的“镇化”水平高于“城化”水平，有学者计算发现 2010—2015 年中国“镇化”贡献率为 55.1%，镇化主导型县市主要分布在中西部地区，城化主导型县市主要集中分布在沿海城市群地区。上述数据与研究发现都表明，集镇的发展依赖于农业转移人口。于是，城镇化也就必须有利于农业人口的非农化转移，于此基础上的城镇化才是有质量的城镇化，可持续的城镇化。

人口数量、质量与市场分布结构以及等级存在相互作用的内生性与协同性。于是,如何让已经居住在集镇的人口从事非农业工作、获得非农业收入也就成为集镇人口城市化的关键议题。但我国目前实际居住在农村的人口其很大一部分工作与收入都来源于非农业。自然,居住在集镇的人口他们的城镇化主要路径也应该是两条。其一,是国家在集镇政策与投入上的改变,提升了集镇人口的城市化程度;其二,则是与个体素质以及努力相关的要素,相关要素的城市化程度提升改善了整体水平。

(一)结构路径:空间价值变动促进人口城镇化

产业发展、社会生产效率和交易效率提升、就业人口及收入的增加等因素促进了城镇化发展。改革开放40多年来,中国集镇数量与规模发展迅速,如前所述,“镇化”人口速度高于“城化”人口发展速度。不过,从全国范围看,自2007年至2016年的新型城镇化水平呈现的空间分布格局呈现东高西低阶梯形分布。在中国的中西部地区,县域城镇化正在“由离散到相对均衡演进,县域城镇人口空间集聚明显”;而在中国的东部地区,人口集镇化也表现出较为典型的特征,如天津近郊农村人口的集镇空间特征就表现为:“平原偏好基础上的产业集聚化、近域郊区化和行政中心化”。区位特征、国家政策、工业发展和旅游开发等因素都会影响人口分布。例如,为了更加卓有成效地引导集镇发展,特色小镇建设成为集镇建设发展的“亮丽名片”。2016年10月,住建部会同国家发展改革委、财政部,公布了第一批127个中国特色小镇;2017年8月公布第二批276个全国特色小镇。这两批特色小镇建设意图在于从空间结构、制度倡导、资源配置上,引领集镇的发展。尽管公布的这两批特色小镇,在空间分布上具有“总体集聚、依托经济、沿线、围城、靠景”等特征,而且具有“空间集中度较高,东多西少、南多北少、东南多西北少”等特点,不过,其发出的结构路径指向作用是相当明显的。

集镇人口城镇化从结构层面分析,现有研究大致有四个解释框架。一是自上而下的规划模式。大体上指的是政府发动或主导的自上而下型的人口集镇化。中央政府按照城市发展战略和社会经济宏观发展规划有计划地发展小集镇并安排落实建设投资。这一城镇化发展逻辑中,政府行为的突出作用体现出浓厚的行政指向性与规划性。一般来说，国家和地方政策是政府规划的主要手段。按照不同政策的影响层次，可以分为以下三个层面：国家层面、各级主管政府层面以及基层政府层面。不同层级的政府表现的政策影响也有明显不同，比如中央政府的政策能力往往具有整体性特点，其政策往往以国家为单位决定了各地发展的基本思路和导向，地方则往往对国家政策灵活运用，具有地方化特征，多以推动地方的产业结构与就业结构转变为基本切入点。如中国政府于2016年以来公布的两批特色小镇名单。就具体方式而言，手段包括灵活运用户籍政策、产业商贸政策、土地政策、财政税收政策以及社会保障政策多个方面，其中产业商贸政策、土地政策和财政税收政策是主动力，而户籍、保障性政策是辅助动力。一般来说，在农村就地城镇化的过程中，政府不但关注地方经济发展，同时也会使用一些辅助性技术与政策，如保障措施。例如，中国政府设定2020年所有贫困村出列、贫困县脱帽，其基本标准是“一超过、两不愁、三保障”，其中的住房保障就要求针对农村的C级与D级住房实施改造或者搬迁。搬迁采用就地搬迁与易地搬迁两种政策。易地搬迁要求每个贫困县在乡镇所在地以及县城新建易地搬迁安置点，所在乡镇符合条件的贫困户要迁入新建的安置点。于是，每个乡镇就有不低于100户规模的人口得以集中在乡镇政府或集镇所在地。

云南省新平县戛洒镇：易地搬迁安置扩大集镇规模，提升既有集镇品质。戛洒镇位于云南省新平县西部，哀牢山脉中段东麓，是三市五县的交通交会处和商贸集散地，戛洒江自东北向西南贯穿全境。易地扶贫搬迁安置项目地点选择在镇政府所在的集镇，安置项目要求以戛洒花腰傣特色风情小镇风格建设，该项目规划总用地1620亩，总投资近15亿元，分三期建成。项目坚持规划先行，结合美丽乡村建设、农村危房改造、地质灾害搬迁和民族团结，作为示范工程，统筹搬迁安置点布局规划、民居设计、村容村貌和产业发展，同时充分考虑旅游产业的打造与植入，主动融入全域旅游发展规划，打造旅游观光新亮点，为搬迁群众增收带来机遇。2018年中秋以前，项目一期建设规模575亩，安置586户，涉及戛洒镇耀南、平田、纸厂、东瓜林、发启5个村委会2239人。安置点的住宅建设以集约化为前提，根据村民的居住习惯设计建盖。对建档立卡户按每户70平方米由政府提供免费住房，其余按不同户型和具体情况分别给予4万元至10万元不等的资金补贴。

二是自下而上的生长模式。李强指出，“认真处理好政府、市场与社会三者的平衡关系，发挥多个积极性而不是一个积极性”。市场与社会的发展往往就遵循自下而上的逻辑。马润潮(1994)提出了自下而上的城市化发展模式，这种城镇化以市场为导向，民间力量和社会组织共同参与其中，农村产业结构和就业结构实现迅速重组。城市化的制度供给是农村基层政府、乡镇企业以及农村居民。比如，“温州模式”就是这种发展逻辑的典型案例，当时的温州抓住了我国正处于短缺经济所表现出的机遇，巧妙地形成了“小商品、大市场”，家庭作坊工业和专业市场是推动温州城镇化的主导力量。

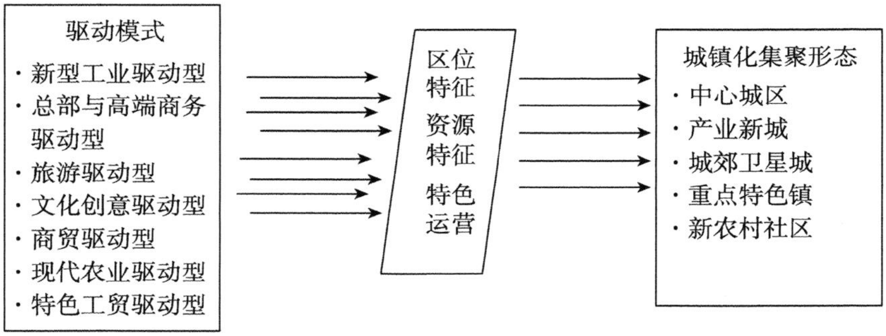

图5-3 外部驱动型城镇化模式

温州模式：温州模式是指浙江省东南部的温州地区以家庭工业和专业化市场的方式发展非农产业，从而形成小商品、大市场的发展格局。小商品是指生产规模、技术含量和运输成本都较低的商品，大市场是指温州人在全国建立的市场网络。政府在经济发展的过程中，扮演了“无为”者的角色，政府对民间的经济行为采取睁一只眼闭一只眼的态度，给予小企业自由发展的空间。

三是外部驱动型城镇化模式。即利用外部投资实现乡镇城镇化，如早期的珠江三角洲地区，特别是深圳地区，由于紧靠港澳地区，大量外部投资为珠三角发展奠定了基础。还有就是处于长江三角洲地区的农村，由于具有交通和区位优势，所在地农民迅速实现城镇化。

四是能人模式。精英人才能够极大地促进相应方面的发展，农村社区的发展或者停止也与是否有精英人才相关联。一些村庄能够发展成著名的集镇甚至城市，往往与这些村出现了有能力、品德高的精英人才有关系，相继涌现的知名村庄如华西村、南街村等。这些村庄大多有能人带动，成为就地城镇化的典型案例。出自本村的能人常常担任村庄领导，管理本村的大小事务，引领村庄发展。有人认为，能人政治是农村体制变革和社会发展的产物，村落能人可以凭借其个人的威望和能力降低公共政策的实施成本，从而推动公共政策的实施，提高效率。总之，结构层面的变化会规模性地影响集镇化的质量与数量。

能人领导下的南街村。1984 年，南街村继续在党支部书记王宏斌的领导下，选择了走集体化经济的道路。该村通过回收耕地开设村办企业，1989 年当地集体经济产值达到了 2100 万元。1990 年初，南街村集团雇用的员工已逾万人，方便面厂、啤酒厂、调味品厂、印刷厂等拔地而起。1991 年成为河南省首个“亿元村”，并竖立起汉白玉的毛主席雕像，建起了朝阳门，仿天安门广场的“金水桥”及“八角楼”。每天清晨，村民们在《东方红》的乐曲中齐齐走进工厂，又在下午的《大海航行靠舵手》音乐声中走出工厂。村中领导与职工同工同酬。1993 年办学校投资 5000 万元，1995 年办幼儿园投资 1500 万元。1998 年之后，南街村经济连续下滑，2004 年，多条生产线停工，甚至发不出员工工资。自 2003 年开始，数家上市银行向南街村亮起了红灯。为了增加收入，2004 年南街村开始开发“红色旅游”，复制了毛泽东故居、遵义会议旧址、西柏坡等具有象征意义的标志景观。2008 年，南街村负债 17 亿元。不过到 2010 年，南街村资产积累到 30 亿元，负债下降到 4 亿元。

除此之外，还有一种“城乡一体化”模式。费孝通先生有关小城镇的论述大多可以纳入工农"城乡一体化"的核心思想框架。费孝通的《江村经济》特别强调了家庭副业、乡村工业对农村发展的意义,而在《云南三村》等著作里,他特别强调了乡村工业之于小城镇的重要作用。因此,发展小城镇需要动员农村以外的元素加入,小城镇的发展才会有高质量与可持续性。在城乡一体化、产业兴镇战略的引导下,"一乡(镇)一品""一乡(镇)多品"已经成为中国众多贫困县脱贫摘帽的基本工具。如湖南省XT县的SY镇就通过努力打造烤烟生产、富硒大豆、特色油茶,提升了镇的发展持续动力;湖南省XN县的GQ镇则积极发展脐橙、生猪产业,让镇中居民有持续的发展动力。总之,贫困县中绝大多数镇所发展的产业基本上是连接农村与城市的"中介",是城乡一体化非常重要的中介环节。

(二)行动路径:居民要素变迁促进人口城镇化

针对居民自身要素而引发的变迁方面的探究,本研究以社会科学院2017年在全国展开的CSS2017数据库为基础,辅之以湖南省进行的专题调查,展开讨论。之所以选择CSS2017这个数据库是因为课题组参与了中国社会科学院在全国的调查网络建设以及具体调查数据的收集;更为重要的是,CSS2017记录有社区类型方面的信息,其分类分别是市/县城的中心城区、市/县城的边缘城区、市/县城区以外的镇、农村与其他,如"三普""四普""五普"数据显示,集镇增加的人口中有近70%源于农业人口。本专题探究集镇人口的城镇化,因此,CSS2017数据库给出的数据能够很好地帮助研究者完成目标任务。统计分析发现,CSS2017数据库中居住区在镇中心的样本量为1636,占总样本量的16.3%;居住在乡中心区的样本量为299,占2.9%。具体频数分布见表5-2。

表5-2　CSS2017样本依据被访者居住区而有的分布

居住区	频数(人)	百分比(%)	有效百分比(%)	累计百分比(%)
主城区	3011	29.9	29.9	29.9
城乡结合区	571	5.7	5.7	35.6

续表

居住区	频数(人)	百分比(%)	有效百分比(%)	累计百分比(%)
镇中心区	1636	16.3	16.3	51.9
镇乡结合区	612	6.1	6.1	58.0
特殊区域①	53	0.5	0.5	58.5
乡中心区	299	2.9	2.9	61.4
村庄	3878	38.6	38.6	100.0
合计	10060	100.0	100.0	

1. 职业城镇化:集镇居民非农职业转移提升就地城镇化程度

(1)有无工作。如前所述,职业是考察人口城镇化的重要指标。只有人口从事有持续收入的非农职业,城镇化才能得到保障。如果仅仅就是否有“工作”②这一选项,CSS2017数据库所划分的7类居住区,被调查者中“有工作”比例都不高,第一是“城乡结合区”,64.0%;第二是“乡中心区”,57.2%;第三为“村庄”,56.7%;第四是“镇乡结合区”,56.2%;第五是“特殊区域”,54.7%;第六是“主城区”,51.6%;最低是“镇中心区”,50.5%。而表示自己没有工作的调查对象所占的比例,从区域分析由高到低分别是:镇中心区(45.2%)、主城区(44.5%)、特殊区域(43.4%)、镇乡结合区(40.8%)、村庄(38.7%)、乡中心区(36.8%),以及城乡结合区(31.8%)。具体见表5-3。

(2)无工作的原因及分析。表5-3数据显示,各居住区中被调查对象“没有工作”所占的比例过高,甚至10倍于人力资源社会保障部于2018年2月公布的3.9%的失业率。这其中的原因需要探讨,问卷针对被调查对象为什么没有工作作了询问,发现除了在主城区有高达11.9%的回答者没有工作是因为他们已经退休外,“料理家务”“因本人原因离开工作”“正在上学”是3个导致被调查对象不工作最主要的原因。另外,因丧失劳动能力而没有

① 所谓“特殊区域”是指上述类别以外的区域,表现在问卷中是指“其他”,需要特别注明的区域,纳入数据库后被定义为“特殊区域”,以下同。

② CSS2017问卷所指的“工作”是指最近一周以来,从事过1小时以上有收入的工作;在自己/自己家庭或家族拥有的企业/机构中工作,虽然没报酬,但每周工作在15小时以上或每天工作3小时以上;参加农业生产劳动。符合上述3个条件之一,即算作有工作。

工作的也占一定比例，特别是在镇中心区、村庄与乡中心区，这一比例达到4%左右。除主城区有1.9%的被调查对象是因为单位原因失去工作的以外，其他居住区几乎都是低于1%的被调查对象是因为单位原因而失去工作的。于是，可以认定，尽管目前不工作的被调查对象所占比例很高，但的的确确是因为对象个人原因而不工作，而不是社会环境结构造成的。并且应该有更高工作比例的主城区反而是更少部分的人在工作。就目前的数据而言，要提出的问题是，如何提升全体居民的工作动力与激情可能是各个社区需要努力解决的问题。

表5-3　被调查者目前的工作状态频数与比例分布

（单位：人）

居住区	有工作	有工作，但目前休假、学习，或临时停工、歇业	没有工作	合计
主城区	1553	118	1340	3011
	51.6%	3.9%	44.5%	100.0%
城乡结合区	366	24	182	572
	64.0%	4.2%	31.8%	100.0%
镇中心区	825	71	739	1635
	50.5%	4.3%	45.2%	100.0%
镇乡结合区	344	18	250	612
	56.2%	3.0%	40.8%	100.0%
特殊区域	29	1	23	53
	54.7%	1.9%	43.4%	100.0%
乡中心区	171	18	110	299
	57.2%	6.0%	36.8%	100.0%
村庄	2200	177	1501	3878
	56.7%	4.6%	38.7%	100.0%
合计	5488	427	4145	10060
	54.6%	4.2%	41.2%	100.0%

注：Pearson卡方检验值为64.278，Sig. =0.000。

表5－4　被调查对象没有工作的原因分布

（单位：人）

		不适用	正在上学	丧失劳动能力	已离/退休	毕业后未工作	料理家务	因单位原因失去工作	因本人原因离开工作	承包土地被征用	其他	合计
主城区		1786	204	54	358	43	275	57	120	11	104	3012
		59.3%	6.8%	1.8%	11.9%	1.4%	9.1%	1.9%	4.0%	0.4%	3.4%	100%
城乡结合区		418	17	3	17	1	46	2	25	9	32	570
		73.3%	3.0%	0.5%	3.0%	0.2%	8.1%	0.4%	4.4%	1.6%	5.5%	100%
镇中心区		999	96	67	71	17	201	20	92	6	66	1635
		61.1%	5.9%	4.1%	4.3%	1.0%	12.3%	1.2%	5.6%	0.4%	4.1%	100%
镇乡结合区		407	40	16	10	5	70	4	43	3	14	612
		66.5%	6.5%	2.6%	1.6%	0.8%	11.4%	0.7%	7.0%	0.5%	2.4%	100%
特殊区域		35	3	1	3	0	3	0	4	0	3	52
		67.3%	5.8%	1.9%	5.8%	0.0%	5.8%	0.0%	7.7%	0.0%	5.7%	100%
乡中心区		211	18	11	3	2	35	1	12	0	6	299
		70.6%	6.0%	3.7%	1.0%	0.7%	11.7%	0.3%	4.0%	0.0%	2.0%	100%
村庄		2671	213	159	57	38	427	14	172	13	114	3878
		68.9%	5.5%	4.1%	1.5%	1.0%	11.0%	0.4%	4.4%	0.3%	2.9%	100%
合计		6527	591	311	519	106	1057	98	468	42	339	10058
		64.9%	5.9%	3.1%	5.2%	1.1%	10.5%	1.0%	4.7%	0.4%	3.2%	100%

注：本表中的不适用是指被调查对象已经有工作；表中的单位原因是指因单位破产、改制、下岗/内退/、辞退等原因迫使被调查对象失去工作；表中的本人原因是指因家务、个人健康、个人主动辞职等离开原工作。

（3）非农工作发生率。表5－3、表5－4中的数据大致揭示了主城区、城乡结合区、镇中心区、镇乡结合区、特殊区域、乡中心区以及村庄共七种类别的居住区居民在有无工作以及不工作的原因等方面的比例，似乎看不出有区域性的集中。但是集镇这一居住区中的居民是否与其他区域一样，特别是与主城区一样，有着大体一致的非农从业人员，非常重要，因为这一指标深刻地关联着人口的城镇化程度。于是，课题组进一步对“有工作”的被调查对象从“目前只从事非农工作”、“目前以从事非农工作为主，但同时也务农”、“目前以务农为主，但同时也从事非农工作”以及“目前只务农”作了统计分析。数据结果显示，所有居住区都有全职从事非农工作的对象；也有“目前以从事非农工作为主，但同时也务农”的对象；也有“目前以务农为主，但同时也从事非农工作”的对象；也有“全职务农”的对象。有所区别的只是相应比例不同而已。相应地，“目前只从事非农工作”的比例从高到低分别是：城乡结合区（55.0%）、主城区（51.6%）、镇中心区（39.4%）、特殊区域（35.8%）、镇乡结合区（32.9%）、乡中心区（28.0%）、村庄（22.1%）。镇中心区被调查对象从事非农工作比例低于主城区 12.2%，这说明还需要针对镇中心区居民提升非农职业化水平。不过从另一视角分析，在总体范围内目前只务农的被调查对象所占比例已经非常低了，即使是村庄居住区其居民也只有 33.5% 的人全职务农。具体数据见表 5－5。

表 5－5　被调查者目前从事工作的“涉农”程度分类

（单位：人）

	不适用	目前只从事非农工作	目前以从事非农工作为主，但同时也务农	目前以务农为主，但同时也从事非农工作	目前只务农	合计
主城区	1225	1554	72	27	133	3011
	40.7%	51.6%	2.4%	0.9%	4.4%	100.0%
城乡结合区	153	314	43	4	57	571
	26.8%	55.0%	7.5%	0.7%	10.0%	100.0%
镇中心区	637	645	88	42	224	1636
	38.9%	39.4%	5.4%	2.6%	13.7%	100.0%
镇乡结合区	205	201	48	22	135	611
	33.6%	32.9%	7.9%	3.6%	22.0%	100.0%
特殊区域	18	19	5	4	7	53
	34.0%	35.8%	9.4%	7.5%	13.3%	100.0%
乡中心区	88	84	23	18	87	300
	29.3%	28.0%	7.7%	6.0%	29.0%	100.0%

续表

	不适用	目前只从事非农工作	目前以从事非农工作为主，但同时也务农	目前以务农为主，但同时也从事非农工作	目前只务农	合计
村庄	1208	858	312	207	1294	3879
	31.1%	22.1%	8.0%	5.3%	33.5%	100.0%
合计	3534	3675	591	324	1937	10061
	35.1%	36.5%	5.9%	3.2%	19.3%	100.0%

注：表中“不适用”是指调查时，相关被调查对象没有工作；Pearson 卡方值为1585.756，df = 24，Sig. = 0.000。

（4）每月从事非农工作的时间。针对表5-3与表5-5中有关非农工作这一议题从工作时间上作进一步分析。如果被调查对象每个月有更多的时间从事非农工作，那么其职业城镇化率会相对高些。考虑到每周7天有2天休息时间，理想的月工作时间应该是21—23天，平均22天。各区域受访者平均每月工作天数的数值见表5-6，数据显示，各区域平均工作天数尽管存在统计上的差异，但是差异不是很大。城乡结合区受访者每月从事非农工作的平均天数最多，达25.06天；而特殊区域平均每月工作天数相对最少，只有21.86天；镇中心区平均每月工作24.26天，排第二；主城区23.83天，属于比较合适的状态，他们应该在国家规定的节假日可以休息。

表5-6　被调查者每月从事非农工作的平均天数

（单位：天）

	N	均值	标准误	极小值	极大值
主城区	1636	23.8273	0.13002	2.00	31.00
城乡结合区	359	25.0631	0.27062	3.00	31.00
镇中心区	767	24.2600	0.22085	1.00	31.00
镇乡结合区	268	23.9388	0.39970	2.00	31.00
特殊区域	28	21.8563	1.38403	3.00	30.00

续表

	N	均值	标准误	极小值	极大值
乡中心区	124	22.0164	0.71717	1.00	30.00
村庄	1357	23.1050	0.18800	1.00	31.00
总数	4539	23.7271	0.09109	1.00	31.00

注：ANOVA 检验，F = 8.367，Sig. = 0.000。

(5)工作的专业化程度。如果集镇居民目前从事的职业专业化程度高，或者与主城区居民从事的职业的专业化程度大体一致，可以判断集镇人口有较好的城镇化程度，反之则还存在很长的距离。表5－7中的数据显示的是就工作技能方面而言，每个区域均有人在从事技能很高的工作、较高技能的工作、一般技能的工作以及不需要技能的工作。不过，从统计数据来看，主城区有更大比例（33.4%）的居民从事需要更多技能的工作，这一比例在镇中心区是28.8%。

表5－7　被调查者目前从事的工作需要技能的程度

（单位：人）

	工作性质					合计
	需要很高专业技能的工作	需要较高专业技能的工作	需要一些专业技能的工作	不需要专业技能的工作	其他	
主城区	200	352	686	408	5	1651
	12.1%	21.3%	41.6%	24.7%	0.3%	100.0%
城乡结合区	26	54	165	116	0	361
	7.2%	15.0%	45.7%	32.1%	0.0%	100.0%
镇中心区	83	140	313	237	1	774
	10.7%	18.1%	40.4%	30.6%	0.2%	100.0%
镇乡结合区	24	40	118	88	2	272
	8.8%	14.7%	43.4%	32.4%	0.7%	100.0%

续表

	工作性质					合计
	需要很高专业技能的工作	需要较高专业技能的工作	需要一些专业技能的工作	不需要专业技能的工作	其他	
特殊区域	3	2	12	12	0	29
	10.4%	6.9%	41.5%	41.5%	0.0%	100.0%
乡中心区	15	18	50	42	0	125
	12.0%	14.4%	40.0%	33.6%	0.0%	100.0%
村庄	107	216	592	450	11	1376
	7.8%	15.7%	43.0%	32.7%	0.8%	100.0%
合计	458	822	1936	1353	19	4588
	10.0%	17.9%	42.2%	29.5%	0.4%	100.0%

注：Pearson 卡方检验值等于 72.600，渐进 Sig.（双侧）=0.000。

（6）家庭总体就业能力。针对表 5-3 中没有工作的被调查对象所占比例太高这一“事实”，原因或许是 CSS2017 调查员入户访谈时，遇到的访谈对象大多为赋闲在家的家庭成员，于是无工作的比例就显得特别高。为了克服这一不足，课题组引入“家庭就业程度”这一概念，试图以家庭为单位对分析对象再次作考察。众所周知，中国社会的家庭是“紧密结合的团体”，社会价值观体系由家庭的“育化”与“社化”作用传递给个人。在家庭内部财产大多实行共有制。这样就能够避免因为家庭主要成员外出上班，而出现的统计偏差问题。具体做法上，采取将家庭所有成员的职业通过赋值然后加权累计的方式，计算各家庭就业程度的总得分。具体赋值如下：“无业”赋值为 0；“学习、读书”为 1；“务农”赋值为 2；“退休”为 3；“以务农为主，但同时也从事非农工作”赋值为 4；“目前以从事非农工作为主，但同时也务农”赋值为 5；“目前只从事非农工作”赋值为 6。将家庭成员职业得分加总，得分多的家庭非农化程度相对高，得分低的家庭全职为农民的可能性最高，趋近零分的家庭其成员有职业的可能性特别低。不同区域家庭就业程度得分平均数见表 5-8。表 5-8 中的数据呈现了不同区域居民家庭整体的就业程度之间的差异不大，ANOVA 检验，F = 2.875。即在全国范围内每个区域都有大体一致比例的人在工作，也有大体一致比例的居民赋闲在家。或者说，仅仅从工作状态分析，全国范围内不同区域之间实现了大体一致。就镇中心这一区域来说，已经实现了大体一致的职业城镇化。

表5-8 不同区域家庭就业程度平均指数之间的差异

	频数	平均值	标准误差	95%置信区间		最小值	最大值
				下限	上限		
主城区	3011	5.5487	0.071	5.409	5.687	0.00	28.00
城乡结合区	571	5.6469	0.180	5.294	5.999	0.00	24.00
镇中心区	1636	5.7072	0.110	5.492	5.922	0.00	39.00
镇乡结合区	612	5.9630	0.171	5.626	6.299	0.00	24.00
特殊区域	53	6.9259	0.673	5.574	8.277	0.00	20.00
乡中心区	299	4.9553	0.239	4.484	5.426	0.00	27.00
村庄	3878	5.6297	0.074	5.484	5.774	0.00	58.00
总计	10060	5.6261	0.043	5.541	5.710	0.00	58.00

注：ANOVA检验，F=2.875，显著性Sig.=0.008。

(7)广义线性模型分析。鉴于中国不同省份之间以及城乡之间存在较大差异性，上述分类统计所呈现的结果或许具有一定的欺骗性。为此引入广义线性回归模型，将省份与城乡属性进行控制，探究镇中心区与其他六类地区在“有工作”“临时休假或学习”“无工作”三个类别上是否存在区域性差异。表5-9中的数据显示，居住在主城区或镇中心区的人，比居住在村庄的人更可能没有工作。这一发现令人对快速城镇化的质量产生疑问。在容易没有工作这一议题上，镇中心区似乎与主城区保持了同步，甚至由此可以推论，镇中心区实现了职业城镇化。但是建立在更容易没有工作基础上的城镇化，可能不是我们想要的城镇化。居住在城乡结合区、乡镇结合区或特殊区域的人，和居住在村庄的人相比，在工作状态方面不存在显著区别。这一发现或许表明劳动价值观或工作分布在这些区域比较均衡，即使控制了更大范围内的省份与城乡这样的区域变量。

表 5-9　不同区域居民目前工作状态的广义线性回归模型参数估计

参数	B	标准误差	95% Wald 置信区间		假设检验		
			下限	上限	Wald 卡方	df	Sig.
截距	1.823	0.0172	1.789	1.857	11252.806	1	0.000
主城区	0.156	0.0295	0.098	0.214	27.978	1	0.000
城乡结合区	-0.078	0.0583	-0.192	0.036	1.794	1	0.180
镇中心区	0.092	0.0349	0.024	0.161	6.995	1	0.008
镇乡结合区	0.024	0.0487	-0.071	0.120	0.249	1	0.618
特殊区域	0.014	0.1393	-0.259	0.287	0.010	1	0.922
乡中心区	-0.004	0.0624	-0.126	0.119	0.004	1	0.951
村庄	0a	.	.	.	.	.	.
刻度	0.937b	0.0160	0.906	0.968			

注：因变量：目前工作状况（有工作；临时休假或学习；无工作）；模型：（截距）居住区类别。a. 此参数是冗余的，因此设置为零。b. 最大似然估值。协变量：1 省，2 城乡。

在表 5-9 的基础上，课题组进一步分析了"非农工作"的被调查对象的区域属性，试图探究清楚在控制了省份、城乡两大变量后，是否会出现主城区有更多居民会全职从事非农业职业，而村庄的居民则绝大部分从事农业职业的情况。如果镇中心区居民有与主城区大体一致的变量变动系数，有理由认定，镇中心区与主城区大体一致，或许实现了比较好的职业城镇化。表 5-10 中的数据显示，只有村庄居民有更大的概率全职从事农业，其他区域的居民则有更大的可能性从事非农职业。从 B 的系数大小与符号性质看，非农职业发生概率从乡中心区、镇乡结合区、镇中心区、特殊区域、城乡结合区、主城区依次递增。镇中心区与主城区在 B 系数值上计划相差一倍。说明镇中心居民"职业非农化"还有一段路要走。从 B 系数的大小以及最后一列差异显著性程度看，不同区域在非农职业化这一指标上，存在梯级差异，且梯度差异系数大致是 0.2。

表 5-10 不同区域居民非农职业程度的广义线性回归模型参数估计

参数	B	标准误差	95% Wald 置信区间		假设检验		
			下限	上限	Wald 卡方	df	Sig.
截距	2.745	0.0275	2.691	2.799	9976.226	1	0.000
主城区	-1.243	0.0505	-1.342	-1.144	606.912	1	0.000
城乡结合区	-0.809	0.0912	-0.988	-0.630	78.664	1	0.000
镇中心区	-0.612	0.0575	-0.725	-0.499	113.343	1	0.000
镇乡结合区	-0.465	0.0791	-0.620	-0.310	34.571	1	0.000
特殊区域	-0.627	0.2220	-1.063	-0.192	7.986	1	0.005
乡中心区	-0.406	0.1004	-0.603	-0.209	16.361	1	0.000
村庄	0a	.	.	.	.	.	.
刻度	1.650b	0.0349	1.583	1.720			

注：因变量：您目前的工作情况（目前只从事非农工作；目前以从事非农工作为主但同时也务农；目前以务农为主但同时也从事非农工作；目前只务农）；模型：（截距），居住区类别。a. 此参数是冗余的，因此设置为零；b. 最大似然估值。协变量：1 省，2 城乡。

如前所述，为了避免对被调查对象家庭中的主要劳动力的“忽视”，课题组采用家庭成员职业加总的方式，即用“家庭就业能力”这一变量考察是否存在明显的区域特征，集中考察镇中心区与主城区之间的差异。常用广义线性回归模型计算相关数据并整理成表 5-11。表 5-11B 系数与最后一列 Sig. 差异系数揭示，不同居住区域之间的居民，在家庭就业能力上没有显著差异。这一发现与没有控制省份与城乡两大变量的表 5-8 数据所呈现的结果一致。这也是一个耐人寻味的发现，因为它与人们的常识似乎不一致。人们的常识大致是不同区域的居民有大体上匹配城市农村结构的就业能力，否则人口流动就会起作用。也就是说，就业能力的高低会依据城市等级、农村发展程度而发生变化，即一线城市居民的就业能力最高，二线城市居民次之，三线城市居民再次，四五线城市集镇就业能力第四五，发达地区农村第六，落后地区农村最弱。但是表 5-11 中的数据没有支持上述“常识”，这需要课题组对此做更专题更大型的调查以及更深入的研究。推测性解释是，将被调查对象大家庭的成员就业状况作了加总，这就势必包含被调查对象在本地工作、在外地工作的家庭成员，而这些成员的工作分布可能出现区域分散特征，而不是集中化的特征。或者说各特定区域内居民家庭的成员都有可能在7个区域工作，甚至可能是村庄居民家庭成员在主城区工作，而主城区家庭成员则跑到村庄工作。如此零散的工作选择与分布自然就会衍生出表5－11中的数据与分布。

表5－11　不同区域家庭整体就业能力广义线性回归模型估计

参数估计							
参数	B	标准误差	95% Wald 置信区间		假设检验		
			下限	上限	Wald 卡方	df	Sig.
（截距）	5.707	0.0779	5.554	5.860	5361.951	1	0.000
主城区	－0.134	0.1338	－0.396	0.129	0.998	1	0.318
城乡结合区	－0.141	0.2643	－0.659	0.377	0.284	1	0.594
镇中心区	－0.047	0.1582	－0.357	0.264	0.087	1	0.768
镇乡结合区	0.362	0.2207	－0.071	0.794	2.685	1	0.101
特殊区域	1.089	0.6318	－0.149	2.327	2.970	1	0.085
乡中心区	－0.188	0.2831	－0.743	0.367	0.440	1	0.507
村庄	0a	.	.	.	.	.	.
（刻度）	19.262b	0.3284	18.629	19.916			

注：因变量：家庭就业能力；模型：（截距），居住区类别。a. 此参数是冗余的，因此设置为零；b. 最大似然估值。协变量：1 省，2 城乡。

2. 收入城镇化：集镇居民的收入

CSS2017数据显示，各区域非农业劳动者之间的平均收入不存在统计差异（见表5－12）。表5－12中主城区被访者月人均收入为4743.73元，而镇中心区被访者月人均收入则只有3555.32元，两者相差近1200元。

表 5－12　不同区域被访者月人均收入

（单位：元）

	N	均值	标准差	标准误	极小值	极大值
主城区	1379	4743.7260	10012.731	269.669	42.50	200000.00
城乡结合区	275	4637.7172	5385.457	324.688	70.00	48000.00
镇中心区	593	3555.3228	4461.201	183.146	30.00	60000.00
镇乡结合区	203	3331.5992	2907.290	203.833	80.00	24000.00
特殊区域	24	4727.5221	6501.365	1316.012	205.00	37200.00
乡中心区	98	3558.8263	3582.664	361.744	150.00	20000.00
村庄	1086	4247.9833	7539.677	228.800	8.00	100000.00
总数	3659	4285.5239	7831.618	129.472	8.00	200000.00

注：ANOVA 检验，F＝2.405，显著性 Sig. ＝0.025。

课题组计算了受访对象的家庭总收入，计算其平均数，考察其差异，相关数据整理成表 5－13。数据显示，主城区家庭平均年收入接近 4.45 万元，而镇中心区家庭年均收入不到 3.15 万元，二者相差 1.3 万元。表中各组平均数经 ANOVA 检验差异性显著，说明在家庭全年收入上不同区域组之间存在的差异比较大。

表 5－13　2016 年不同区域受访对象家庭全年总收入均值

（单位：元）

	N	均值	标准差	标准误	极小值	极大值
主城区	2387	44386.95	44062.34	901.91	4.00	600000.00
城乡结合区	473	47853.56	96898.22	4456.69	30.00	1500000.00
镇中心区	1274	31482.86	38445.16	1077.03	2.00	500000.00
镇乡结合区	487	29316.05	61256.94	2774.45	1.00	1000000.00
特殊区域	42	36085.16	39491.28	6062.04	300.00	240000.00
乡中心区	242	25010.42	29322.64	1884.53	350.00	300000.00

续表

	N	均值	标准差	标准误	极小值	极大值
村庄	3138	23998.03	29964.03	534.90	4.00	400000.00
总数	8043	33052.16	45363.11	505.79	1.00	1500000.00

注:ANOVA 检验,F = 58.571,Sig. = 0.000。

3. 阶层感受城镇化:集镇居民的阶层感

(1)集镇居民有比较合适的阶层感。主客观大体吻合的阶层感是现代社会的基本要求。现代社会结构的基本特征,即人们定义为自身属于高层或者最底层的人数所占的比例应该相应较少,中层的比例占绝对多数,这就是所谓的"橄榄形"中层社会的特征。CSS2017 数据显示,主城区被访者中有 60.3%、城乡结合区 65.4%、镇中心区 64.8%、镇乡结合区 65.7%、特殊区域 69.8%、乡中心区 66.7%、村庄 69.2% 的访谈对象认定自己为中下层或下层。当然,这样的比例结构自然与理论上设定的中产阶层社会的图示还有一定距离。课题组调查时往往要求被调查者与其熟悉的人群比较,这就会衍生出某种区域逻辑,即每个人的熟人圈子都存在有较高地位、中等地位与较低地位者。另外,置身于复杂的环境会降低对自己力量的估计,从而将自己定义为更低些的地位。于是,低估自己似乎要么是结构约束的结果,要么甚至成了一种文化"惯习"。依据上述逻辑,就会出现农村居民高估自己社会阶层,而城市居民会低估自己阶层地位的现象。

课题组将各区域内受访者对自己的阶层估计转变为分数值,并做 ANOVA 检验发现,不同区域受访者估计值平均数之间存在统计差异,具体见表 5 - 14。从均值数据来看,主城区的受访者对他们的阶层地位估计值反而最低,只有 3.8423 分,而村庄受访者的自评得分最高,达 4.0487 分。这一数值结果一方面能够说明农村居民有比较好的满足感,另一方面也进一步证实简单的社会结构本身能够提升个体的社会地位感。这与课题组的理论讨论是一致的。

表 5－14　不同区域受访对象自定义自己所属阶层赋值后平均数

	N	均值	标准误	极小值	极大值
主城区	3000	3.8423	0.01627	1.00	5.00
城乡结合区	566	3.9231	0.03600	1.00	5.00
镇中心区	1626	3.9437	0.02183	1.00	5.00
镇乡结合区	611	3.9424	0.03556	1.00	5.00
特殊区域	53	4.0273	0.11020	3.00	5.00
乡中心区	296	3.9707	0.05412	1.00	5.00
村庄	3858	4.0487	0.01431	1.00	5.00
总数	10010	3.9538	0.00890	1.00	5.00

注：(1)ANOVA 检验，F＝58.571，Sig. ＝0.000；(2)阶层赋值：1 为上层，2 为中上层，3 为中层，4 为中下层，5 为下层。

(2)阶层感的变动。20 世纪 80 年代以来，中国一直处于快速变迁过程。快速变迁导致个人地位上升会使个人的满足感、获得感提升；反之，则会产生挫折感与剥夺感。在 2012—2017 年这 5 年中，有 61.7% 的受访对象认为自己的阶层地位没有变化，15.3% 的受访对象认为自己的阶层地位下降了，有 5.9% 的受访对象认为自己阶层地位下降了 2 个以上层级；22.9% 的受访对象认为他们的阶层地位在过去 5 年有所上升，有 3.8% 的受访对象认为上升了 2 个以上层级。

自己目前的阶层地位 5 年以后还能否维持，涉及对自己能力与资本的自信，也涉及对社会政治经济环境变迁的判断。一般来说，确信自己能力与资本处于上升状态，会有助于对未来的乐观自信，进而判断自己会提升阶层地位；反之，则会判断下降。如果国家社会经济政治环境不断变迁，甚至难以捕捉相应规律，则更多人难以对未来有信心，进而会低估未来的阶层地位。CSS2017 数据显示，47.5% 的受访者认为他们能够维持目前的阶层地位，33.7% 的受访者认为他们未来的阶层地位会下降，只有 5.1% 的受访者自信他们会提升阶层地位。对上述数据从 7 个区域分别分析，发现大体一致的分布，如主城区有45%的受访者判断其阶层地位会下降，这一比例在城乡结合区是45.4%，在镇中心区是48.3%，镇乡结合区是47.2%，特殊区域是51%，村庄是48.3%；而认为能够提升阶层地位的受访者在不同区域所占的比例：主城区5.5%，城乡结合区4.9%，镇中心区5.4%，镇乡结合区4.6%，特殊区域4.1%，乡中心区4.8%，村庄4.9%。图5－4显示，被访者对未来5年的乐观信心不足，更大比例的人持较悲观的态度。这一发现所隐含的社会政策意义既有积极面，自然也存在消极面。积极面就是人们更多体验到社会变动对他们目前阶层地位可能造成的削减，这会激励他们奋发图强，这是目前中国社会实现中国梦所需要的；消极面或许是社会结构刚性形成在人们思想观念中的反映，而刚性社会不仅会阻碍人们的进取心，同时也会形成许多社会不公正，进而吞食社会既有发展成果。

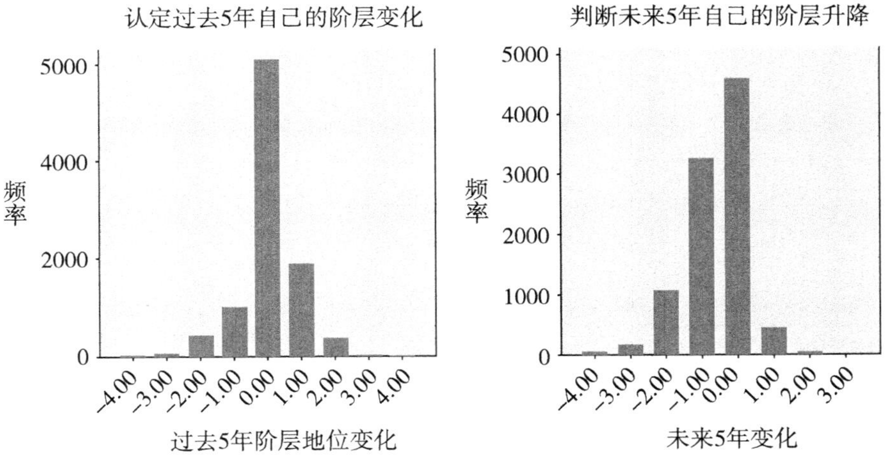

数字及符号说明：0表示维持，1、2、3、4分别表示1、2、3、4个等级；前面有“–”表示下降，没有则表示上升。

图5－4　不同区域受访者主观认定过去5年及未来5年他们的阶层变迁

4. 满意度“城镇化”

习近平总书记2015年2月27日主持召开中央全面深化改革领导小组第十次会议时，着重指出要“让人民对改革有更多获得感”。这意味着城镇化过程必须能够提升人民群众的满意度与获得感，否则就不是高质量的城镇化。张贵生通过数据分析发现，中国城乡居民的满意度与“奋斗”之间有很强的关联性。满意与不满意往往有特定的对象，对 A 满意，并不必然导致对 B 满意，因此如果从个人层面来看，不同的人因所涉及的对象不一致，就会有不一样的满意度。不过课题组在这里不研究个人议题，CSS2017 针对公共议题展开了调查。对这些议题的回答可以折射不同区域居民在一些共同议题上的感受，从而反映出不同区域在重要公共议题上的发展水平。

（1）工作满意度。工作或就业对当代城乡居民具有至关重要的作用。课题组就与工作相关的 7 个主要方面的满意度情况作了调查，分别是：工作安全性、工作收入与福利、工作情境中与领导的关系、工作情境中与同事的关系、晋升机会、个人能力发挥的空间以及工作总体满意度。每一个询问包含分值 1 分至 10 分的选项，满意度最低为 1 分，最高为 10 分。相关数据根据回答者的居住空间计算成平均数整理成表 5－15。

表 5－15　不同区域受访对象就工作相关项目满意度赋值后的平均数

	工作安全性		收入与福利		与领导的关系		与同事的关系		晋升机会		个人能力发挥		总体满意度	
	N	均值	N	均值	N	均值	N	均值	N	均值	N	均值	N	均值
主城区	1644	7.91	1638	6.56	1403	7.94	1482	8.50	1211	6.19	1600	7.34	1641	7.46
城乡结合区	355	7.72	354	6.45	285	7.85	304	8.40	236	5.98	353	7.22	358	7.32
镇中心区	767	7.57	759	6.09	581	7.60	640	8.39	493	5.65	729	7.15	763	7.25
镇乡结合区	271	7.97	267	6.34	197	8.09	214	8.67	165	5.99	255	7.24	270	7.50
特殊区域	28	7.88	28	4.99	27	7.07	26	8.06	22	4.39	28	6.75	28	6.86
乡中心区	124	8.02	125	6.44	87	8.36	98	8.67	76	7.39	121	7.45	124	7.62
村庄	1358	7.54	1347	6.20	1067	7.66	1158	8.38	825	5.89	1300	7.18	1360	7.29
总数	4547	7.74	4518	6.34	3648	7.81	3923	8.45	3028	6.01	4385	7.24	4543	7.37
F 检验值 显著性		4.406 0.000		5.445 0.000		4.446 0.000		1.639 0.132		6.183 0.000		1.259 0.273		1.974 0.066

表 5－15 中的数据揭示，整体上，所有回答者在晋升机会方面的满意度评分相对较低，只有 6.01 分。除特殊区域居民在“收入与福利”“晋升机会”

两个方面分值不足5分以外，其他区域居民以及在其他项目的满意度方面均有较好的满意度数据，镇中心区居民在7个询问项目的满意度得分上，晋升机会满意度得分相对较低，只有5.65分，收入与福利6.09分，其他方面均超过7分，与同事关系的满意度8.39分。F检验值与显著性数据说明不同区域居民对不同议题在满意度方面的差异显著性情况。数据显示7个居住空间的居民在工作安全性、收入与福利、与领导关系以及晋升机会方面存在区域差异。为了更加形象地揭示相关差异，图5－5利用折线图就各个项目满意度平均数值连接成折线，由此可以直观发现相应的差异及大小。

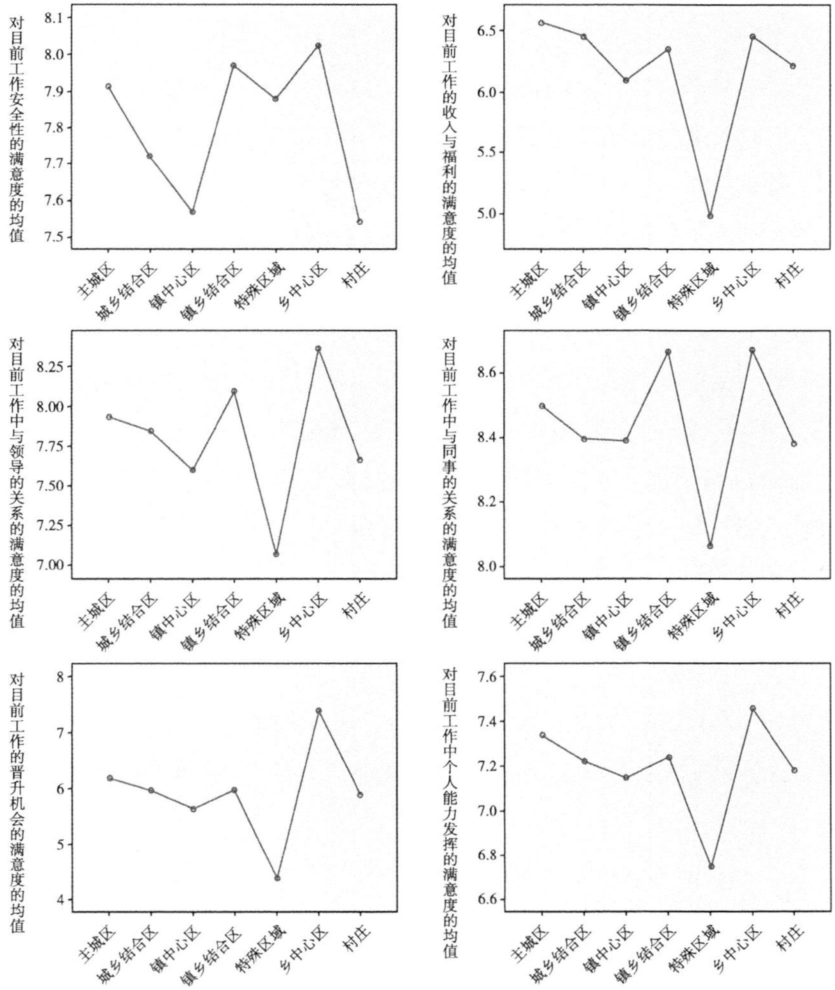

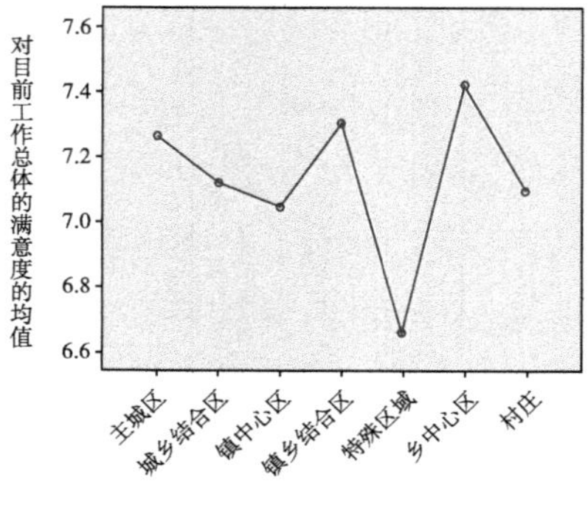

图 5－5　不同区域受访者就工作相关项目感受到的满意度平均值

(2)生活满意度。生活满意度(life satisfaction)作为主观幸福感的核心指标,近年来在全世界日益受到重视。有学者研究发现,生活满意度并不必然与一个国家的经济实力、国家地位有直接关系,如日本的国民生活满意度就相对较低。研究发现,家庭物质富足(收入满意、生活水平满意)与生活满意度关系极强,其他诸如物质体验、情感体验、教育等当然也很重要。不过随着代际转换,后代感受到的生活幸福感似乎在降低。与表 5－15 取值一致,最低分取 1 分,最高分取 10 分。课题组就访谈对象的家庭经济、社交生活、文化娱乐、家庭关系、受教育程度、居住环境以及总体生活满意度,要求访谈对象进行估值。不同区域访谈对象相关项目满意度的估值结果平均数整理成表 5－16。表中数据显示,满意度最高的是家庭关系,达 8.45 分;其次是社交生活,达 6.50 分;最后是居住环境,达 6.25 分。生活的总体满意度也比较高,达 6.74 分。不同区域居民在满意度上有差异性的 4 个方面:家庭经济状况、文化娱乐方式、受教育程度以及社交生活。另外,总体上的生活满意度也存在差异。从分值的高低来看,主城区居民对其家庭经济满意度最高,城乡结合区、镇乡结合区次之,村庄与乡中心区较低,只有 5.06 分,低于平均值。

表 5－16 中的数据从家庭经济收入、社交生活、文化娱乐以及受教育程度四个方面揭示了集镇在家庭关系以及居住环境两个方面各居住空间之间的差异性不是那么显著。

表 5－16　不同区域受访对象生活相关项目的满意度赋值后的平均数

	家庭经济		社交生活		文化娱乐		家庭关系		受教育程度		居住环境		总体生活满意度	
	N	均值	N	均值	N	均值	N	均值	N	均值	N	均值	N	均值
主城区	2987	5. 84	2958	6. 52	2923	5. 89	2994	8. 52	2982	5. 88	2995	6. 28	2995	6. 91
城乡结合区	566	5. 52	565	6. 39	560	5. 44	568	8. 42	561	5. 36	568	6. 05	567	6. 73
镇中心区	1626	5. 27	1609	6. 37	1569	5. 32	1625	8. 41	1607	5. 48	1629	6. 29	1624	6. 69
镇乡结合区	608	5. 57	607	6. 41	599	5. 40	611	8. 51	605	5. 61	608	6. 35	609	6. 82
特殊区域	53	5. 04	53	6. 21	53	5. 64	53	8. 44	53	5. 89	53	6. 30	53	6. 76
乡中心区	299	5. 06	298	6. 98	290	5. 38	299	8. 35	295	5. 37	298	6. 26	299	6. 75
村庄	3836	5. 06	3806	6. 54	3677	5. 37	3842	8. 42	3800	5. 35	3846	6. 21	3842	6. 61
总数	9975	5. 38	9896	6. 50	9671	5. 53	9992	8. 45	9903	5. 55	9997	6. 25	9989	6. 74
F 检验值 显著性		32. 367 0. 000		3. 537 0. 002		13. 944 0. 000		1. 186 0. 310		12. 199 0. 000		1. 078 0. 373		5. 484 0. 000

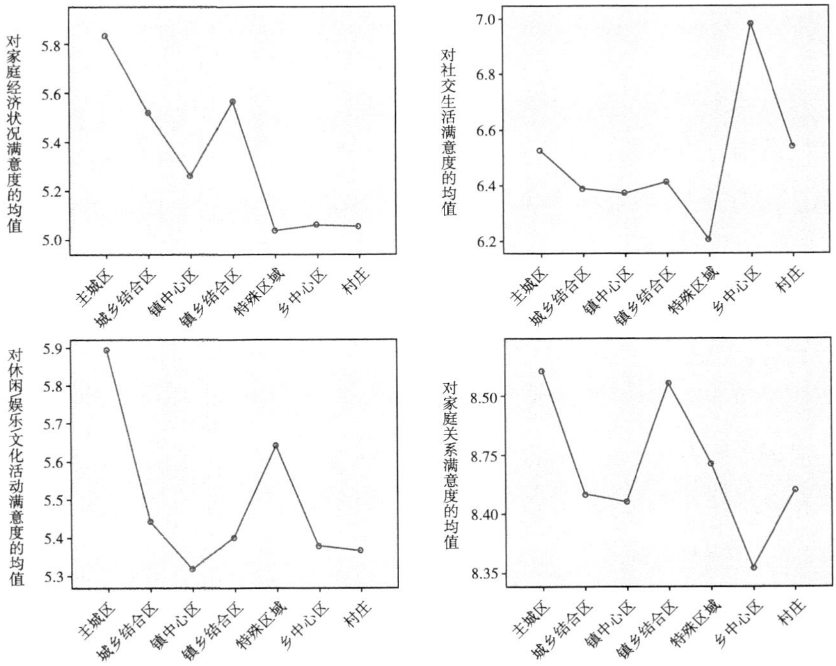

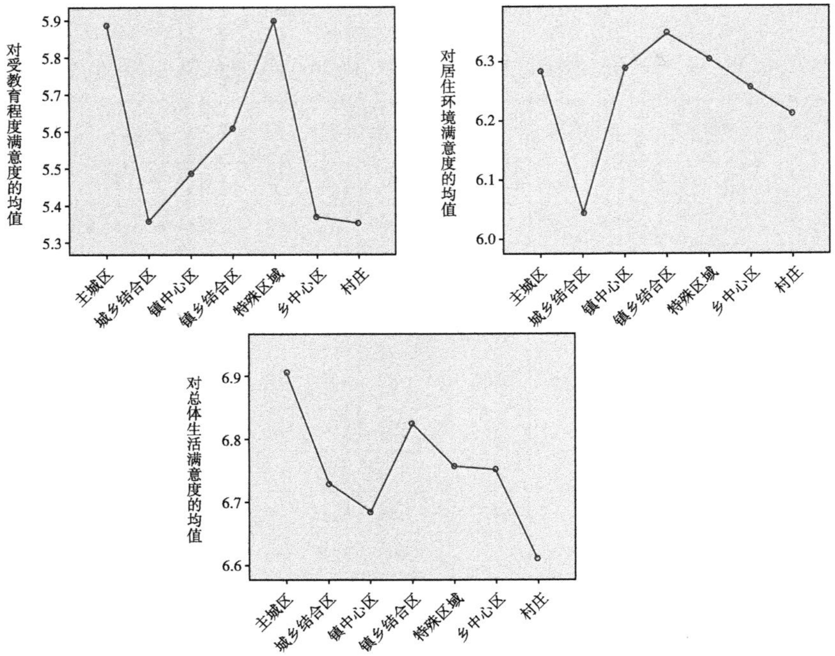

图5－6　不同区域受访者对生活相关项目的满意度平均值折线

将上述平均数转变为折线图(见图5－6),可以更加形象地区分不同区域在生活满意度所包含的7个项目之间的差异。数据表明主城区居民在7个满意度项目上,均表现出比较高的满意度水平。这与各城市因为住房改革、房价上涨致使城市居民受益较多有关。

三、讨论

根据空间逻辑,城镇化的关键区域应该具有战略性、带动性、梯次性、层次性和多维性5个特征,而城市群空间应该“服从点—线—面—体的结构演化特征”。1983年费孝通先生发表《小城镇大问题》,将小城镇置于非常重要的中介地位。小城镇不仅是城市与农村之间的商业通道,也是人员流动、产业集聚的中介场所。针对集镇所具有的空间与人员集聚上的优势,中共中央于1998年在党的十五届三中全会上提出“小城镇,大战略”、党的十六大进一步提出“繁荣农村经济，加快城镇化进程”；2010年的中央一号文件强调“要把加强中小城市和小城镇发展作为重点”；2010年10月党的十七届五中全会则提出“要以大城市为依托，以中小城市为重点，促进大中小城市和小城镇协调发展”；2012年党的十八大报告指出要“增强中小城市和小城镇产业发展、公共服务、吸纳就业、人口聚集功能”；2014年中共中央、国务院印发《国家新型城镇化规划（2014—2020年）》，提出要“按照控制数量、提高质量、节约用地、体现特色的要求，推动小城镇发展与疏解大城市中心城区功能相结合、与特色产业发展相结合、与服务‘三农’相结合”；2016年7月《关于开展特色小镇培育工作的通知》下发，制定了2020年的培育目标，希望“培育1000个左右各具特色、富有活力的休闲旅游、商贸物流、现代制造、科技教育、传统文化、美丽宜居等特色小镇”。2016年10月公布第一批127个特色小镇，2017年10月14日公布第二批276个特色小镇。

众多既有研究以及国家出台的大部分政策大多要求集镇能够成为中国城市与农村之间的“缓冲地带”。当“三农”成为问题时，集镇可以吸纳农村剩余；当城市生产要素过剩，集镇可以有效承载。近3年来课题组对贫困县的调查发现，中国近600个国家级贫困县以及更多的省级贫困县都不约而同地将所在县的集镇作为引领贫困村出列的发展平台。贫困县在脱贫攻坚战中，以集镇作为产业发展、商业汇集的有机空间。“一镇一品”“一乡一品”扶贫攻坚策略往往需要通过集镇来实现空间化。建档立卡户易地扶贫搬迁的结果也在强化或者增加了集镇的人口集聚。

结合特色小镇的引领作用，以及众多贫困县脱贫攻坚战略对集镇的功能定位，集镇人口的城镇化路径应该以现代农业及其附加生产与服务为基准，紧紧围绕“休闲旅游、商贸物流、现代制造、科技教育、传统文化、美丽宜居”等主题展开发展。每一个集镇可以发展其中一项，也可以多项并举，以提升集镇人口的职业非农化程度，进而提升农村居民的收入、阶层感与满意度。

第六章　失地安置区青年人际压力研究

城镇化作为重大历史事件会影响人们之间既有的人际关系。农村青年失去土地这一重大事件会导致其人际关系发生相应变化，进而引致人际压力。而人际压力的变化会影响其后续工作与生计的安排。可以通过人际压力的变化探究失地青年在失去土地以后面临的城镇化抉择。本研究发现，失地青年正在经历着原有生活群体、职场与家庭代际三重人际关系的变迁，这些变迁给失地青年带来了新的人际关系压力，这些新的人际关系诱发其加速城镇化；失地事件、个体发展需求以及个体认知差异是失地青年人际压力感变动的基本原因；控制失地青年人际压力范围，将压力转变为失地青年融入城市的动力，可以更有效地推进新型城镇化战略。

一、问题提出与理论视角

（一）问题的提出

城镇化在一定意义上是农村城市化、农民市民化的过程，是人类文明进步和经济社会发展的必由之路。《国家新型城镇化规划（2014—2020 年）》按照走中国特色新型城镇化道路、全面提高城镇化质量的新要求，提出了“有序推进农业转移人口市民化”的战略规划。2012 年发布的《2012 中国社会形势分析与预测》指出，中国城镇人口已经超过农业人口，达到 52%。城镇人口超过半数意味着中国已进入以城市社会为主的新阶段。随着城镇化的快速发展，失地农民或者农民失去土地在一段时间内会是中国社会的“常态”现象①。目前中国有4000多万丧失土地的农民进入城市,60%的失地农民的生活因为失去土地而降低了原有的生活质量,只有30%的失地农民有比较稳定的经济收入。从个体层面看,失去土地的确是个体生命历程中的重大事件,它不仅影响农民个体的就业体验,更会变动既有农民群体原有的生活及劳动就业结构,生活环境、生活方式、价值观念、人际关系的变动,进而引发人际关系压力。适宜的人际压力往往会促使个体积极寻找机遇,获得新的发展;而过大的压力却可能会导致个体产生退却、逆反与叛逆等消极情绪,演变为社会不稳定因素,因此,失地青年农民的人际关系问题值得引起社会的关注。本研究所指的失地青年是指因工业化和城镇化之需,其土地被征用的年龄在16—45岁的青年农民,他们大多数居住于城市周边地区或城市内部的“城中村”。

(二)理论视角与文献回顾

生命历程理论兴起于20世纪初,是一种跨学科的研究方法。20世纪60年代,西方社会引发的经济危机、学生运动、民权运动等社会事件在影响社会稳定的同时也影响了个体的生命历程,从而促使人们去思考社会变迁与个人生命历程的关系,生命历程理论开始得到快速发展。生命历程理论主要关注剧烈的社会变迁、生活事件对个人生活与历程产生的重大影响,认为个体的生命历程是社会力量和社会结构的产物。20世纪60—70年代,埃尔德(Elder)在《大萧条的孩子们》(*Children of the Great Depression*)一书中提出了“生命历程”这一概念,并将生命历程范式定义为“在人的一生中通过年龄分化而体现的生活道路”。为了说明变动的环境是如何去影响人们的生活和发展轨迹,埃尔德把生命历程理论归纳为四个研究范式:一定时空中的生活;生活的时间性;相互联系的生活;个人能动性(Elder,1999)。一定时空中的生活是指个体的生命历程总是嵌入历史的时间和他们所经历的事件,同时个体也被这些时间和事件塑造着。因此,不同年代的人们对“同一”社会

① 清华大学于2012年开展的全国调查发现,全国约有16%的家庭在最近一波城镇化过程中遭遇过征地与拆迁事件。

事件的体验往往不一样。相对应的社会期望、个体所拥有的社会机会和个体感受到的社会限制均存在差异,如婚姻。生活的时间性指的是在生命历程中变迁所发生的社会性时间以及个体与个体之间生命历程的协调性。也就是说一系列的生活转变或生命事件对于个体发展的影响,取决于它们是什么时候发生于个人的生活中,如工作取得成就时间的早晚。相互联系的生活是指生命存在于相互联系与依赖之中,个体总是生活在由亲戚、朋友以及其他熟悉与陌生人群所构成的社会关系之中。个人需要通过一定的社会关系被整合进入一定群体。也就是说,个体的生活是相互联系在一起的,每一代人注定要受到在别人的生命历程中所发生的生活事件的影响,这种相互联系对个体而言建构了"限制性"空间。个人能动性即面对既有的限制性空间,个体有计划、有选择地推进自己的生命历程。个体差异和环境之间的互动产生出个体的行为表现模型。个体通过自身的选择和行动,利用其所拥有的机会,克服历史与社会环境的制约,从而建构他们自身的生命历程,如失地青年采取积极城镇化策略融入城市。

生命历程理论经过多年发展,已成为社会学研究的一种重要理论范式。20 世纪 90 年代以来,国内学界对此范式的关注亦越来越多,如李强教授从社会变迁与个人发展关系来探析了生命历程研究的范式与方法,包蕾萍对生命历程理论的时间观探析。有学者基于此范式考察了中国社会经历的一系列政治变迁,如"文化大革命"对入学、升学模式的影响,经济改革、制度变迁等重大社会事件对特定人群、特定生活领域的影响,如"文化大革命"对"老三届"婚姻的影响,三峡库区移民政策对库区移民生命历程的影响,结婚事件对新生代农民工返乡选择的影响,童年期的迁移经历对其成年早期生活机会获得的影响,个体一些特殊的生命事件与其晚年贫困的关系脉络,等等。生命历程理论以"生命事件"概念为核心变量似乎正在打开社会结构与个体社会化过程之间的"黑箱",个人生活史、宏观事件以及如年龄效应、同龄群体效应、历史环境和年龄变迁的效应等结构性要素,一起构成了生命历程理论的主要分析概念与研究范式。本研究借助这一理论来考察城镇化背景下失地青年因为失去土地而发生的原有群体、职场、代际或家庭人际关系变迁给他们造成的人际压力,着重探索失地青年人际压力产生的微观、宏观原因以及失地青年面对压力而有的个体性选择，进而评判这些选择对新型城镇化战略产生的影响。期待失地青年的选择有助于他们积极融入城市，而不是相反。

二、失地青年人际压力：重构“关联性主体”结构

人际压力是在人际交往中个体自我内部，或自我和环境之间的失调在个体心理上的反应，是个体将人际环境的要求评价为超过其自身能力与资源，或在人际交往中感到自身需要与价值受到威胁或未实现时，所产生的一种心理紧张状态，并表现出生理和心理上的应急反应。失地青年在农村话语体系下成长，他们有相应的计划与目标。相比较45岁以上的中老年农民，失地青年并不那么依恋土地，乡土情感也不那么强烈。不过由土地构筑起来的人际关系却深深地影响着他们，这种关系以“根”的形式作为其核心特征。随着城镇化而来的土地与他们之间关系的剥离，他们人际关系中内含的“根”感出现松动。

人们一般通过亲属、朋友和其他相关人员来分享生活中的乐趣，分担生活中的苦恼，相互支持，降低风险。这在生命历程理论中被称为“生活的相互关联性”（linked lives）。在传统农村社会，“关联性主体”一般由熟人构成，而现代城市社会的“关联性主体”则一般由现代组织、陌生他者构成。失去土地意味着农民面临着“关联性主体”的根本性改变。这不仅意味着其原生态生活的改变，也同时迫使其长期以来由祖祖辈辈所建立的关系网络的变迁。原有关系网络断裂，新的关系网络无法在短时期内迅速建立，这一新旧关系网络断裂造成的空当本身就会产生巨大压力。除此之外，失去土地会促使失地青年在既有伙伴群体、职场及家庭的人际关系发生相应变化。

（一）原有人际群体：分化与社会距离的形成

随着城镇化的发展，现代社会专业化的劳动分工和生产体系不断发展，个体分化增强，个人之间日益呈现出明显的差别性和异质性。失地前，青年

农民有的通过学习实现阶层上的向上流动，而有的则外出务工成为农民工。基于农民的身份，他们的参照群体依然是对他们的个人信念、态度和价值观的形成起着重要作用的生活在传统社会的农民群体。在相互联系的生活中，作为农民身份的他们都会面临最终返乡的结局，较小的差距并不会在他们心理上产生冲突与不适，不会对他们的人际关系带来明显的压力。

失地后，由于征地拆迁补偿政策的差别，以及个体素质能力的差异，加之制度限制与对制度漏洞利用的差异，以现代性为特征的文化对他们的影响，自我利益目标取向表现在经济收入、生活状况等方面的分殊，原本属于同一阶层的青年农民在社会空间中的分布状态会随之发生变化，处于解构或是重构的过程。因此，不同个体的专业分工、职业岗位、社会阶层及社会角色出现层化甚至极化现象。一些人在城市购房扎根城市，一些人仍居住在城郊当着“农村里”的“城市人”。他们居住的空间发生了分异，互动空间发生转变。杜德斌等学者曾经将“居住空间分异”定义为不同的社会阶层由于经济收入和社会地位差异以及家庭结构、择居观念的不同而产生的居住水平和居住区位的差异，在空间形态上形成面积不同、景观相异、相互隔离且具有连续性发展趋势的同质化居住体系。这种居住空间的分异实际是阶层迅速分化的表现形式，那些拥有发展需求的失地青年迅速脱离了原有的交往圈子与环境，他们不再只是生活在由亲戚、朋友以及其他熟人构成的社会中，而是融入与陌生人群所构成新的交际环境，旧的相互联系的生活群体解体，新的“关联性主体”在重建，这一过程会产生严重的人际压力。

（二）职场人际：职场与参照群体上移的压力

城镇化背景下失地事件导致青年农民的职业与身份改变，失地青年对土地“零依附”，进而产生“乡土情感缺失”，身份认同“市民化”。不过，失去土地换来的市民身份、补偿安置款或是数量不等的房屋安置，使失地青年在失地前或与他们上一代，所选择的参照群体会发生很大变化，失地青年更愿意以城市居民为参照群体，他们渴望进入城市成为职场“白领”。其实，进入城市成为“白领”本身对失地青年而言也就同时在建构“限制性”空间，这样的限制性空间会给失地青年带来生活压力。此种职场压力主要是以城市白领为参照产生的人际关系压力。虽然失地青年以土地换来了城市户籍,却没能在制度上换来与城市居民同等的就业权利及待遇。况且个体就业能力与素质是不能够被授予的,需要长时间努力并接受相关训练才行。于是,尽管失地青年能在城市和企业谋生就业,但由于他们前期接受的教育不多,加之现代企业制度的限制性要求,他们也就只能从事低技术含量的工作,自然他们得到的劳动报酬也就相对较低。

课题组在湖南省长沙市M社区拆迁村TD的调查访谈发现,土地拆迁后,TD村的居民中30岁左右的在外务工年轻人的文化水平大多为高中文化,极少有大专学历。这些人目前主要从事风险相对较高以及技术要求低的工种,面临被解雇的压力很大。

与上述逻辑不同,城市既有的白领阶层凭他们在城市生活生长逻辑下发展起来的优势,接受了较多高质量的教育,早早地进入了城市主流阶层,获得了更好的生活与就业机会、更高的职业收入,享受着城市更好的社会保障。失地青年因为失去土地而获得城市户口成为市民,但是相比城市白领来说,他们获得的职业收入相对较低,社会地位提升与城市主流社会的归属感不明显。失地青年被纳入城市以后,个体"漂移感"更加强烈了。有学者发现,当个人没有可以"依恋"的恰当的群体时,其心理健康发展将会受到影响,会变得越来越孤独,容易引发愤怒、焦虑等不良情绪。城市职场本身以及有差异性的人群是城市社会的常态。因此,参照群体上移、职场的改变均会对失地青年形成压力。

(三)家庭代际人际关系:传统的嬗变

长期以来,我国城乡二元社会格局形成了城乡人际关系的差异。费孝通在《乡土中国》中指出:"中国传统农村是一种熟人社会,邻里之间信任度高,而且邻里之间生产和生活方式相似、关系较纯朴,因而邻里关系主题是和睦的、充满了人情味。"杨善华、侯红蕊在《血缘、姻缘、亲情与利益——现阶段中国农村社会中"差序格局"的"理性化"趋势》中指出,伴随中国农村的经济体制和乡镇企业的发展、社会发生变迁,乡土社会的人际关系也随之发生了变化,逐步由习俗型人际关系过渡到以契约关系为主的人际关系。

生命历程理论认为,一系列的生活转变或生命事件对于某个个体发展的影响,取决于它们什么时候发生于这个人的生活中。

有研究表明,各代际群体对土地依附、乡土记忆等乡土文化在宏观制度和社会结构变迁下不断分化,呈现出老年群体身份认同的"内卷化"、中年群体的"边缘化"和青年群体的"市民化"特征。也就是说,失地事件对代际群体产生的影响是各不相同的。青年一代在不同于祖辈和父辈受教育环境和成长过程中,塑造了接近于城市人的消费观念和生活方式。在转型期失地事件发生以后,他们对土地及乡土文化的依恋并没有像祖辈和父辈那么强烈。调查发现,失地农民"对城市市民身份认同最高的是不到30岁年龄阶段的人,而60岁以上年龄阶段的人基本不认为自己是城市人,由于年龄本身具有特别重要的社会意义,年轻往往预示着更大的变化空间和对新事物更大认同的可能性,而年龄大往往表示在既有的社会生活空间有更大的成功和更多经验,因此他们往往比较守旧,对新事物有排斥倾向,并且接纳新事物的能力也相对较弱"。青年农民在失地后,他们更多地选择外出就业与外界新世界建立各种具有实用价值的社会关系网络,甚至姻亲超过了血亲关系,朋友超过了亲戚关系。在家庭代际人际关系中,失地青年面临的传统关系的嬗变给他们的情感带来了更多的压力。如果他们没有遵从长辈的权威或许就会被标榜为"不孝""叛逆""大逆不道"等,但现实中理性的利益上的考量又迫使失地青年按照市场逻辑行动。正如米德说过"年青一代正在老一代眼皮底下变成陌生人,这种代际的断裂是全球性的,具有普遍性"。

三、失地青年人际压力:激发与选择

是什么原因让失地青年的人生轨迹发生改变,又是什么让他们面临着人际压力的境况呢?失地事件、个体发展需求及个体选择几大因素及其在不同失地青年群体上的作用力差异导致失地青年个体层面人际压力的分殊。

（一）失地事件：个人生命历程的激发要素

生命历程理论认为，个体的生命历程总是嵌入历史的时间和他们所经历的事件，同时个体也被这些时间和事件塑造着。因此，失地青年相比于其他年龄阶段的失地农民对发生在个体转型期的失地事件有着不一样的体验和社会期望，个体所拥有的社会机会和个体感受到的社会限制均存在差异。生活在城市近郊的青年人，他们继承了父辈留下的房产或土地，而城镇化征地拆迁让他们失去了长期以来赖以生存的土地，继而获得了大量的货币补偿或房产，同时也改变了他们生活中的关联性主体的构成，这是他们人生的一次转折。

一方面，失地青年获得补偿资金以后，生活也随之发生变化。课题组调查到失地青年黄某，在谈起失地获得大量补偿款后的感受时觉得很委屈也很无奈。由于拆迁款的分配问题，他和大伯家闹得不可开交。从没红过脸的一家人为了拆迁款的分配现在连面都不愿见了。黄某说："现在总感觉钱有了，亲情却没了。"周围人看他的眼光也变了，总是有事没事就调侃他。黄某说："我能感觉到周围那些人心中的不平衡和忌妒，但是也只能笑笑而已。"自从拿到拆迁款后和朋友出去玩，他就被大家公认为是掏钱买单的主。

从黄某的谈论中可以看出，失地事件让一些获得了大量拆迁款的青年农民产生了与亲人、朋友等人际关系上的变化，这一变化已经形成了人际压力。一些失地青年人突然有大量拆迁款，迅速引来其他人心中的不平衡和忌妒，增加了他们人际关系方面的烦忧。

另一方面，他们失去土地，实现由"农民"到"市民"的转变，同时也意味着他们失去土地作为生活的最后保障，切断了返乡的退路，只能通过外出打工或从事经商来谋求新的生存和发展机会。这样，失地青年的职业迅速分化，交往对象也由以前封闭的人际圈子走向开放的圈子。他们通过外出打工认识新的人群，建立新的人际关系，关联性主体发生改变，从而也相应构建新的人际矛盾和人际压力。

课题组在M社区的拆迁区调查发现，TD村拆迁之前包括青年人在内的居民主要从事蔬菜与葡萄种植，收入较为理想，每户月收入5000元左右。而失地以后,30 岁左右的年轻人尽管有些人在失地前后均在外务工,而原来没有外出务工的青年绝大多数选择待在政府安排的居住区打牌消遣。无论是外出打工还是在家消遣,结果都会导致家庭关系的变化和与新群体甚至原来群体既有关系的变化。再加上由于城市化过程的人口异质性增强,居住环境的城市特征,人与人之间面对面交流的机会减少,失地青年感受到较重的人际压力。他们害怕做得不好,或者被其他同伴超越。

(二)个体分化:个体生命历程中的多样选择

根据美国社会心理学家马斯洛的需求理论,人的需要包括生理需要、安全需要、归属和爱的需要、尊重以及自我实现的需要。失地前,失地青年以农民群体为参照群体,需求层次相对较低;而失地事件发生以后,他们获得了较多的补偿资金,由农村转向城市,农民变成市民,新的生活环境、新的生活方式、新的社会文化以及随之发生的社会关系网络给失地青年的生活提出了有别于原有乡土环境下的更高人生需求和社会机会。他们开始以城市青年为参照群体,不断适应国家的发展以满足自身更高的精神及实现自我的需求。然而,这些需求会在一定程度上通过群体效应表现出来,现实中出现个体需求差异最终导致群体内部分化的现象。

一方面是就业环境的分化导致的人际压力。正如课题组在湖南长沙市 M 社区 TD 拆迁村调查时所了解到的,在失地以后,一部分年轻人为了养家糊口或是为了实现更高的人生追求,他们外出务工,寻求个体发展机会;一部分年轻人却仍然满足于基本生存需求,闲置在家,整天玩麻将,过着悠闲懒散的生活。个体生存与发展需求不同,定位不一样,他们所面对的人际压力也不一样。对于那部分外出务工的人来说,他们在满足了生理、安全等需求后会追求更高的需要,如归属和爱的需要、尊重和自我实现的需要。人际关系结构是由人的需要层次决定的。因此,有了不同需求,就会产生不同的人际关系结构。经济地位差距容易让他们在职场人际互动时产生焦虑感、失落感甚至因为就业环境不公平产生愤怒。

另一方面居住环境的分化影响了邻里交往。失地青年相比上一辈更倾向于选择城市楼房式的居住环境,积极融入城市。有学者认为,楼房式的住宅结构减少了邻里交往的频率，以市场化原则为基础的商品房住宅减少了居民在居住小区公共场所出现、碰面、接触的时间，进而缩减了深入交往的客观及主观的“交往契机”。现代建筑结构使邻里间交往减少、邻里关系淡化、人际冷漠感增加。那些闲置在家的青年人因为不就业，无法结成业缘关系，也不会面临职场上的焦虑、自卑、被排斥等人际压力。但是他们要面临来自家庭及原有群体的人际压力。由于闲置在家，长期不从事有收入的劳动，不创造经济收入，他们经常会受到家庭成员、亲戚朋友的指责。失地青年中的一些人通过自身努力上升到新的阶层，他们与不努力进取的失地青年产生距离。因此，失地青年的个体需求差异会催生人际压力。

生命历程理论认为，在既有的限制性空间，个体能通过自身的选择和行动，利用其所拥有的机会，克服历史与社会环境的制约，从而建构他们自身的生命历程。失地事件为青年群体提供了共同的时空背景，也提供了相同的社会机会和社会期望，然而个体差异与环境互动时会产生不同的个体行为，即个体可以通过自身的选择和行动，利用所拥有的机会，克服历史与社会环境的制约，从而建构他们自身的生命历程。对正处在升学、结婚、生子、立业的人生关键时期的失地青年来说，失地事件的发生，给他们提供了更多的社会机会，但每一个个体在机会面前所作出的选择存在差异，从而产生了不同个体行为和后果。

调查发现，M 社区拆迁街道 789 户共有可供分配的住房 1258 套，这意味着有些家庭可分配到几套安置住房。一些失地年轻人拥有几套住房，银行里存着较多拆迁款。面对财富，由于个体认知方式的差异，不同的人选择了不同的处理方式。有些人比较保守，循规蹈矩地过着原来本分的生活，通过房租或利息支付日常生活开支，日子勉强过得去；另一些人原本家庭经济条件较为宽裕，他们在拿到拆迁款后选择购买门面做点生意；也有一些人，拿到拆迁款后不知所措，过起了挥霍无度的生活，有的甚至沾染上了赌博、吸毒等恶习。对财富的不同认知方式所作出的不同选择，产生了不同的个体行为，催生了不同的人生轨迹。原有的朋辈关系被打破，人际距离感和疏离感产生。

MD 拆迁村村主任说：

村里一些年轻人拿到拆迁款后就开始买豪车、穿名牌，处处攀比，有的开始赌博甚至吸毒。看到这些情况,我很着急,便通过一些关系与某集团商定合作项目,以村民集资的方式办厂,让村民成为股东。但是村民们看法不一,一部分年轻人敢于尝试,愿意用拆迁款入股投资,而有些年轻人对这种投资办厂的做法不认同,认为把拆迁款用来投资没有保障,怕项目失败钱打水漂,有的甚至怀疑我是为自己牟私利,宁愿把钱花掉、赌掉也不愿意投资赚钱。

从这一案例不难看出,那些敢于尝试投资的人,在实践中不断锻炼自己各方面能力,眼界也不断开阔,人际交往能力与交往圈子得到发展,很快成为所在单位或企业的骨干;那些怕项目失败不敢参与投资的青年则可能会持续一种平常稳健的生活方式;而那些挥霍无度、乐于赌博的人则会很快步入贫困。失地前,他们的文化知识结构、思维方式、认知能力属于同一个文化层面,情感交流不太受文化差异的影响,沟通起来比较顺利。而失地一段时间后,一些失地青年为了实现自身发展的需求和价值,克服历史与社会环境的制约,建立了新的社会关系网,通过城市提供的各种机会被整合进多元的城市文化。城市的多元文化促进了一部分失地青年文化素质和个体能力的多元化发展。而多元化发展本身也给人际交往造成了排斥与挫折压力。由于认知方式的差异,个体选择的不同,经过一段时间后,失地青年便会分化为不同的阶层。

四、发现与讨论

通过前面论述可以发现,“关联性主体”结构发生变化及人际关系变迁是城镇化持续推进的必然结果。失地青年作为一个特殊的农民群体,他们本来生活在由亲戚和同辈群体构成的传统的社会关系网之中,而这种关系注定要受到特定历史时期发生的生活事件的影响。拆迁失地事件成了失地青年生命历程中的一个重要拐点事件,“关联性主体”构成成分的改变,个体需求及个体认知与选择的差异引发失地青年群体内部分化,产生了原有群体、职场及代际家庭关系的人际压力。这些人际压力一部分源于社会变迁、生活事件，也有一部分源于个体认知多样性及选择的差异，总之，社会和个体的变迁导致了失地青年个体人际压力。

适当的压力并非不是一件好事，有研究认为，人际压力的大小会影响其对应对方式的选择。与那些低人际压力的人相比，高人际压力的人更容易选择消极应对的方式；相反，与高人际压力的人相比，低人际压力的人更容易选择积极的应对方式。当失地青年承受的人际压力超出他们所能承受的负荷时，他们更多地会采取消极的应对方式，这时人际压力所具有的负功能是显而易见的，如堕落、不思进取、得过且过。正如课题组在调查中所了解到的情况，失地青年在就业过程中，由于技能低或报酬待遇低而不愿意就业，在家玩麻将，到处闲逛，三个一群五个一伙，受到错误的价值观的引导，甚至还到处滋生事端，影响社会秩序。这说明，人际关系性质变迁或"关联性主体"构成成分发生变化是城镇化的必然结果，但是由乡土人情走向城市陌生冷淡，未必是人们真正想要的人际关系。如果当社会变迁导致群体分化所带来的人际压力适当，在他们所能承受的范围之内则可能成为一种动力，促使他们以积极的态度、积极进取快速融入城市。调查发现，虽然 QL 村收入与贫富差距相对较大，但年轻人群体中也有因人际压力变化而积极进取的，这个村已经有 5 人考上了国家公职岗位，分别在交警、路警和银行等部门工作。适当的人际压力对个体或群体都是有积极作用的，能促进个体在主流价值观念的引导下积极进取，实现自身需求和发展。而当失地青年面对失地后发生的变化没有感觉到任何压力的时候，他们就会满足于现状，就会产生惰性，于是，慢慢地他们就会被社会边缘化，他们的脆弱性就会增强。

失地青年所面临的人际压力是城镇化发展过程中不可避免的社会事实。应正确认识并加强引导，把压力控制在失地青年能承受的负荷内，充分发挥人际压力的正功能，引导个体自身发展动力的产生，抵御消极情绪的影响，促进个体和社会的共同发展。社会群体中良好的人际关系，可以在劳动实践与社会生活中营造融洽、和谐、团结友爱的氛围。同时，由于这种氛围的积极、健康和向上的性质，又有利于促进社会群体及群体成员的健康发展，成为积极进取和乐观向上的劳动者。因此，在城镇化过程中，良好的人际关系与适度的人际压力有利于失地青年群体调适征地事件中的断裂突变。

第七章　社会工作介入失地青年就业创业

“文化堕距”是美国社会学家奥格本提出的用来解释社会变迁中由于社会各部分变化的速度不同而产生的种种问题的理论。在城镇化过程中，文化堕距问题在安置型社区居民身上体现得比较明显：新的社会关系的建立滞后于生活场域的变化，内在素质的提升滞后于快速发展的城市化水平，思维方式的转变滞后于城市生活环境的变化。在社会多元治理的结构下可以引入社会组织介入社区治理，以项目为载体提升失地青年的文化素质、职业技能及就业思维方式，弥合城镇化快速发展过程中社区居民面临的文化堕距问题，增强其对社会变迁与发展的适应能力，创新社区社会工作方法和提升社区社会工作水平。

一、问题的提出

文化堕距也叫文化滞后或文化落后。由美国社会学家 W. F. 奥格本于 1923 年提出，主要用来说明在社会变迁过程中，由于社会各部分变化的速度不同而产生的种种不平衡、差距、错位发展问题。奥格本认为，物质文化的变迁速度快于非物质文化，两者因不同步产生差距。就非物质文化的变迁看，它的各构成部分的变化速度也不一致，一般来说，制度首先变迁或变迁速度较快，其次是风俗、民德变迁，最后才是价值观念的变迁。当这些文化速度不同步时就会产生文化堕距现象，为消弭这个“堕距”，奥格本将滞后的文化称为适应文化。也就是说，物质文化变迁后，非物质文化作出适时调整，跟进物质文化的变迁，当两者相协调后，最终形成推动人类社会变迁的合力（W. F. 奥格本，1976：76）。

随着城镇化进程的快速发展，城市工业与建设用地，大批生活在城郊的农民土地被大量征用，失地农民群体产生，他们被安置在一定的城市社区，其中也包括一大批失地青年农民群体。他们的就业创业问题是安置型社区在社区治理过程中要解决的重要内容。第一，政府一直以来是社区治理的主导力量，也是解决青年就业问题的主要责任主体，共青团组织作为中国共产党领导下的先进青年的群众组织，充分运用其擅长的社会动员能力，以组织动员为依托，在促进青年就业创业服务工作中承担了重要的角色、发挥了重要的作用。如共青团组织推进青年创业与就业的策略思考（罗明忠，2009：3—7），促进务工返乡青年就业创业的思考（王静，2009：25—28）等，而社会组织参与社区治理特别是青年就业创业项目还在探索阶段，没有形成重要的主体力量。第二，青年是就业创业的主体，其中研究青年就业创业主要是分为农村青年、城市青年以及大学生青年群体及蚁族青年群体等，如青年农民工的就业质量：与城市青年的比较（唐美玲，2013：77—81），对大城市青年就业的现状分析（王蓉蓉，2012：46—52），鼓励蚁族青年群体到二、三线城市就业创业（单纯刚，2010：23—24）等。随着工业化、城镇化的快速发展，政府完成了对失地青年拆迁安置后，他们的就业创业问题便成了政府和社会关注的头等大事。在加强社区治理的新形势下，无论是中央政府还是基层政府对失地青年的就业创业均给予了高度重视。在实践中，在一些安置型社区，各级政府及社区居委会通过引进专业社会组织、整合社会力量，不断探索妥善解决失地青年就业创业问题的新途径、新方法和新模式。因此，及时总结实践中的社会组织参与社区治理的成效与经验，提升理论层次具有学术意义。第三，对青年就业创业的现状、途径、模式等学者们作了许多探索。如加强职业教育转型升级（贾新征，2015：40—41）；“3 + X”模式（应巨林，2012：236）来促进农村青年就业创业，通过建立政府、社会、高校与家庭“四位一体”的多元化创业机制来促进大学生青年就业（方明智，2014：175—180）；有学者借鉴德国青年就业创业成功经验，提出构建高校、企业以及政府“三位一体”的就业创业协同创新机制（李静秋，2015：

2)。而对在安置型社区治理中首要解决的失地青年就业创业模式还处在探索阶段。基于此,本研究以湖南省长沙市 YL 社区为例,以文化堕距理论为视角,通过社会工作介入安置型社区失地青年就业创业项目这个切入点,分析安置型社区的居民在由农民向市民过渡阶段面临的文化堕距问题,以及社会组织在介入社区治理后如何消弭其所面临的文化堕距现象,最终探索建立创新社区社会工作方法和提升社区社会工作水平的多元主体参与的社区治理模式和机制。

二、文化堕距在安置型社区中的表现

文化堕距理论认为,在社会变迁中,物质技术的变化发生在非物质的适应性文化之前。当一个社会的文化发生变迁时,总是由制度引发,继而引起风俗、文化变迁,随后个人价值观发生改变,最终导致组成文化的各要素出现错位与不平衡,从而使一部分社会文化滞后于其他方面而表现出停滞或滞后现象。我国现阶段正处在城镇化快速发展的转型变迁中,文化各部分失调即文化堕距的现象十分突出,征地拆迁使不少农民进入了物质技术相对先进的城市,但农民的文化素质、职业技能、思想观念等相对滞后。YL 社区是一个拆迁安置小区,区域内共有拆迁户 878 户,总人口 8700 多,失地青年大约有 3500 人。在新型城镇化加速发展的背景下,失地失业农民的就业观念不能与城镇化同步,就业技能难以匹配现代产业发展要求等,文化堕距现象严重,主要表现在以下三个方面。

(一)新的社会关系的建立滞后于生活场域的快速变化

失地青年由农民向市民过渡时期,其场域的变化往往要快于各种社会关系的建立,由邻里关系密切的熟人社会进入邻里生疏的陌生人社会,居民之间以及与社区领导和各种社会组织之间难以在短时间内建立信任关系。动迁安置前,失地青年分布在各个行政村或自然村,彼此之间相互熟悉、信任、扶助,并形成了特定的社会既有关系网络。动迁安置之后,建立在血缘和地缘关系基础上的信任关系随着生活场域的变化而消解，以趣缘或业缘为基础的信任互惠关系却在短期内难以形成。如在 YL 社区，ZS 社会工作发展服务中心在开展社区"新市民加油站——失地青年农民就业创业项目"时，在前期调查摸底阶段，由于动迁安置的一些利益纠纷矛盾，居民对社会工作者的调查及其走访持不信任、抵触态度。在新的社会关系没有建立之前，他们出于对自身保护的本能，不愿意接触陌生人、不相信陌生人。因此，引入社会组织通过专业的工作方法引导居民参与社区活动，融洽邻里关系，对建立新的社会关系很有必要。

（二）思想文化素质滞后于快速发展的城市化水平

在快速的城市化进程中，我国城市不同程度地实现了"物质建设上的最高成就"，但与此同时，在城镇化过程中产生的一大批失地农民，由于二元教育及就业体制的影响，他们的文化素质则滞后于快速发展的城市化水平。在失地面临重新就业时，而部分失地青年由于自身综合素质欠缺，文化程度低，一些简单的技术设备或沟通工具没有掌握，因而在面临就业时不能提供有效劳动供给，出现了高素质、高技能人才需求的劳动需求不匹配现象。

（三）思维方式的转变滞后于城市生活环境的变化

城镇化社会变迁期，物质层面的变迁发展速度往往要快于思想、文化观念的变迁速度。农村青年受乡土文化的影响，其思想观念、思维方式带着明显的传统痕迹；在失地前，随着城镇化的发展及电子信息、大众传媒的兴起、城乡交流的便捷频繁，农村青年又或多或少地接触到了城市生活，受到了城市文化和现代文明的浸染。尽管这样，他们苦于经济条件、地理环境以及个人接受能力等各方面主客观因素的限制，掌握的信息仍然比较匮乏。当他们真正剥离农村迁入城市，乡土文化邂逅现代的城市文明时，在特定农村生活环境下形成的思想观念及思维方式很难在短期内适应城市化生活环境，"文化堕距"现象便产生了。

在 YL 社区，失地青年由农村被安置到了城市社区，身份发生了变化，一定的经济补偿提升了其经济地位，在传统劳动等级观念的影响下，失地青年就业意愿也随着经济地位的提高而发生了变化。据YL社区居委会主任介绍，很多失地青年的安置补偿款用于购置住房、装修新房，这几年也没有其他收入来源，安置款也所剩无几了。因此，失地青年就业创业是目前社区工作的重点。调查发现，一些年龄较大的失地农民，寄希望在社会保障上，等着60岁后拿养老金生活，因此就业意愿并不强；而年轻的一部分人缺乏长远眼光和资金增值意识，把有限的安置款用于消费而不是用于发展性规划，他们没有强烈的竞争意识和就业愿意。在实地考察中课题组发现，社区失地青年对由政府或社会组织提供的工作岗位提出了许多的要求，如工作地点必须在家门口附近，月工资不低于3000元，要有双休日，不加班，五险一金等要求。在YL社区，街道开展的社区招聘会活动，以及政府组织举办的针对失地农民进行的技能公益培训，并不受失地青年的欢迎。活动期间往往是看的人多，真正应聘的人少。就算有人应聘成功了，也坚持不了几个月便又重新失业。在这些失地青年身上不同程度地存在着不想干、不愿干、不敢闯、图享受等滞后的就业创业观念，对自己能力认知不清，对快速发展的城市生活环境及市场的竞争缺乏正确的认识。这些滞后的思维与市场竞争不匹配也影响了失地青年的就业创业发展。

三、社会组织介入，消弭文化堕距

失地青年农民就业创业问题是安置型社区治理的重要内容。社区治理的核心在于实现治理主体的多元化，实现共治共享。“从社会组织角度来看，社会管理到社区治理的转型意味着‘被组织化’的单位社会向‘自组织化’的社会组织转型的过程。”（刘爱芳，2015：105—111）基于此，以失地青年在转型期就业创业过程中出现的文化堕距现象，YL社区试图通过引入社会组织开展“新市民加油站——失地青年就业创业项目”，采用社会工作专业方法消弭失地青年在转型过渡期出现的文化堕距问题。

（一）社会工作介入安置型社区是社区治理的现实需要

西方国家社区建设理论与实践已证明，政府、市场与非营利组织是社区治理不可缺少的三元主体。西方发达国家发展经验也表明，大量社会组织参与公共服务和社会治理实务，能有效弥补公共服务及社会治理中的“市场失灵”和政府“缺位”的问题，形成政府与社会共同治理的结构，推动社会治理体制创新。党的十八届三中全会强调要创新社会治理体制，改进社会治理方式，激发社会组织活力。推动社会组织参与协同治理已成为一种世界潮流。

1. 多元主体参与社区治理是一种发展趋势，社会组织是重要的治理主体之一

伴随城镇化的快速发展，大量人口向城市转移，城市社区数量不断增多、社区类型多样化。原有的以政府为主导的行政式的社区管理模式已经无法满足现代社区发展的需求，无法更好地调动社区各方力量进行社区建设和治理。面对社区居民多样化和个性化的需求，单纯由政府来提供基础性的社会服务已经难以满足居民日益多元化和个性化的需求。党的十八届三中全会正式提出了“社会治理”的概念，意味着要在党委领导下充分发挥政府的主导作用，鼓励和支持社会各方力量参与社会治理。社会组织以其自身满足居民多样化需求的目标很快成了社区治理多元主体中的重要主体，成为社会服务的重要提供者。

2. 社区居民多样化利益需求的满足离不开社会组织

随着城镇化的快速发展，农村人口大规模地向城市流动，城市社区的数量和服务人口也不断增多，大量的失地农民被安置在城市社区居住和生活，这对城市社区的治理是一种新的挑战。一个社区的居民由于年龄、性别、文化程度、职业、兴趣爱好上的差异，其需求也具有多元性和多层次性，而这些需求需要在社区层面得到满足。社区除了提供社区居民共性的需求，如社区便民生活服务、社区文化娱乐服务、社区环境卫生和绿化美化服务等外，还必须提供群体性的服务如针对老年人的养老服务，在安置小区的失地青年农民的就业创业服务，失地农民的城市适应引导服务，还有针对妇女、儿童、残疾人等提供特殊服务的综合型服务。社区提供服务方式的创新成为新型城镇化发展的新的要求。在社区治理中，“不论是公共部门还是私人部门，没有一个个体行动者能够拥有解决综合、动态、多样性问题所需要的全

部知识与信息，也没有一个个体行动者有足够的知识和能力去应用所有有效的工具”（J. Kooiman，1993：4）。面对社区居民大量公共服务需求的上升，单纯依靠国家、政府来解决是不可能的。党的十八届三中全会指出，社会治理体制创新要“加强党委领导，发挥政府主导作用，鼓励和支持社会各方面参与，实现政府治理和社会自我调节、居民自治良性互动”。因此，社会组织介入社区某些服务项目，参与社区治理既充当了政府与社会沟通的桥梁，也是满足社区需求的现实需要。在社区居民需求多样化的形势下，YL 安置社区针对社区失地青年群体性的就业创业问题，以购买社会工作服务机构服务的形式引进了 ZS 社会组织介入社区治理。

3. 社会工作介入社区治理，有利于推动社会工作实务发展，最终促进社区发展

社会工作作为专业在西方社会已有百年的历史了，而在中国的发展历史是短暂的。1998 年高等教育体制改革为社会工作的发展提供了契机，很快一些高校迅速成立了社会工作系或专业，经过这些年的发展，社会工作专业主要是以学术研究和在校内进行知识传授为主，作为实务部分并没有得到社会的广泛认可与发展。社区治理或建设为社会工作实务提供了实践的机会，社会工作者进入基层，参与基层实践，关注社会问题，通过在学校所学到的社会工作专业知识、运用专业技能策划组织社区活动，提供社会服务，从而得到社区居民的认可和接纳。通过社区这个实践场域，提升社会工作水平，促进社区发展。

（二）社会组织介入社区治理消弭文化堕距

在促进失地青年就业创业过程中，政府仍然是解决青年就业问题的责任主体。但是社区治理的实践中，政府已经很难满足公众日益增长的、各式各样的公共需求。因此，政府在社会治理领域内的主要职责是培育、指导和监督诸如社会工作机构等社会组织，发挥社会组织在社区治理中的主体作用。

1. 整合、动员社区治理的多元主体，形成多元参与的社区治理模式

由农村到城市社区，文化的滞后给城市社区治理带来了新的挑战。社

区治理作为社会治理在基层的实践，传统的社会管理模式下，社区“岗位”常常处于“超负荷”的“半行政化”状态。从“社区管理”到“社区治理”的变化，意味着社区治理主体由单一的行政主体向政府、社会、市场等多元主体的转化，也意味着由服务行政化向服务社会化的转型。社会组织作为专业性的组织，作为社区治理的主体之一，参与社区治理一方面可以通过特有的专业方法与理念，为社区服务提供有益的补充；另一方面也可以通过组织各类社区活动发挥寻求、整合、动员利用各类社会资源的优势，还可以通过承接政府各项社会服务项目，加快政府由“大包大揽”向“有限政府”的转变。既实现了政府、社会与市场共同参与社区治理，又把社区内居民由分散的“社会人”进行了“再组织化”共同参与社区治理。如 ZS 社会工作发展服务中心在介入社区失地青年就业创业项目时，需要挖掘企业各种岗位资源，需要政府提供政策支持，通过企业岗位资源链接实现“送岗位进社区”，通过链接公益培训资源，在社区内开展免费的就业创业技能培训服务，提高失地农民的就业创业竞争力。既消弭了文化堕距现象，又实现了多元共治的社区治理模式。

2. 培育社会力量，提升居民自组织能力

由农村熟人走向城市社区的陌生人社会后，居民原有的社会关系破裂，引导建立新的社会关系是社会组织首先要解决的问题。调查发现，相对于以单元、楼门等划分，居民更倾向以兴趣或利益组合。基于此，在社区居委会、物业及 ZS 社会工作发展服务中心的协商下，ZS 社会工作发展服务中心通过调查摸底，挖掘社区能人牵头成立兴趣与利益小组，引导失地青年形成以地缘和趣缘为基础的、以公益或互益为目的的志同道合的社区社会组织。如 YL 社区待业青年就业增能小组、社区待业青年计算机基础知识培训小组，通过这些小组一方面调动居民参与社区事务的积极性；另一方面加深邻里情感，为新社会关系的建立提供了情感基础；再有就是通过相关培训提升了居民的自组织能力。

3. 赋权增能激发社区活力，提升居民福祉

社区治理是激发社区活力、提高社区居民福祉的多方位提升的过程。它包括居民、社区组织、社区环境、社区文化的提升，最终是要实现居民福祉

的提升。而社区居民多样化的需求及功能的发挥，单纯依靠政府的介入已经无法实现和满足，而社区大量的日常性的公共事务已经让社区居委会的工作泛行政化，也无暇顾及社区及其居民的多样化需求。在基层民主自治形势下，政府对社区公共事项逐步“放权”，再“赋权”给组织化的社区主体。这些组织化的社区主体可以是专业社会组织也可以是孕育于社区内部，基于居民需求或兴趣而自发形成，得到居民认同、接纳和信任的社区社会组织。通过专业社会组织或社区社会组织开展的一系列组织化的社区活动，引导社区居民积极参与社区组织活动，通过活动或事务的开展，快速建立居民彼此关联的互动关系网，培养居民对社区共同体的认同感、责任感。同时，通过社区公共性事务的开展，居民在互动参与中，分享资源、知识与文化、经验等并通过参与、学习、交流等活动以提升居民参与社区事务的治理能力，真正实现居民自治，提升居民福祉。ZS 社会工作发展服务中心开展失地青年就业创业项目后，通过宣传、发动及活动的组织，凝聚了人气，感受到了社区大家庭的氛围，提高了居民对社区活动的参与度，也提升了居民对社区的认同感和归宿感，对自身的认知水平也有所提高，这为社区治理对居民素质的提升打下了良好的基础。

失地青年就业创业是安置型社区治理的重要内容，本研究以文化堕距为视角，以失地青年就业创业为切入口阐述了专业社会组织介入社区治理的社会背景及在项目实施过程中与服务对象互动时所面临的困境，以及专业社会组织在社区治理中消弭文化堕距促进社区文化发展所发挥的作用，旨在探索社区治理的新模式和新方法，促进社区民主自治。

第八章 失地农民就业行为城镇化转型

一、问题的提出

社会整体变迁意义上的进步莫过于城市社会取代农业社会(马克思、恩格斯,1971),而这个过程往往并非一帆风顺。帕森斯认为,社会结构遵循"解构—结构化—再解构—再结构化"过程。张鸿雁(2012)基于我国城市化经验的研究指出,不同于西方城市化发展的"优化解构模式",我国城市化对传统社会整合的进化表现出"非优化的局部解构化"模式,由此发现"帕森斯理论的局限在于对'进化'的认识缺乏辩证的思考";中国城市化在"解构"传统社会的同时,亦存在某些社会传统在新社会环境中被"固化"的现象。有学者认为,在传统农村社会"解构"与现代城市社会"结构化"过程中,如果缺乏科学而遵循人性的战略驾驭,就很容易形成"社会结构空洞",容易被有害菌体"侵袭",产生一系列新的社会问题[①]。其中,失地农民的就业就是这诸多问题中最重要的问题。一些学者(翟年祥、项光勤,2012)预计到2030年我国失地农民将达到1.1亿,并且其中"有5000万—8000万的农民会出现既失地又失业的现象"。农民失去土地以后,职业缺失会导致严重的个人

---

① 富勒和迈尔斯认为,社会问题是为多数人所承认的、偏离某些社会规范的社会状况。《社会学百科辞典》定义社会问题为"社会中的一种综合现象,即社会环境失调,影响社会全体成员的共同生活,破坏社会正常运行,妨碍社会协调发展的社会现象"。乔恩·谢泼德也提出,社会问题是多数人认为的问题。社会问题的共性特征:多数人的感知与认知、对多数人的负面影响、与社会进步方向相反的社会现象,同时必须通过社会的力量来解决的问题即是社会问题。

风险、家庭风险和社会风险，给经济社会可持续发展提出严峻挑战。研究失地农民的就业问题，落实党的十九大报告指出的“保证全体人民在共建共享发展中有更多获得感”，成为一个极具战略意义的议题。

农民失去土地以后，其人力资本、物资资本、社会资本等方面会出现弱化趋势，安置方式针对性错位、社会保障时效性不足、文化观念与主流价值存在堕距、就业技能的现代匹配性差以及就业意愿被动等方面的问题，导致失地农民就业广泛存在失业率高、竞争力弱、收入低、稳定性差、制度保障力弱、生计可持续性不足等问题（翟年祥等，2012；李福田等，2008；陈浩等，2013；张晖等，2012；李琴等，2009；刘立宏等，2011；孙绪民等，2007；周洁等，2013）。失地农民就业问题不仅涉及失地农民个体的生存生活质量，更反映社会转型的宏观背景，即农村社会系统向城市社会系统的转换。因此，这一过程应该是转型中的社会结构与流变中的失地农民主体行动的持续互动。本研究意在探究在“解构”与“结构化”之间，失地农民的就业行为存在着怎样的流变轨迹？结构性因素与主体性行为如何互动？是否存在明显的阶段划分或标志性事件？就业行为由传统到现代的无缝对接能否实现？存在哪些困难与契机？

二、失地农民就业的结构性转型

2007 年 C 市的“两型社会”试点被纳入国家战略。作为发展“两型社会”的重大举措之一，C 市于 2009 年开启 M 国际新城建设，相继在 M 国际新城引进大数据、新材料、转化医学新药、高铁国家工程实验室、电子商务、金融、文化创意等高新产业。国际新城“高起点规划、大手笔建设”的背后是腾地 2 万余亩，动迁 5 个村 5600 余户 1.3 万余人，R 社区即是在此次大规模征地动迁中产生的失地农民安置社区。R 社区居民接受了货币化安置方式，他们拆迁后获得的现金使其成为“拆迁致富”的群体。由于国际新城定位于高新产业，并未给 R 社区的失地农民提供足够数量的就业岗位。于是，R 社区的失地农民（当地政府称其为“新市民”）大量失业。为此，R 社区所属的 M

街道以政府购买服务的形式于2014年引进Z大学的社会工作发展服务中心，在社区成立“新市民加油站”，开展失地农民创业就业促进项目。

（一）脱嵌：就业行为问题化

社会结构是指具有不同基本功能的、多层面的次系统所形成的一种“总体社会系统”。在帕森斯看来，诸社会系统功能的发挥为行动者提供规范，进而实现社会整合。当失地农民原有的农村环境发生变更以后，其习惯的互动模式与环境均会发生转移。失地农民需要从旧结构中“脱嵌”，随之“嵌入”现代城市互动环境。王春光（2006）发现，在城镇化过程中，农业转移人口由于没有能够迅速嵌入城市的社会、制度与文化系统，产生“内卷化”，出现“脱嵌”现象。“脱嵌”持续时期内会产生不少问题，突然而至的征地补偿“财富”实现了“丰衣足食”欲求后，许多失地农民出现“暴饮暴食，‘带彩’娱乐，生活无规律、过度诉诸感官刺激”，类似现象在R社区也很普遍。

R社区失地农民于2010年人均获得40万—50万元不等的征地补偿款，每一名处于劳动年龄阶段的成年人还有2年的每月1700元左右的就业“过渡费”，退休年龄的老年人每月领取2000元左右的养老保险。无疑，上述资金使得R社区的失地农民生存压力降低，就业动机下降。Z社会工作发展服务中心的调查数据①显示：征地前，R社区居民不工作的仅占8.7%；征地后，不就业的比例上升到57.1%。

“你知道，我当然喜欢高收入的工作，但是这些工作要求高而且多，我几乎一条都达不到。而一些我能胜任的工作，则待遇太低……还不如不干。”R社区弥漫着“还不如不工作”的氛围，这导致已经就业的失地农民也很不满意其正在从事的工作②，这对提升R社区就业率非常不利。“没事可做，只能打牌”是“新市民”对打牌成风的解释。

---

① 2014年4—6月，Z社会工作发展服务中心的8名社会工作硕士研究生和40名社会学本科生在学院老师的带领下对R社区失地农民的就业创业作了专题调研，收回有效问卷196份，深度个案访谈70份。

② 在196名被调查者中，有42名（21.4%）失地农民实现就业，但从劳动合同签订率、工资收入、职业声望低三个方面来看，就业质量不高，工作满意度低。

基本生存满足、原有农业就业平台消失、城市新的高端就业平台排斥、群体内部认同“无所事事”等因素共同作用，导致失地农民就业率下降。Z社会工作发展服务中心2014年的调查数据显示，尽管69.2%的待业者有找工作的意愿，但有找工作行动的仅占28.5%。他们不找工作的理由：合适工作难找（25.2%），自己没有技术（15.1%），身体原因没有办法工作（14.3%），要做家务、照顾家人（10.8%），要装修房子（10.1%）等。失地农民重视家庭和照顾下一代、注重当下而较少考虑未来、小富即安和知足常乐，他们不满城市中的低端岗位，畏惧挑战高端职业。目前生存已经不存在问题，找工作主要是为了让自己“不闲着”或生活得更好。因此，他们对工作的要求是“离家近”“不加班”“有周末”“不能太累”“工资不能太低”等。但是，R社区所处的国际新城定位于高端产业，符合失地农民要求的岗位就非常少。城市就业岗位分布结构与R社区居民的主观愿望之间存在“间隔”，如此“间隔”加剧了失地农民“脱嵌期迷茫”，构成了基层干部和社会工作者所说的“整体风气”。

我们村很多人在拿到拆迁款后，找工作的意愿很低。其中，45—55岁年龄段的人认为“原来过得苦日子，现在拿到钱平平淡淡过”很好。20岁以上的青年人，在征地时大多结婚生子，他们需要照看幼儿，加上工作辛苦待遇又不好等，他们也不迫切找工作。目前来看，整体就业风气不好，很多人沉迷于打牌赌博，赌博中输得多的人，他们手头的补偿款已经所剩无几。（Q村安置筹备组组长，课题组访谈摘录）

到R社区做社会工作者2个月以来，我们观察到这个社区大多数居民没有工作，整天闲在家里，无所事事，他们找工作的欲望很低，带赌博性质的打牌是他们饭后的主要活动，甚至有些人觉得找工作“可耻”。“吃老本”已成为R社区的一种生活常态。（Z社会工作者，社会工作日志摘录）

征地前不存在闲散人员，征地后相当一部分人在家待业。离婚、赌博人数增加，吸毒也零星出现。（T村村委书记，课题组访谈摘录）

马林诺夫斯基认为，相较于“文化迫力”①，“文化的真正要素（社会的和精神的层面）有它相当的永久性、普遍性及独立性”。征地拆迁使得失地农民原有行为有机系统的“适应功能”、人格系统的“目标获取功能”、社会系统的“整合功能”、文化系统的“模式维持功能”发生离散性错乱。当环境的复杂性不能够有效降低时，“懒散”“无所事事”等迷茫状态便成为失地农民面对复杂性环境的本能反应。

（二）嵌入：现代理性秩序规制力量的多样化呈现

“嵌入”这一概念在波兰尼（Polanyi，1957/1944）那里主要是强调市场对社会的从属特征，而格兰诺维特（Granovetter，1985）则强调经济行动嵌入社会结构，“嵌入”被用于描述个人与其所处社会环境不可分割的联系。近年来，“嵌入性”被越来越多地用于阐述国家 - 社会关系和国家治理转型，强调社会结构对行动者接纳由被动到主动的转变，如嵌入性发展、嵌入性监管、嵌入性治理等。那么，失地农民如何被嵌入城市社会进而形塑其就业行为呢？

2014 年 5 月，结束了大致 4 年等待期的失地农民陆续搬进 R 安置社区，同年 7 月 Z 社会工作发展服务中心的社会工作项目组也正式进入社区，12 月，R 社区居委会获批成立。这次安置，R 社区失地农民人均获得 80 平方米的安置面积，不过这部分面积需要以每平方米 1200 元的价格购买。在购买了住房并对住房作了装修以后，加上近 4 年的花费，他们手头现金也就所剩无几。至此，资本逻辑的现代性动力显现，城市现代理性开始主宰 R 社区失地农民的生活节奏，他们的时间观开始变化，时间与金钱之间的关系增强，就业意识被唤醒，失地农民原有的“顺其自然”的心态开始改变。

征地前一直跟丈夫两人在家里种葡萄，每年有几万块钱的收入。拆迁以后一直没有工作，就是拿着拆迁款过日子。以前是不出门不花钱，现在是出不出门都要花钱。以前自己种菜，要吃什么就去园里摘，只选好的摘。现

① 马林诺夫斯基认为，功能始终产生于对文化迫力的反应。人类首先的需要是个体有机系统的需要：营养、两性及传种、防御即日常生活必备品，这些最基本的“文化迫力”。

在去买菜，新鲜的好看的都贵。每天吃老本，钱都花得差不多了。要一分钱掰成两分钱花才行，坐吃山空真不是办法。看样子不能像过去那样“自然而然”了，需要到外面找事情做了。（L女士，49岁，2015年10月9日，“新生花”妇女创业就业小组工作访谈记录）

R社区与Z社会工作发展服务中心根据失地农民境况与心态变化，于2014年下半年开始了一系列引导性措施。首先，利用C市出台的《被征地农民就业培训和社会保障办法》专项政策，推出了技能培训、专场招聘、创业优惠等活动，委托Z社会工作发展服务中心开展R社区失地农民创业就业促进服务项目，全方位整合资源引导失地农民就业。其次，向失地农民宣讲城市政策，如就业政策、五险一金政策，告知失地农民如果他们就业可以获得比较好的用人单位提供的保险金，如果不就业则意味着他们今后要承担高额费用，失去目前可以获得的福利待遇。持续的政策宣讲，使R社区40岁左右的失地农民就业紧迫性明显增强。再次，制止失地农民的消极就业行为。如严禁安置房5年内出售，停发就业“过渡津贴”等。最后，利用社会工作项目促进就业。Z社会工作发展服务中心在R社区推出“就业创业促进”项目，项目第一步是提升社区就业气氛，树立主流价值取向。通过《给R社区新市民的一封信》，与社区“领袖”和积极分子座谈，入户走访，利用传统与新媒体宣传等方式持续营造就业氛围。经过3个多月的努力，不少失地农民主动到Z社会工作发展服务中心办公室咨询就业信息，登记就业意向。然而直到2015年1月，不少失地农民的就业行为仍然止于信息咨询。为此，社会工作项目组针对R社区居民缺乏危机意识、不愿意主动融入城市，同时又重视小孩教育、关注朋辈群体动向等特点，开展了就业促进服务。

第一，警示生活压力。赫尔嘉·诺沃特尼（2011）强调，在资本逻辑主宰的现代社会，未来不再是未知领域而成为计划内容，“从前可以推给未来的问题，进入了现在的视野，这些问题可能明天才会出现，但今天我们就要想办法解决它们”。Z社会工作发展服务中心项目组让失地农民记录并计算他们的日常花费以及收入，通过计算未来预警生活压力，激发就业动机，提升就业行为。

以每人每月1500元生活费计算，而且还要物价不上涨、没有意外、伤痛等，四口之家每月就是6000元，一年72000元。如果没有持续的收入来源，拆迁款几年就用光。我们要求服务对象每天记录他们的消费项目及其金额，与他们聊他们未来可能需要的消费开支，聊他们的衣、食、住、行、人情往来方面的花销，请他们将每一笔支出记在纸上。最后让案主加总需要的花费总数……案主通过计算"现在"与"未来"，感受到压力，危机意识被激发。（2015年11月项目组第三次周例会会议纪要摘录）

第二，营造就业气氛。环境的复杂性导致失地农民在价值观念、行为规范、行为方式方面与现代社会相冲突，表现出"偏离性"发展。对此，项目组通过开展"做孩子榜样"等亲子活动、就业成功案例的典范分享，发挥邻里网络的舆论制造和信息传播的特点，弘扬"劳动光荣""就业崇高"等主流价值观，营造积极就业气氛。个人行走在社会铺设的轨道上，在相应的时间履行被指派的任务，表明一个人处于正常状态；被作为不正常挑出来的可能性，通常足以迫使个体以超常的努力去符合社会规范。

Y，29岁，与妻子和4岁儿子居住，Y的父母也住在R社区。Y与妻子拆迁后便没有工作过。2015年4月当社会工作者入户了解夫妻俩的就业意愿时，Y的妻子并不着急找工作，而Y则在房间里打游戏没有出来。妻子看完岗位信息后认为只有保安的岗位丈夫能满足要求。当社会工作者准备详细介绍保安这份工作时，妻子以"老公太胖，保安服穿不了"为由拒绝了社会工作者的服务。2016年正月刚过，Y的妈妈领着Y的妻子来到办公室找工作，"同村很多年轻人都找到事做……儿子儿媳都闲在家里，我和他爸也脸上无光……游手好闲不是正路。"R社区的主流价值取向影响着身处其中的失地农民。

第三，朋辈群体支持。从场域理论来看，当组员进入小组就进入了一个由自身和不同的力量与变量组成的心理场，个人的行为会受到这些力量和变量组成的心理场的影响。每一个成员都是一个资源库，他们会分享各自的想法、经验、感受。这样，小组就提供给每个组员一个丰富的行为总汇，组员可以结合自己的风格，从丰富的表现和活动中寻找榜样、模仿和学习，增加个人的适应性行为。项目组充分利用小组工作方法，从年龄、性别、学历、身体、工作经历、生活经历、劳动技能、家庭结构等维度对失地农民进行分类招募，充分发挥失地农民就业过程中朋辈群体的自我支持、自我教育、自我成长的功能。

社会系统的恢复为嵌入其中的失地农民提供了行为规范，形塑着失地农民的行为。经过 4 年多的等待，在消费领域嵌入城市的失地农民逐渐开启了生产领域的嵌入，出现就业行为。但在与现代社会结构的持续互动过程中，个体间的差异使得失地农民的就业行为分化明显。

（三）分化：功能性与价值性的差异性嵌入

分化是社会进步的前提和基本路径，包括个体层面的劳动分工、群体层面的社会分层和系统层面的功能分化等。城镇化作为一种规划性的社会结构变迁，加速了社会分化的进程，系统结构、社会阶层、主体行动等的分化得以凸显。Spilerman（1976）指出，美国城镇化进程中的“发展小城镇”策略不仅促使种群的地域扩散和有效安置，而且产生了不同分组的移民在不同区域、不同行业、不同职业中聚集的趋势，进而影响种族的社会分层。但若要回答群体内部“为什么有些低收入劳动力能够摆脱贫困循环，而其他人仍然持续”，则需进一步分析主体行为与系统环境间的匹配程度。吴晓刚（2006）基于我国劳动力市场转型的研究指出，不同的行动者在机会结构变迁过程中会有不同的行为反应，就业行为与市场结构的契合程度导致就业分化和收入差异。马克思认为，主体性行为是功能性与价值性的统一，在急剧的社会转型过程中，功能性变迁通常较价值性变迁更易实现。在现代理性秩序“生效”后，个体就业行为的功能性、价值性与系统环境的嵌入差异成为群体内就业行为分化的根源。既有对嵌入差异的研究表明，年龄、性别、土地补偿金、征地用途、补偿方式、正规教育、技能培训、家庭禀赋、社会资本（谢勇，2010；陈浩、陈雪春，2013；戚晓明，2017；王建，2017）等因素导致嵌入差异。在此基础上，本研究进一步关注嵌入差异导致的就业行为分化，进而提出失地农民就业行为的不同类型。

失地农民就业的功能性嵌入是指客观上参与城市劳动分工，能够适应城市消费节奏进而实现城市生活；价值性嵌入是指主观上认同城市劳动分工，认为城市生产节奏对人的生存与发展有益。依据就业行为的功能性与

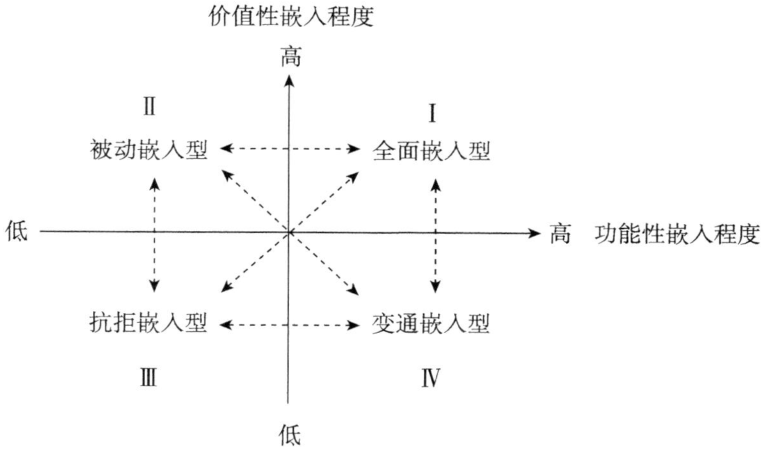

图8-1　失地农民就业行为的分化与类型

价值性划分，失地农民存在全面嵌入、被动嵌入、变通嵌入、抗拒嵌入四种行为类型（见图8-1），其中第一象限表现为稳定的就业行为，第二象限表现为间接的、消极的就业行为，第三象限出现拒绝就业行为，第四象限出现不稳定就业行为。四种行为类型并非固定不变的，而是在功能性与价值性嵌入程度的变化中处于流变状态。

1. 全面嵌入型

全面嵌入型失地农民既实现城市就业的功能性嵌入，又实现价值性嵌入。这一类群体往往原本就具有嵌入城市生产节奏的能力，因征地动迁退出社会分工，受经济条件、就业信息、家庭结构、整体风气等因素影响，没有积极再就业或在再就业中多次碰壁导致就业行为退化。与绝对人力资本优势者相比，这一部分失地农民受就业结构影响较大。就业过程中的“卖方市场”、就业信息不足、“高不成低不就”心理等是这一部分失地农民就业中存在的困难，对这一群体进行就业平台支持和心理调适尤为关键。针对这一部分失地农民，项目组制定了一套基础服务流程，通过确认服务对象、资料收集与评估、就业意愿启动、一对一人岗匹配、简历写作投递辅导、面试技巧辅导、就业回访、就业分享等，实现这一群体的稳定就业。

2. 被动嵌入型

被动嵌入型群体具有现代就业的价值认同，但其功能需求无法实现。

这一类型群体往往在征地前具有比较优势，并形成与之相应的消费模式和就业价值认同。但结构变迁和空间转换导致其在过去生产生活中的位置优势或积累的技能优势消失，新的就业结构无法满足其功能性需求，从而出现"被动嵌入"就业行为，表现为"外部依赖"和"消极就业"。

"外部依赖"的失地农民深感征地拆迁导致自己从主动的生存状态转变为被动的生存状态，因而对外部运行机制具有明显的依赖心理，"等""靠""要"是其典型的行为特征。

C，男，原T村队长，37岁。C一家4口，妻子和两个孩子。征地前做手机生意，征地5年来和妻子无业在家，大孩子11岁读小学，小孩子5岁上幼儿园。家里一年开销10万元左右，其中小孩教育2万多元。C明确表示想做保安队长或绿化环卫队长，但C没有相关（保安、绿化）经历，社会工作者告知其很难找到这样一份工作。C表示，"我们拆迁是为社会建设作出了牺牲，政府让我们拆迁的，应该对我们负责。"C对街道、居委会、社会工作者的就业帮扶寄予厚望。

"消极就业"群体对就业的功能性满足有一定期望，但由于年龄、外貌、社会关系、行为惯性、兴趣爱好等，在新的就业环境中多次遭遇挫折，产生畏难情绪、恐惧心理和消极思想，导致主动的就业行为消失。

X，男，44岁。征地前在村子周边帮忙做门窗安装，一个月赚4000—5000元。征地后，X曾在Y学校的食堂干过，但学校要求食堂师傅早上6点之前就到，而且工资只有2800元，便辞职，之后就再没有去工作。当社会工作者告知X将举办计算机、电工等培训时，X却不肯参加。对此，社会工作者与居委会、街道一起设计了报名、送训、获证奖励等支持措施，并通过小组工作进行朋辈群体支持，成功将X纳入项目培训与再就业服务。

功能性满足水平是影响被动嵌入型就业行为流变的关键。依赖嵌入型群体极具变动性，通过技能培训、资源整合等支持满足就业的功能性需求，可促使其向全面嵌入型转变；通过目标重置、降低工作期望等，可发展为灵活变通型；如果在消费节奏、政策引导、道德舆论等共同作用下未能持续嵌入城市社会生产结构，则可能降低该群体的就业价值认同，向抗拒嵌入型转变。

3. 变通嵌入型

变通嵌入型群体获得城市就业的功能性嵌入，却没有获得城市就业的价值性嵌入。从根本上说，此类型的出现缘于人力资本、社会资本等相对弱势造成的个体社会时间结构弱势。处于时间结构弱势的失地农民嵌入城市生产节奏需要在必要劳动上耗费更多的时间，较低的工资收入、福利保障、社会地位和过多的时间侵占与体力支出，使就业行为的功能性与价值性发生严重冲突，由此出现变通嵌入行为，以便既维持城市生活又保持原有的价值取向。变通嵌入型主要有"委曲求全"和"灵活就业"两种表现形式。

"委曲求全"主要是指失地农民迫于生活压力暂时从事违背自己价值取向的工作，但由于就业行为与自己的价值取向不一致，"价值性"会对就业行为进行调整，所以"跳槽"频繁，就业稳定性差。

W，女，32 岁，育有两女，均已上小学。W 做过超市收银员、幼儿园的保育员等不同工作，这次再次来找工作目标很明确，问 C 学校或 Y 学校是否招后勤人员。W 表示"这两所学校离家近，而且上下班比较有规律，与学生放学时间一致，基本不存在加班的情况，还有周末，方便照顾两个读书的女儿"。尽管这两所学校暂时没有空缺岗位，但 W 表示坚持自己的想法，不想再老是换工作，钱没赚到孩子也没顾上。

"灵活就业"与传统就业形式较为类似，其本质是实现从"工作导致生活碎片化"到"工作融入生活"的转变，缓解了传统就业的自主性与现代就业的科层性之间的冲突，实现失地农民就业的功能性需求与价值性需求间的平衡。

A，女，33 岁，初中学历。一家 3 口，自己、丈夫和 10 岁的女儿。征地前 A 与丈夫一起利用自己的院落做盆景生意，征地后自己和丈夫就没工作了。有朋友介绍 A 去做文员，但是 A 自认为自己文化程度不高，也不会电脑，所以没去，而是选择帮别人看店，没干多久就辞职了。由于 A 有做生意经验，一直想做生意，后来参加了社区组织的小微创业培训、淘宝经营培训后，就办起了淘宝、微店。两年来，营业额慢慢上升。"赚钱嘛，有几个轻松的？开网店自己是自由的，又可以照顾家里……只是工作生活没有区分，没有白天黑夜界限，只要网络一提示，马上就要回应，顾客走了可能就再也不来了。我发现，深夜成交率更高！"

R社区与Z社工中心针对失地农民相继举办了微商运营、淘宝经营、个体电商、上门服务、催乳技术、育婴师、月嫂服务等系列培训，满足了相当一部分失地农民就业的个性化要求。以此开发出的灵活就业让失地农民的生活完整性得到了保障，却无法完全被现代系统接纳，表现为五险一金的缺失、相关法律保护的空白等。灵活就业作为一种适应现代社会需求且同时满足失地农民功能性和价值性的就业行为类型，却无法得到现代社会的完全认同，也体现了当前城市社会运行机制和价值包容性的局限。社会工作者作为集直接服务角色（服务提供者、治疗者、支持者、使能者、倡导者、关系协调者）和间接服务角色（行政管理者、资源筹措者、政策影响者、研究者）于一身的社会运行机制的一部分，在服务过程中发现某些问题具有普遍性并向有关政府部门提出建议，有助于促进社会系统的分化与主体行为的分化相适应。

4. 抗拒嵌入型

抗拒嵌入型失地农民既没实现城市就业的功能性嵌入，也未实现城市就业的价值性嵌入。相较于系统结构转换初期“脱嵌”的“迷茫性”，在空间重置和现代理性秩序全面凸显后，失地农民的抗拒嵌入行为则是失地农民不同系统比较后的自主性选择。这一群体置身于城市经济、政治、文化等多重运行机制中，却在功能层面和价值层面脱嵌于城市系统，因自身面临着极大的社会风险而成为现代社会中的风险。

L，男，57岁，一辈子务农，土地承载了L对生命和生活的寄托。拆迁后L的农具一直保留着，并在距R社区很远的山上开垦种菜。“我是一万个不愿意拆迁！那是我们祖辈开垦的地，我们自己养鸡养鸭养猪，自己种菜种粮，有了地我们就能活，土地才是孕育人类的母亲。现在大家都开口闭口就是想赚钱，用钱买粮食。但是，钱是不能饱肚子的，如果粮食不足，有钱也买不到……我在这儿住了两年了，不是现在不适应，是到死都适应不了！住在这里跟坐牢一样！”L尽力维持着原有的生产生活方式，对城市的生产、消费，对城市的行为习惯、人际关系等均持批判态度。

M，43岁，与妻子育有一子。征地拆迁后，“一夜暴富”对M心态冲击很大，开始赌博，输掉大部分补偿款。原本有两套安置房指标，也只要了一套。

一套120平方米的房子,只装修了一半,两个房间铺了瓷砖,另一半毛坯,一进去视觉冲击很大。M妻子体弱多病,有肾病等各种慢性疾病,拆迁后曾从事保洁工作,在工作中摔断了腿,现已过世。在M看来,拆迁前的生活是很好的,自己在航天医院附近有个小门面修自行车,妻子在家务农,有一栋二层小楼。M完全排斥就业,以各种理由拒绝接受Z社工中心和居委会提供的服务,难以沟通。

这一类型的失地农民往往在心理、身体、家庭、经历等方面具有特殊性,需要通过个案工作方法,对其在就业的"功能性"和"价值性"进行全面评估的基础上,整合不同领域、不同社会子系统等资源,筛选具有可达性和可行性的社会运行机制提供支持,从而帮助这一类型失地农民实现城市嵌入。

三、城镇化进程中的行为分化与系统分化

拆迁带来空间转换,标志着原有社会结构的"解构",在既有就业行为的功能性与价值性的不同步变迁中,失地农民的就业行为问题化。安置实现空间重构,是进入第二阶段的标志,物理空间的基础性也决定了失地农民城市嵌入的客观必然性,现代理性秩序规制力量呈现多样化。治理带来新的社会空间生产,是进入第三阶段的标志,城市社会系统的内在一致性与失地农民个体异质性相结合,导致就业行为功能性与价值性的差异性嵌入,出现就业行为的分化,演化出全面嵌入、被动嵌入、变通嵌入和拒绝嵌入的行为类型。在这一过程中,个体异质性又使得不同个体在就业行为流变的不同阶段和不同类型中所持续的时长和"疼痛感"不尽相同。对失地农民就业行为发展阶段和所属类型进行识别,有助于失地农民就业的现代性诊断,进而促进失地农民就业行为的转变。

正是在"解构—结构化"的过程中,城乡社会系统与失地农民主体性行动,尤其是意义世界的互动得以凸显,为课题组观察和优化城镇化进程中的社会治理提供了契机。城镇化进程中,主体行动的分化对社会系统的分化提出要求。新社会进化观认为,社会结构进化的特征之一便是社会系统的

分化,“分化过程使得社会单位的资源增加,束缚减少,从而提高了其适应力”。社会工作嵌入社会治理作为政府治理社会系统的新探索,即是社会系统分化体现。本研究中社会工作介入失地农民就业的个案表明,社会工作凭借社区工作、小组工作、个案工作等专业工作方法,对实现结构转型中主体行为有效嵌入社会系统卓有成效,是系统对转型过程中主体行为分化的积极回应。

城镇化的“优化解构模式”不仅要求系统分化以避免“结构空洞”,新型城镇化“以人为本”的战略升级更旨在避免系统转换过程中主体行动者的“疼痛感”,进而对系统分化的路径和实时性提出要求,“变被动为主动”“随行动者而动”的嵌入性治理无疑是一种积极而有效的探索。社会工作者不仅是社会系统的执行者,也是系统与行动者“适配性”的观察者、反馈者、倡导者。社会工作作为一种典型的“嵌入性”治理机制,体现了由“规划性”到“嵌入性”的系统进化逻辑的转变,为传统到现代的无缝对接提供了可能。城镇化不可能只是静观其变地等待着来自农村的“客人”进门,而应该主动张开双臂拥抱新的“家人”,包容和价值普遍化将为城市的发展注入新的生机和活力。

第九章　安置区失地农民就业能力促进

失地农民在城市就业中处于弱势，主要体现在征地补偿与安置制度不合理、就业政策支持不足、身份认同模糊、人力资本类型不匹配、异质性社会网络建构不足、职业感知偏差6个方面。为提升失地农民就业能力和就业机会，检验社会工作的实践知识和操作技能，本章以长沙市M社区失地农民就业创业促进项目为例，运用人类行为与社会环境理论作为分析工具，在反思性实践的基础上，回应失地农民群体内部不同年龄阶段失地农民的就业需求，着力促进中青年群体和“4050”群体的就业能力。

本章通过社会工作介入失地农民所处系统，激发失地农民就业动机，通过技能培训、多元小组活动和社区活动提升失地农民人力资本，构建社会支持网络，促进失地农民就业，将社区整体就业率从21.3%提升至66.01%。有效开展社会工作，可以促进失地农民的就业能力，让安置区的失地农民更有效地实现城镇化。

一、问题的提出

城镇化迅猛发展带来城市物理空间扩展，失地农民的总人数也在迅猛增加。根据《中国城市发展报告（2011）》，我国完全失地或不完全失地农民的总数已经达到4000万—5000万人。

失地农民，无论是完全失地还是部分失地，都需要采取以市场为导向的方法来解决竞争性就业压力和严峻就业环境下的就业问题（戚晓明，2017）。众多调查研究证实，失地农民目前就业状况呈现出多样化的特征，已就业的失地农民主要从事非正规就业和低端服务业，就业岗位替代性强、工作周期短、稳定性差。整体来说，“失地无业、隐性失业、就业转失业”呈现出普遍化的趋势。

湖南省长株潭城市群被国家确定为“两型社会”试验区，长沙市大河西先导区是试验区的重要组成部分。其中，规划定位为“国家级绿色低碳示范新区，长沙未来城市中心”的M国际新城建设，腾地2万余亩，动迁5个村5600余户1.3万余人。拆迁后，失地农民户口类型由原来的农村户口转变为城镇户口，同时享有城市社会保障。失地农民依据国家拆迁安置政策，获得为数不少的拆迁补贴。但是，原有的农业生产生活方式被改变，相当一部分被征地农民赋闲在家。为了引导失地农民尽快主动外出寻找工作实现有效就业，M街道相关领导求助中南大学项目组。于是，以本课题组成员为主导，“新市民加油站”得以在M社区成立，M社区为高层安置社区，主要安置M周边4个乡镇的被征地农民，下辖两个被征地农民小区，有居民2519户6240人①。由于先征地后建设，自2009年开始拆迁，直至2014年失地农民才得以陆续搬至M社区，其中18—50岁年龄段的人口占社区总人口的40%左右。M国际新城作为“两型社区”示范重点区，片区内高新科技工业园、大型商超、综合商业广场陆续建设，这些都需要大量的劳动力。M社区所在街道有各类企事业单位211家，区内经济基础较好。同时，M社区具有学区优势，社区隔街便是长郡M中学和岳麓实验小学，社区5千米内还有湖南涉外经济学院、湖南第一师范学院两所本科学校，有着丰富的教育资源。

调查显示，失地农民待业者就业地区的期望分别为本社区内（10.5%）、河西地区内（23.9%）、长沙市内（30.7%）、长沙市外（10.5%）。M社区已就业者受教育程度高中以上文化程度的占40.2%，已就业者身体100%健康，90%以上已婚。已就业者主要通过家人、亲友、邻居介绍工作，占全部的55%；其中76.2%受人雇用，职业集中在第二、第三产业，从事装修、工程建筑、保安、保洁、导购、公园绿化等工作；工作地点在河西地区和长沙市内的比例较高，分别为35.7%和31%；月收入集中在1500—4000元，1501—2500元的占23.8%，

① 数据来源于长沙市岳麓区人民政府网街道信息公开目录。

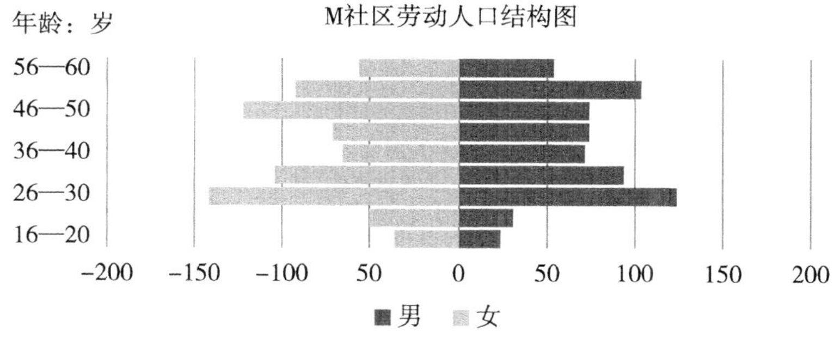

图 9－1　M 社区劳动力人口性别与年龄分布

2501—4000 元的占 42.9%。待业者受教育程度以小学和初中为主，占 63.8%，待业者中有 5.4% 的失地农民身体不健康，从未外出打工者比例占 66.2%；待业者没有找工作的原因中，“身体原因没有办法工作”“自己没有什么技术”“合适工作难找”分别占比 14.3%、15.1%、25.2%，占没有找到工作原因的 54.6%。待业者找工作时主要考虑的因素主要集中在工作地点（36%）、工资福利（25.6%）、劳动时间（12.8%）、劳动强度（10.5%）。

M 社区不同年龄层次的居民，就业需求差异明显。按年龄划分大致可以分为两个群体：22—40 岁的中青年群体，其中包括“宝妈”①群体；“4050”群体。青年群体稳定就业需求明显，他们对职业技能培训和“新市民加油站”发布的职业信息、政策信息最为敏感，“宝妈”群体灵活就业需求突出，“4050”群体就业难度较大。

已经 32 岁的周先生有两个孩子，家中长辈都住在 M 社区，目前在建筑行业做一些零工，对于稳定就业有较强愿望。现在想要通过培训或者其他的方式获得一门特长。周先生积极响应“新市民加油站”开展的职业技能培训课程，比较关注“新市民加油站”和社区发布的就业信息，积极参加各种招聘会。（GB005，社会工作者）

刘女士，30 岁，已婚，育有两个孩子，在参加“新市民加油站”举办的淘宝

① “宝妈”群体是指建立了家庭、养育子女的妈妈群体。

班培训、失地农民就业创业政策和小额贷款政策宣讲会以后,计划开一家店,但是缺乏开店的一些基本经验知识和资源,目前这个想法被搁置,现在希望能先找一份店铺销售或者收银的工作,想先向别人学习如何经营店铺自己再开。(GC003)

"宝妈"群体由于照顾家庭和养育子女的需要,也有较强的就业意愿,但同时希望工作轻松,做到工作和家庭兼顾。

罗女士,家里有两个孩子,丈夫自由职业,收入不稳定,与父母不同住,但在同一小区。有着丰富的销售经验,家庭幸福,无经济压力,身体健康,工作意愿强烈,但父母年纪较大,儿女年龄较小,都需要人照顾,希望能找一份以销售为主的工作,不上晚班,月工资3000元以上。(GC001)

李女士,38岁,在儿子出生以后除超市营销员经历外无其他工作经验。有外出工作的意愿,但又因自己没有较高学历和专业技能,对找工作产生了一定的自卑心理,害怕被拒绝,因而没有积极寻找工作,同时上班时间要求与孩子上课时间同步,不接受晚班。(GC017)

属于"4050"群体的失地农民就业意愿相当迫切,但因自身就业条件较差、技能单一等原因难以在劳动力市场获得满意的收入较高的工作。

刘女士,52岁,患腰椎间盘突出,不过本人吃苦耐劳,为人老实诚恳,想找一份离家不远、工作稳定不是很辛苦的工作,最低月工资不低于1500元。(GC003)

文先生,曾经是焊工,由于3年前负伤不能继续做焊工。之前因为家中有拆迁补偿款,3年来一直处于无业状态。"我因为膝盖不好,现在年纪大了,想找工作,可是大多数用人单位不要我,刚失业的时候也找过几次工作,都没有回音,渐渐失去信心……拆迁款也有用完的一天,所以我想出来工作,趁我现在还能做点。"(GC002)

本章以具体的社会工作实践项目为例,讨论社会工作如何提升失地农民就业能力。项目组与M社区相关领导沟通后,设定了"新市民加油站"的工作内容与研究目标。第一,开展社区调查与分析。通过问卷调查、走访和访谈的方式,采集并评估社区需求,建立居民基本就业档案,分析失地农民就业现状,梳理焦点问题,提出可行性解决方案。第二,链接整合资源,进行社区倡导和政策宣传。充分发挥社会工作机构和社会工作者的资源运作能力,链接各类政府、市场资源,开展各类培训、讲座、小组、社区活动,转变失地居民就业创业理念,增强失地居民的就业能力。第三,针对失地农民内部不同的群体性需求和人力资本、社会资本特征,有针对性地开展就业能力建设工作。培养社区骨干,发展社区社会组织,构建失地居民的社会支持网络。

二、现实与期待:政府责任

“上楼”是失地农民城镇化的第一步,失地农民居住空间的安排不仅是一个迁移和空间聚集的过程,更是一个社会重组(叶继红,2012)和社会空间重构(王园,2017)的过程。首先,居住变化是生活方式和社会交往变化最为直接的影响因素,城市的高层式、门禁式居住方式,打破了传统乡村“串门子式”的生活和交往方式。其次,回迁居民的社会交往仍然集中在原来的乡镇村集体中,但M社区的住房分配按购买面积和购买份额电脑随机派房,7个村镇的居民随机分布在社区不同的高楼内,使居民们的交往逐渐疏远。原有的同质性强的关系被弱化,而缺少新的社会关系网络的建立。

自拆迁安置以来,社区中居民的关系变得松散,不像以前在村里面,经常互相串门,乡里乡亲很熟悉,关系密切。现在,主要来往的除了亲戚,就是现在社区中的居民,朋友很少,大家交往少了,心里空落落的。(GA019,M社区干部)

服务对象的社会关系网络主要集中在原有的乡村,人际关系的缔结以地缘和亲缘为主,只有少量业缘型关系和朋友。服务对象人际关系狭窄,且同质性强,能给予的帮助不多。(GB004,社会工作者)

M安置社区建立后,原有的乡镇治理体系不复存在。本项目组设立的“新市民加油站”是首个进入M社区内的社会组织。课题组在与失地农民的访谈中发现,安置社区的村民大多认为政府应该解决他们的工作问题。

小区居民尤其是未参加工作的中年人普遍对基层政府不满,他们认为国家的政策好,但是基层政府包括社区在执行的时候并没有将好的政策落到实处。很多没有工作的受访者抱有这样一种心态：自己的土地被征收了，土地是他们以前生活工作的依靠，现在土地没了，因此，国家要解决他们的就业问题。但是，现实中国家需要他们自己主动到市场上去寻找。他们不去找工作，一直在棋牌室打牌，等待政府给他们安排工作。（GB005，社会工作者）

三、动机激发与能力提升：中青年失地农民就业促进

M社区失地农民就业创业情况调查报告显示，M社区内失地中青年待业的原因大致有照顾子女（60.78%）、有其他经济来源不需要工作（17.65%）、找不到合适的工作（13.73%）以及不想找工作（3.92%）。

首先，照顾孩子是影响失地中青年待业的主要因素，这与相关学者的研究（李琴，2009；马志雄，2016）结论相一致，自愿失业的失地农民家庭平均有0.48个0—5岁的小孩，照顾小孩的需要降低了失地农民积极寻找工作的需要。

其次，有其他经济来源不想工作。M社区的地理优势明显，隔街而望的是市直重点中小学，况且每一名失地农民都有一套安置房。这就使得住房能够获得较好的租金，每一套住房租金年收入2万元左右。

再次，找不到合适的工作。一方面，他们薪酬期望偏高，要的是“钱多活少离家近”的工作（吴婧，2017）；另一方面，失地中青年人力资本与市场需求不匹配。

最后，“宝妈”群体由于照顾孩子和家庭的限制，就业要求就更高，工作时间和工作强度要求更为精细，灵活就业意愿强烈。

较低的人力资本带来的劳动力市场排斥和持续的租金收入带来的满足感，经过失地中青年自身的偏差认知，导致待业的失地中青年产生较低就业意愿。因此，促进失地中青年就业的干预就要转变失地中青年的就业理念，通过开展职业技能培训增强就业能力，鼓励就业创业。

于是，项目组在M社区失地中青年群体中展开的社会工作干预涉及如下环节，由于每一个干预系统开展的活动种类和次数较多，研究者对各系统的活动作了总结，筛选出干预系统见表9-1。

表9-1 中青年干预系统

干预系统	干预目的	具体实务	干预手法
个人系统	1. 通过疏导失地中青年情绪，释放就业压力； 2. 运用动机式访谈技术，激发低就业意愿青年的改变动机，转变就业认知，增强自我效能感； 3. 协助失地中青年分析自身优势资源并引导其合理利用	个案咨询	个案
家庭系统	通过促进家庭成员的沟通理解，为失地中青年提供实质性支持	1. 个案咨询； 2."在劳动中成长·在关爱中绽放""我的职业梦"等主题亲子活动	个案、小组、社区
社区系统	1. 开展职业技能培训，增强失地中青年的人力资本； 2. 组织开展社区、小组活动，与社区内相近背景的失地中青年开展互动，促进其建立互助支持网络； 3. 举办手工坊，开发小微创业项目，满足"宝妈"群体灵活就业的需求	1. 开办电工、计算机、物业管理等各类职业技能类培训班； 2. 就业创业政策宣讲； 3. 就业创业精英座谈会等； 4. 手工、美甲、育婴师等培训及小组工作坊	社区、小组
工作系统	协助失地中青年寻找工作	1. 就业意愿登记与岗位推介； 2. 就业信息平台； 3."企业进社区"招聘活动	个案咨询、社区
社会系统	刊发社会工作介入失地社区相关工作新闻稿，促进失地农民与社会大众互相了解，支持失地农民，削减社会排斥	新闻稿投递	

（一）个人系统：典型个案

在个人系统中，个案社会工作的开展至关重要。社会工作者通过与失地农民建立良好的专业关系，运用个案社会工作专业知识与技术，帮助失地农民协调个人与所处社会环境的关系，促进失地农民个人的意识转变、社会功能恢复以及能力的增长。比如，由于失地而产生的心理认知失调问题，社会工作者通过个案社会工作对失地农民进行有效的心理疏导,能够起到“安全阀”的作用(宋明,2008)。

朱某,34岁,已婚。育有一子一女,现在在家的时间比较多。朱某大专毕业以后,在广州的工厂做过几年,后来家里开始拆迁便回到长沙,其后就因为征地拆迁、新房装修等事情再没有长期工作过,只是断断续续工作过,他当过司机、快递员,也和朋友合伙投资过一些生意,不过生意没有成功。家里有两套房子出租,租金足够其日常生活开销。

由此可以看出,朱某有较多非农工作经验,但是工作稳定性较低。目前靠补偿款和租金维持生活,朱某的就业意愿和就业倾向不明显。因此,社会工作者采用动机式访谈来了解朱某的就业期望,寻找可以激发其改变的内因,并从访谈中收集资料,用以全面评估朱某的社会系统,并决定哪些系统可以有效介入。

摘录部分会谈如下。

社会工作者:您好,欢迎您来到“加油站”! 您来加油站有什么事情吗?

朱某:是你们这里能找工作吧,我妈拿了一张你们的名片,说你们可以帮忙找工作,硬是要我过来看看。

社会工作者:嗯,我们这里可以在了解您的需求以后向您推荐一些工作与培训,您母亲认为您需要工作?

朱某:她肯定是想的咯,我也不是不想工作,是找不到咯。你们都有些什么工作,不晓得我做得了不?

社会工作者:我们有一些就业资源,不过要先了解您自己的想法以后才好推荐。您也觉得您需要工作,那可以告诉我一些您关于工作的事情吗?

朱某:我原先在广东那边打工,后来回到长沙,做过司机,送过快递,开过门面,不过门面没有持续开下来。现在有事做就做,没有事就打打牌。要不是我妈拿着你们的名片要我来,我老婆也在旁边劝,其实我们家现在不做事也过得下去。

社会工作者:您有着很丰富的工作经历呀,还自己创过业,这对您来说是有优势的。但是听您的意思,是您母亲和老婆要您工作,您自己觉得工作没有必要吗?

朱某：那也不是咯，我不是讲过嘛，现在的工作不好找，用人的要求也高，要是有合适我的，我还是愿意去的。

从初次会谈内容中得知，朱某在家人的劝说下来到“新市民加油站”，主动寻找工作岗位，可以评估出朱某本人处于意向改变的阶段，其家庭系统也积极为其提供支持，同时朱某也意识到了工作系统中的匹配性问题，对于自己的人力资本水平和企业要求之间的差异性有一定的了解。基于此，社会工作者与朱某一起分析了他的就业优势和不足以及本人的就业倾向，分析结果见表9－2。

表9－2　朱某就业资源分析

优势：	不足：	其他：
1. 丰富的工作经验： 有驾驶证以及开大货车的经历；当过快递员，对于长沙的各个区域都比较熟悉；熟悉电子工厂流水线工作； 2. 家人非常支持，没有后顾之忧； 3. 有稳定的工作就可以按长沙市的被征地农民社会保障办法继续缴纳城镇职工医疗、养老保险，未来养老、医疗更有保障	年龄比较大，长途货车开不下来了； 除了开车，没有其他的技能； 除了亲戚朋友推荐，缺乏获取工作信息的渠道	不想做三班倒的工厂工作； 可以做保安和物业工作，最好是做管理的，不想做一般的巡逻、检修人员； 月基本工资在3500元以上，有五险一金

根据朱某的基本情况和就业倾向，社会工作者向其推荐了几个制造业的招工岗位和河西片区物业公司的工作岗位，朱某打电话联系和面试了两家，工厂类的流水线工作他不愿意再做，而河西这边的物业做管理的要有证和工作经验，或者就是看大门一类的保安工作，他也不愿做。

社会工作者总结：失地农民在早期寻求就业帮助的过程中，难以成功找到工作的主要原因可能有两方面：一是就业期望较高，不愿做“脏、累、差”的工作，认为补偿款和租金就能满足生活，没有未来规划和对可能存在风险的防范意识；二是自身的就业技能不足，现在即使是物业方面的工作都需要持证上岗。因此，社会工作者在促进失地农民就业过程中，不仅是简单地将失地农民与企业需求进行匹配，还需根据市场和企业的需求，依据政策文件的要求，充分链接政府资源，组织失地农民进行技能培训，并开展支持性小组，有效帮助失地农民实现就业，从失地农民个体与之互动的各个系统中介入。

表 9-3 "我的职业梦"青少年主题演讲

目标及目的	目标:通过亲子间的互动促进社区待业青年就业观念的转变 目的: 1. 以"我的职业梦"为主题,帮助青少年对职业进行思考,从小培养正确的就业择业观,从小开始树立职业理想、奋斗的目标,为以后的工作发展打下基础; 2. 通过青少年的"我的职业梦"发声,使家庭和社区中未就业的家长或者适龄青年有就业的压力,去思考、反思促进社区未就业居民的就业意愿,也促进社区营造就业创业的良好氛围
服务对象	社区内全体青少年
时间地点	1. 时间:2017 年 8 月 25 日 2. 地点:R 社区社区活动室
活动流程	(一)前期宣传与准备 1. 演讲比赛的宣传(2017 年 8 月 10—23 日) (1)社区内通过摆点发放宣传单页方式向居民群众宣传青少年"我的职业梦"演讲比赛活动,为社区营造就业创业的氛围; (2)通过走访居民,宣传青少年演讲比赛,并且以此了解居民生活和就业,促进社会工作者对社区的了解和社区居民对社会工作者的了解; (3)通过微信、QQ、微博等网络平台发布活动宣传 2. 相关准备 (1)演讲比赛宣传单页、海报和演讲比赛主题背景的设计(2017 年 8 月 1—10 日); (2)比赛奖品的准备(2017 年 8 月 11—20 日) 3. 招募志愿者(2017 年 8 月 10—23 日) 招募社区志愿者 5 人,通过志愿者官网发布招募信息和社区宣传招募积极的社区居民,后期可发展为社区志愿队伍; 4. 主持人和评委:2 名主持人(社区招募),5 名评委 5. 相关设备:电脑 1 台,音响 1 台,话筒 2 个 (二)演讲比赛 每位选手演讲限时在 5 分钟内进行自我介绍和主题演讲。按得分水平排名 1. 比赛流程 (1)主持人介绍比赛的背景和意义,主要突出就业的重要性; (2)参赛选手按照抽签顺序以及年龄层次,分别上台进行演讲; (3)观众互动的小节目,包括选手的才艺表演、有奖问答等,在问题设置部分将近期的一些就业创业促进政策作为问题,通过问答的形式间接向失地农民宣传相关的政策; (4)宣布上一轮得分; (5)评委对参赛选手的演讲进行评分并点评,主持人宣布比赛结果; (6)活动所有人员进行合影,主持人宣布活动结束,并重申活动的目的与意义

续表

活动流程	2. 注意事项 (1)注意提前联系参赛选手,强调必须提前 15 分钟入场,在签到处签到并抽签; (2)比赛开始后,注意维护现场秩序 3. 评分方式 从演讲内容、语言表达、表情仪态、时间把控、综合印象 5 个方面对演讲选手进行评分,满分为 10 分。计算分值时,去掉一个最高分,去掉一个最低分,累加后求平均值即为选手最后得分 4. 奖项设置 一等奖(1 名);二等奖(2 名);三等奖(3 名);最佳口才奖(不限)
活动总结	1. 活动新闻稿的撰写和发布 2. 活动总结

(二)家庭系统:亲子类社区活动

托马斯(2000:23—24、43、75—78、117—132)指出,进入城市的农民在维持传统社区生活和在一定时期内改变自己对市场的适应性之间存在矛盾,这种冲突甚至可能导致家庭内部冲突,但也增加了收入和个人发展潜力。农民最终将适应城市生活或者成为独特的城市人,尤其是家庭中的年轻人。然而,这种转变终究不可能在短时间内发生,以及家庭矛盾冲突最后的导向也不一定能够促使家庭成员向着积极适应城市的方向转变,因此,社会工作抓住这一矛盾的关键期,通过综合的社会工作方法促进家庭以及家庭成员的转变。项目组选取了面向家庭系统开展的社区活动(典型活动:"我的职业梦"青少年主题演讲),展现社会工作对家庭及其家庭成员就业观念的转变、社会互动交流网络的建构、政策宣讲等多方面的工作。

(三)社区系统

社区是社会支持系统的基本载体,社区首先是失地农民生活的场域,是失地农民非正式支持网络最容易构建的地方,是"亲情式守望相助"的场所(时立荣,2005)。依据《长沙市被征地农民就业培训和社会保障办法》,劳动力年龄段内的失地农民可以免费参加一次由政府部门指定培训机构组织的职业培训,并享受一次职业鉴定补助。因此,针对失地中青年群体的就业能力提升社会工作介入的侧重点在于社区系统的介入,社会工作针对失地农民的人力资本提升和社会网络的建构主要在社区系统开展工作。

1. 职业技能培训

有针对性的专业技能培训可以为失地农民提供进入高收入行业的机会(王轶,2017)。职业技能培训关系到匹配性的问题,包括企业需求、失地农民意向、培训机构的培训能力以及时间场地、多部门和组织之间的协调,社会工作者在其中主要发挥资源整合者和组织者的角色。在实务过程中,充分收集失地农民自身的就业意愿、企业的劳务需求和要求,积极向社区和街道反馈。在组织居民培训的过程中,利用各种渠道,吸引、邀请失地农民参加,并为其答疑解惑,提供服务。4 年期间,项目组主导的"新市民加油站"参与组织开办各类职业技能培训 10 余场,为 700 多名失地农民提供了"订单式"的培训。

长沙市的政策规定,每一名失地农民每年都可以免费参加一次职业技能培训甚至更多。但是在实践中发现,相当一部分失地农民在报名参加后,上过一次两次课程便不再来上课了。社会工作者与大多数失地居民交谈后,发现失地农民中有一种"反正是免费的,上不上看心情"的心态。社会工作者将这一状况反映给社区、街道、培训机构以及相关政府部门,建议在培训前收费,全部完成培训课程以后再返还培训费,这一做法为政府所采纳,培训效果迅速提升。

2. 支持性小组:模拟面试小组

运用小组工作介入失地农民问题可以采用知识讲座和报告会的形式,社会工作者作为教育者和政策宣传者,可以帮助失地农民了解各类政策、权益保障等,也可以运用游戏互动的方式,促进失地农民释放各种压力,在组员间形成良好的支持氛围;还可以通过会议讨论的形式,了解失地农民的需求、意见与建议,为政策的制定和调整提供实际依据(王丽丽,2010)。社会工作者根据失地农民的需求评估,主要开展任务型小组、互助性小组、教育性小组。本章主要选取教育性小组中的模拟面试小组展开分析。

模拟面试小组概要:

表 9－4 “求职我能行”模拟面试小组

<table>
<tr><td>目标及目的</td><td colspan="4">目标：促进社区待业青年实现有效就业
目的：
1. 帮助他们认识自己的情绪，获得心理和社会支持，通过分享削减求职中的压力，加强社会交往；
2. 引导他们树立就业目标，正面地面对求职中的困难，学会欣赏自己；
3. 改善他们的择业观，能正确认识工作，协助他们获取就业的目的</td></tr>
<tr><td>服务对象</td><td colspan="4">社区内 22—35 岁待业的青年群体</td></tr>
<tr><td>小组特征</td><td colspan="4">1. 性质：支持性成长小组；
2. 时间：2017 年 10—11 月；
3. 节数：5 节；
4. 人数：8 人；
5. 地点：新市民加油站</td></tr>
<tr><td>阶段</td><td>主题</td><td>阶段性目的</td><td>主要内容</td><td>青年群体就业能力提升</td></tr>
<tr><td>第一节</td><td rowspan="2">求职你我他</td><td>认识小组成员，帮助每个组员认识和了解自我的就业现状，释放就业压力</td><td>1. 破冰游戏：逢七拍手；
2. 求职路上你和我：组员分享自己的求职期望</td><td>破冰游戏通过游戏的形式调动小组的气氛，游戏也是多数企业团队建设中重要的一个环节，因此游戏能够使组员学会如何进入团队；
组员在分享自己求职期望的过程中，能够在组员间寻求“同伴”，学会向同质性群体释放压力</td></tr>
<tr><td>第二节</td><td>了解企业需求，组员对市场要求形成清晰的印象，从而改善就业认知</td><td>1. 社会工作者分享收集到的企业需求；
2. 组员分为 A、B 两组，分别与企业需求对比自身资源，A、B 两组进行分享；
3. 家庭作业：制作一份简历</td><td>社会工作者的分享侧重于如何获取企业需求信息，从而使组员了解到如何获取就业信息；
同时组员通过比对企业与自身资源，明白二者间的差距，从而改善自己的就业认知和就业期望</td></tr>
<tr><td>第三节</td><td>一份好的简历</td><td>1. 让组员了解各种类型的职业；
2. 学习制作一份简历</td><td>1. 社会工作者制作不同的职业类型表，并附上客观的评价信息，打印优秀简历，向组员进行分享和传阅；
2. 组员分享自己的简历，并进行对比交流，选出“最佳简历”；
3. 家庭作业：在下次会面时穿上你面试时的衣服</td><td>简历与证书一样，都是获得职业的敲门砖，因此，通过不同职业类型设计不同简历，使组员学会如何扬长避短寻找工作</td></tr>
</table>

续表

阶段	主题	阶段性目的	主要内容	青年群体就业能力提升
第四节	面试礼仪知多少	1. 改变组员对部分行业看不起或不想做的想法； 2. 了解面试中的穿着、语言以及薪资商谈等面试礼仪	1. 组员介绍面试的工作岗位以及穿着； 2. 社会工作者分享面试中的礼仪； 3. 家庭作业：为举办模拟面试做准备	通过面试时的着装展示，使组员明白不同职业的需求和侧重点，面试礼仪的介绍能够补充组员在此方面的知识
第五节	模拟大赛	开展模拟面试大赛，使组员在正式求职前得到锻炼	1. 进行模拟大赛，评出“最佳职员”； 2. 分享和回顾	通过模拟大赛使组员系统地回顾和运用在小组中获得的关于寻找工作和面试的知识，通过模拟，为实际的工作寻找做好心理准备

以模拟面试小组为代表的教育小组，主要面向失地中青年的社区系统开展工作。在社区系统中，开展政策宣传与讲座，让失地中青年知晓政策的支持性；在社区内树立就业创业典型，从而使失地中青年感受榜样的力量。

社会工作者在社区扮演社区连接人（community brokers）角色，社会工作者不仅要知道社区的资源所在，而且要了解可能会对个人的个人机会和社会机会产生限制的社会条件（Fellin，1987），能够把服务对象和大量的社区资源联系起来。社会工作者通过在社区系统内开展职业技能培训、支持性小组等工作，增加服务对象个人和社会资源，将政策性资源、政府资源、社会资源以及居民自身的资源进行整合化，从而使社区系统成为失地农民资源提供和获取的重要系统，使失地中青年群体能够拥有更多的非农技能和市民化的知识，从而拥有更多更好的应对策略和影响环境的力量以满足就业需求。

3. 综合支持：“宝妈”群体就业能力促进

受征地补偿和二胎政策影响，M社区内有一批年轻而富有活力的“宝妈”群体。这些“宝妈”具有两个特点：第一，灵活就业意愿强烈，希望找到一份离家近、双休、能照顾家庭的工作；第二，社区活动参与意愿高，社区活动需求大。

针对“宝妈”群体旺盛的社区参与意愿和灵活就业需求，社会工作者着重从“宝妈”群体的社区系统出发，运用工作坊工作方法，开设各类兴趣小组，以期发掘和激发“宝妈”群体的各类兴趣，从中筛选具有小微创业项目的子项目；同时期望在手工坊开展的过程中，加强“宝妈”们的互动交流，从而扩大“宝妈”们的关系网络，发现和增强关系网络中的社会资本，增强社会资源以及社会支持的使用能力（孙璐，2009），更好地促进“宝妈”群体实现灵活就业和小微创业。

“新市民加油站”开展了较多的手工坊、育婴师等培训班。如“新生花”女性手工坊。

“新生花”女性手工坊操作进程

（1）招募阶段

招募阶段的目的是发掘各类工作坊、兴趣小组以及培训班中积极有想法的“宝妈”，通过社会工作者有意识地在活动的开展过程中引导“宝妈”们表达自己的需求以及就业意愿，引导她们思考“如何满足、达到自己灵活就业的需求”，进而招募她们进入手工坊。

“我最早接触手工就是看到社会工作者她们弄的丝网花小组海报，我就问她们我可不可以参加，她们听说我原先做过丝网花就很开心，还想请我做老师。你知道，我教别人是不行的，我只能学学。”（手工坊组员：刘女士）

（2）培育阶段

通过工作坊前期工作，社会工作者发现了一批对手工制作有想法、感兴趣，并想实际制作进而进行售卖的“宝妈”。于是，工作坊围绕手工制作，推出了小微创业的子项目——“新生花”女性手工坊。

（3）成长阶段

在这一阶段，社会工作者主要扮演资源链接者和支持者的角色，通过聘请专业手工制作老师，教授和指导组员制作手工制品；链接手工收购企业和社会组织，鼓励组员拓展社会关系网络；和社区、街道一起，利用各类社区活动对手工坊制品进行宣传，扩大手工坊影响力。

为防止“随便看看，随便学学”学员对资源的浪费，社会工作者在征求社区干部同意以后，采取先收费、后退费的方法管理手工坊，即参加者必须先交学费，然后学员认真学习完所有教学课程与实践以后，考核合格全部学费返还的做法。这一做法得到了一部分“宝妈”的支持，但也有的“宝妈”认为学费太贵，不能确定自己是否能够全部做成功；或者是抱着“这项目应该是社区弄的活动，因此，我有资格不预缴学费，但是可以参加”。面对前一类“宝妈”，社会工作者从其日常的表现和学习能力出发，适当鼓励其放心参与；面对后一类“宝妈”，社会工作者采取开发更多的兴趣手工小组和亲子活动小组，满足其社区参与需求。

(4)完善阶段

在这一阶段，社会工作者主要作为引导者，引导和鼓励积极组员成为小组领袖，协助小组自行运转，进而逐渐独立。

刘女士:“我们现在有的人接单都接不过来了，每当这种情况发生，她们就会在手工组微信群里邀请他人做。像今年冬天，社区要给50多名80岁以上的老人家每人做一顶针织帽子，并且要一个月内就完成。我们的手工速度是每天最多做一顶。社区单独跟我讲，我肯定做不完，我将消息就发在群里，有时间的‘宝妈’就能和我一起做。我们对手工品的价格也有一个大致的规定，根据自己购买的材料不同而调整，要保证手工品的质量。”

(5)拓展阶段

随着手工组影响力的扩大，组员之一的刘女士作为R社区代表，向其他社区传授手工制作的经验。手工组组员也不断地参与学习新的手工制作方法，继续拓展自己的影响范围。

创业作为就业形式的一种，不仅能实现个人自身的追求，而且能为社会创造就业岗位，“宝妈”中的大部分人人力资本禀赋较高、身体健康、教育水平与技能相对较好，还具有一定的社会资本，有追求更好职业层次的能力。通过手工坊，引导“宝妈”建立互助支持关系，形成团队，有利于“宝妈”群体之间人际互信和互惠交换规则的建立(陈健民，1999)，从而更好地构建“宝妈”的群体社会网络，满足灵活就业需求。

四、观念转变与系统更新:"4050"群体就业促进

"4050"群体在人生的生命历程中,生理机能逐渐下降;心理上,埃里克森(1959)的发展心理说认为,中年人面临发展停滞危机,莱文森(1978)认为,在向中年过渡(40—45 岁)期间,如果顺利,就能达到心理平衡,如果不顺利,就会陷入由于职业转换等诸多问题,而出现中年危机;社会系统层面,企业主动招聘"4050"群体的情况较少(伍淑,2013),众多优质部门基本停止招收"4050"人员。

表 9-5 "4050"群体干预系统

干预系统	干预目的	具体实务	干预手法
个人系统	通过个案访谈,调整"4050"群体,尤其是 50 岁以上群体的就业期望	个案咨询	个案
社区系统	1. 丰富社区活动,满足社区精神文化需求; 2. 培育和发展社区社会组织,鼓励居民开展多种多样的社区活动; 3. 社区活动促使"4050"群体了解就业形势、社区资源和就业政策,使其作为家庭推动力,推动青年群体外出就业	1. 依靠传统节日开展各类活动; 2. 引导建设舞蹈队、舞龙队等社区组织; 3. 各类就业政策宣传、就业登记与推介活动	社区、小组
工作系统	广泛链接政府和企业资源,为 40—50 岁年龄段的待业者找寻工作	岗位推荐	个案咨询、社区

M 社区中的"4050"群体,在未征地前,以种植葡萄为生,一年收入 8 万—15 万元,他们大多有较好的葡萄种植技术和丰富的种植经验。征地以后,依据 2015 年的就业创业调查情况,M 社区 45 岁以上失地农民就业率为 14.3%,征地拆迁前后的经济收入差距大。中年失业必然带来家庭收入减少,失业者家庭地位降低,出现与社会割裂的现象。就业压力形成的焦虑,成为"4050"群体的压力源。尽管"4050"群体有较强的就业意愿,但是受制于自身的生理与技能,以及劳动力市场的排斥,"4050"群体通过自身社会资本寻求就业的成功率较低。因此,挖掘劳动力市场的就业需求,充分整合个

人、社区和政府资源，以促进“4050”群体就业能力，“新市民加油站”主要针对“4050”群体的个人系统和社区系统展开介入工作。

（一）个人系统

张旭升（2008）对“4050”群体就业观念的研究显示，“4050”群体就业主要为生存型就业，对基本工资和待遇要求并不高，但是对就业区域和就业稳定要求较高，希望能够离家近、有保障。“4050”群体的生理状态和人力资本状况在劳动力市场上并不占优势。失地农民中的“4050”群体在城市中大多只能从事保洁、门卫等工作。

因此，社会工作者在促进“4050”群体的求职过程中，根据他们的身心状态与基本要求，大致将他们分为两种类型并分别开展就业促进服务。

1. 救助帮扶型

案例背景：刘女士，50 岁，3 年前丈夫因病去世；育有一子，27 岁，未婚，待业在家。拆迁安置换购的两套房屋，一套自住，一套目前空置。李女士由于早年的劳累患有系列慢性疾病，每月药品花费几百元，目前家庭生活较为艰难。

调查访谈摘录：

刘女士：你们真的能够介绍工作吗？你看我行不行，能不能给我也找一个工作？

项目组成员：在刚刚的调查中，我们已经知道了你们家的一些情况，以您目前的身体状况去工作，合适的岗位确实不多，我们可以尽量帮您了解一下。不过，您儿子正处于好找工作的年龄阶段，您可以鼓励您儿子走出家门。

刘女士：我也想啊（说着眼泪就掉下来），你看我们家这样子，我老公也不在了，就这么一个儿子，他只知道天天打游戏，我能怎么办呢？

项目组成员：您先不要太伤心，你们家的情况我们都明白。您儿子这边如果可以的话，我们可以经常来您家做做工作。您的情况，如果不介意的话我们也可以和社区沟通一下，看看社区还有什么好的支持。

刘女士：只要他（儿子）不天天待在家里打游戏，我都可以。感谢你们，感谢政府。

项目组成员：您千万要放宽心，好好养着身体，我们会不定期来您家做您儿子的工作,来之前会电话与您联系。您也可以尝试着鼓励您儿子,和他深入交流,先鼓励他出门参加社区活动,我们会经常在社区开展一些就业培训、亲子活动、大型节假日活动,慢慢适应,有社区活动时我们就发消息给您,您看可以吗?

刘女士:要得要得,谢谢、谢谢。

对于失地农民中的大多数"4050"群体而言,他们工作的目的在于家庭经济生活的继续和维持(张旭升,2008)。刘女士是项目组成员在开展就业创业情况调查家访过程中发现的,了解到刘女士的家庭情况后,一方面,项目组成员针对刘女士儿子的状况开展了个案工作,通过开展心理疏导、鼓励参与社区活动,刘女士儿子逐渐能够面对家庭现状,萌发寻找工作的意愿;另一方面,项目组成员将刘女士的家庭情况反映给社区,并陪同社区工作人员做进一步了解,最后为刘女士申请到了城市低保,使刘女士家庭获得一定的物质资助。

2. 就业促进型

案例背景:李女士,家住一栋;丈夫52岁,身患疾病,待业在家;儿子未婚,在外务工。李女士前来"新市民加油站"谋求一份月薪在1000—2000元、较为轻松的工作。

第一次会谈:

项目组成员:大姐,您好,请问有什么能够帮助您的吗?

李女士:你好,你们这里是能介绍工作吗?我上次看你们在广场那里搞了一些活动。

项目组成员:嗯,我们这里会做一些就业促进的工作,您是有这方面的需求吗?

李女士:对,我就是来看看,你们这里不收费吧?

项目组成员:请您放心,我们是政府购买的服务,免费为社区居民提供就业促进方面的服务,如果您想找工作,可以先和我说说您想找什么样的工作。您有什么工作经验吗?看我们这里有没有适合您的,或者看街道那边推出的许多企业招工名录中有没有适合您的。

在开始建立关系阶段,信任关系的建立非常重要也比较难。针对案例中李女士的收费问题,以及后面隐含的不信任,项目组成员直接开门见山表明自己的身份,并且表明项目组成员拥有的部分资源,以获取李女士的信任。

李女士:哦!你们是社区的呀,我是想找一个工作,最好是我能做的。

项目组成员:我们不是社区的正式工作人员,但是和居委会有着比较紧密的关系。您能具体说一说您的情况和工作需求吗?比如工作类型、地点、薪资等方面。

李女士:唉,我们这个年纪的人能有么子要求咯,只要要我,每个月有个一两千块钱,不太辛苦,我都可以。

项目组成员:那您看保洁或者家政方面的工作可以吗?我们这里有两家家政保洁公司一直需要招人,工资在1000—4000元,需要根据您具体的情况给工资,工作地点就在河西这一片,您要不要问一下?

李女士:可以呀,可以呀。

“4050”群体在生活实践中大多形成了一套固有的生活方式,这套固有的生活方式往往会成为其进一步寻找新信息的障碍。课题组发现,“4050”群体获取就业信息主要来源于亲戚朋友。但是拆迁安置以及失业事件的连续发生,熟人社会瓦解,能够为他们提供的社会支持也就相应减少。因此,项目组成员成为他们就业信息的主要来源。

第二次会谈:

李女士:小王啊,你上次给我介绍的那两家家政公司我去看了,他们是做酒店的保洁,一个小时11元,每天要做8小时,我去试了一下,太累了。你看你这里还有没有其他的,像那些社区或者公司扫地的阿姨那样就可以了。

项目组成员:李姐好,您已经去做了呀,那您现在是已经辞职了,还是还在做呢?您跟公司询问过吗,还有没有其他更轻松一点的岗位?

李女士:现在没有做了,做了半个月实在吃不消,我当时去的时候,公司那边就讲只有酒店里面有岗位,我就去做了,没有想到这么辛苦。

项目组成员:从公司要求的劳动强度来看确实比较辛苦,不过现在的企业除了事业单位以外,很少是严格按照朝九晚五的时间上下班的,一般都超过了8小时,之后找的工作,您在这方面可能需要有一定的心理准备哦。

在对失地农民群体开展就业促进的过程中可以发现，初次就业一般不够稳定，主要限制在于：一是实际工作与求职阶段就业期望有差异，包括就业内容、工作时长、薪资水平等；二是失地农民群体在农业生产阶段的"自由散漫"式工作方式与现代企业精细化管理之间的冲突，失地农民群体比较难以接受严格的日程和行政管理。因此，在个案过程中，项目组成员需要适当地提醒、告知失地农民相关的一些"常识"，以使失地农民有一定的心理准备。

项目组成员：从您刚刚讲的这些内容我们会给以后来找工作的人作一个参考，至于您想要换的工作，我们可以在网上给您找找，联系一下，然后我们这边再和街道联系一下看有没有相关的工作。

李女士：跟街道那边反映倒是可以咯，不过网上都是骗人的吧。

项目组成员：网上也不一定是完全骗人的，我们可以通过筛选，自己打电话了解情况。如果您有时间，我们会在每周六下午，在社区的电脑室开电脑使用培训班，您可以过来参加，这样就提升了您找工作的能力了。

在促进失地农民就业的过程中，需要多方面、多系统开展社会工作专业服务来提升其就业能力。因此，项目组成员在适当的时候可以介绍或推荐失地农民参与培训，获得就业政策方面的支持信息。

第三次会谈：

项目组成员：李姐，今天联系您过来是因为上次您谈到要换工作，不知道您自己这段时间有没有找到合适的？

李女士：没有哇，问了一些人都没有，你这里有合适的没有？

项目组成员：之前不是说联系街道嘛，街道那边推荐了一些企业过来，我们筛选了一下，有两个比较合适的，一个是某酒店，也是做客房保洁，不过是一个比较高级的酒店，管理也更加完善，工资2000元左右，8小时工作制；另一个是快要开业的商场，做商场保洁，这个时间就长一点，工资也是2000多，您要不要了解一下。

李女士：那我看一下吧。

几天后，电话联系李女士。李女士已经和商场取得联系，并且在商场做保洁工作了。

"4050"群体就业难的问题，不仅出现在失地安置社区，其他"4050"的社会群体就业难也很严重。要解决"4050"群体就业难问题,的确需要借助政府的力量,开发系列公益性岗位(黄利平,2002)。

(二)社区系统

多数学者认为,"4050"群体的再就业是一个难题,"4050"群体的就业意愿较强,但是他们参加就业培训的积极性不高(刘凤,2014);有学者认为,社区就业是一个促进失地农民就业的有效途径(谢琼彦,2015)。以社区系统为平台,项目组成员针对"4050"群体开展以构建社会支持网络,获取就业信息和就业机会为重点的项目服务。

1. 构建社会支持网络,实现就业城镇化

在失业群体中,由于非正式网络发挥作用相当有限,就需要有正式社会网络为"4050"群体的就业提供强有力的社会支持(钱再见,2005)。而支持与被支持是一个持续的互动过程,项目组成员在此过程中以整合社会支持资源、建立失地农民群体自身的社会支持网络为目标。在针对"4050"群体开展的服务中,项目组成员一方面通过开展各类活动,搭建"4050"群体社会交往平台,在活动开展的过程中拓展自身的人际交往面,构建社会支持网络;另一方面,"4050"群体是社区参与的活跃群体,项目组成员通过在不同的活动中挖掘"社区积极分子",以这些居民为基点,构建社区自组织和志愿者群体,不仅丰富"4050"群体自身的精神文化生活,也作为有效的推动力,推动家庭以及社区中的青年群体参与社区,实现就业。

表9-6 "润龙义行"志愿者队伍招募活动

目标及目的	目标:致力于成立一支自我管理、服务社区的专业的志愿者队伍 具体目的: 1. 开展"润龙义行"社区志愿者队伍招募活动,弘扬社区志愿服务精神,让更多的居民参与志愿服务活动; 2. 鼓励社区居民积极参与社区活动,培养居民对社区的归属感,促进社区和谐; 3. 提升社会工作者的社会工作实务工作能力;在活动过程中,促进社会工作者在社区开展服务,增强实务技能;促进社区的建设与发展,营造良好的社区氛围; 4. 链接社区公益服务资源,挖掘社区志愿资源为社区服务

续表

服务对象	社区居民
活动地点	M社区羽毛球场
活动时间	2017年9月16日
活动流程	一、前期工作安排 1. 确定活动方案及预算、时间、场地; 2. 通过短信、微信、QQ进行招募信息发布; 3. 购买活动所需物资 二、活动阶段 第一板块:志愿同行——社区志愿者报名 活动开始后,工作人员向社区居民介绍报名志愿者条件和志愿者的活动内容,登记志愿者名单,并且发放志愿者证 第二板块:志愿惊喜——发放志愿者礼品 给报名参加社区志愿者的社区居民发一份纪念品;宣传、介绍机构主要活动,发放宣传单和名片 第三板块:建议栏——社区居民提供志愿服务建议 社区居民为志愿服务活动建言献策;制作大海报,引导社区居民填写建议 第四板块: 团队游戏1——夹弹珠 参与者用筷子将水里的弹珠夹到另一个容器里,限时1分钟,规定时间内所夹数量超过2个得一个印章,超过5个得2个印章 团队游戏2——巧手投乒乓球 参与者站在指定位置,将乒乓球投进纸篓中,共5次机会,将乒乓球投到纸篓中2次以上可得一个印章,投进5次可获得2个印章
活动总结	活动目标基本实现;活动中吸引社区居民100人参与,37人报名参加社区志愿队伍;社区宣传影响较大,为社区志愿者队伍建设打下良好基础

赵弘(2012)发现,在大学生群体中,志愿活动的参与是大学生投入社会实践、提升就业能力的良好载体;吴金晶(2012)等人也发现,参与志愿活动的城市老人主观幸福感高于不参与的老人。老年志愿者能够在代与代之间,或者是社区倡导下从事公益服务(丁志宏,2012),项目组成员通过动员失地农民中的“4050”群体开展志愿活动,期望他们能够更好地适应城市生活,实现有效率的城镇化。

2. 以真实的就业信息与就业机会,推进人口城镇化

就业信息和就业机会获取渠道狭窄限制了“4050”群体的就业机会。因此,项目组成员通过就业信息与就业机会获取服务为“4050”群体打通信息获取渠道。

就业意愿登记与就业推介活动不仅是“4050”群体获取就业信息与就业机会的一个渠道，与“4050”群体紧密相关的家庭系统同样也能受到相应影响，从而使信息在个人—家庭—社区系统内良性循环，倡导更多的失地农民采取积极的就业行动。

表 9－7 就业意愿登记与推介活动

目标及目的	1. 促进社区未就业居民实现就业； 2. 营造社区就业创业的氛围
服务对象	社区居民
活动地点	M 社区生活广场
活动时间	2017 年 11 月 25 日
活动流程	一、前期工作安排 1. 申请活动场地； 2. 设计与制作活动相关的宣传手册、传单、条幅、展板； 3. 活动宣传，通过 QQ、微信、微博等媒介，社区走访派发宣传单等进行宣传； 4. 确定活动参与者，选定部分企业招聘信息：辖区内电子、加工、销售、企业管理及服务行业的信誉、待遇、生产生活条件等较好的企业 求职者：社区适龄待业居民 二、活动阶段 时间：2017 年 11 月 18 日 主要工作：活动现场的服务 1. 就业意愿登记，了解居民的就业意愿，以便更好地提供就业咨询和就业对接； 2. 将已有的招聘企业信息提供给社区居民； 3. 对就业政策、就业相关问题的咨询答疑 三、跟进阶段 时间：就业意愿登记活动后 主要工作： 1. 活动效果反馈及回访，企业、求职人员、雇用人员资料整理归档； 2. 对未就业的居民持续提供就业指导和就业岗位的链接
活动总结	活动目标基本实现；活动中吸引社区居民 100 余人参与，24 人为自己或子女、亲戚进行就业意愿登记；社区宣传影响较大，为后续社区居民进行就业登记和就业信息获取提供方向

促进“4050”群体顺利就业，主要还是要依靠专业社会工作服务的促进和政策支持。在 M 社区中，项目组成员通过广泛链接资源，联系政府和用地企

业，为“4050”群体提供相应的公益性岗位，帮助“4050”群体获取就业机会。另外，通过政府之间的协商沟通，促进社区中葡萄种植技术较强的“4050”群体与长沙周边的县市乡镇种植大户联系，从而促进其就业。2018 年的再调查显示，M 社区中 45 岁以上群体就业率从 2015 年的 14.3% 提升至 46.4%。

五、总结与反思

从国内众多失地农民安置小区的情况来看，人力资本不足、人际关系狭窄、就业心态偏差是影响失地农民个体和社区发展的主要因素，这也成为社会工作专业介入的工作重心。以促进失地实现农民就业能力建设为着力点，从失地农民的个人、家庭、社区和社会环境等多个系统开展社会工作专业服务，以项目化运作为抓手，实现失地居民服务需求与社会工作服务供给的有效对接，实现社会工作有效介入失地农民实现就业能力建设，促进失地农民就业创业的工作目标，反思社会工作实践的过程，以下几点值得关注。一是失地农民就业受结构性力量和个体自身多方面因素的影响，处于不同生命阶段的失地农民有不同的发展目标以及局限，在具体项目推进过程中需要社会工作者灵活应变。二是社会工作以其专业知识与实务方法介入失地农民就业能力的提升，主要扮演专业助人实践者、资源协调者、政策倡导者（任敏胡，2012）等角色，面对失地农民群体差异化、多元化的需要，社会工作者在开展专业服务过程中要不断了解失地农民需要，进行“实践—反思—再实践”的循环。三是社会工作介入的局限性体现在资源依赖方面，社工机构的资源主要依赖于政府的购买服务，这种对政府资源依赖的单一性和高度集中性（谢敏，2015），在实践过程中丧失了部分机构和社会工作者的自主性，对专业性和社会功能的发挥造成了一定影响。机构和社会工作者需要提升自身的资源获取和整合能力，不仅使失地农民能够得到长期有效的社会工作专业服务，社会工作机构与社会工作者自身的专业化和职业化也能够得到可以预见的发展。

不过，需要思考的是社会工作领域目前仍处于较为滞后的发展阶段，如何让社会工作帮助失地农民，进而促进安置区居民的人口城镇化。

第十章　城市居民对转移人口的接纳意愿

农业转移人口与城市社会的全面融合需要城市居民接纳意愿和农业转移人口融入诉求的互动匹配。首先,本章基于一个混合社区的访谈材料,采用质性研究方法,从身份认同、社会交往、群体评价三个方面探讨城市居民对农业转移人口的接纳意愿。发现城市居民对农业转移人口的接纳意愿并未随城镇化建设进程同步提升,其态度是长期以来城乡二元对立的现实反映。要使农业转移人口能够真正融入城市社区,一方面需要通过制度改革破除旧有的困局;另一方面要提倡人文精神,以社区为依托构建支持网络。其次,本章在长沙市区根据代表性分类方法选择了50名对象就流动人口或者说本地人与外地人之间的融合关系作了访谈,访谈询问的融合层面相对广泛些,更多以长沙市为背景展开,发现无论是流动人口本身,还是长沙市本土居民,都认为当今各大城市居民之间都有比较好的融合性,排斥性很少,真实的排斥主要体现在城市政府颁发的制度上。

一、引言

2018年初,一段农民工在地铁站"蹭"免费Wi－Fi和家里人视频通话的视频被上传网络,很快,这段"蹭网"的视频点击量达到778万人次,网友们纷纷表示为农民工的境遇而心疼。《新京报》随后以《地铁口蹭网农民工走红背后:最感动城里人的认同》为题对此进行报道,详细记叙了视频主人公"老葛"及他身边工友们的故事,在谈到农民工们在上海生活的感受时,他们表示,最感动的事情,是城里人对他们劳动的认同。随着工业化和城镇化的快速推进，数以亿计的农民离开面朝黄土背朝天的农村，进入城镇工作、生活。长期以来，农业转移人口市民化都是现实社会和社会学界广泛关注的议题。《人民日报》曾刊文指出，今天的新生代农民工，比任何时候都渴望融入城市。在政策鼓励、经济水平提升、社会包容程度普遍增强的状态下，实现农业转移人口与城市社会的有机融合，事关2.8亿农民工的获得感，事关全面小康的成色。

费孝通继承了吴文藻社区研究概念，汲取了欧美社会学的精华，发展了社区研究方法，不仅开阔了社区研究的视野，而且在一定程度上深化了人们对中国社会发展及其现代化道路的认识和了解（许化宁，2010）。社区长期以来成为反映中国社会的丰沃田野。

农民工进城后与城市居民的融合，是城市秩序稳定的一个重要因素，也是城市化的一项重要内容（朱力，2001）。以往人们都习惯性地把进城务工的农村人口称为“农民工”，而这一称谓仅仅简单地表明了进城务工人员的职业，在日常使用中始终带有一定的偏见和歧视色彩，也成为来到城市的农民们身份上的一个桎梏（汪勇，2007）。因此，含义更丰富、表达更含蓄、性质更中性的“农业转移人口”①应运而生。这一称谓的演变体现了新型城镇化建设重点的变化，从以前出于经济发展需要“赶人进城”，到现在不仅要“有人进城”，更要“众人融城”。农业转移人口融入城市社会的主观愿望日趋加强，却面临着城市体系对这一群体的客观排斥。在过去长期形成的城乡二元结构未得到根本消除的情况下，又在城市内部产生了以农业转移人口和城镇原居民为主体的新二元结构，严重影响了社会和谐发展和城镇化质量的提高（魏后凯、苏红键，2013）。融入与接纳是相互的，如果只是不断让进入城市的农业转移人口调整其生活方式和自我认同，而忽略了作为现存主体的城市居民的想法，那么流入者的努力很可能是南辕北辙，反而拉大了和原有城市居民的差距。因此，了解城市居民对农业转移人口的接纳意愿具有非常重要的意义。

---

① 本书所述“农业转移人口”主要分为两类：一类是户籍在农村，但已经从农村迁移到城镇工作生活或在农村与城镇之间流动的农业人口；另一类则是户籍已在城镇或长期生活在城镇，但出生于农村的进城务工人员及随其迁出的非劳动适龄人口。

社会融合被认为是在长期的接触中,两个不同族群的成员相互调整和适应的过程,其结果表现为群体同质性程度的变化,是人们从机械混合(mechanical mixture)变为有机复合(chemical compound)的过程(Simons,1901)。国内针对城市流动人口或城市新移民的研究通常把社会融合界定为是个体和个体之间、不同群体之间或不同文化之间互相配合、互相适应的过程(任远、邬民乐,2006;张文宏、雷开春,2008;宋月萍、陶椰,2012)。如上所述,社会融合通常被视为一种动态的群际互动过程,在重视农业转移人口为融入城市生活而进行的自我适配性调整之余,也应考虑城市原住民对农业转移人口的接纳情况,从而构建双方的互动关系,在互动过程中衡量融合程度。但有学者在回顾了诸多文献后指出,现有研究多将社会融合看作一个单向的过程,忽略了对流动人口感知到的城市对流动人口的态度,以及城市居民和流动人口的关系(任远、乔楠,2010)。因此,本研究着重关注城市居民对试图融入城市的农业转移人口的态度,从微观社会学的角度探究城市居民对农业转移人口的接纳意愿,以及城市居民的态度和行为对农业转移人口融城产生的影响,以期进一步扩充业已丰富的研究内容。

有学者很早就已经关注到了城市居民对农业转移人口的态度会影响他们的情绪倾向,甚至导致社会冲突。李强(1995)的个案研究中就有农民工提出了市民们应尊重他们的问题,他们认为在城市生活"物质上的艰苦倒是其次,但精神上的受歧视却难以忍受"。朱力(2001)的个案研究则指出,部分城市居民对农民工存在歧视与偏见,这种负面感知容易使农民工将其误解为广大市民的一般态度,从而引起农民工的反感,导致群体性摩擦与冲突。时至今日,农业转移人口已经出现了代际的变化,许多社会特征和上一代有很多不同,但流入地原有居民对他们的态度仍然会直接影响其对当地社会的感觉,进而影响他们融入当地社会的进程(王春光,2001)。尽管诸多学者意识到了城市居民的主观意愿会影响农业转移人口的社会融入状况,但多数文章得出这一结论的根据是农业转移人口的自身感受,而鲜有针对城市原住民的直接调查。究其原因,笔者认为,一方面,影响农业转移人口融入城市社会的因素诸多,长期的城乡二元结构影响深远,致使过往学界多把关注重点置于制度、经济等层面的探讨,且仍有众多问题亟待解决;另一方面，城市居民由于空间、文化、阶层等多方面的差异颇大，很难制定出一系列指标对其普遍接纳意愿进行有效测量。因此，本研究试图采取质性研究方法，选取一个城市原住民和农业转移人口混合居住的社区进行深入详尽的田野调查，运用社区研究的方法实地感受和分析城市居民和农业转移人口的互动，来获得城市居民真实接纳意愿的反馈。

接纳是一种群体指向的单向结构，反映的是群体对个体的态度，普遍应用于心理学研究中（邹泓，1997）。很多实证研究也会用接纳意愿来测量对某事物的接受程度，通常是用来作为测量态度的一项指标，操作化出来的问题仅是简单的“您愿意接受某项事物吗”，而进一步对接纳意愿进行解构的并不多见。宋月萍等（2012）在一项流动人口社会融合实证研究中把城市居民对流动人口的接纳意愿分解成两个层面：对流动人口的社会群体期望和个人切身评价。社会群体期望是指城市居民对流动人口的整体认知和价值评判，从功能主义的视角看待流动人口对城市社会发展的影响，是一种相对抽象的宏观认知；而个人切身评价是指当城市居民个人在与流动人口个人发生现实交往时，直接体验到的自身行为的影响或冲击，是一种相对具体的微观印象。但这两种认知方式可能会在现实生活中产生矛盾，城市居民间接地从宏观的层面了解到农民工对城市发展所作的贡献，而直接地从微观的层面看到农民工的某些负面的行为（朱力，2001）。

本研究首先想探寻城市居民对农业转移人口的认知和评价，以此反映城市居民对农业转移人口的接纳意愿；进而探究城市居民与外地流入城市的人口各自的有关“接纳”程度方面的认知，以此来推断城市的开放性与流动人口进一步“融城”的便宜性。

二、研究方法和对象

质性研究方法是在自然情境下采用多种资料收集方法对社会现象进行整体性探究、使用归纳法分析资料和形成理论、通过与研究对象互动对其行为和意义建构获得解释性理解的一种活动（陈向明，2000）。本章基于质性研究的方法论视角，采用个案研究的研究策略，使用参与观察和个别访谈方法，力图描述和阐释城市居民对移民的态度。

本章研究所用资料来源有二。其一选取长沙市岳麓区A社区，A社区是2010年建成的经济适用房小区，2011年国务院副总理李克强来此考察，后经市政府批准改为“岳麓区被征地农民保障性住房小区”。A社区目前共有住户3800户，其中有购买商品房的城市居民，临时租住的流动人口，安置的被征地农民，住户身份错综复杂。本次访谈选择了30名对象，主要为居住在A社区的城市居民，即具有城市户口并且在A小区有房产的常住人口。为了避免亲缘关系或其他情感因素造成调研对象对农业转移人口的客观评价偏差，课题组要求调研对象的原生家庭成员也是具有城市户口的居民。并且，选样时考虑到年龄、受教育程度、职业等都会对其态度产生影响，于是以年龄和职业作为区分，尽可能选择异质性比较高的访谈对象。课题组选取A社区居委会工作人员作为本次调研的访谈对象，以更加全面地了解A社区的现实情况。笔者以代码依次表示受访者的姓名、性别、年龄，其中F表示女，M表示男，并以文字注明受访者的职业，具体调查对象选择情况见表10－1。

表10－1 调查对象分年龄段及性别人数统计

	20—30岁	31—40岁	41—50岁	51—60岁	61岁及以上	合计
男	5	2	3	4	1	15
女	4	6	4	1	0	15
合计	9	8	7	5	1	30

课题组成员寄住A社区住户W同学家中，在日常生活中实地考察了A社区的基本情况，包括社区环境、居民构成、居民的生活状况、交际活动等，直观地了解了A社区中本地居民和租住在A社区的农业转移人口的相处模式和生活现状。在访谈之前根据研究主题制定了访谈提纲，主要从身份认同、社会交往、群体评价三个方面对A社区的城市居民进行提问，以期得到他们对农业转移人口接纳意愿的真实表达。并以实地获取的一手资料为出

发点，结合相关理论，作出实质性和规律性的解释。

其二，2018 年 11—12 月在长沙市选择 10 个行业按照男女、年龄分散原则访谈了 50 名对象，对象类别分为体制内与体制外。体制外职业分类有私营企业与外资企业管理人员、自由职业者、新媒体从业人员、中介组织或社会组织从业人员、个体工商户 5 类；体制内职业分类有国有企业或国有控股企业、国有事业单位、集体所有制或集体控股企业、社区居委会或村委会、党政机关人民团体 5 类。

三、社区内城市居民与转移人口的交往

A 社区居民不乏多样化的交往途径：一种是真实环境中的人际交往，表现为基于兴趣群体的趣缘交往和基于生活范围的区位交往；另一种则是网络世界特别是通过新媒体平台产生的交往。

趣缘交往顾名思义是通过一致的兴趣爱好作为纽带建立起来的人际关系。A 社区中居民的异质性很高，社区居民根据兴趣、偏好、习惯形成了多个不同的群体，这便成了日常交往的主要途径。早晚时分可以见到在同一所学校就读的学生相约一起去上学；白天有老人带着学龄前儿童在小区内散步玩耍；小区内的公共棋牌室几乎每天座无虚席，并有一众围观者，多以中老年人为主，女性居多；晚饭后小区中心空旷场地上有中老年女性跳广场舞，在小区摆放健身设备的区域有不少儿童嬉戏打闹，青少年在此处集中参与玩滑板、打羽毛球等运动项目；夜色渐浓的时候小区里的“狗友”们相约出来遛狗，直至吠声渐止，A 社区中一天最后的集体活动也就告一段落。以共同的兴趣爱好或生活习惯作为纽带而联结的趣缘群体在 A 社区居民的社会交往中扮演着非常重要的角色，他们之间的关系甚至可以跨越共同的兴趣，更进一步地深入群体成员的日常生活。

区位交往则指的是并不以结交好友为目的，而是因为生活区位的交叉形成的社会交往，包括通过地域纽带建立起来的地缘群体和通过业缘纽带建立起来的业缘群体之间的社会交往。地缘是生活在同一个社区内的成员

无法避免的关系网络，即使没有共同的兴趣，由于区位环境处在同一个社会网络里，难免会产生“同在屋檐下”的交集。

业缘是引起行动者互动的重要社会关系之一，流动人口融入城市首先是工作上的融入，其次是收入上的融入，最后才是主观归属方面的融入（李斌，2015）。农业转移人口能够在城市长期生活，能够找到工作是必不可少的前提。从这一社会网络的位置取向上看，城市居民和农业转移人口有两种不同的位置关系。其一是两者处于相同地位的位置，例如属于同一个单位、公司的同僚，或是有业务往来的合作者；其二是在一组关系网络中处于不同地位，即担任不同的角色，例如一些农业转移人口来到城市后从事重体力劳动，而城市居民是其经营者和管理者，抑或是分布于有限经济领域，特别是提供基础服务的农业转移人口，他们和与之交往的城市居民大多是受雇用者和雇主的关系。

那些卖菜的呀，还有很多开小超市的，大都从外地来的，包括给家里装修的师傅，都不是本地人嘛。（NHW，M，49 岁，物业管理从业人员）

除了上述现实生活中的交往状况，网络交往也是 A 社区居民社交的方式之一。在网络空间里，人与人之间的交往是间接性的，这自然弱化了包括城乡身份等现实社会中的许多特点所造成的差异。A 社区有公共的业主微信群，以及其他一些功能群，如业委会群、拼车群、宠物群……建立在网络上的社会交往关系比现实生活往来的关系弱，大部分住户只有在需要特定功能时，如反映小区高空抛物等公共问题时才会利用微信群进行沟通联系，日常交流很少。A 社区的网络社交通常是以社区的城市业主为主导的，生活在 A 社区的农业转移人口大多是租户，对于社区建设的关注度和热情远不如在此置业的城市住户高，在面对不涉及切身利益的公共问题时，他们往往选择回避。

社会网络分析的关系取向更多关注行动者之间的社会性黏着关系，通过社会关系的规模、强度、密度、对称性等来说明特定的行为和过程；而结构取向则关注网络行动者在网络中所处的位置，讨论多个行动者之间的关系所折射出来的社会结构，以及这种结构的形成和演进模式（张存刚、李明、陆德梅，2004）。从社会网络的关系取向来看，趣缘交往、区位交往、网络交往分别表现出城市居民和农业转移人口之间的不同的社会关系特点。趣缘交往产生的社会关系强度最高，同一关系网络的成员相处时间长且情感紧密，行动者之间的熟识程度和互惠程度高，各行为者之间信息对称，但是趣缘关系规模有限，行动者之间的关系数量取决于共同参与的趣缘群体的数量。区位交往产生的社会关系规模比趣缘交往大，但是强度低，并且行为者之间的信息可能是不对称的，当两者处于不同地位的位置时，信息是由农业转移人口向城市居民单向流动的。网络交往产生的社会关系是三者中强度最低的，行为者之间关系松散，但是其规模和密度都要大于前两者，并且有无限拓展的空间。

表 10－2　A 社区居民社会交往方式及社会关系特征

	趣缘交往	区位交往	网络交往
内容	发展共同兴趣爱好	生活区位交叉和业缘往来	现实功能的符号表达
规模	基于不同爱好划分为多个团体，规模有限	规模比趣缘交往大，受生活和工作范围限制	规模最大，并有无限拓展的空间
强度	行动者之间熟识度和互惠度最高，可进一步深入生活其他领域	情感紧密程度低于趣缘交往，高于网络交往	关系松散
对称性	通常信息是对称的	在业缘群体中信息多是由农业转移人口向城市居民单向流动	信息公开共享

费孝通用“差序格局”来剖析中国传统社会亲疏远近的人际格局，可见“关系资源”在华人社会的重要性。农业转移人口要进一步融入城市发展，不得不重视社会资本和社会网络的特殊意义。要得到城市社会的接纳，农业转移人口在利用原有的同质关系之余，还需要和所处的城市社会结成新的社会关系网络，来获取新的信息、机会和资源以及必要的社会支持。而城市居民作为现有网络中的重要一环，他们和农业转移人口的交往意愿决定了能否打通原有社会网络容纳新的成员。

城市居民在表达和农业转移人口的交往意愿时可能有的矛盾应该表现在以下三个方面。

第一,城市居民在谈论交友条件时会有意识地淡化身份差别,但是会无意识地透露出实际上不同群体间的身份隔阂成为其进一步交往的阻碍。城市居民通常把世界观、人生观、价值观等是否一致当作考量交友意愿的首要因素,以显示自身的包容性,但同时他们也直言不讳地指出在这些观念上城市居民和农业转移人口的差别非常大,由此导致两者的心理活动和行为表现都有明显的不同,这些明显的分异是不同群体的价值内涵经过内化后体现的外显特征。由于城市居民和农业转移人口在很长一段时间内处于隔离状态,固化的城乡二元体制阻碍了两个群体的接触和流动,导致群体间的异质性很高而且不断扩大。人们在和差别较大的对象相处时会本能地倾向于回避,担心陌生人带来的不确定因素会给自身造成不利。回避则是偏见形成的契机,由于缺乏信息交流与沟通,对对方了解得太少,容易产生误解和偏见(朱力,2001)。一旦产生了偏见,一开始制度上的被动隔离经此就会成为群体间的主动隔离,交往双方陷入一个"隔离—偏见—隔离"的恶性循环。

我觉得成为朋友主要是看价值观,能否相处得来,人是慢慢改变的,现在这个阶段可能跟他们没有共同话题,可能再过一个阶段又会有所改变……以后有没有深入交往,主要看我有没有改变或者他们有没有改变吧,不是说户口的区别,主要是世界观的问题,看两个人能不能一致。(OYJ,F,32 岁,金融行业从业人员)

第二,城市居民不希望农业转移人口冲击现有的生存环境,但是期待能通过加强对下一代的教育实现农业转移人口和城市人口的融合。在回答"是否愿意和农业转移人口生活在同一个社区"时,大部分受访者表达出不情愿的态度,在他们看来,农业转移人口依然背负着"脏、乱、差"的标签,会给现有的社区生活造成负面影响。在意识到城镇化是一个不可逆的过程时,城市居民寄希望于下一代农业转移人口能够接受更好的教育,由此提升个人素质和道德水平,从而融入城市生活。几乎所有的受访者都不反对农业转移人口的子女和城市人口一起接受教育,一方面是由于他们认为受教育程度直接决定了个人素质水平,农业转移人口子女接受教育可以习得城市的规范和习惯；另一方面，他们希望自身子女在形成完整的道德观念之前多和农业转移人口接触，破除旧有的不平等观念。这也就再一次证明了，城市居民意识到了他们和农业转移人口的不平等地位，并且作为既得利益者，城市居民主要行为取向是维持既有的优势地位，稳固现有的社会结构。对于下一代，与其说是一种希望的寄托，不如说是城市居民有绝对的自信，城市的制度保障体系会起到兜底的作用，他们的子女不会或者说只有极小的可能跌落出现有的社会阶层，而农业转移人口子女能否向上流动，则依然受困于户籍、社保、教育等制度性不平等。

说实话是有些不愿意（和农业转移人口生活在同一个小区）的，因为我觉得生活习惯还是差别很大吧，小区里的卫生呀、噪声啊，搞得环境不是很好，还有就是比如停车，在我们小区里面停车，有时候停在别人家门口，容易吵起来，就觉得农村人没有那么讲理吧，容易带来不必要的争执……让子女和农民工子女一起上学对他的人格塑造有好处，塑造他的人际交往，不要形成偏见。不要有一种城里人的优越感，就是生活在城市莫名的优越感。（WN，F，27 岁，公司职员）

第三，城市居民忽视主动参与农业转移人口人际网络的作用，但是重视政府或公共部门在城市人口和农业转移人口融合中发挥的功能。如上述第一个矛盾点所言，城市居民由于缺乏对农业转移人口的了解，因此在社会交往中本能趋向回避，没有特别深入交往的欲望，不会主动促成和农业转移人口的交往，帮助其更好地了解城市社会。但是大多数受访者认为政府是有义务促进农业转移人口融入城市社会的，他们认为城镇化是政府经济政治建设的产物，由此产生的社会问题应该由政府及社会组织来解决。中国是明显的政府主导型体制，政府对社会有极其强大的动员能力和运作能力，整合了社会各部分的功能，政府管得太多产生的最大问题是老百姓对于很多社会问题都失去积极性了（李强，2015）。当然也有受访者认为城市居民有义务帮助农业转移人口特别是新生代群体融入城市社会，可是苦于相助无门，离开了政府，不知道该以何种方式去实现对农业转移人口的接纳。更多人则认为，社会交往是自然而然形成的，没有必要去强加于某些群体之间。但是，如果没有城市居民这一方主动开启信息交流的渠道，即使另一方有构建新的社会网络的需求也无法接收到来自城市的信息。单方面的信息屏蔽让农业转移人口不知道城市居民的态度和期待，而城市居民不理解农业转移人口的需求和疑惑，最终，农业转移人口依然是游离于城市网络之外的徘徊者。

农村的留守儿童好不容易来到父母身边，对于城市的感觉有点怯生生的，城里的人非常有义务帮助他们。（DC，F，49 岁，工程师）

国家和政府有义务帮助他们（指农业转移人口），帮助他们更好地融入城市生活也是提高全民生活水平和基本素质的重要一环，但真正与这一部分人紧密生活在一起无疑会在短期内影响家庭和孩子的生存环境。（TH，F，47 岁，会计）

四、城市居民对农业转移人口的认知与评价

如果从城市层面分析，中国各大城市的居民基本不排斥外来人口进入该城市，因为中国所有大城市基本上都是移民形成的城市。老移民并不刻意排斥新移民，特别是农业转移人口。但是，研究者发现各大城市政府实实在在对潜在的新移民设置了各种排斥政策，如教育、求职等方面的限定；甚至市场也会设置各种排斥手段，如购买住房时的价格以及各种限制等，以阻挡移民的轻易流入。

于是，城市居民对外来转移人口的排斥主要限于社区内部。人们会发现因为各种利益、行为诉求不同而表现出的纷争，大多出现在社区内部。2000 年以后各大城市呈现出的居住空间阶层化态势（李斌，2009；2013）正是城市居民所体现的群体性排斥的表征。因此，课题组判断，如果研究的着眼点放在社区内部，研究者则可以发现城市居民有很强的排斥性；如果将研究层次提升到城市层面，则会发现无论是城市居民还是转移人口都有良好的融合度。

（一）社区层面的“偏污名化”认知

随着中国社会阶层的演变，“农民工”一词经历了“正面化—污名化—理

性化”的变化过程。本研究中多数受访者对农业转移人口的群体印象也经历了如“农民工”一词的演变,在现在大多数城市居民看来,“农民工”一词并没有包含特别的褒义或贬义,他们认为这只是一种身份或职业的客观描述。但不可否认的是,以往城市居民对农业转移人口根深蒂固的刻板印象一时之间仍然难以消除。刘林平(2008)通过对广州地区居民的社会调查也指出,城市居民对农民工群体的总体印象是一般偏下的,造成这种结果的原因在于与农民工的交往太少。

在缺乏社会交往的情况下,城市居民对农业转移人口的主要认识途径便是大众传媒。从前出现在媒体上的农业转移人口几乎可以说是社会冲突的代名词,以致一旦城市居民和农业转移人口发生矛盾,人们都会一边倒地把问题归咎于农业转移人口这个群体素质低。而近年来媒体的报道有了转向,城市话语对待农民工的态度从负面态度向积极态度转变(张鹏,2011)。新闻报道中着力刻画的是农业转移人口的群体形象,比如在地铁上农民工因为怕引起反感主动坐在地上,又如从事环卫工作的农业转移人口主动去图书馆阅读等。这样的取向有其正面意义,一是引起了大家对农业转移人口的重视,唤起了城市居民的同情和理解;二是侧面表达了农业转移人口的进步和诉求。但这些报道同样存在着不利之处:首先,潜移默化中强调了两个群体之间的差别,固化了有负面倾向的刻板印象;其次,即使这些报道的目的是从反面激发城市居民对农民工的同理心,但是同情和怜悯本身就是一种居高位者以俯瞰视角看待问题表露的情绪。

农民工是个贬义词吧,我看直播的时候那个主播说了别人一句“你是农民工”,他就被要求道歉,那个被说的人觉得自己是被骂了,所以我认为这是一个贬义词。(HXZ,M,24岁,公司职员)

在身份认知上,有的受访者表现出模棱两可的意见,在他们看来,城市人和农村人的身份不是一纸户籍就可以界定的,或者不认为户籍制度是导致城乡居民产生分异的关键。城市居民认为他们与农业转移人口主要存在的身份差别在于经济和文化两个方面。经济上,城市居民主要从事以脑力劳动为主的工作,工作具有高收入、低风险、稳定性强等特征;农业转移人口主要从事体力劳动,工作强度远高于收入水平,工作风险性强并且没有完善的就业保障。城市居民相较农业转移人口拥有更多的社会资源，享有更多社会福利，能够更快实现资本积累，同时经济上的优势会通过代际传递。文化上，城市居民的受教育程度普遍较高，注重个人形象和公民素质；而城市居民眼中的农业转移人口则是受教育程度低、素质差的代表，并且认为其文化教养和心理素质与城市规范不相匹配。

首先，经济能力就不一样，然后社会资源哪，就比如说人脉呀，像这样可以享受或者利用的东西都会更多更广一些。因为我是生在城市的，那我下一代肯定也是生在城市，那我的孩子就在很多地方要比生活在农村或者说没那么发达的地方的那些孩子要走得远。（FHX，M，50 岁，公务员）

城市居民对农业转移人口的身份认知和他们的自我认同息息相关。一直以来城市被认为具有开放包容的特点，城市居民在个体融入集体的过程中会不断维系和增强积极的价值内涵，受此群体价值的影响，大部分城市居民能顺应城镇化发展的潮流，以包容的心态看待农业转移人口。但是，在对他人的分类过程中，个体很难不受自身情感的影响。大部分城市居民基于自身的生活经验，意识到农业转移人口发生了区位转移和经济地位上升。人们倾向于根据他人和自己的异同来区分内群体和外群体，根据访谈内容可知，城市居民认为他们和农业转移人口存在显著的差别，因而在社会分类上把农业转移人口归为外群体成员，没有在生活和交往中把他们当作同样具有市民身份的主体，在社会认同上仍然存在着潜在贬损和排斥。城市居民将农业转移人口视为一个与自身有显著差别的群体。人们进行群际比较时，常常表现出"内群体偏好"。

（二）城市层面的"偏融合性"认知

城市居民与流动人口之间的排斥程度其实很低。本课题在长沙市访谈了 50 名对象，这些对象中有长沙市本地土生土长的居民，也有外地转移而来的居民。访谈资料显示，趋近 100% 的外地转移到长沙市的人口都评价长沙市居民不排斥外地人口；长沙市本地人也认为长沙市有很强的包容性，长沙居民大多认为正是外地人的到来，才提升了长沙市的发展速度与发展程度。尽管是质性访谈，课题组仍然追求代表性，分体制外与体制内，分别选择 5 个职业类别的对象进行访谈，旨在发现不同的生命历程对“本地人与外来人之间关系”有不一致的认知与体悟。

1. 体制外居民对流动人口的认知

一般来说，体制外居民更认同市场逻辑，而市场逻辑与社会流动则有天然的诉求。不过，当市场过渡到垄断阶段以后，市场对流动的反应也会比较迟钝。

（1）私营企业或外资企业管理人员。我们访谈了6名对象，这6名对象尽管年龄不同，来源地也有差异，但是他们大多认为长沙市居民普遍没有排外心理以及排外行为，他们对外来人口在长沙所起的积极作用也有很好的评价。

A1（访谈对象编号，下同），男，1954年生，居住在长沙市开福区，目前拥有长沙市户口，父母亲都是干部，小学在长沙读书，初中时（14岁）下放到桃江读初中，初中毕业后17岁就被招工参加了工作，参加工作后将自己的文化程度提升至中专水平。2000年到新疆待了两年，2004年又到广东待了两年，2008年在北京又待了两年。目前退休在家，2017年收入大约为5万元，做了一份义工。其兄弟姐妹生活状态都很好。相信知识能够改变命运。

A1：原来我们在广东就有那么一个歧视，工厂里贴的招聘广告说河南人、安徽人不要。其实我只能算半个长沙人，说实话，长沙人是很懒惰的，包括成都人，成都人从早上7点钟开始打麻将、喝茶，有钱他不去赚，小钱不去赚，大钱又赚不来。我们看到一个现象，所有的农贸市场卖小菜的菜摊子都是外地的，但就是这些所谓的卖小菜、不起眼的摆水果摊的，他们就能够买房子，他们就能买得起房子。而真正的长沙人却住在那些老旧小区里面。

A7，男，1992年出生于长沙，独生子女，祖籍重庆，在长沙市读完小学、初中、高中，2014年湘潭大学兴湘学院毕业后工作，首先在一家期货公司工作，目前在一家网络科技公司工作，主要负责业务运营。父母亲均有工作单位，经济条件不错。相信知识能够改变命运。

A7：长沙作为湖南的省会，吸纳的外地人基本上是湖南省内的人，外地人不会导致一个城市治安的下降，反而我认为正是因为这些外地人，给长沙注入了新的活力。不过本地人与外地人之间还是有差别的，本地人肯定具有得天独厚的优势,外地人找工作在各个方面会受到一定的限制。我认为是房租、生活成本造成了这些差异。

A9,女,1991 年生于湖南省湘西土家族苗族自治州龙山县,985 高校本科,毕业后在一家公司搞内训,有一个大学毕业的哥哥。

A9:外地人在长沙感觉不到什么差别。我感觉长沙人和外地人差别不大,我们公司大部分都不是长沙本地人。学校也是啊东南西北都有,我的室友就来自各个地方,仅 1 个人来自长沙本地,其他的都是外地呀或者外省的,我并没有看出这种很大的差异,我也没觉得本地有什么歧视哦。有本地户籍也没有觉得有啥差异。

A14,男,1991 年生于湖南省浏阳市,以前为农业户口,目前是非农户口,小学在农村,中学在长沙,大学在珠海,2017 年收入 9 万元左右。

A14:没什么区别,长沙这边挺好的,一点也不排外。

A17,女,1990 年 1 月生于湖南省长沙市,独生子女,湖南大学广告学研究生,2014 年工作,2017 年收入 30 万元左右。

A17:感觉没有太大的差别。工作上没有什么差别,生活上可能习惯不同。

A22,男,1959 年生于湖南省浏阳市,农村户口,1977 年高中毕业回到农村,后进入花炮行业当技术员,后转至基建队搞承包,承办的公司因债务破产,后开小超市让女儿经营,自己开饲料厂,2001 年、2002 年出现疫情厂子垮了,后回家务农还债。2006 年经老乡介绍到长沙大学从事物业、器材管理工作。自己的创业还是因为经验、知识的不足失败了。

A22:长沙人比较老实,说话讲信用一些。当前相差不大,早几年有一定差别,主要是老的传统思想在作怪;没有长沙市区的户籍;有无户籍对生活影响自己没有感觉。

如上所述,目前作为私营企业或外资企业的管理人员,尽管总体上比较认同长沙本地人与外地人之间没有太多的差别,不过一些细微的差异仍然能够反映在他们的评价中。如 A1 认为本土长沙人比较懒惰,A7 则认为外地人找工作有更多的限制,A17 发现生活习惯不同等。

(2)自由职业者。自由职业者以市场环境作为自己的工作空间并积极寻找市场机会，他们大多有多地流动的经验，会对各城市居民的特性有比较多的体验。因此他们的评价也能够说明问题。

A2，女，1989年生，独生子女，化学专业研究生，家庭成员有从商的、从政的，家庭条件一直比较好，有一些亲戚定居美国。目前家住长沙市岳麓区，拥有3套总面积300平方米的住房。研究生毕业后经过家人介绍进入了父母亲所在的事业单位工作。后觉得体制内工作每天如一，太轻松了，觉得很无聊，自己难以成长，发挥不了优势，就跳槽了，一共换了3次工作。目前为自由职业，做代购，销售亲戚从美国转运的产品（主要是美国产的名牌包）。相信知识能够改变命运。

A2：我觉得本地人的人脉更广一点，因为比如我是本地人的话，我从小到大在这里长大，我肯定认识的人就比较多。比如你小学有朋友、初中有朋友，你一路上来的朋友都在，然后我感觉我身边很多朋友。他是外地人的话，他的朋友都在他老家，或者说在他以前生活的城市，他在这边朋友就会很少。假如你去住个院，你想让别人帮忙，特别是有时候有朋友住院了，他身边都没有人照顾，如果没结婚的话身边可能就有朋友，没有家人来照顾你，而且朋友可能也是工作上的朋友，别人不可能没日没夜地照顾你。或者你有求于别人，假如你是本地人的话，你小孩要上学什么的，可能可以找到一些关系去个好点的学校，但你是外地人的话，可能没有这么多人脉，或者你在工作上面，比如有研究生同学一起，可以互相交流，或者大家的工作环境差不多，工作岗位差不多，然后只是在不同的单位，你可能还更好交流，或者有事情的时候，可能我单位没有，你单位有，我们就可以互相协作、合作一下这样的。

A4，男性，1981年生，有两个弟弟，初中毕业就外出广东打工，换过很多工作，也创过业，从玩具行业到塑胶再到汽车美容等，去过东莞、深圳、广州、上海、浙江、江苏很多地方。2015年回老家创业，结果失败了，欠债不少，目前在长沙市从事装修行业。认为“能赚到钱的就是好行业”，工作目的是养家糊口。相信知识能够改变命运。

A4：这就是社会的不公平，本地人每天不用做任何一点事都有吃有住啊，外地人拼死拼活还不是就这样。这个就是国家的体制，社会不公平，本地人与外地人在工作、生活方面都有不同。我们这些来务工的人,每天生活除了在外面奔波基本都看不到什么福利,另外我们整天忙于做事,基本没有时间去想别的事情。另外,我想在长沙市买房子,但是没有户籍似乎都买不了。考虑我的小孩以后的工作,我们还是希望留在长沙。

A21,女,1967 年生于湖南省郴州市北湖区,目前居住在长沙市岳麓区,换过 3 次工作,都是被辞退换的工作,目前的工作辛苦、累,休息不好。农业户口,有 5 个姊妹。认同“读书改变命运”。

A21:我们外来的人工作都很辛苦,本地人相对生活自在很多。

A23,男,兄弟姐妹 5 人,1961 年生于湖南省邵阳市隆回县,1998 年来到长沙,目前在长沙市岳麓区居住,大学毕业之后教了一段时间的书,因为单位改制,就做自由职业,到一些培训学校教书,或者做一些家教等,2017 年收入 12 万元。认同“读书改变命运”。

A23:城里面的人,长沙本地人也很少哇,大部分都是从外面来的,实际上城市里面的基本上都是移民,也是移民群体呀。我们单位里本地人不是很多,但是大家都在一个单位里面,这个区别好像也不是很大,不会感觉到他是城里人,我是农村人,都是这个单位里面的人嘛。

不同可能主要是生活方式不一样吧,城市的社会化跟我们农村应该还是不一样,因为一个是它的本土化,它本身有这个地方的一些生活习性了,那我们从外地来的,多多少少还是保留我们外地人的一些生活信息,机会多少应该没有很大关系,在单位里面主要还是靠你的工作能力、你的工作状态啦,除非他们家里有什么背景,如果说没有背景,都是普通老百姓,应该没有什么很大差距。

有本地户口和没有本地户口有差别吗?从自己的状态来说没有差呀,但是政府它有差别啊,有户口、没有户口受到很多限制啊,你要买房啊,你即使是看病啊,还有什么的,都需要户口,没有这个户口你就不自由哇,同事之间他不歧视你,但是政府它有区别对待呀。

A25,女,1966 年生于上海市,小时候妈妈是护士,爸爸是工程师。目前居住在长沙市开福区。技校毕业,下岗后成为自由职业者,目前退休年收入 3.1 万元。

A25:感觉现在大家都差不多,以前是存在城乡差异的。

如前所述,正因为自由职业者只能通过自己的劳动到市场上交换才能获取他们的劳动收入,我们访谈的这几名对象,有 2 名不给自己购买五险一金,他们很难感觉到城市政府释放的福利,进而容易看到不同群体与体制上存在的不公正现象。尽管各自的看法有侧重,如 A2 看重本地人雄厚的社会关系;A4 与 A21 则观察到自己作为自由职业者每天的辛勤劳累,而本地人则轻松自在而且衣食无忧,进而认定社会不公;A23 则认识到长沙市政府出台的政策有很多是限制外地人的,认为政府制定了很多政策对城市外来人口有限制。

(3)个体工商户。比较自由职业者,个体工商户不仅通过自己的劳动参与市场交换,而且他们还通过投资与技术参与市场交换。因此,他们对城市是否有排斥的体验必然比自由职业者更深刻,也更全面。

B3,男,1992 年生于河南省周口市淮阳区,高中肄业,目前从事餐饮方面的工作,在长沙市开了一个餐馆,年收入 13 万元左右。有两个姐姐。认同“读书改变命运”。

B3:本地人也没有排外咯,做生意的嘛,都是外地人,相处好了也没有太大的问题。不过,有时候还是会发现一些排斥现象的,像找工作呀,本地人还是会占优势的,但是我们呢,我们是后备军,他们是优选者。我没有本地户籍,有的话会好一些,如果以后在这边发展的话,还是会考虑迁户口的。

B5,男,1971 年生于湖南省株洲市,目前居住在长沙市岳麓区,大专毕业,中共党员,1990 年从军队退役,自己创业开超市,2017 年收入 10 万元。

B5:很融洽,没区别。有本地户籍,肯定要有哇,小孩上学呀、买房啊什么的。

B12,男,1981 年生于湖南省长沙市雨花区,中专学历,换过 3 次工作,目前开了一家五金店,2017 年收入 12 万—13 万元,比较认同“读书改变命运”。

B12:就“本地人与外地人之间关系”的评价:没有什么不同,在工作上不都一样,外地的也都搞得还行,没什么区别呀,都差不多,我觉得没什么区别。

B14，女，1978年生于湖南省岳阳市华容县，在外婆家度过童年，目前居住在长沙市岳麓区，初中文化，离异，已经到长沙15年，目前做体育用品生意。4个兄弟姐妹。

B14：我很少与外面的人或者长沙人接触，我早上出来就到了店里，晚上就回家睡觉，买东西的人嘛，都没什么区别，都还好哇，和买东西的人也没有过多的交流。

B16，男，1990年生于河南省周口市淮阳区农村，目前居住在长沙市岳麓区，农业户口，硕士研究生，党员，小学、初中和高中都是在乡里和县里学校就读，然后通过高考考进信阳师范学院，然后考研考到湖南师范大学体育学院。2017年收入7万—8万元。

B16：在长沙生活，还是本地人居多，它不像北上广，流动人口大，长沙本地人占大多数。本地人和外地人还是有一点差距的，不管是从语言上还是生活方式上，本地人有一种保护意识。外地人主要从事服务行业，经营性行业多一点，本地人从事事业单位工作多一点。

B22，男，1961年生于吉林省吉林市，1980年中专毕业进入石材厂做会计，1989年后东北大型国有企业分流下岗，就自谋职业，因为孩子在长沙读书，就在长沙经营了一家东北饺子馆，目前居住在长沙市，2017年收入为10万元。有1个妹妹。

B22：我觉得长沙当地人对外地人尤其是我们东北人不是很排斥，我在这儿做生意感觉对我们都挺友好的。南北差异肯定是有的，我们东北人跟南方人有很大的差异。这是南北文化的差异，南方人的性格呀，包括一些处事方式啊都有一些不一样。目前还没有户籍，差别应该是有一些。

如上所述，作为个体工商户在长沙市，他们似乎没有体会到排斥，自由职业者感受到的城市政府层面的区别对待政策似乎也没有被他们感知到。这可以说明，"资本+技术+劳动"与城市政府出台的政策有更好的契合性。

（4）中介组织或社会组织从业人员。社会组织作为培育社会活力的主体，在促进流动人口快速实现城市融入方面负有关键责任。此外，社会组织成员在工作过程中也能够体验到既有社会成员的和谐程度。

A3，男，1989年生，有3个姐姐，18岁之前一直在陕西省渭南市农村生活，高中毕业后到长沙市读大学，读完本科后去农村做了两年（从 2012 年做到 2013 年底）有机水稻的推广项目，然后再回长沙搞社区了。相信知识能够改变命运。

A3：我觉得差异性肯定是有的，从个体上来说，只要包容就好，但是上升到组织来说，一个组织里面有本地人和外地人，这之间分工就不一样，比如说，其实本地人，如果在同等条件下，本地人更适合做外联，因为他的原生家庭在这边，关系网络比较好。而且，我不知道其他领域，可能政治领域也是这样子的，或者商业领域也是这样子，特别是社会组织领域，因为你很多的东西都是筹来的嘛，所以你这种网络就特别重要。社会组织它就是社会关系，用社会关系来筹集资源。本地人与外地人之间的生活方式差异比较大。在地位获得上，我觉得外地人更容易一些，就是，他的负担小，不是说经济负担，就是那种名誉负担非常小，可以放开些，他无所谓。我觉得长沙这个城市没必要（有本地户籍），其实买房也没什么差异，它要社保就可以了，而且长沙的房价波动性不是很大嘛。组织内部本地人与外地人有不一样的分工，生活方式上有差异，外地人可以更快获得社会地位，本地人社会关系更多。

A8，女，1987 年生，安徽省桐城市人；2008 年长沙市民政学院毕业后在一家社会工作机构做社会工作者，2017 年成为机构的总干事；年收入 7 万元左右；获得自考本科文凭，有中级养老评估员证书以及中级社会工作师证书；已经有两个女儿；另外自己有一个在大学做老师的哥哥。相信死读书不能改变命运。

A8：长沙人很好，对外地人也很友好。当然，本地人在工作和生活方面，机遇比外地人好而且更多，其他没有发现什么差异。有没有长沙市的本地户口似乎差异不大。

A12，女，1983 年生于湖南省宁乡市，有一个姐姐，之前户口为农业户口，现在是非农户口，民政学院专科毕业，后自考大学本科毕业，已婚，2017 年收入为 5.4 万元。认同“读书改变命运”。

A12：挺好的，我觉得这是看人的品格的，还是跟人有关的。

A13，女，1966 年生于长沙市芙蓉区，非农户口，5 个兄弟姐妹，排行老四,小时候家庭条件不错。初中没毕业就走上了社会,修单车,学幼师,站柜台,摆摊子,卖小菜等都干过。目前从事志愿服务,想帮助别人,帮助困难的人。

A13:关系不错,挺好的。

A15,女,1967 年生于长沙市望城区,之前是农业户口,目前为非农户口,中专毕业以后就分配到长沙,后自学大专、本科,年收入 10 万元左右。

A15:没有区别,湖南不排外,特别融合,外地来的,特别融洽。

A18,女,1952 年生于湖北省武汉市,父母亲为南下干部,目前居住在长沙市开福区,大学本科毕业,2017 年收入 10 万元。

A18:湖南人不好的一面就是官本位太强。和别的地方相比,也有很多好的地方。湖南的地貌也很有特点,有山但也不是很高的山,就形成了很多独立空间,我觉得湖南的人呢,比江浙那边的要大气一些,霸得蛮一些,智慧聪明一些,脑子转得快,江浙那边的人也智慧,你看江西离我们这儿很近吧,但江西人性子很慢哪,人口少得多没我们这么大的竞争。你看我们湖南人说话都很快呀!你在湖南还不觉得,要是去外面参加笔会就知道我们湖南人,哎呀,他的思维反应快,讲话幽默,大度一些。可能我单位待的地方都不太明显,因为我自己也是外地人。户口有,小孩读书哇。

A19,男,1973 年生于河南省信阳市固始县,大学本科毕业,中共党员,2017 年收入 10 万元,2005 年时在长沙市就有车有房了。从 2005 年开始夫妻两人就拿出 200 万元,自己做志愿者扶贫帮困,计划做 10 年。被评选为"全国百姓学习之星",42 岁报考中南林业大学,44 岁拿到毕业证。

A19:为什么无锡、深圳这几个城市经济发展那么好?如深圳龙华区,8 个街道 54 万人口,本地人口只有 49000 多,外来人口 50 万,有 5600 多家企业,基本上靠外地人。……我们又说那个无锡,无锡你去看大街小巷做生意,做拉面的、麻辣烫这些东西的都是外地人,而且当地给他们的政策比本地人还好,无锡为什么发展得好,也因为这么一点。它为什么,因为它要有流动人口。流动人口越多,这个地方越(好)。说句实话,就算是要饭的人越多,也说明你这个地方好……就说我们小区,我们目前超过 1 万人,本地人只有 1000 多……我与本社区的一些本地人说,"你们为什么能够躲在麻将馆打牌呀，一天输几百元也没事啊，为什么小区的门面都这么贵呀，为什么你们空置的房都租出去啦?”……我说人为环境，你们经常口口声声说，“书记的车赶快让，村干部的车赶快让，乡亲的车赶快让，外地车不理他们，让掉头。”你们长期这样，外地人就会走的，到时你们的房子租不出去，你们拿什么收租金？排外思维是不对的。

你们发现人家外地人搞超市一年赚个四五十万元，就要加租金……为什么合同都签好了要加钱？他说，你不加钱就不让你租了，你一年挣四五十万元。我说你这个很好笑咯，外面推着车卖麻辣烫的一年都能挣10万元，我说你一年房租挣10万元，他一年推着车挣那么多钱，别人勤奋哪，辛劳哇。别人合同签了，挣四五十万元和你有什么关系呀。你合同都签了，那你自己开超市啊。(本地人)不，这个好累的。你也知道别人累，是吧。这就是懒，不求上进。

如上所述，A3认为在社会组织内部，本地人因为有更多关系，因此适合搞外联，筹措资源;A18认为湖南人做事很努力;A19认为湖南省要努力吸引更多的外来人口才能促进湖南的发展，他的工作的的确确在引导本地人对外来人口友好，要讲规则。

(5)新媒体从业人员。新媒体这个职业是近几年新兴的职业，一般来说，这个职业的从业人员往往会有更好的观察力，并且能够从一般社会性事务中寻找到议题，进而挖掘出有社会意义的“故事”。

A5，男，1973年生，长沙市人，有一个姐姐，1996年湖南师范大学毕业后在报社从事采编工作。相信知识能够改变命运。

A5:我觉得这个城市没有地域之分，生活在长沙这个地方的人，不管是本地人还是外地人，都是为这个城市进步作了贡献的。不应该有这种城乡，或者是本地外地的区别。在长沙应该没有，都是一样的，机会都是平等的。

A6，男，1985年生于湖南省衡阳市农村，研究生毕业，有一个妹妹，目前从事的工作跟所学专业完全没有关系，2015年3月调到了新媒体做编辑，目前年收入10万—15万元。相信知识能够改变命运。

A6:我觉得长沙还是比较包容的，本地人会过得更加享受一点，外地人过得更加努力一点。长沙人都比较喜欢玩……我自己的户籍已经迁到长沙来了，就是为了小孩子读书，其他的没什么影响。

A10，女，1992 年生于湖南省岳阳市岳阳楼区，2017 年收入 5 万—6 万元，初中之前在岳阳读书，高中就读于长沙，南京大学新闻专业本科毕业。之所以能够留在长沙市工作主要是因为读了大学，因此，认为读书可以改变命运。

A10：没有什么差别。我并没有觉得长沙本地人外地人区分很大，我来之后觉得就没有什么很大的差别。我觉得没有什么不同，可能就是本地人更习惯当地的生活方式，但是在地位的获得上我自己感受不到什么很大的差别。我自己觉得(有没有户口)没有很大的差别，但是你以后有了家庭，有小孩要在这边读书的，肯定是有户口可以上公立的学校享受一些比较便利的福利吧。

A11，女，1986 年生于湖南省常德市澧县农村，本科和硕士都是新闻专业，毕业之后就在长沙这边做新媒体，共产党员，2017 年收入 9 万元左右。基本认同"读书改变命运"，但是因人而异。

A11：广州、深圳这样的城市本来都是大杂烩，本地人外地人之间的区分比较模糊。目前就长沙来说感觉差不多，但是就是长沙本地人在某些方面会比较轻松，比如买房子、找工作，长沙本地人的话他可能有七大姑八大姨，找工作的话他信息会流通一点；外地人的话就只能靠自己。其他方面目前没有什么区别，以后涉及子女上学的话可能会有区别。

A16，男，1979 年生于湖南省常德市鼎城区，有一个妹妹，以前为农村户口，目前是非农户口，大学电子工程本科学历，获得过广电总局的全国技术能手，2016 年转新媒体行业，2017 年收入大致 30 万元。

A16：以前可能界限会大一点，现在这个问题不大了。一开始会有一点，但后面，就是工作一段时间过后，可能差距会缩小。他们可能是人脉这方面要广一些。本地人的话相对应的亲戚朋友在本地，关系网会好一点。

A24，女，1983 年生于长沙市芙蓉区，有一个弟弟。目前居住在天心区，财务本科毕业，中共党员，基本上没离开过长沙，2005 年毕业后就一直在报社上班，自 2012 年开始做"两微一端"，年收入 10 万元。认同"读书改变命运"。

A24：本地人和外地人关系还是比较和谐的吧。工作和生活差别应该也不大，你很难去区分身边谁是本地人谁是外地人，可能口音有些不一样，别的应该没什么，工作上都是一样的。长沙本来也不像北京、上海，存在排外什么的，长沙巴不得多一点外地人来。

如前所述，新媒体从业人员由于着眼于“新”，因此他们基本没有体会到长沙市本地人与外来人员的区别。尽管有人如A11，承认外地人需要更多的努力，才能有比较好的回报；而本地人关系多，做起事情来会相对容易。

2. 体制内居民对流动人口的认知

（1）国有企业及国有控股企业。国有企业职工一般来说，籍贯来源比较广泛，而在学历、技术等级方面则有严格的要求，因此工作于国有企业的职工一般不会感觉到太强的“本地人”与“外地人”之间的区分。不过B6仍然感觉到，本地人同等条件下在工作与生活方面有更多优势。

B1，女，1985年出生于湖南省长沙市岳麓区，硕士研究生毕业，中共党员，从事通信方面的工作，2017年收入12万元。不太认同“读书改变命运”这个观点。

B1：我觉得在长沙本地人和外地人还好。就感觉都是朋友，没有很大的差别。在工作和生活当中差不多，至少在我周围感觉起来没有太大的差别。

B6，女，1985年生于湖南省邵阳市隆回县，研究生毕业，工作主要是搞研发、编程，2017年收入10万元。

B6：我觉得一开始来长沙，他们说长沙的女的比较泼辣嘛。那时候还挺担心，怕和她们处不来。因为读书嘛，肯定会有当地人……我们当时玩得好的有一个本地的长沙妹子，就是觉得她有一点好，周末可以回家，平常有时间也可以回家。那个时候就觉得自己外地来的嘛，反正凡事都是要在学校里面。我觉得肯定本地人有一定优势啊，如语言这一块就是个优势，而且我觉得现在很多人都会以本地人优先哪，也有保护本地那种想法吧，他们就去招（本地）人的，如果本地人听到是（外地口音），像我们就不会那么顺利。你会发现，社区、一些事业单位呀，基本上都是本地人在那里，一口的那个本地话就听出来了，所以我觉得还是有本地保护主义存在。你有本地户口的话，至少以后你出去，你也算是本地人了。因为小孩读书哇什么的都会好；你是外地人,像我以前去办那个户口,外地人你就要有一个暂住证啊,小孩子读书也各种不太顺利,其实本地户籍还是很重要的。

B17,男,1982 年出生于长沙市芙蓉区,主要居住在天心区,湖南外国语职业学院毕业后,自学本科 3 年,然后考研,2013 年在职研究生毕业,党员,2005 年创业并维系了 4 年,目前在一家国有企业搞软件支持,2017 年收入 10 万元。认同“读书改变命运”。

B17:没有什么太多区别呀,都是工作,都是一起来生活,为生活而奋斗的。

B20,女,1986 年生于长沙市芙蓉区,居住在雨花区,以前是农业户口,目前是非农户口,企业管理硕士研究生,2012 年毕业以后在湘投控股高创投工作。2017 年收入大致 10 万元。

B20:我觉得都差不多。本地人可能是相对来说平常人脉方面更加广一点。本地人主要还是有优势,体现在人力资源方面。

(2)国有事业单位。国有事业单位的本地人与外地人之间的区隔更加淡薄,因为,在这类单位,人与人之间的区分在于年龄、学历、职称与级别,即人力资本的不同,而籍贯来源则通常不被重视。

B2,男,1986 年生于安徽省宣城市绩溪县,硕士学历,从 2013 年开始工作,年收入 10 万元。

B2:我觉得不同的原因不在于户籍,而在于这个人的社会资本和人力资本。所以,本地人并不一定强于外地人,外地人流动到这个城市,如果是受教育水平高,那么他比本地人更有竞争力,如果是来打工,则生活的压力更大。

B15,女,1966 年生于长沙市开福区,党员,高中毕业从军,1987 年 3 月军队退役,后进入交通局工作,工作后攻读函授本科(中央党校),2017 年收入 10 万元左右。

B15:没有差异。

B21,女,1957 年生于湖北省黄石市黄石港区,父母是水利厂的工人,本科毕业后分配到长沙市科技处,1985 年报考政法学院,1987 年进入湖南女子学院,1999 年后不再做律师方面的工作,2017 年收入 13 万元。6 个兄弟姐妹。

B21：长沙外来人口很多，感觉两者区别不是很大。不过，如果在这个城市里有发展比较好的老乡，他可以借助这个人脉，发展得比本地人好。在本地生活，拥有本地户籍确实有一定的好处。比如小孩读书，长沙教育资源很好，但好的学校也不是很多，有户口或者学区房比较好。

B25，女，1980 年生于湖南省衡阳市衡东县，2008 年研究生毕业后到湖南农业大学工作，2017 年收入 6 万—7 万元。有一个弟弟。

B25：本地人和外地人之间差异不明显。长沙不是一个排外的城市。你说普通话或长沙方言都没有太大区别。长沙本地人也还是比较友善的。地域歧视不严重。地位获得上也没有什么不同。但是，户籍方面应该有区别。上学以户籍所在地为主，这主要是福利方面的。像小孩上学、医保等方面会有差别。你知道，湖南省医保和长沙市医保不一样。

（3）集体所有制或集体控股企业。相对于国有企业来说，集体企业有更强的本土性，如村办企业基本是本村的集体财产，因此他们自然以雇用本地人为导向，包括工作安排、利润分配等。这样的逻辑会促使他们在本地人与外地人之间作出比较大的分野。不过，访谈似乎否定了这一“理论判断”。访谈对象大多表示，本地人与外地人之间关系和谐，没有什么分野。

B4，男，1976 年生于湖南省长沙市雨花区，工民建专业中专毕业，自学获得行政管理大专文凭，1996 年去了部队，在后勤部队从事通信工作，做士官，职务是分队长。军队退役回来后在红星建设公司做了一年，2014 年底应聘到长沙市莲湖实业公司，从事物业管理工作，年收入 7 万—8 万元。认同“读书改变命运”，不会读书的话，大多数就到外面做收银员、站柜台，赚钱比较辛苦。会读书的话，坐办公室，肯定要好些。有两个哥哥。

B4：我觉得本地人和外地人也没有什么不同，我对这些也没有什么感觉，人与人之间只要合得来，也没有本地人和外地人之分。长沙至少有一半的外地人，不像上海那些地方对外地人有歧视。拥不拥有本地户籍也没有太大差别，外地人到长沙来只要待久了以后待遇基本是一样的了。小孩上学只要办了暂住证就可以入学了。

B10，男，1966 年生于湖南省邵东市，目前居住在长沙市雨花区。8 岁时随父亲到长沙市，高中肄业，辍学后先做了一年生意。1984 年在韶山路汽车修理厂做汽车修理，做了11年，最后汽修厂在1993年停办了，就从汽修厂出来自己开大货车，搞个体运输。1995年，到了氧气厂（莲湖村的集体企业）也是搞运输。2002年，到莲湖实业公司工作，负责过安全生产工作，现在主要负责运输和工程报建。年收入13.5万元。有四兄弟。比较认同"读书改变命运"的观点，但是改变命运主要还要靠自己。

B10：在长沙本地人和外地人没有什么区别，有无户籍也没有什么差别。

（4）居委会、村委会。相对于集体企业来说，居委会、村委会组织里的从业人员，本地性更强，如村委会主任、书记绝大部分都产生于本村，因此，他们应该就本地人与外地人之间的关系，会有更多的偏向性。但是，访谈发现，这些机构的工作人员大多觉得外来人口对本地发展有益处，他们大多在促进转移人口的城市融合。

B11 女，1981年生于长沙市雨花区，中共党员，本科毕业后在高等专科学校工作4年，然后自己出来创业，2013年应聘到村委会，后改成社区居委会。2017年收入13.6万元。有一个姐姐。认同"读书改变命运"这个观念。

B11：我觉得没有什么区别。我觉得本地人的素养相对来讲反而没有那么高，我找对象怎么也不要找本地的，长沙人的特点就是好吃懒做。特别像我们这种城郊结合部的人，学历不高，但是好高骛远，条件也还可以，没那么发愤、吃苦，我之前怎么都看不上长沙人。大部分都是这样的，好多30多岁就不做事的。因为没有生活压力，不像农村，不奋斗不行的那种。

B7，女，1992年生于湖南省长沙市宁乡县，现工作于长沙市岳麓区某街道，大学本科毕业，中共党员，2017年收入13.5万元。

B7：如果是在素质差不多的前提之下，都差不多呀，我觉得外地的人也要把这里当成自己的一个家一样地去融入，本地人也不能有排外心理，大家都是在一个地方发展，也都为这个城市作了贡献，所以都是一样的。长沙没有太大的这种问题，长沙人也没有这种太大的排外问题，不像上海和北京那种地方。

B8，女，1991年生于湖南省长沙市岳麓区，2013年大学毕业开始工作，获得三级秘书资格证，换过3次工作。认同"读书改变命运"。

B8：本地人和外地人现在区分得好像不太明显了，因为基本上交通方便了，流动性也大了，没有太多的区别了。现在长沙市里10个人里面有五六个都是外地人，现在都是外地人本地化了，很多本地人也流出去了，没有太多的明显区别了。可能就是郊区，有点城乡区别，其他的基本上没有了。

B18，男，1982年生于湖南省永州市零陵区，目前居住在长沙市岳麓区，2006年大学本科毕业后开始工作，最开始在某家公司，后来和朋友们一起搞过自营企业，然后一事无成后又回到长沙，后在洋湖街道待过，目前在梅溪湖街道社区居委会工作，2017年收入为5万元。比较认同“读书改变命运”，认为“至少研究生学历工资还是高一些”。

B18：至少我接触的本地和外地的人区别不是很明显。户籍方面，只有在工作方面接触那些优待政策本地户口和外地户口才有差别，自己没有享受过优待政策。比如残疾人这一块，本地的残疾人享受政府的那些，特别是小孩的那种看护哇，都是有补助的，但是外地人来这边，一般只有来长沙才有那些看护项目，他们是没有优惠政策的。其他的好像感触不是很深。

B19，男，1958年出生于长沙市岳麓区，之前为农业户口，目前是非农户口，小学文化，1971年到部队当兵，1977年退役回老家，在村委会工作12年，有6本荣誉证书。认同“读书改变命运”，但是行行出状元，有了机遇就是要闯。

B19：外省的人，他有一定的技术能力，到我们这里搞建设，搞建设是我们全国改革开放流通的一个环节，这里一个工程，我们本身拿不下，别的省的来投标，这个东西它才会互相融促，才搞得了这个建设，我是这样看的，至于他们搞建设，只要是他们遵纪守法，不违规不违法，我看这个东西还是比较合适的。像我们湖南长沙，我们这个地区，在20世纪90年代之前，还是没有这样开放，即便改革开放了，但比沿海地区要落后20年，我们那个时候到珠海、深圳、澳门去参观去看，因为我们这边发展是到90年代，这些年发展得比较快，因为开放了。

(5)党政机关、人民团体等。无论从理论上，还是行政设置方面考量，党政机关、人民团体的工作人员都应该有特别强的融合性，即他们对外来人口基本没有区隔心理，他们的包容性、容纳度应该是最强的。不过，如B13则在自己的流动过程中感受到了其他城市居民以及相关政策对其的排斥性，而B24则比较羡慕那些通过拆迁获得巨额资产的本地居民。

B13,女性,1987年生于湖南省娄底市双峰县,目前居住在湖南省长沙市雨花区,户口在芙蓉区。硕士研究生,共产党员,公务员,在信息化建设部门工作,2017年收入12.5万元。有一个弟弟。

B13:在我的观念里,因为我一直是个外地人,不管是在天津也好,在长沙也好,一直是个外地人。比如在天津的时候,我就会感觉到他们本地人是很有优越感的;比如说长辈们不愿意把小孩送到外地读书,不像我们这边的人去各个地方读书的都有,在天津的话,他们的地域优越性就要强一些。北京、天津都不太愿意送小孩到别的地方读书,所以像我当时在天津读大学的时候,我们班就有一大半是天津本地人,一小半来自其他地方。我到长沙工作以后发现这个城市的包容性就好一些,湖南人与湖南省以外的人没有什么不一样的,所以我觉得长沙是一个相对来说更包容的城市。另外,在地位获得方面,我觉得没有什么不同。但是你如果要从社会现实角度谈帮助的话,肯定是本地人的优势要多于外地人,因为他们祖祖辈辈都在本地,三大姑五大姨都在这里,你要办个什么事情,你能联系到的社会资源肯定比一个外地人单独来到这个地方要好一些……中国自古以来就是一个人情社会,人家在这个地方积累了那么多年,对吧?人来人往总有卖个面子什么的,很正常,我相信只要是国人都能够理解这个。

B23,女,1957年出生于湖南省长沙市芙蓉区,成人高考监狱管理学专科学历,1975年3月下放到农村,1977年返回长沙,被公安局招到湘潭市公安局当民警。1981年回长沙工作,1985年进修,全班只有2%的女生。2017年收入大致10万元。基本认同“读书改变命运”。有一个妹妹。

B23:物以类聚,人以群分,看是否投缘。外地人看你是个什么外地,比如你是从乡下到长沙的,你从北京、上海到长沙,这都是外地,但是它的意思就完全不一样了。

B24,男,1971年生于湖南省益阳市桃江县,目前居住在长沙市雨花区,之前是农业户口,目前是城镇户口,2017年收入17.9万元。有三个姐妹。

B24:我没觉得长沙人排外,本地人也没觉得他有多少优势或者什么。可能有一部分人通过什么安置拆迁,发了一些财,这些倒是有,这些人他不说他的优越感在哪里,而是他躺在财富上睡大觉,他都可以过得很好,比如高桥这一片,他们的门面收入很高,足够他们花费的了。另外,在小孩上学的问题上会有一些差别,其他时候不会有任何差别。

五、发现与讨论

本研究的访谈以社区为分界线,首先着眼于社区内部。课题组发现在社区内部,从社会交往来看,即使生活在同一个社区场景,城市居民和农业转移人口交往方式多样,但关系较为疏离。城市居民在社会交往中比较重视个体素质的差异,不会有意促成群体的互动交流。城市居民不愿意改变现有的行为模式和生活习惯来和农业转移人口进行主动交往。鉴于此,需要政府、公共部门打造有利条件促进交往,以实现更好的城市社会融合。从身份认同来看,城市居民对农业转移人口的身份认知有不同的分类依据,城市居民会将对方视为一个与自身群体差别显著的外群体,并在潜意识中表现出相对优越感,并由此产生身份之间的界限。从群体评价上看,由于缺乏交往,城市居民对农业转移人口的群体认识主要受群体印象和大众传媒影响。城市居民能接受有限数量的农业转移人口共同生活,肯定农业转移人口在城市建设和经济发展上的正面作用,认为农业转移人口在生活习惯、个人素质等方面还存在明显不足。由于缺乏群体之间的合作和活动,缺乏群体内部的互动和交流,整体评价保持着城乡二元对立的固有特点,评价偏负面。

其次,课题组着眼于社区以上层面,即从城市内部的体制视角、组织视角、行业视角等,审读城市居民与移动人口在城市流动的体验。除处于漂泊的城市自由职业者外(如 A4,更多感受到外来者的艰辛,城市本地居民的安逸),其他的被访者都认为中国各大城市,尤其是长沙市,已经没有什么歧视或者排外了。针对课题组获得的访谈资料,研究者发现,当代城市青睐于融合有资本、有技术、有学历的外来者。如果外来者仅仅只有体力,那么城市的排斥性可能体现在方方面面。

制度上的不平等是农业转移人口市民化的硬性阻碍，城市居民的无所谓态度和回避的做法则可能是阻碍农业转移人口融入城市的心理壁垒，两者相互影响。制度上的排斥造成农业转移人口无法接受和城市居民同等质量的教育，分享平等的社会资源，造成两者之间的差距拉大，城市居民的接纳意愿会越来越弱；同样，由于城市居民的接纳意愿弱甚至排斥，农业转移人口在城市找不到归属感，沦为既不被城市接纳，又不愿回到农村的边缘者（王春光，2001），这会造成社会不和谐。农业转移人口来到城市生活，社区是其住留的空间居所，也是其构建关系网络的场所，因而成为各种社会力量、社会矛盾和社会问题系于一身的焦点所在（裴彬，2007）。要实现农业转移人口从外来者到城市主体的角色转变，不仅要对城乡对立的二元社会结构进行根本性的变革，更要发扬以人民为中心的发展思想，将社区作为社会形态转变和社会治理模式转型的重心，以社区为依托，构建农业转移人口的社会支持网络，打造城市居民与农业转移人口的社会交往平台。为此，要实现城市居民接纳意愿和农业转移人口融入诉求的匹配，在改革城市公共制度的基础上，还需进一步夯实社区支持。

第十一章　农业转移人口社区政治参与行为研究

本章利用2013年中国综合社会调查数据（CGSS），基于房权政治的理论逻辑，实证分析住房产权对农业转移人口社区政治参与的影响。结果显示，住房产权状态显著影响农业转移人口的社区政治参与，并且农业转移人口的政治参与行为基本不受居住社区类型、户籍身份、身份认同等传统上特别重要因素的影响。这预示着获得城市住房产权比获得城市户籍更能激发农业转移人口参与社区政治，或者以房权维护和社区政治参与为导向的社区房权政治，正逐步取代二元户籍分割体制下的户籍身份政治。当前有关农业转移人口的社区治理正逐渐由属地化原则向居住地原则转变，政府要警惕新型城镇化过程中形成的住房产权壁垒。

一、问题的提出

加快农业转移人口市民化，是新时代国家治理的一项重要政策目标。2017年10月，习近平总书记在党的十九大会议上强调，要“加快农业转移人口市民化”。农业转移人口市民化是一项层层递进、相互关联的系统工程，涉及农业转移人口与城市居民在职业获得、政治权利、公共服务、生活方式、身份认同等诸多领域的社会融合（崔岩，2012；陈云松、张翼，2015；杨菊华，2015）。国务院于2014年出台的《国家新型城镇化规划（2014—2020年）》

提出:“完善农业转移人口社会参与机制,……要积极引导农业转移人口参与社区公共活动、建设和管理。”农业转移人口不仅希望获得更多发展机会和更高社会经济地位,更希望拥有自己的“话语权”(段成荣、段力刚,2014),能够通过法定渠道表达自身利益诉求,享有与城市本地人同等的政治权益,实现“政治融入”(刘建娥,2014)。一直以来,地方政府对农业转移人口制度化的政治参与不同程度地设置了“属地条件”这一户籍红线(邓秀华,2013),然而变迁的社会事实却能揭示“另类”现象,笔者在长沙市S社区调研发现,那些已经购买该社区商品房的外来人员,即便户籍不在该社区,也可以参加社区居委会的选举活动。类似的转变在北京、重庆等地也有出现。对农业转移人口而言,购房意味着拥有物业产权,成为“社区业主”;租房则仍然是“外来流动人口”。这种因住房产权不同带来的身份转换是否会影响农业转移人口政治权利的实现?如果存在,这是否意味着转型时期以住房权益获取和维护为核心的“房权政治”逻辑(吴晓林,2016)将取代以户籍管制和福利分割为核心的“身份政治”逻辑(郑永兰,2014),进而呈现出一种更精细化抑或是碎片化的城镇化趋势?本章针对这些问题展开研究。

二、从身份政治到房权政治:迈向利益驱动型参与逻辑

学界有关农业转移人口政治参与的研究曾长期遵循身份政治的理论逻辑,将农业转移人口在城市的生存困境归因于特定体制下的身份约束和制度安排,强调国家强制性的户籍分割政策以及地方政府内部基于利益权衡的行为选择对农业转移人口的身份塑造及其政治参与行为的影响。有研究发现,受选举利益关联性和程序设计复杂性等制度因素的制约,农民工的政治参与权实际上处于被“虚置”的状态(邓秀华,2013),而制度性支持的缺失、不完善的政府绩效评估体系、户籍制度造成的治理区隔、地方政府对利益重组不确定性的风险规避等削弱了农民工政治参与的合法性基础(郑永兰,2014)。不可否认,这对于解释2010年居住证制度改革试点以前的农民工政治参与困境有一定的合理性,但面对近年来全国各地相继出现的农村

居民越来越多地参加城市社区选举的现象而言，它忽视了城市政府基于有效治理的政策变通能力（周雪光，2009）。2012 年 1 月，民政部发布了《关于促进农民工融入城市社区的意见》，重点提出要“切实保障农民工参与社区自治的权利，探索农民工参与社区选举的新途径，在本社区有合法固定住所、居住满一年以上、符合城市居民委员会组织法选民资格条件的农民工，由本人提出申请，经社区选举委员会同意，可以参加本社区居民委员会的选举”。国家自上而下的政策设计和地方社区自下而上的积极探索，共同为农业转移人口的政治参与提供了更多法理依据和行动空间，在此过程中，户籍制度的规制性作用逐步瓦解，属地化治理的原则逐步削弱。

与强调身份规制和制度性排斥为基点的身份政治逻辑不同，近年来房权政治的研究逐渐成为一种新的研究范式，但是从身份政治转向房权政治，学界经历了一个相对漫长的过程，这主要与中国的住房改革过程密切相关。几十年以来，中国城市政府通过户籍壁垒严格地将农业转移人口置于城市主流住房体制之外（李斌，2009）。发端于 20 世纪 80 年代末的住房改革，大大改善了城市居民的住房福利水平。而从农村来的居民则很难享受相应的住房福利，制度性（户口和政治地位）的不平等和社会经济地位的日益分化，形成了农业转移人口住房上的双重不平等生产机制（Huang & Jiang，2009；Li & Zhang，2011）。随着新型城镇化的加速，国家对农业转移人口城市购房的制度限制逐步松动，越来越多的农村居民获得了城市住房以及“业主”身份。农村居民在购买城市住房时不一定非要拥有非农户籍。虽然各地出台的购房政策各异，但一般而言，只要缴纳个人所得税或购买社会保险达到一定的时间额度，便能够拥有购房资格。当然，经济越发达的城市，即越趋向一线的重点城市，购房门槛越高。在购房与否、如何购房、在何地购房、购买什么性质的住房的复杂场域中，农业转移人口内部随之产生了显著的住房分化，部分农村居民成为城市的“有房阶级”（沈原，2007）。并且，随着城市业主维权运动的兴起，农业转移人口也卷入了当代都市的“房权政治”或“居住的政治”（吴晓林，20016；郭于华等，2014）浪潮之中，作为“业主”，农业转移人口的政治参与和权利维护出现了新的意义。

西方学界在房权政治领域的研究一直有着悠久的历史传统，大致有三大类型。一是马克思主义分析范式,有两种区分。其一是马克思主义的阶级斗争移位理论(Harvey,1978)。这一理论的核心要点在于将马克思主义的阶级分析法从生产关系领域转移至产权消费领域,认为发生在生产场域的阶级矛盾也可以被“移位”至住房空间,工人群体在居住区内的集体行为是对住房空间中资本剥削力量的抗争,本质上属于生产关系中阶级矛盾的延伸。其二被概括为资本政治吸纳理论,认为资本家通过给予工人住房产权,使得结构性的住房不平等转向个体化不平等,并起到缓和工人阶级政治斗争倾向的作用(Harvey,1976)。二是韦伯意义上的分析范式。住房阶级理论或住宅物业阶级理论(Rex & Moore,1967;Rex,1971)认为,住宅物业的所有权和控制权也可以作为一种“客观构成的社会形态”基础,构造出特定的住房阶级,不同的居住形态决定了住房阶级的结构。Saunders(1986)认为,不同住房阶级之间拥有多元的“特定的经济利益”,业主的集体行为便是由于对这些特定共同利益的维护和竞争而产生的,不应将其简约化为阶级矛盾的移位。但 Winter(2007)对此提出了不同看法,他认为业主抗争的行动逻辑主要在于业主对从国家的物权法律保障中得到的安全感、稳定感和控制权的维护,而不仅缘于利益群体之间的竞争关系。三是从政治行动逻辑出发提出“住房产权 - 政治倾向性”理论,该理论认为业主参与主流政治活动的积极性比非业主更高(Pratt,1986;Verberg,2000)。上述这些理论揭示,住房不仅为城市居民提供了安居乐业的物质保障,同时还具有广泛的社会政治效应,住房关系中嵌入了阶级关系或阶层利益,住房深刻影响了人类的政治态度和行为。

近年来,国内有关住房产权与政治参与之间关系的研究逐步形成了两种路径:一是“住房产权—业主维权—公民权”研究路径,其理论基础是马歇尔(T. H. Marshall)的公民权理论和图海纳(Alain Touraine)的行动社会学理论(陈鹏,2008)。该路径强调,以维护住房产权利益为核心目标的都市运动,表现了底层社会的政治活力以及社会的生长潜力,此类都市运动最终会从“维权”走向“自治”(陈鹏,2014)。这一理论路径强调,住房产权私有化将导致作为行政单元的社区向作为私有财产领地的社区转型;私有财产所连带的共有财产的维护将成为实现社区动员和群体团结的重要纽带,而社区业主委员会便是这一纽带的组织载体；居住不仅仅是私人领域，它已经构成公共事务治理的重要内容；尽管现代维权运动在实践中功效甚微，但是其行动价值及其能动性激发往往意味着行动者主体性的生成，它有比过程本身更深远的社会效应；业主在抗争实践中走向团结，行动策略日益成熟和多样化，行动组织化程度日益加深，抗争实践蕴含改变结构的力量（托马斯·海贝勒、君特·舒耕德，2009；郭于华等，2014）。上述理论观点说明，业主维权最终将从产权维护走向公民权觉醒，政治参与意识和权利意识会更加自觉，社区政治或许会随之走向人民主体政治。

与强调维权抗争的路径不同，第二条路径将住房的社会政治效应立足对制度性的政治参与行为的分析之上，形成了“住房产权—政治积极性—制度性政治参与”的研究路径。业主群体通过制度设定的政治诉求路径来表达利益。有学者提出业委会会尽可能地通过多重渠道表达政治意愿，他们动员鼓励业主积极参与社区居委会的选举（郭于华、沈原，2014），通过日常政治实践维护住房产权，通过非抗争性的政治参与，起到维护物业产权和群体团结的作用（管兵，2000）。这暗示有住房产权的居民对社区日常政治实践更加积极。李骏（2013）的定量研究给出了论据，他发现商品房居住区的住房产权确实能够激发社区业主参与基层政治的积极性，业主不仅在社区居委会换届选举中比非业主更积极，在所在地人民代表大会的投票活动中也更加积极。与此有差别的发现来源于黄晓星（2016）的质性研究，黄晓星提出底层社区的居民也拥有积极的公民政治参与，底层社区蕴含了丰富的邻里网络和社区社会资本，居民之间更容易实现群体团结和社会动员，对社区公共事务和群体利益也高度关注，其政治参与也很积极。

虽然上述观点之间存在争论，但抗争性政治参与和制度性政治参与的内在衍生机制都可以被归结为房权政治逻辑，房权政治的核心在于住房私有化背景下的业主群体迫切需要维持房屋产权的稳定与增值。业主在社区场域中的诸多政治参与行动，虽然类型多样，但都是基于维护房屋产权的稳定而表现出的一种策略性的行为反应。这就引出两个重要问题：其一，业主基于物业产权的维护而引发的抗争性政治参与，是否同样存在于制度性政治参与领域，如社区居委会的选举投票；其二，如果业主拥有更积极的政治参与,那么住房产权效应是否会存在空间类型差异。一些研究表明,因为社会信任和公共理性的缺失,业主内部的利益分化以及多重规则之间的策略性博弈等要素,导致商品房社区的业主在维权行动中很难实现有序的社区动员(黄晓星,2016),不同的业主之间很难形成集体行为的"最大公约数"。也有学者发现,社会地位对公民参与公共事务、投票、竞选等均具有直接的负向效应(万斌、章秀英,2010),这意味着那些社会地位越低的个体,在社区的政治活动中可能越积极,而那些真正的上层业主,则通常处于冷漠的观望状况。

基于对以上问题的回应,本章从房权政治的理论逻辑出发,基于"农业转移人口"这一特定群体,通过定量研究分析农业转移人口的城市住房产权状态与居住空间差异对社区政治参与的影响,同时,对传统的身份政治命题进行进一步的检视。在此基础上,进一步分析农业转移人口的住房产权状态与城市政治融入之间的关系,以期对农业转移人口政治参与研究的理论有所拓展。

三、数据来源、变量测量与统计描述

(一)数据来源

本文的数据源于中国人民大学"中国调查与数据中心"2013 年进行的中国综合社会调查(CGSS2013)。该调查采用分层多阶段概率抽样法,对 28 个省份 134 个县(区)491 个村(居委会)11438 户家庭中的个人进行了入户调查。本研究选取其中的 18 岁以上且有社区投票资格的农业转移人口样本,其由两部分构成:一部分是目前居住在城镇地区的农业户口居民;另一部分是目前居住在城镇地区,且有从农业户口转为非农户口经历的居民。然后,本研究依据统计分析规范,在去除不符合条件的案例和缺失案例后,最终获得 3563 个有效样本。

（二）变量及其描述性统计

1. 因变量：社区政治参与

广义的政治参与涵盖影响政治体系的诸多活动，包括投票、政党与选举、社区工作、接触政府人员、参加政治会议和抗议活动等，而狭义的政治参与主要是指投票和选举活动（塞缪尔·亨廷顿、乔治·多明格斯，1996；Verba et al.，1995）。有学者基于 CGSS2010 数据发现，当前中国农业转移人口的政治参与呈现出三个典型特征。一是群体性政治参与倾向不强。二是政治参与行为极少。无论是在流入地或是流出地，农业转移人口都扮演了政治参与的“双重边缘人”角色，尤其是在新生代移民身上更加凸显，但这并不意味着他们对政治漠不关心。三是政治关心度较高，这一点他们与城市本地人之间并没有显著差异（段成荣、段力刚，2014）。尽管如此，还是有学者发现，政治参与在当前的中国情境下表现得最为充分的是基层社区选举（胡荣，2015）。鉴于此，本研究选择“社区选举”，利用 CGSS2013 中的“上次居委会/村委会选举，您是否参加了投票”进行测量，选项赋值为：1 = 是，0 = 否。统计表明，共有 36.0% 的农业转移人口参加了城市社区的投票选举，非农户籍群体的投票比例比农业户籍群体整体上高出 3.6%，进一步对社区投票和户籍属性进行列联分析发现，其列联系数为 0.037，渐进显著性检验的 Sig. 值等于 0.028（<0.05），可以认为，在未控制其他因素影响的情况下，获取非农户籍在一定程度上有利于提升农业转移人口的社区政治积极性，但是，这一微弱优势也意味着农村居民即便实现了“户籍的城镇化”，但在社区政治参与上并未与农业户籍群体存在较为明显的差异，这为住房产权视角的引入提供了可能。

2. 自变量：住房产权状态

利用“您现在这座房子的产权（部分或全部产权）是否属于您自己所有”来测量，答案赋值：1 = 是，0 = 否。统计显示，总体上有 54.7% 的农业转移人口在城市拥有产权住房。其中，非农户籍人口中有房居民占比为 64.0%，而农业户籍人口中的有房居民占比为 47.3%，且方差检验显著，说明农业户籍人口拥有城市住房产权的可能性更低。此外，44.6% 的有房群体参与了社区投票,而无房群体中参与了社区投票的比例仅为25.5%,两者之间差异明显,且方差检验显著,这说明在不考虑其他因素影响的情况下,农业转移人口住房产权状态的不同对其社区政治参与有显著影响,有房群体的社区参与积极性明显高于无房群体。

3. 控制变量

有学者提出,由于新型社区中的中产阶层往往拥有更强烈的物权意识,且商品房社区受国家行政力量的控制更少,因而业主与非业主在政治参与上的显著差异仅适用于新型社区,而在旧式社区并不显著(李骏,2013)。但也有学者提出了不同看法,黄晓星(2016)通过参与观察法详细考察了广州市某保障房社区的草根自治过程,发现低收入人群同样具有强烈的维权抗争意识和积极的社区政治参与,此类社区类似于熟人共同体,居民之间同质性强,邻里社会资本丰富,公共讨论和社区动员更加充分。虽然这两类观点之间存在冲突,但由此可见,居住社区类型是影响社区政治参与的重要变量,必须加以控制。本研究将居住社区类型细分为商品房社区(包括普通商品房小区、别墅区、高级住宅区)、未改造的老城区社区、单一或混合的单位社区、新近“村改居”社区、城中村或保障房社区[①]五类。

此外,本研究在综合文献成果之后还考虑到一些可能对被解释变量造成干扰的其他因素,将“性别、年龄、婚姻状况、政治面貌、文化程度、户籍、年收入、工作状况、在城居住年限、身份认同、邻里社会网络、新媒体使用、权利平等意识、政府角色认知、社区选举方式认知”等作为控制变量纳入模型。其中,“邻里社会网络”主要通过“与邻居进行社交娱乐活动的频繁度”进行测量,下设“从来不、1年1次或更少、1年几次、大约1个月1次、1个月几次、1周1到2次、几乎每天”,分别赋值为1—7分。而“新媒体使用”主要通过“过去一年对于互联网(包括手机上网)的使用情况”来测量,取值分别为:从不、很少、有时、经常、非常频繁,分别赋值为1—5分。“权利平等意识”主要通过“您是否同意进城农民工应该享受与城市居民相同的待遇”,取值分

① 在CGSS2013数据中并无此社区类型,但笔者在数据分析时发现,有7.6%的农业转移人口居住的社区类型为农村社区,但其所在的地区类型却为中心城区、边缘城区、城乡结合部以及集镇。为研究需要,本研究统称为“城中村”社区。

别是同意、不同意和不知道，令 0 = 无权利平等意识（包括不同意和不知道），1 = 有权利平等意识（同意）。与姬生翔、姜流（2017）的处理方式一致，本研究主要通过 3 个题项来测量居民的“政府角色认知”，即“您是否同意，如果有人在公共场所发布批评政府的言论，政府不应该干涉；生多少孩子是个人的事，政府不应该干涉；在哪里工作和生活是个人的自由，政府不应该干涉”。其取值均为：完全不同意、比较不同意、无所谓同不同意、比较同意和非常同意，分别赋值为 1—5 分。3 个题项的得分相加后的总分越高，表明该居民越倾向于“小政府”，反之则越倾向于“大政府”①。具体设置见表 11 - 1。

表 11 - 1　变量的赋值、定义与描述性统计

变量	平均值	标准差	变量	平均值	标准差
有社区政治参与	0.36	0.48	有工作	0.59	0.49
有住房产权	0.55	0.50	在城居住年限（1—93）	35.54	21.87
居住社区类型（商品房社区）			身份认同（城里人）		
未改造的老城区社区	0.25	0.43	乡下人	0.52	0.50
单一或混合的单位社区	0.15	0.36	说不清	0.15	0.00
新近“村改居”社区	0.23	0.42	邻里社会网络（1—7）	4.13	2.07
城中村或保障房社区	0.09	0.29	新媒体使用（1—5）	2.36	1.58
男性	0.48	0.50	有权利平等意识	0.87	0.34
年龄（18—97）	48.29	16.51	政府角色认知（3—15）	8.95	2.16
已婚	0.91	0.29	社区选举方式认知（居民提名，居民投票选举）		

① 学界有关“大政府”和“小政府”的讨论起源于对政府与市场关系的研究，前者来源于凯恩斯的国家干预主义，主张国家干预手段对于市场失灵的补救功能；后者主要受亚当·斯密的自由主义思想以及新自由主义学派的影响，强调政府的“守夜人”角色和完全自由的市场竞争机制。随着这两种理论争辩的不断深化，学者们将论域延伸至国家与社会关系领域，并分化出了“大政府，小社会”和“小政府，大社会”两种理论观点，前者主张政府权力的高度集中，以及政府职能对社会生活领域的全面干预和社会控制；后者则主张维护公民的自主性和权利边界，增强居民个体的公民权意识和民主自治意识，减少政府的社会干预。

续表

变量	平均值	标准差	变量	平均值	标准差
中共党员	0.12	0.33	居民推举,上级认可	0.02	0.15
受教育年限(0—18)	8.88	4.17	上级指派	0.02	0.14
农业户口	0.55	0.50	上级提名/指派,居民投票选举	0.06	0.24
年收入对数(-4.61—13.53)	7.47	5.45	不知道如何产生	0.78	0.42

四、实证检验与结果分析

本研究拟通过 Binary Logit 模型来考察农业转移人口的社区政治参与。但在此之前,考虑到 CGSS2013 采用的是多阶段分层抽样,某些变量在不同地区之间可能存在聚集性,因此本研究首先建立了一个不包含任何解释变量的多层线性回归模型的零模型,仅分析不同地区(县/市/区)的居民在社区政治参与上的平均发生率是否存在差异。结果显示,代表地区差异的常数项估计值为0.001,其显著性检验的 Sig. 值等于 0.991(>0.05),未通过显著性检验,这说明本研究所使用的农业转移人口样本不存在层次聚集性,可以直接进行 Binary Logit 模型分析,回归模型的具体结果见表 11-2。

模型 1 考察了各控制变量对社区政治参与的影响,模型 2 在模型 1 的基础上增加了本研究的核心解释变量:住房产权状态。从各控制变量的影响效应可以发现:

一是年龄越大、文化程度越高、在城市生活越久、邻里社会网络越丰富、已婚的农业转移人口,越有可能参加城市社区的投票选举。表 11-2 中模型 1 数据显示,受教育年限每增加 1 年,社区政治参与的发生比例提升 3%左右 [$e^{0.026}-1=2.6\%$, $e^{0.032}-1=3.3\%$],而邻里社会网络每增加 1 个单位,社区政治参与的发生比例增加 5.5%[$e^{0.054}-1=5.5\%$]。此外,已婚居民参加社区投票的可能性是未婚居民的 1.4 倍[$e^{0.347}$],说明已婚居民的政治参与积极性更高一些。

二是城市社区的选举方式越不民主的农业转移人口，参与当地社区选举的可能性越低。有学者提出，居民在社区换届选举中的行为决策主要与社区利益结构、选举程序的制度安排以及居民个体的政治素质有关（熊易寒，2008），选举程序受到地方行政的干预越多，社区选举的竞争性便会越弱，政治参与也会越消极。模型2显示，相对于认为社区居委会的产生属于“居民提名，居民投票选举”这一最能体现社区民主政治的选举认知而言，“上级指派”或“不知道如何产生”这两类认知与之存在显著性差异，存在这两类认知的居民，去参加社区投票的可能性分别只有前者的41.4%［$=e^{-0.883}$］和24.8%［$=e^{-1.393}$］。而“居民推举，上级认可”和“上级提名/指派，居民投票选举”这两类选举认知的影响系数均为负值，且无统计显著性，说明它们与“居民提名，居民投票选举”相比，虽然参加社区投票的可能性更低，但彼此之间并没有显著性差异。这一发现与已有研究相一致，在此基础上，本研究提出农业转移人口对城市社区选举的三个认知模型：一是民主决策型认知，二是行政干预型认知，三是毫不知情型认知。对各类认知方式的系数绝对值进行排序可以发现，社区选举的方式越不民主，农业转移人口参与投票的可能性就越低。

三是居住在不同类型城市社区的农业转移人口，在社区政治参与上也存在显著差异，居住在商品房社区的居民参与社区投票的可能性最低。模型2显示，相对于商品房社区而言，其余各类型社区对居民政治参与的影响系数均为正，说明居住在商品房社区的居民参与社区投票的可能性最低。数据显示，商品房社区的居民参与社区投票的比例仅为27.8%，远低于其他类型社区。除单位型社区外，商品房社区与老城区社区、“村改居”社区、城中村或保障房社区在社区投票上均存在显著差异，后者的居民投票可能性分别是前者的1.51倍［$=e^{0.414}$］、1.89倍［$=e^{0.638}$］和2.51倍［$=e^{0.920}$］。商品房社区的投票率比较低可能是社区居民之间以及居民与居委会之间相对陌生所致，也有可能是商品房社区自身的动员能力较差所致。现在的商品房社区包含的楼栋小区越来越多，地理空间和居民规模越来越庞大，社区动员的成本逐步提高。

四是性别、政治面貌、户籍、经济收入、工作状态、身份认同、新媒体使用、权利平等意识、政府角色认知等因素均对社区投票没有显著影响，说明农业转移人口的户籍融入、经济融入、工作融入、身份认同融入、新媒体融入等都不必然带来其在社区政治参与上的融入，农业转移人口的政治融入具有相对独立性。值得注意的是，数据还显示非农户籍居民和农业户籍居民在社区政治参与上并不存在显著差异，这意味着当前城市社区对农村居民的户籍管制正在松动，社区政治参与的属地化原则正处于消解之中，这对于农业转移人口市民化而言是一个积极信号。

表 11－2　农业转移人口的社区政治参与：Binary Logit 模型结果

	模型 1		模型 2	
	B	SE	B	SE
男性	－0.020	0.083	－0.005	0.084
年龄	0.014**	0.004	0.013**	0.004
已婚	0.549**	0.171	0.347*	0.175
中共党员	0.187	0.126	0.165	0.127
受教育年限	0.032**	0.012	0.026*	0.013
农业户口	－0.006	0.096	0.036	0.097
年收入对数	－0.003	0.009	－0.004	0.009
有工作	0.213*	0.108	0.177	0.109
在城居住年限	0.011***	0.002	0.009***	0.002
身份认同（城里人）				
乡下人	－0.063	0.105	－0.025	0.106
说不清	－0.087	0.124	－0.067	0.125
邻里社会网络	0.056**	0.019	0.054**	0.019
新媒体使用	0.025	0.034	0.031	0.035
有权利平等意识	0.034	0.114	0.022	0.114
政府角色认知	－0.018	0.018	－0.020	0.018
社区选举方式认知（居民提名，居民投票选举）				
居民推举，上级认可	0.015	0.256	－0.036	0.258

续表

	模型 1		模型 2	
	B	SE	B	SE
上级指派	−0.907**	0.278	−0.883**	0.279
上级提名/指派，居民投票选举	−0.092	0.183	−0.095	0.184
不知道如何产生	−1.417***	0.116	−1.393***	0.116
居住社区类型（商品房社区）				
未改造的老城区社区	0.390***	0.110	0.414***	0.111
单一或混合的单位社区	−0.004	0.127	0.024	0.128
新近“村改居”社区	0.653***	0.118	0.638***	0.118
城中村或保障房社区	0.954***	0.152	0.920***	0.153
有住房产权			0.488***	0.084
常数项	−1.917***	0.414	−1.890***	0.416
LR chi^2	564.553***		598.814***	
Pseudo R^2	0.147		0.155	
N	3563		3563	

注：括弧内为参照组，*** $p<0.001$，** $p<0.01$，* $p<0.05$。

模型2的数据显示，在控制了其他因素影响的情况下，住房产权状态对农业转移人口的社区政治参与存在显著性影响，其影响系数的估计值为0.488，有住房产权的农业转移人口参与社区投票的发生比例为无住房产权居民的1.63倍[$=e^{0.488}$]。有学者研究发现，城市居民的住房产权对其政治积极性的促进作用仅局限于特定的社区情境——商品房住宅小区（李骏，2013），这一结论是否同样适用于来自农村地区的农业转移人口，有待检验。于此，在模型2的基础上，本研究进一步考察了住房产权与社区类型之间交互效应对社区政治参与的影响，具体结果见表11－3。课题组以商品房社区为参照组，分别考察了住房产权同其余四类社区（未改造的老城区社区、单一或混合的单位社区、新近的“村改居”社区以及城中村或保障房社区）之间的交互效应，在模型3至模型6中，四类交互效应的系数估计值均不显著，但住房产权状态的主效应均显著，且系数估计值保持相对稳定。在这种情况下有理由认为，在控制其他因素影响的情况下，住房产权状态对于社区政治参与的影响效应是独立的，并不会因社区类型的不同而存在差异。

表 11－3　住房产权状态与居住社区类型的交互效应对社区政治参与的影响

	模型 3		模型 4		模型 5		模型 6	
	B	SE	B	SE	B	SE	B	SE
居住社区类型(商品房社区)								
未改造的老城区社区	0.339 *	0.153	0.419 ***	0.111	0.413 ***	0.111	0.413 ***	0.111
单一或混合的单位社区	0.023	0.128	0.236	0.180	0.023	0.128	0.022	0.128
新近“村改居”社区	0.636 ***	0.118	0.642 ***	0.119	0.616 ***	0.161	0.639 ***	0.118
城中村或保障房社区	0.920 ***	0.153	0.923 ***	0.153	0.921 ***	0.153	0.746 **	0.231
有住房产权	0.455 ***	0.095	0.539 ***	0.089	0.478 ***	0.096	0.460 ***	0.088
有住房产权 * 未改造的老城区社区	0.127	0.180						
有住房产权 * 单一或混合的单位社区			−0.363	0.222				
有住房产权 * 新近“村改居”社区					0.036	0.182		
有住房产权 * 城中村或保障房社区							0.274	0.271
其余控制变量	控制		控制		控制		控制	
常数项	−1.868 ***	0.417	−1.924 ***	0.417	−1.884 ***	0.417	−1.884 ***	0.416
LR chi^2	599.315 ***		601.470 ***		598.853 ***		599.845 ***	
Pseudo R^2	0.155		0.155		0.155		0.155	
N	3563		3563		3563		3563	

注：括弧内为参照组，*** $p<0.001$，** $p<0.01$，* $p<0.05$。

五、主要发现

长久以来，学界有关房权政治的研究大多立足对业主维权抗争这一非制度化政治参与行为之上，且研究对象集中于城市居民。本研究将房权政治的理论逻辑引向社区选举投票这一既有体制内的政治参与领域，且研究对象为来源于农村地区的农业转移人口。通过 Binary Logit 模型分析了农业转移人口的城市住房产权状态和居住社区类型对其社区政治参与的影响，有两点重要发现。

一是农业户籍、身份认同等身份变量对农业转移人口在城市的社区政治参与不再具有关键解释力，这对于传统的"身份政治"命题提出了挑战。对西方国家而言，身份政治一直是困扰西方民主社会有序运转的关键因素之一，尤其是种族身份、移民身份、宗教身份、党派身份等层面的身份分化带来的政治撕裂效应（Deleon & Naff，2004；Jorge Ginieniewicz，2010）。但中国的现实情境是，身份的意义正在消解，身份政治正在走向衰落。一方面这得益于中国社会强大的政治整合能力和社会凝聚力，对不同身份群体的政治表达提供了充分的政治协商平台；另一方面得益于政府持续性的自上而下的体制机制改革，更加强调社会发展的均衡性和公平性，努力致力于缩小不同身份群体之间在社会权利、公共福利、价值理念等层面的差异水平，越来越重视在顶层制度设计层面维护农业转移人口的政治参与权利，并转化为社区层面灵活性的地方化表达。

二是住房产权显著影响农业转移人口的社区政治参与，且这种影响效应不因居住社区的类型差异而变化。本研究认为，住房产权具有双重政治效应，首先基于物业产权的维护而产生的维权抗争运动，激发了一种非制度化的社区政治参与；其次是基于住房产权的权利意识而产生的制度化的政治参与，不仅适用于城市本地居民，同样也适用于农业转移人口，且这样的影响效应在全国范围内更具有普遍性。有学者提出，农村居民迁移到城市之后产生了一种相对消极的政治参与行为，但这种行为选择并非缘于其政治关心程度的不够（陈赵阳，2007），而是受到了其他因素的制约。如果户籍制度的影响效应在削弱的话，那么住房产权是否会构成一道新的市民化屏障，成为农村居民进入城市生活以及获取平等政治权利的新"围墙"，这一问题还有待更深一步的研究。此外，本研究发现住房产权对于政治参与的影响并无社区类型的差异，即无论在哪种类型的城市社区，业主的政治积极性都会很高。这说明住房产权对农业转移人口的影响是去空间化的，和住房产权对城市本地人的影响存在一定差异。一个有趣的发现是，商品房社区的农业转移人口参与社区选举最不积极，而那些老城区社区或城中村社区的农业转移人口反而拥有更积极的社区政治参与。西方学界曾经针对农村居民的城市化与政治参与之间的关系提出了“社区没落理论”，其核心观点是，当农村居民进入大而无人情味的城市时，政治单位变得更加复杂，城市社区不再具备传统的乡村共同体所拥有的清晰的经济社会边界，各种政治内幕变得更加难以掌握，从而减少政治参与（诺曼·H. 尼、西德尼·伏巴，1996）。显然，这一理论解释忽视了城市社区的多元性，不过由此课题组得到的启示是，那些越接近于传统熟人社会共同体的城市社区，其居民的政治参与应该越高，不过课题组的研究结果显示，这种差异的存在与居民的住房产权状态没有关系，更多的解释变量可能集中于邻里社会网络、群体团结以及社区认同感等方面。

从房权政治的逻辑来看，不同住房阶层的农业转移人口参与城市社区政治的行动逻辑存在差异，反映了农业转移人口对于当前住房产权制度的稳定性和法律保障能力的复杂心态。拥有住房产权的业主，其参与社区选举的高积极性大多源自对住房产权利益的维护和升值，业主们急切需要维护物权法所赋予业主的各项正当权益，避免其受到地方市场和基层政府等强势力量的侵蚀，而政治参与的意义在于将法律文本中的业主权益转变为实实在在的住房利益，这既需要维权抗争来获得，也需要主动参与社区选举来获得。而那些没有获得住房产权的农业转移人口更关注自身在城市中的生计的改善，其相对消极的政治参与行为是因为当前的住房产权制度无法帮助他们有效提升生活的希望。一个良好的住房制度应该在能够维持业主资产稳定性的同时，也能让租房群体对未来生活充满希望，让那些没有住房产权的人看到自身奋斗的价值。城市政府应该充分认识到农业转移人口市民化可能存在的住房产权壁垒的形成，当前部分城市推出的“租房落户”制度便是很好的尝试。此外，对于农业转移人口表现出的积极的社区政治参与倾向，城市政府应该加强引导，以此为契机不断提升社区治理的现代化水平，积极构建共建共治共享的社会治理格局，而不是去人为地消解这种政治行为。

第十二章　转移人口城镇化效果检测

20 世纪 90 年代以来，中国的城镇化进程迈入高速发展期，投资、产业在城镇的快速集中直接带动了大量分散的农村人口迅速向城镇流动（李强等，2012）。《2016 年国民经济和社会发展统计公报》发布的数据显示，2016 年我国外出务工人员总量已达 2.82 亿人次，较 5 年前相比增长了 11.5% 左右，并呈现出明显的家庭式迁移特点（朱明芬，2009；洪小良，2007）。如此大规模、快速化的城镇化发展对于城镇吸纳农村人口，以及农村人口融入现代城市文明生活方式的能力均提出了挑战。在政府主导、自上而下的推进模式下，中国城镇的基础设施建设和吸纳能力等问题得到了一定的改善，而农村人口融入现代城市文明和生活方式仍有较大提升空间，同时也得到了学界的广泛关注（李斌，2019；张贵生，2019；陈云松、张翼，2015）。

2006 年国务院发布的《关于解决农民工问题的若干意见》和 2018 年中共中央、国务院印发的《乡村振兴战略规划（2018—2022 年）》，都提出需解决农民进城后的社会保障权益、农村土地权益，分类制定落户政策，重点解决符合条件的普通劳动者落户问题，加快农业转移人口市民化的进程，这也是化解中国社会二元结构困境、完善制度环境的重要举措（接栋正，2013：14—19；匡贤明，2012）。据此可见，农业转移人口的社会生活质量与现代城市文明生活适应能力是政界及学界一直以来关心的重点问题。美国心理学家亚伯拉罕·马斯洛在《人类激励理论》一文中提出人类需求从低到高可分为 5 个层次。同理，学界认为农业转移人口的社会生活适应是个人或家庭需求层层满足的一个过程，也存在阶梯式推进的特点（李斌，2019；杨菊华，2010；朱力，2002）。杨菊华（2009）构建了社会融入的四个维度：经济整合

(economic integration or incorporation)、文化接纳(cultural acceptance)、行为适应(behavioral adaptation or adjustment)、身份认同(identity of mainstream society),如图 12 -1 所示。因此,本研究从职业与可持续性生计能力、住房、社会与网络支持、身份认同四个方面分别对应以上四个维度,对农业转移人口的社会生活质量与适应性进行考察,对此进行全面评估。

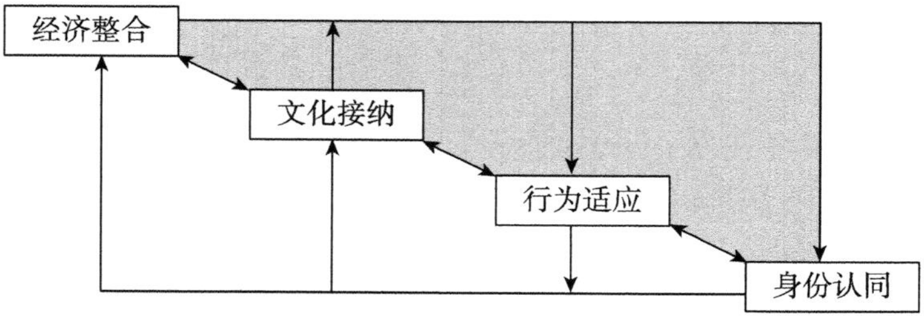

图 12 -1　中国乡 -城流动人口在流入地社会融入的理论模式

一、农业转移人口的职业

就业是民生之本,农业转移人口的核心问题就是提高其就业能力和可持续性生计的能力(程业炳等,2014)。2009 年中央经济工作会议首次提出"农业转移人口"的概念。这是较"农民工""进城务工人员"等更中性、内涵和外延更广泛的一种称谓,既包括了户籍在农村,"乡 -城"转移外出从业 6 个月以上的劳动者,也包括一部分户籍已迁到城镇的"政策性"和"自致性"在城镇生活居住的农转非人员(李斌,2019)。如何尽快提升农业转移人口就业能力,特别是"政策性"农转非居民在失地后,如何提升其可持续性生计能力显得尤为重要。本研究基于农业转移人口及其就业能力的理论阐述,分析得出影响其提升的主要因素,根据现状提出可行性建议。

关于"就业能力"的研究,国内外学者 20 世纪 50 年代以来,对其开始关注,到 90 年代达到鼎盛。综合多样化和复杂化的研究成果发现,不同学者对于概念维度的界定存在分歧。Beveridge(1909)提出"就业能力"(employability），即“可雇用性”，包含获取工作和保持工作的能力。Forrier 等（2003）则认为，人力资本是个人具备的能力和对所从事职业的期望度。Pallard 认为，就业能力包括资产、发展、表达、个体环境和劳动力市场环境。Fugate 等（2004）认为，就业能力包括职业认同、个人适应性、社会和人力资本三个维度；他认为可以从潜在的多维度（Panel A）和聚合的多维度（Panel B）（见图 12－2）两种方式来对“就业能力”进行理解。Panel A 是从“包含”关系来进行分解，而 Panel B 是从“组合”因素来进行聚合。

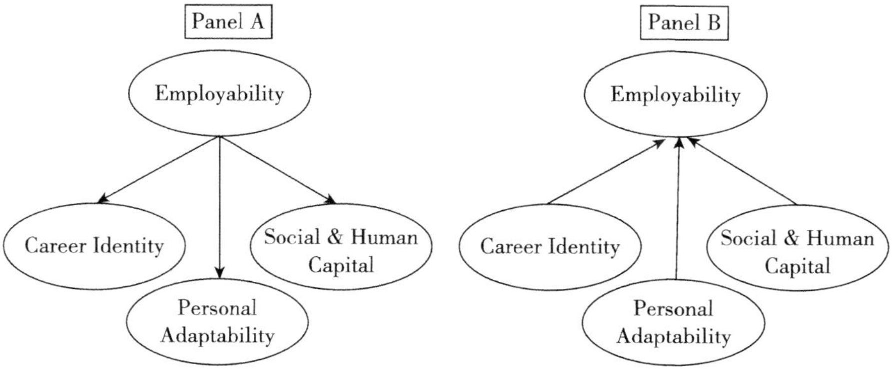

图 12－2　Fugate 的就业能力结构

据此推理可得，包含成分即影响因素。因此，本研究在上述研究成果基础上，结合“农业转移人口”的身份特征综合建构了该人群就业能力的影响因素。第一，就业能力的组成维度之间的关系是建立在相互决定论的基础上的，这种决定论认为个人、行为和环境因素相互影响。因此，从宏观层面考虑制度建设和制度环境对就业能力的影响不可忽略。第二，职业认同是个人在职场中的自我定义，包括“我是谁”和“我想成为谁”两个方面。其作为认知指南针，可以激励个体积极创造机会来实现自己的意愿（Ashforth & Fugate，2001）。第三，个人适应性。Savickas（1997）认为，个人适应性的强弱对整体职业发展至关重要。但是，适应变化情况的能力主要取决于个体差异（Chan，2000）。积极的心态（Stokes，1996）、学习倾向（Ashford & Taylor，1990；Hall & Mirvis，1995；London & Smither，1999）、开放的态度（Barrick &

Mount,1991;Costa & McCrae,1992)、自我控制力和自我效能都会对个人适应性造成影响。第四,人力资本是指影响一个人职业发展的一系列因素。国外学者从年龄和教育(Wanberg,Watt,Rumsey,1996)、工作经验和培训(Becker,1975)、工作绩效和组织任期(Forbes & Piercy,1991)、情感智力(Wong & Law,2002)、认知能力(Tharenou,1997)进行了分析。国内学者认为,教育、培训、工作经验、技能等对就业能力具有显著影响(苏群等,2005;刘林平等,2007;张世伟,2010;邓峰,2013;等等)。第五,社会资本角度,认为“弱关系”有助于就业能力的提升(林南,2006;等等)。

(一)农业转移人口职业变迁

农业转移人口进入城市并且被城市接纳的底线就是能够在城市找到可以谋生的职业,进而才能谋求其他方面发展。改革开放40多年来,我国工业化和城镇化进程取得了令世界瞩目的成绩,改革成效显著。我国从新中国成立初期,一个传统的农业大国,开始工业化建设,并在最近20年创造了难以赶超的“中国速度”,“在相当程度上是由于我们充分发挥了劳动密集型产业的优势,把数以亿计的农民转化为农民工(韦曙林,2005)”。从“农民”到“农民工”,身份转换的更深层次意义在于促进农村大量富足劳动力从“乡村”迁徙到“城镇”并参与第二、三产业的生产,从而建立起具有中国特色的经济运行机制,这是对传统分工格局的一种突破,也是打破传统城乡二元经济结构壁垒的有效手段。

从新中国成立到“文化大革命”结束这段时期,从国际形势来看,帝国主义列强对我国实行经济封锁、政治打压。实行高度集中的计划经济体制和优先发展劳动密集型的重工业是受当时严峻的国内外经济和市场形势所迫,也是时下唯一可行的出路(许经勇,2001)。但是,由此带来的严重后果也日益显现,农业劳动生产率和农民生活水平低下,1965—1977年,农民人均年收入仅增加1元(韦曙林,2005),国民经济发展几乎处于停滞状态。1978年,我国开始实行改革开放,走中国特色社会主义发展道路,打破原有的只限城市人口才能利用非农产业从事经济活动的封闭格局,积极将大量农村剩余劳动力转移到城市。改革开放初期,我国第一代农民工进城后转化为廉价劳动力，以从事劳动密集型行业的工种为主，如建筑业、制造业等。在商品经济条件下，我国产业升级加速。较为落后的劳动密集型产业向较为进步的资本密集型产业转型，这也是经济发展的必然趋势。在经济转型的大背景下，由价格关系变革所带来的结果是活劳动（劳动力）价格成本不断攀升，逐渐被物化劳动（资本）取代，第二代农民工（或称为“新生代农民工”），以及农业转移人口在职业选择上和所从事的工种上都有了较大突破。第二代农民工在城市的职业已经由第一代农民工的底层特征迈向了城市职业的大多数领域，可以期待最终会渗透到城市所有职业领域。

（二）农业转移人口就业质量

本研究使用中国综合社会调查（CGSS）2015年的数据，对不同类型的农业转移人口的基本情况和职业类型进行描述统计。该调查由中国人民大学“中国调查与数据中心”采用分层多阶段概率抽样法，对全国28个省份134个县/区491个村/社区的10968户家庭进行了调查。依据统计分析规范，去除不符合条件和缺失的案例后，最终获得2168个有效样本。

1. 农业转移人口的社会人口属性及职业情况

从户籍属性将农业转移人口分为两类：第一类是户籍在乡村，来城从事非农业产业劳动6个月以上，并常住城区，以非农产业为主的农民（或称为进城务工人员），占样本总人数的83.7%；第二类是户籍由农业户口转成非农业户口，并常住城区，以非农产业为主的“农转非”居民，占样本总人数的16.3%。其中，因户籍转换的原因不同，第二类农业转移人口又可分为“自致性”和“政策性”两种。

农业转移人口的社会人口属性从性别、年龄、受教育程度和家庭经济状况四个方面来分析。按性别划分，男性为1226人，女性为942人，分别占比56.5%和43.5%。按年龄段划分，41—50岁人数最多，共649人，占总人数的29.9%；31—40岁共522人，占24.1%；21—30岁共477人，占22.0%，居第三位。50岁以上，占15.5%，60岁为7%，20岁以下为1.5%。从年龄上看，“70后”和“80后”已成为最重要的组成部分，甚至“90后”也逐步加入新生代农民工的行列，第一代进城务工的农民工已逐渐退出历史舞台。按受教育程度划分,从未受过教育的人数仅占5.1%;初中毕业生占比39.5%,位列第一;其次为高中学历毕业生占比21.4%;小学学历人数占18.6%,位列第三;大学及以上,仅为15.4%。按家庭经济状况划分,54%的人认为家庭经济状况处于平均水平;32.4%的人认为低于平均水平;有9.6%的人认为高于平均水平;也有3.5%的人认为远低于平均水平。其中,有23.8%的家庭拥有家用小汽车,63.8%的人认为目前的收入合理,29.7%的人认为不合理。

从职业属性看,首先,在工作回报的选项中,高收入(51.8%)、工作有长期保障(31.9%)与社会声望和尊重(15.2%)成为排名前三的选项。随后的是可以有更多自由运用的时间、工作时间短和满足个人兴趣三个选项。上述数据说明,农业转移人口把经济收入、保障和声望、地位看作工作的最大回报。有50%的人认同"工作只是一种挣钱的方式而已"的说法。55%左右的人表示在求职、加薪或升职等过程中没有受到过不公平待遇。70%左右的人表示在工作时没有被上级或同事侵害过。因此,从上述两组数据可得出农业转移人口在工作中受不公平待遇或侵害的情况发生概率不高。其次,在工作满意度的选项上,从"比较满意""说不清"到"很满意"的占比分别为42.7%、20.6%和16.5%。4.1%的人表示完全满意,只有13.6%的人表示比较不满意。41.8%的人有时会感觉工作压力大,22.8%的人几乎没有感觉到工作压力。30%左右的人几乎没有从事过重体力劳动,另有30%多的人表示经常或一直从事重体力劳动,27.2%的人表示有时从事重体力劳动。从这组数据可以看出,农业转移人口的工作满意度还是很高的,但是工作性质仍以重劳动密集型的重体力劳动为主。再次,在工作时间选项上,60%以上的人表示几乎没有或从来没有过正常工作时间里在家的经历,30%左右的人表示周末一直要工作,50%以上的人表示有时或经常在周末需要工作。因此,可看出农业转移人口的工作时间欠缺灵活,并且工作时间较长,留给自己和家人的时间并不多,生活质量可能处于一种较低水平状态。最后,在工作技能上,50%以上的人表示工作中只需用到一点或几乎用不上以往的工作经验或技能。70%左右的人表示在过去的12个月里,没有在工作单位或其他地方参加过提高工作技能的培训,同样也有70%左右的人表示为了找到工作，愿意接受需要新技能工作的培训。这说明，很大一部分农业转移人口都有求学、上进的期待和愿望。还有50%左右的人认为要重新找一份和现在一样或者更好的工作比较困难，说明该群体的职业选择能力还有待加强。

“完全满意”就业质量在一定程度上受公共服务的影响，因此公共服务质量也应纳入就业质量的测量范围。在公共服务方面，37.8%和39.7%的人对公共服务资源的充足程度和便利程度表示比较满意，不太满意和说不清的人数占比均为27.7%。但是在分布均衡程度的情况下，有33.9%的人表示不太满意，30.6%的人表示比较满意，27.2%的人表示说不清。34.6%的人对公共服务的普惠性程度表示比较满意，29%的表示说不清，27.6%的人表示不太满意。“劳动就业”“社会保障”“公共教育”是农业转移人口认为目前政府最需要加强发展的基本公共服务的前三个方面。

2. 农业转移人口的就业质量

农业转移人口的就业质量从自主决定性、工作的单位或公司类型、工作的性质三个方面来加以考虑。

表12－1　不同户籍农业转移人口的职业自主决定程度分布

<table>
<tr><th colspan="2" rowspan="2"></th><th rowspan="2">农业户籍人口</th><th colspan="3">居民户籍人口（以前是农业户口）</th></tr>
<tr><th>总体</th><th>政策性农转非</th><th>自致性农转非</th></tr>
<tr><td rowspan="4">自主程度</td><td>完全自主决定</td><td>563（31.5%）</td><td>85（24.3%）</td><td>27（26.7%）</td><td>58（23.3%）</td></tr>
<tr><td>一定程度上自主</td><td>628（35.2%）</td><td>140（40.0%）</td><td>33（32.7%）</td><td>107（43.0%）</td></tr>
<tr><td>很少程度上自主</td><td>420（23.5%）</td><td>72（20.6%）</td><td>24（23.8%）</td><td>48（19.2%）</td></tr>
<tr><td>完全不能自主</td><td>176（9.8%）</td><td>53（15.1%）</td><td>17（16.8%）</td><td>36（14.5%）</td></tr>
<tr><td colspan="2">总计</td><td>1787（100.0%）</td><td>350（100.0%）</td><td>101（100.0%）</td><td>249（100.0%）</td></tr>
</table>

如表12－1所示，不同户籍农业转移人口在职业自主决定程度上存在显著差异。总体上看，农业户籍人口较居民户籍人口有更强的自主决定性。其中，农业户籍人口中完全不能自主的人员占比为9.8%，远远低于居民户籍人口；完全自主决定的人员占比31.5%，高出居民户籍人口7.2个百分

点。居民户籍人口中，自致性农转非人口的自主性与政策性农转非人口相比较略显复杂。在“完全自主决定”和“在很少程度上自主决定”层面上，政策性农转非人员要优于自致性农转非。但是，在“一定程度上自主”层面上，自致性农转非又要明显优于政策性农转非。按照这个比较结果，可综合考虑不同类型农转非人员所从事的工作的单位或公司的类型和所有制性质。

表 12－2　农业转移人口工作的单位或公司的类型

<table>
<tr><th colspan="3"></th><th>党政机关</th><th>企业</th><th>事业单位</th><th>社会团体、居/村委会</th><th>无单位/自雇(包括个体户)</th><th>军队</th><th>总计</th></tr>
<tr><td colspan="2" rowspan="2">农业户籍人口</td><td>计数</td><td>15</td><td>650</td><td>103</td><td>40</td><td>885</td><td>2</td><td>1695</td></tr>
<tr><td>百分比(%)</td><td>0.9</td><td>38.3</td><td>6.1</td><td>2.4</td><td>52.2</td><td>0.1</td><td>100</td></tr>
<tr><td rowspan="6">居民户籍人口(以前是农业户口</td><td rowspan="2">总体</td><td>计数</td><td>24</td><td>152</td><td>71</td><td>6</td><td>85</td><td>1</td><td>339</td></tr>
<tr><td>百分比(%)</td><td>7.1</td><td>44.8</td><td>20.9</td><td>1.8</td><td>25.1</td><td>0.3</td><td>100</td></tr>
<tr><td rowspan="2">政策性农转非人口</td><td>计数</td><td>4</td><td>48</td><td>13</td><td>4</td><td>30</td><td>0</td><td>99</td></tr>
<tr><td>百分比(%)</td><td>4.0</td><td>48.6</td><td>13.1</td><td>4.0</td><td>30.3</td><td>0.0</td><td>100.0</td></tr>
<tr><td rowspan="2">自致性农转非人口</td><td>计数</td><td>20</td><td>104</td><td>58</td><td>2</td><td>55</td><td>1</td><td>240</td></tr>
<tr><td>百分比(%)</td><td>8.3</td><td>43.4</td><td>24.2</td><td>0.8</td><td>22.9</td><td>0.4</td><td>100.0</td></tr>
</table>

表 12－2 数据说明，农业户籍人口在进城务工以后，52.2% 的只能从事一些非正式的、组织性不强、社会保障制度落实不彻底的临时性工作。尽管有 38.3% 的农民工已经进入相对正规的企业工作，但相较于农转非人员 44.8% 的占比，还是要低很多。“党政机关”和“事业单位”的从业人员中，农业户籍人口的比例只占到 7%，低于农转非人员 21 个百分点。其中，自致性农转非人员比政策性农转非人员的占比又要高出 15.4%。这两种类型的单位性质会让从业者从心理上更具有优越感，主动意识会更强。最后，“社会团体、居/村委会”的工作，在农业户籍人员和农转非人员中差别不大。但是政策性农转非人员比自致性农转非人员的积极性要高很多。

表 12－3　农业转移人口目前工作的单位或公司的所有制性质

			国有或国有控股	集体所有或集体控股	私有/民营或私有/民营控股	港澳台资或港澳台资控股	外资所有或外资控股	总计
农业户籍人口		计数	146	40	574	5	21	786
		百分比	18.6%	5.1%	73%	0.6%	2.7%	100.0%
居民户籍人口（以前是农业户口	总体	计数	109	12	97	3	7	228
		百分比	47.8%	5.3%	42.5%	1.3%	3.1%	100.0%
	政策性农转非人口	计数	21	4	35	2	1	63
		百分比	33.3%	6.3%	55.6%	3.2%	1.6%	100.0%
	自致性农转非人口	计数	88	8	62	1	6	165
		百分比	53.4%	4.8%	37.6%	0.6%	3.6%	100.0%

表 12－3 数据显示，73%的农业户籍人口选择“私有/民营或私有/民营控股”公司工作，“国有或国有控股”性质单位的人数占比仅为 18.6%。该数据再次说明大部分进城务工的农业户籍人员一般选择一些私营或民营性质的公司从事零工或散工的工作。然而，农转非人员在该两类性质单位工作的人数比例相差仅有 5 个百分点左右。其余三种性质的公司，农业户籍人员与农转非人员的占比差别不大。在居民户籍人口层面，55.6%的政策性农转非人口选择“私有/民营或私有/民营控股”的公司工作，而 53.4%的自致性农转非人口选择在“国有或国有控股”的单位工作。因为工作单位性质，也就解释了该两类人群在“完全自主决定”层面上的差异性。关于“在很少程度上自主决定”的差异，需进行进一步的深究。

总的来说，农业转移人口的职业性质存在较大流动性和不确定性，工作单位以私营或民营为主，工作类型以从事劳动密集型工种为主，劳动收入处于中下游水平，社会保障制度落实不够，公共服务资源获取渠道欠通畅等。上述各种不足势必对农业转移人口的市民化程度和社会认同度产生负面影响。提高农业转移人口的就业能力和可持续性生计能力，是促进有能力在城镇稳定就业和生活的农业转移人口有序实现市民化的重要手段，也是实现乡村振兴战略和国家长治久安的必经之途。因此，深层次挖掘影响其就业能力的影响因素，再有针对性地提出解决对策才是根本举措。

应该说，农业转移人口在城市所从事的职业如果与城市居民在绝大多数职业上实现了统计学意义上的均衡分布，那么可以认定，农业转移人口进入城市以后，实现了一种很好的城乡关系。

（三）农业转移人口就业能力

根据查尔斯·扎斯特罗（Charles H. Zastrow）的现代社会生态理论的框架，本研究从微观、中观以及宏观层面提出方案，促进农业转移人口就业能力提升。

1. 以用人单位需求为导向，加强职前基础性知识训练

舒尔茨认为，人口质量的改善和知识的增进才是改善穷人福利的决定性因素。掌握义务教育阶段的基础知识是新时代对农业转移人口进城务工的基本要求。要预防农村地区特别是贫困偏远山区的适学青少年群体因家庭经济困难，过早退学加入打工者的行列。首先，加大教育扶贫的支持力度，加大农村基础教育的投入力度。在确保适学青少年顺利完成九年义务制教育的基础上，采取政府主导、社会力量参与、多元行动主体发力的方式，以免费资助、助学贷款、奖学金、助学金等形式帮助想学、愿意学的贫困学生完成高中阶段，乃至大学阶段的学习。其次，完善职业教育体系，强化“一技傍身”的理念。我国教育体系中，九年义务制教育没有将高中阶段的学习纳入，其结果是，每年定有相当比例的青少年在完成初中学业后无书可读。职业教育是现阶段我国义务教育的有效延伸。完善职业教育课程教育体系，督促实践教学环节落实，培养“一技傍身”的中、高级技术型人才，使职业院校真正成为技能型新生代农业转移人口的培养基地（程业炳，2017），为城乡建设提供必需的人才。

2. 构建农业转移人口职业培训体系，提升职场竞争力

产业结构演进和就业结构的调整带来的是对职业能力要求的不断提升。大多数农业转移人口主要集中在劳动密集型、低技能、低知识要求的制

造、建筑、家政服务、餐饮、物流等服务性行业工作,其特点为工作时间长、技术要求低、工资待遇跟不上、劳动重复性和被替代性强、人员流动性大等。就目前来看,企业的“用工荒”与劳动力的供需结构性矛盾之间存在着必然联系。构建完善的农业转移人口职业培训体系,其中最重要的一个环节就是要调动直接受益者的企业和个人的积极性。企业通过“请进来”“走出去”等培训形式提高聘用人员的技术水平。一方面,可在一定程度上缓解人员短缺的问题;另一方面,通过培训加深企业与个人的情感联系,对降低员工的流动性也有积极作用,这是解决供需矛盾和企业用人困境的一条有效途径。诚然,培训体系的建构表面上看似乎只关乎企业和个人的利益,实际上作为劳动者和城市建设者,他们的技能提升与政府、企业甚至是城市居民的切身利益紧密相关。因此,在思想上达成共识,形成一个政府主导监督,企业负责执行,社会参与协作的全方位、多主体、多形式开展的农业转移人口职业培训体系是非常重要的。

3. 激励型就业政策和保障型就业政策双管齐下,完善就业保障机制

农业转移人口的内部异质性较强,“政策性”农转非与“自致性”农转非人群在对待就业的问题上存在认识上的差异。“政策性”农转非人口存在政策红利“搭便车”、拆迁补偿等“非劳而获”的现象,加之部分人员本身就是学历较低、无一技之长的农业从业人员,在从农民到市民的身份转变之后,因无田可种、无地可耕而面临失业的风险。对于这一部分农业转移人口应主要采取激励型就业政策,避免福利依赖以及低保养懒汉等现象的出现,不让其成为阻碍有劳动能力对象就业的制约(王桑成等,2018)。“自致性”农转非人员指的是通过自身努力实现身份转变的这一人群。他们本身有着强烈的就业意愿,但是同时受到来自地域、资金、社会网络和社会、国家政策等的限制,在就业创业过程中屡屡受挫。因此,针对上述情况,加强就业创业服务的制度设计以及服务递送,以提供保障性、扶持性和援助性政策为主。因此,针对不同人群应采取差异化、动态化的制度,避免流于形式,增强政策的落地及成效。

二、农业转移人口的住房

居住空间是城市的物质载体。住房尤其是大城市的住房已经演变为特定城市排斥外来人口的核心工具。农业转移人口能够融入所流入的城市，是否在该城市拥有一套住房，成了核心指标。

从住房改革的发展历程可见，中央政府自2007年起开始关注中低收入家庭和外来务工常住城市人口的住房问题，并制定了一系列住房保障制度，如推出限价商品房、自住型商品房、共有产权住房等销售型保障房以及公租房等（李斌，2018）。尽管如此，农业转移人口的住房问题一直是影响其城镇化和市民化的重要“拦路虎”。“政策性”农转非居民的居住空间以“撤村并居”“回迁上楼”就地城镇化或城镇边缘扩张等形式发生着变革。“自致性”农转非或是进城务工人员由“乡”到“城”迁徙，并大量集聚，导致居住空间结构发生了变化。居住空间结构是城市空间结构的组成部分。居住空间结构还能有效反映居民的生活水平与社会地位，也成为居民各阶层隔离的“指示器”，成为影响社会和谐的重要因素。由于居住空间分异，产生了诸多社会问题，同时也使城市化的发展过程得以规范和制约。

居住空间结构的变动是城乡人口流动的重要表现，从“居住空间变动”的视角来研究流动人口问题正日趋成为转型中国和城镇化研究的有效路径。流动人口的居住空间转换状况直接关系着他们的工作情绪、身心健康、社会融入、生活品质等（廖鸿冰，2016）。流动人口进入流入地后首先面临的是居住空间问题，但居住空间问题实际上较为复杂。一方面，它并不单单是“找个地方住”的问题，它包括物质条件（住得怎么样）、地理区位（住在哪儿）、交通状况（方便不方便）、周围环境（绿化治安环境等）、配套设施（超市、卫生机构、学校等）和社区文化（邻居素质、社区文体活动等）等；另一方面，人们的居住空间选择正变得日益复杂，随着住宅商品化改革的日趋深入和人们生活水平的不断提高，城市人口对居住社区有了更为复杂的要求，人们的居住生活进入了“消费层级化”和“需求多样化”时期。除了满足基本的居住需求外，人们对居住社区的区位、功能和舒适度等多样化需求在不断提升（冯帅帅、廖鸿冰，2019）。相应地，人们对居住空间需求的变动倒逼社区社会服务的供给侧改革。因此，本研究以农村转移人口为例，了解其居住现状，在合理的理论分析框架下，创新新型城镇背景下我国农业转移人口住房供给模式，是十分必要的。

（一）农业转移人口的居住状况

对农业转移人口而言，购房意味着拥有物业产权，成为“社区业主”；租房则仍然是“流动人口”。因此，是否在城市拥有住房甚至可以被认为是城乡关系是否发生质变的核心指标。从国家统计局监测数据来看，农业转移人口以住单位宿舍为主，独立或合租房屋居住者占据很大一部分比例。历年来，居住在工地工棚里的农业转移人口维持在10%左右的比例；在乡外从业回家居住的人口比例逐年攀升；务工地自购房的人口比例除在2011年和2012年出现小幅下降之外，从2013年之后开始稳步增长。但是，总体来看，农业转移人口仍以住公房和临时性租房为主，只有1%左右的人选择在务工地买房。农业转移人口落脚城市的第一步是居住问题的解决（吕萍，2015）。租赁可以暂时解决居住问题，但对于有意愿留在城市长期居住和发展的人群来讲，在务工地购买自住房可以帮助他们更好地融入现代城市文明生活，也更有利于加速实现其城镇化和市民化，提升稳定感和幸福感（林江等，2012；毛小平，2013）。通过上述数据判断，至少到目前为止，政策层面以及农业转移人口双方均没有将“流动转移”作为实现城乡一体化的重要途径。不过，作为理论研究者需要从其他数据来检测上表数据的可推断范围。如果仅仅设置“城市”与“农村”这样的二分法，则情况就会发生变化。因为近10年来中国城镇化率特别是常住人口城镇化率在迅速提升，所以在思考城乡关系的时候需要有“权变”思想。

表 12－4　2008—2015 年我国农村转移人口的住房情况（%）

年份	2008	2009	2010	2011	2012	2013	2014	2015
单位宿舍	35.1	33.9	33.8	32.4	32.3	28.6	28.3	28.7
工地工棚	10.0	10.3	10.7	10.2	10.4	11.9	11.7	11.1
生产经营场所	6.8	7.6	7.5	5.9	6.1	5.8	5.5	4.8
与他人合租住房	16.7	17.5	18.0	19.3	19.7	18.5	18.4	18.1
独立租赁住房	18.8	17.1	16.0	14.3	13.5	18.2	18.5	18.9
务工地自购房	0.9	0.8	0.9	0.7	0.6	0.9	1.0	1.3
乡外从业回家居住	8.5	9.3	9.6	13.2	13.8	13.0	13.3	14.0
其他	3.2	3.5	3.5	4.0	3.6	4.0	3.3	3.1

资料来源：国家统计局《全国农民工监测调查报告》（2008—2015 年）。

我国农民工监测报告 2018 年的数据显示，进城农民工户中，2.9% 享受保障性住房，比上年提高 0.2 个百分点。其中 1.6% 自购保障性住房，与上年持平，1.3% 租赁公租房，比上年提高 0.2 个百分点。在居住设施的质量方面也得到了一定程度的改善，其中有洗澡设施的、使用净化处理自来水的、独用厕所的、能上网的、拥有电冰箱、拥有洗衣机和拥有汽车（包括经营用车）的分别比上年提高 1.9、0.7、0.5、2.5、3.6、4.6 和 3.5 个百分点。

上述数据分析发现，在农业转移人口中自主进城务工群体的住房质量和住房保障仍有较大的提升空间。住房作为农业转移人口实现充分融合、稳定居住和永久性迁移的必要条件，其“地方性”和“历史性”特征决定了复杂化和多样化的存在方式。从根源上探寻造成住房困境的原因，并提出相应的解决对策意义重大。

（二）农村转移人口住房困境

1. 住房政策：农业转移人口住房话题被漠视

从宏观层面来看，社会结构和社会政策使得我国农民工遭受整体性的社会排斥，从而使其住房呈现极强的同质性，并且随着时间的推移其住房没有改善的迹象。中国城市住房改革40多年来,阶段性发展的特点显著。“四段论”(王振霞,2018)和“七段论”(易成栋等,2018)其实可归纳为“通过货币化手段让单位福利公房私有化和商品房市场化两个阶段”(李斌,2018)。40多年的住房改革从制度上完成了城市住房资源从稀缺到富足,实现了效率目标,在一定程度上缓解了城市住房紧张问题。然而实践中,增加住房供给并未取得实际效果,而控制需求又使农业转移人口因户籍、社保等原因受到购房歧视(王辉龙,2017)。但是,制度本身无法避免的缺陷以及行动主体对高额利润的追求导致城市住房阶层分化严重、福利分配不均、保障制度落实不够等问题也日益凸显。2007年以前,中央政府制定的政策更倾向于实现房地产市场化和福利配置住房商品化等,新进城务工人员所需居住房面积远大于商品房可售面积,总体呈现供不应求的“总量失衡”状态(王辉龙,2017)。直到2007年以后,国家才开始将城市常住外来人口和新就业人群作为住房保障的对象。新时代住房改革制度明确了“以人民为中心”以及“让全体人民住有所居”的定位、路径、目标以及时代精神,把进城务工人员考虑进来。“渐进式改革”的中国住房改革经验得到了普遍认可,但是因为政策改革在从“结果公平”到“机会公平”经历了较长时间的“走一步,看一步”的摸索过程,这是从宏观层面造成当下农业转移人口住房困境的重要原因。

2. 农村土地产权政策:农业转移人口住房议题被悬置

从中观和微观层面来看,农村土地产权制度的不完整性和城镇住房保障政策部分“失灵”是导致农业转移人口难以“退村进城”的重要原因。一方面,近年来国家相继出台加大农业补贴力度的惠农政策,以及因为农民身份和依靠土地获得各种补贴收益越来越多;另一方面,就地城镇化和城市扩张以征收城郊农村现有土地为主要途径,土地蕴藏的巨大收益随之显现出来,农民对土地保障和升值预期显著提高。“农转非”可能会让农业转移人员因放弃农民身份和农村土地而支付高昂的机会成本。如何保障土地的财产性收入,是降低农业转移人口对土地保障和升值预期的期待,下定决心“退村进城”的关键环节。然而,当前不完整的土地赋权和治权制度是重要障碍,其具体表现为:土地无法作为抵押物;宅基地和住房也未被赋予财产权利;

承包地、宅基地和住房缺乏市场流通性(吴宾等,2016)。大部分农民因偏低的家庭收入难以支付超高的城市房价,加之因土地权益保障落实不够,又缺乏土地自由流转和交易的流通性,而无法获得流入城市后购买自住房以及生活的必要资金,使“退村进城”意愿落空。加之农业从业人员对土地及乡土生活的情感联结,与农村的“脐带”关系,使进城落户、购房意愿大大降低,甚至出现“返乡”热潮。

3. 市场准入:农业转移人口住房被排斥

居业联动是联系劳动力生产者和消费者双重角色的重要机制(刘宝香,2016)。从国家统计局关于农民工的监测数据来看,我国农业转移人口的就业结构变化呈现一定的规律。2013 年以来,第二产业就业的人口比例逐渐下降,第三产业的就业人口比例逐年攀升,特别是在 2016 年,增幅高达 1.6 个百分点。在城市化和工业化相互作用的背景下,产业结构高级化、产品结构高质化,农业转移人口的劳动收入随之上涨,消费结构日益个性化和高质化,对住房提出新的诉求。这种诉求和问题主要集中在住房质量、住房价格、社区环境、配套设施等方面。一部分农业转移人口因过高的房价收入比,无力购买商品房,只能选择蜗居工棚、地下室或与人合租等方式解决住宿问题。但是,另一部分人群,尤其是新生代农民工,他们较父辈更倾向于居住在城市中,更注重居住地所配套的公共服务产品获得,如教育培训、医疗保障、娱乐休闲等,并希冀自己或后代能融入现代城市,并体面地生活(吕萍,2015)。他们赋予了住房除传统“居住”意义之外,更为丰富的内涵。然而,在较大部分农业转移人口的职业状况和实际收入水平难以满足其对住房要求的现实背景下,加之企业作为市场化运作主体,对农业转移人口住房支持的积极性下降,从而进一步增强了农业转移人口住房问题解决的个人救赎色彩和政府使命(刘宝香,2017)。这主要体现在农业转移人口从企业居住依附到自我居住改善的努力方向,以及从群体互帮到个人努力的自我调整,这无疑对农业转移人口居住质量改善增加了难度,也是其陷入困境的一大重要原因。

表 12－5　2012—2015 年我国农业转移人口就业分布及其变化（%）

年份	2012	2013		2014		2015	
	比例	比例	增幅	比例	增幅	比例	增幅
第二产业	57.1	56.8	－0.3	56.6	－0.2	55.1	－1.5
第三产业	42.5	42.6	＋0.1	42.9	＋0.3	44.5	＋1.6

资料来源：根据国家统计局 2012—2015 年《全国农民工监测调查报告》的数据制作。

（三）农业转移人口的住房前景

习近平新时代中国特色社会主义思想要求在中国梦实现的过程中，在社会主义成果分享的途中，一个人也不能少。于是，流入城市的农业转移人口的住房会在国家政策的强力介入与督促下，会有一个好的结局。另外，住房市场过滤理论（塔娜等，2011）和住房轮候国际经验（Peter A. Kemp & Margaret Keghan，2001；Peter A. Kemp，2011）也为城市化转型过程中农业转移人口住房问题的解决提供了思路。

1. 政府赋权和市场治权：保障农业转移人口的土地权益

新时代中国特色住房保障体系需在构建民生型政府的基础上，提升住房政策的公平性，将有能力在城市生活发展并有意愿在城市购买自住房、愿意长期在城市居住的外来务工人员纳入重点人群范围。劳动力城市化滞后于消费者城市化是我国城市化进程中面临的主要问题和挑战（宋立，2014）。居住问题的解决可有效促进农业转移人口特别是“自致性”农转非人员的城市化进程。只有在真正完善了农村土地产权和土地财产性收益之后，比如政府通过颁布法律明确赋予土地抵押和财产权利，允许承包地、宅基地、集体资产可抵押以及市场交易，同时改进管理方式、提高服务水平，建立和完善产权市场交易体系和市场参与治权体系，以增加土地的财产性收入，保障农业转移人口家庭以农村住房为主的资产激活，以满足进城置业的资金需求，这样才能真正形成农业转移人口下定决心“退村进城”的推力（吴宾等，2016）。

2. 政策保障：明确农业转移人口住房问题的解决之路

随着企业支持热度的减退，农业转移人口的住房解决以自我救赎的方式为主。从政策角度出发，以出台合理的住房制度为前提，在保障劳动者“劳有所得”的基础上，才能实现第一代和第二代农业转移人口从短期、长期住房租赁依赖转向商品性住房或政策性住房的购买，或是不同档次住房服务供给的选择。20世纪80年代至21世纪初，我国推行的住房政策呈现出明显的差异性和住房货币化、商品化特征。住房差异化政策，即不同层次的城市居民居住不同类别的住房，不同的住房制度对应不同层次的居民（李斌，2018），但是，所有的住房制度包括买公房给优惠、提租、住房公积金、集资建房、住房分配的货币化、廉租房、商品房等都将农业转移人口排除在政策之外。尤其是20世纪末住房商品化政策的出台，住房的完全商品化，居民按市场原则租赁或购买住房，农业转移人口受户籍和可支配收入的双重限制，在城镇购置房产的可能性微乎其微。2001—2017年，我国的住房政策分化明显（李斌，2009）。2007年成为重要的分水岭，国家首次将农民工进城买房纳入政策考虑范围。但是，住房货币化和商品化的逻辑强化了市场渠道的重要性，房价泡沫持续发酵，北上广深等一线城市房价与二、三线城市差距日益拉大，同城不同社区类型，特别是名校配套学区房、高等级商品房和别墅区等优质房源的住房价值提速更快，居民家庭总收入与住房价值关系进一步强化。

在此背景下，保障农业转移人口的合法劳动收入是基础前提。第一，“市场加保障”（赵沛楠，2009）的政策制度改革方向，一方面确保市场流通的商品房源满足无房者刚性需求和提升生活质量者的品质需求；另一方面更重要的是，切断保障性住房的市场流通渠道，应对城市低收入人群和农业转移人口有所倾斜，从制度上保证保障性住房不会成为炒房投机者的逐利目标。第二，“单位加组织”。住房的刚性需求只适用于有能力、有意愿在城市中长期居住的农业转移人口，大部分人的流动性和灵活性较大，发挥企业、单位和组织对临时性住房供给的积极性（如通过政府补贴、政府提供统一房源企业租用等形式）对农业转移人口提升生活质量、加速适应城市生活，以及对国家的长治久安和可持续发展都有重要意义。

3. 激发流动人口潜力：满足不同层次的住房需求

2016年6月，国务院办公厅印发的《关于加快培育和发展住房租赁市场的若干意见》指出,要为通过租赁进行住房消费提供政策支持,“要引导城镇居民通过租房解决居住问题,推动实现城镇居民住有所居的目标”。短期内,房屋租赁作为解决农业转移人口住房问题的有效渠道,着实发挥了积极的作用。然而,过分发展房屋租赁市场与我国的政策主旋律是明显相违背的。从中长期来看,租购并举是农业转移人口理性选择居住方式的必然发展趋势。住房租买选择机制是成熟住房市场的重要标志(崔裴等,2014)。根据家庭生命周期不同阶段和住房生命周期不同阶段的相互作用,住房保障是农业转移人口住房供给模式选择的重点内容。但是,从长远的角度来看,把支持有条件、有能力、有意愿在城市买房的农业转移人口家庭作为重点发展对象意义深远。一是自有住房有助于该类人群更好、更快地融入现代城市文化生活,对自己是城里人的身份认同感更强烈,对社会的和谐稳定发挥着积极作用;二是对于稳定房地产市场发挥着积极作用。我国目前房地产市场的库存压力仍较大,积极引导农业转移人口回流到二、三线城市或是小城镇,为去库存发挥着积极作用(邹一南,2016)。同时,使农业转移人口流入中小城市和小城镇,降低居住市民化成本,实现大城市农业转移人口市民化与中小城市房地产去库存有效结合。

三、农业转移人口的社会网络及其拓展

考核农业转移人口城市融入度的另一个指标就是看他们进入城市以后,其社会网络关系的变化。如果其主要社会关系由原来的乡村性特征转变为城市的现代性了,就能够判断其具有很好的城市元素,于是以此为基础的城乡关系也就达到了一个满意度维度。

对于以关系取向、伦理本位为特征的中国社会(潘泽泉,2019),研究社会支持和社会网络对农业转移人口的社会生活质量和适应性的影响有重要的意义。大量的“政策性”农转非居民在“国家主导式城市化”(李强等,2012)的推动下回迁上楼,其居住空间、住房样式和社区布局在短时间内发生了巨大变革。然而,空间富含着社会性,体现了生产关系和社会关系的脉

络(Lefebvre,1976)。农业转移人口在"回迁上楼""乡 - 城"流动的过程中,由空间变革所带来的后果是新的权力格局和社会关系的重构(吴莹,2017)。强化农业转移人口的社会支持和社会网络,可以有效缓解因地域变动而造成的压抑或不适应,提升其生活品质、幸福感和满意度。

借鉴董晓英(2017)的研究成果,将社会支持概念界定为主要集中于非正式的社会支持网络:农业转移人口的家庭、朋友、同事和社会,等同于社会网络的概念。同时,社会网络作为个人社会资本的重要考察指标,本研究通过从网络规模(拜年人数)、网络顶端(最高声望)以及网络差异(职业类型数)、个体在网络中所处位置以及网络中所嵌入的资源等指标(边燕杰,2004)对农业转移人口的社会支持和社会网络进行现状分析,试图找到其特征,并对农业转移人口社会网络建构与拓展的影响因素进行挖掘;最后尝试进行功能分析,并对该群体社会网络依赖现象进行解释。

在此,使用课题组于2017年和2019年开展的两项社会调查所获得的数据。第一个为《湖南省长沙市城市化与新移民调查》数据库(简称2017年数据)。调查内容分为A卷和B卷,包括8个方面:A. 个人基本情况;B. 个人工作创业状况;C. 家庭生产生活情况;D. 社会保障和医疗健康;E. 社会信任和社会评价;F. 社会支持与社区参与;G. 社会活动参与;H. 环境。该调查采用多阶段整群分层抽样,在长沙市一共抽取包括岳麓、芙蓉、天心和雨花在内的4个区5个街道20个居委会500多个家庭。在每个家庭随机抽取一个以在现居住地址内在本市居住满6个月及以上,且目前在该地址居住了7天或将要居住7天以上;16周岁至65周岁(出生日期在1952年7月1日至2001年6月30日)的中国公民作为最终调查对象,采用入户面对面访问、念读问卷的访问形式开展调查。最终获取500个有效样本,其中农业转移人口为152人,总体占比30.4%,研究样本具有较好的代表性。

第二个为2019年开展的《湖南省长沙市城市居民生活状况》调查数据库(简称2019年数据)。调查内容分为A卷和B卷,包括8个方面:A. 个人基本情况;B. 工作与社会保障;C. 家庭经济状况;D. 住房情况;E. 社会生活;F. 日常生活和文化消费;G. 社会心态与健康;H. 家庭生活和子女养育部分。该调查采用多阶段整群分层抽样,在湖南省长沙市一共抽取包括岳麓、望城、芙蓉、天心和雨花 5 个区 20 个街道 40 个居委会 1000 多个家庭，每个家庭中随机抽取一名年龄在 18—65 岁的成年人作为最终调查对象。最终 A、B 卷分别获取 512 个、488 个，共计 1000 个有效样本，男性样本 457 人，女性样本 543 人；农业转移人口占 250 人；男、女分别为 137 人、113 人，研究样本具有较好的代表性。

本研究借鉴边燕杰的春节拜年网测量法，通过过去一年，联系的亲属、亲密朋友和熟人的总体人数来计算网络规模，以职业声望得分最高的来计算网络顶端、职业个数计算网络差异。

表 12 –6　农业转移人口社会网络规模(个)

		亲属人数	本地亲属	亲密朋友	本地亲密朋友	熟人	本地熟人	网络顶端	网络差异
2017 年数据	平均值	13. 68	7. 45	8. 11	4. 92	21. 09	16. 98	39. 48	3. 43
	标准差	14. 39	12. 05	10. 61	7. 964	25. 03	24. 35	31. 23	2. 96
2019 年数据	平均值	—	6. 80	—	13. 90	—	5. 34	61. 63	5. 12
	标准差	—	12. 22	—	11. 37	—	9. 47	34. 93	3. 26

表 12 –6 数据显示，农业转移人口的社会交往面的确在发生变化，本地亲密朋友的数量在增多，但是本地熟人的数量却在减少。网络顶端数量与网络差异在增加。这些数据说明，农业转移人口随着其在城市生活工作时间的延长，融入城市的程度的确在增加。

后工业社会的到来，引起城市空间资源的重新配置、城市空间的权利争夺、城市空间结构的分裂重组，社会空间中的产业结构关系、阶级阶层关系、权力和权益关系以及社会关系网络发生了巨大变化。现代社会网络正成为揭示社会复杂结构的重要概念，社会资本就是源于社会网络的，这在社会学研究中得到了充分的肯定。而且社会网络为社会规范和社会信任提供了可依托的场域，同一网络内互动，可以增进相互了解和监控，因此社会网络应该属于社会资本中最基础的部分(雷咸胜，2019)。农业转移人口在空间变革的背景下，开始重构新的权力格局和关系网络，通过分析数据发现农业转移人口的社会支持和社会网络重构呈现出新的“差序格局”。

“先赋网络”逐渐向“自致网络”拓展。中国的乡土社会是特别重视以家庭为纽带的亲缘和地缘关系的。中国老一辈学者几乎都把“家庭”作为中国传统社会中社会网络的基本单位。本地亲属人群从2017年的均值7.45人下降至2019年的6.8人。本地亲密朋友从4.92人飙升至13.90人，直接翻了一番多。但是，本地熟人圈的变化呈现断崖式下跌的趋势，从2017年的16.98人下跌至5.34人。从上述变化可以看出，以家庭血缘关系和地缘关系构建的“先赋网络”的重要性逐渐被朋友关系网络和姻亲关系构建的“自致网络”替代。或者说，资源匮乏的“先赋网络”作为乡土社会的产物似乎已然成为新一代农业转移人口新的社会网络构建的桎梏和社会理性化过程的障碍（李培林，1996），因此打破固有的“熟人社会”限制，将社交圈扩大到迁移地的“陌生人社会”，最终形成新的“自致网络”结构是新一代农业转移人口新网络构建的方向。

“血缘关系”逐渐向“地缘关系”拓展。费孝通（1998）的“差序格局”观点指出，“中国传统社会以家庭为中心，社会人际关系主要来自血缘关系。而血缘关系与地缘关系是分不开的。也就是说中国传统社会人际关系是以血缘和地缘关系为基础，形成‘差序格局’”。李培林（1996）、王毅夫（2004）等的研究中都提到了进城务工人员的血缘、地缘网络边界并没有因生活场的改变而受影响。然而，数据显示，随着我国城镇化的快速发展，农业转移人口在“乡－城”之间迁徙的频率、速度、广度和深度较之前均发生了巨大变化，其中的一个影响就是以“血缘关系”为基础构建起的社会网络的重要性慢慢弱化，取而代之的是“地缘关系”的强化，并形成以此为基础的社会网络和社会关系的新格局。

“内卷化”逐渐向“外延化”拓展。农业转移人口，尤其是新生代农业转移人口“发展型”社交网络圈的形成，已然成为趋势。渠敬东（2001）用“生存－发展”构建了进城务工人员生存和发展两个阶段的城市生活状态。曹子玮（2004）也提出了“依靠原有社会网络—再建构新的社会网络”的分析框架，对渠敬东的研究进行了很好的回应。按照上述逻辑，农业转移人口的社会网络由初期的依靠血缘为主，到中期的以地缘为主，再到最后形成以依靠业缘为主的“发展型”社交网络圈。社会网络已经逐渐从建构、维持阶段发展到利用、拓展阶段。其中,部分人的城市生活状态已摆脱生存和生活的限制进入了发展期,其网络顶端和网络差异呈现出发展性、扩大化、优质化、差异化等特点,形成了社交网络圈的“差序格局”新局面。

四、农业转移人口城市融入条件与效果

农业转移人口已然成为现代城市社会的重要建设者和重要组成部分,然而流入地的社会环境、主流文化、生活方式、制度规约等都会对其产生不同程度的冲击。这一规模庞大的群体或积极融入成为城市建设和发展的重要力量;或融入受阻,对社会安定以及和谐社会建设带来巨大隐患,发生“对抗主流文化”(Willis,1977)、“逆向融合”(Haller,2011)、“反移民化”(刘玉照,2005)、“自愿性隔离”(郭星华、杨杰丽,2005)等情况。深入研究农业转移人口的身份认同和社会适应情况,帮助农业转移人口克服障碍,实现身份认同,尽快融入迁移地的社会环境和主流文化,关乎社会稳定发展与长治久安,具有重要意义(路锦非,2018)。因此,本研究基于实践语境中农业转移人口身份认同的实证研究,找出核心影响因素,希冀进一步丰富身份认同影响因素的研究,这对加速实现该群体市民化和社会融入有着重要的理论价值和实践意义。

社会学视角下的身份认同,强调“主体对其身份或角色的合法性的确认,对身份或角色的共识及这种共识对社会关系的影响”(张淑华等,2012)。李斌(2019)认为,身份认同是行动主体在社会生活流中对主观自我与社会群体在文化生活、行为理念、价值取向等各方面的同一性与差异性进行持续不断的验证,最终追求趋同的动态互动、持续重组的心理过程。可见,身份认同既是一个与移入地居民主流价值观念趋同的心理过程,也是一个关系网络重构的社会化过程,还是一个行为选择过程。因此,有学者将身份认同作为衡量农业转移人口市民化和社会融入的重要测量指标(徐臻,2018)。

当前学者从不同的视角建构了身份认同的影响因素且成果较为丰硕，认为自主性不同的个体在同一时空情境下对自我整体的感知、类群归属划分、合法性身份确认及是否需要重构认识的理解呈现出不同的演化逻辑（Legault et al.，2017），这种差异性最终影响其行为选择和价值取向，并认为影响身份认同的因素是多维度的。本研究从文化维度、市场维度、制度维度来展开解析。

在文化维度上，对农业转移人口而言，城市不仅是各种器物构件和管理机构的人工聚合物，同时也是深深根植于现代主流的价值信念、伦理道德、生活习惯以及意识形态等文化土壤（陈立旭，2002）。有学者指出，农业转移人口对现代城市文化的适应并非毫无困难（张卫枚，2012；马威、罗婷，2014），信息化在加速城市文化变迁的同时还塑造了独特的城市文化形态，这对农业转移人口的个体认知能力提出了很高的要求。同时，教育作为文化知识和信息获取的重要渠道，受教育程度可以作为一个重要变量来测量农民工身份认同（王毅、梁晓，2003；王春光，2001）。另外，语言作为文化事实本身的重要表征（Kramsch，2000）和文化表达的工具媒介（马林诺夫斯基，2002），也被学者们认为是考察身份认同的一个指标。

农业转移人口的身份认同会随着行动主体物理地域的迁移而进行流入地内部的再次分化，权力地位的高低会引发身份认同的区隔（Davis & Love，2016）。空间置换引发农业转移人口社会网络的重构，而社会网络作为社会资本的重要考察指标，对身份认同的影响也不容小觑。当农业转移人口从以“血缘”和“地缘”为主的关系网络进入以“业缘”为核心的流入地社交圈时，定会经历一场身份类型归属重置、合法性身份确认的质疑和反思。王桂新等（2011）认为，农民工的社会资本越丰富，越有利于消除群体偏见和改变身份认同。同时，对不同性质社会网络的依赖程度也会对身份认同产生不同的影响。具体来说，越依赖以“血缘”和“地缘”关系形成的乡土关系圈，越难融入以“业缘”关系为核心的流入地城镇社会网络（蔡禾、曹志刚，2009；朱考金、刘瑞清，2007），这与“乡土性与现代性之间并不一定构成对立关系，也可能产生促进效应”的观点有一定出入（李强、李凌，2014）。

在市场维度上，经济地位（李春玲，2004）、市场能力（李斌，2013）也被认为是影响农民工能否实现再社会化的重要变量。蔡禾等(2009)在此研究基础上进一步提出,虽然市场能力中的文化程度会对城市空间认同或者有抑制效应,但市场能力的增强仍然有助于农民工在城市中实现职业身份的转变。与此同时,以城市住房、小汽车为代表的“累积性”财富分化已取代“即期性”职业能力因素而成为身份认同分化的重要解释维度。

在制度维度上,主要集中在制度层面的宏观性建构,包括户籍、公共资源和公共福利获取等,是一种结构主义实践取向的逻辑。早期学界有关农业转移人口身份认同的研究主要采取结构主义的批判视角,强调社会特有的体制结构、制度性安排以及具体的制度实践对身份认同的决定性意义(Stryker & Burke,2000)。有学者认为,户籍制度削弱了城市本地人与农民工之间在群体边界上的渗透性,强化了群体偏见(Shi et al. ,2017),城乡户籍造成的身份分类、制度排斥与文化隔阂是导致农业转移人口身份认同困境的核心要素(崔岩,2012)。

这里分析用的数据仍然选择2017年课题组对湖南省长沙市城市化与新移民调查的数据库(2017年数据)。这个调查对长沙市500个家庭中在调查地居住7天以上的18—65岁的公民进行了面访。根据上述对农业转移人口的定义,依照统计分析规范,在去除不符合条件的案例和缺失案例后,最终只获得152个有效样本。

本研究被解释变量为身份认同。在数据库里用“就您目前的生活状况来说,您认为自己属于哪类人”这一问题来体现,答案选项包括本地人、新本地人、既是本地人又是外地人、外地人和说不清,本研究中将“说不清”归为“既是本地人又是外地人”一项,并且分别赋值4、3、2、1。根据因变量的多分答案选项,本研究采用多分类Logistic回归方法来进行数据处理。

解释变量包含四个维度,一是语言文化层面,用“您能讲本地话吗”来进行测量语言融入情况。答案选项“能讲”“能讲一点”赋值为1,“不能”赋值为2,作为一个二分变量处理。二是社会生活层面,包括社会生活、社会网络、社会信任三方面。首先,社会生活方面,“您是否熟悉本地特有的风俗习惯”一题用于测量农业转移人口有生活方面的融入程度,“很熟悉=4”“大部分熟悉=3”“熟悉一些=2”“几乎不熟悉=1”。其次,社会网络方面,用“在本地，您经常联系的亲戚有几个；朋友有几个；同事有几个（同事指工作之外的联系）；老乡有几个"来进行测量，并将具体数值答案作为连续变量处理。最后，社会信任方面，用"请问您对本地人的信任程度如何"一题来进行测量。5个答案"完全不信任""不太信任""一般""比较信任""非常信任"分别赋值1、2、3、4、5。三是经济层面，本研究用住房自有或租赁来反映经济水平。将租/住廉租房、租/住亲友房、租/住私人房、集体宿舍都归为没有自有住房一类，赋值2，与"自有住房=1"形成对比组。四是制度层面，"政策性"农转非与"自致性"农转非人员在身份认同上存在着显著差异性，已被诸多学者论证过。

控制变量为"性别""年龄""婚姻状况""受教育程度"。其中，性别处理中将男=1，女=2。"年龄"的具体数值作为连续性变量处理。"婚姻状况"中，1=未婚，2=在婚。"受教育程度"答案选项赋值为：未上学=0；小学=6；初中=9；高中、中专、职高技校=12；大学专科=15；大学本科=16；研究生=19。本研究还认为，"您有几次地级市以上的迁移经历（跨地级市求学、就业都算）"会对身份认同产生影响，因此也需纳入控制变量，答案具体数值作为连续变量。为了更准确地反映自变量对因变量的影响，本研究将上述常用的四个人口学变量和迁移次数作为控制变量。

根据因变量的结构类型，本研究选用多分类Logistic回归分析模型。性别、婚姻、住房性质、对当地习俗的熟悉情况和是否能讲本土话作为二分定类数据处理，其他视为定序和定距变量，直接纳入模型不作处理。有序回归平行性检验结果显示 $p=0.000<0.05$，因此需进一步选用无序多分类Logistic回归分析模型去处理。

第一个模型是以 $y=1$（外地人）为参照，探讨自变量对既是本地人又是外地人身份认同的影响。年龄、受教育程度、婚姻状况、迁移经历等均对外地人身份认同的影响无统计学意义，只有"住房性质"对 $y=1$ 的影响有统计学意义，其中相对于多人口来说，"自有住房者"认为自己既是本地人又是外地人的可能性是租房或住公房的农业转移人口的8.591倍，也就是说，在流入地购有自住房的农业转移人口会比无房者更倾向于认为自己既是本地人又是外地人。

第二个模型是以 y = 1(外地人)为参照,探讨自变量对新本地人身份认同的影响。年龄、婚姻状况、迁移经历等均对外地人身份认同的影响无统计学意义,“受教育程度”“住房性质”“对本地特有习俗熟悉程度”对 y = 1 的影响有统计学意义。受教育程度每增加一年,对“新本地人”身份认同提高 1.413 个标准差。对本地特殊习俗了解程度越高,越认同自己是新本地人。在流入地有购房者的新本地人身份认同发生的可能性是无房者的 31.5 倍。

第三个模型是以 y = 1(外地人)为参照,探讨自变量对本地人身份认同的影响。年龄每增长一岁,本地人身份认同系数增加 1.093 个标准差。受教育程度每增加一年,本地人身份认同系数增加 1.286。迁移经历也显著影响着本地人的身份认同度,具体来说迁移经历每增加一次,本地人身份认同的可能性增加 0.313 倍。会讲本土话每增加一个系数,本地人身份认同系数增加 0.03 个标准差。同理,“对本地特有习俗熟悉程度”、“社会网络”、“对本地人的信任程度”和“住房性质”均对农业转移人口的本地人身份认同有显著性影响,具有统计学意义。但是,对比模型 1、2、3 的结果显示,并不是越熟悉本地特有习俗和越信任本地人越认同本地人身份。与此同时,社会网络对本地人身份认同也存在着网络圈区隔差异。

表 12-7　农业转移人口身份认同的参数估算值

本地/外地人(四分类)[a]		B	标准误差	瓦尔德	Exp(B)
既是本地人又是外地人	截距	-1.534	1.713	0.802	
	年龄	0.014	0.030	0.217	1.014
	受教育程度	0.072	0.084	0.735	1.075
	迁移经历	-0.220	0.145	2.309	0.803
	[婚姻状况 = 1.00]	-0.199	0.564	0.124	0.820
	[受访本人性别 = 1]	0.050	0.470	0.011	1.052
	[会讲本土话 = 1.00]	-0.464	0.467	0.989	0.629
	[住房性质 = 1.00]	2.151	0.711	9.145	8.591**

续表

本地/外地人(四分类)[a]		B	标准误差	瓦尔德	Exp(B)
新本地人	截距	-6.288	3.344	3.535	
	年龄	0.027	0.052	0.264	1.027
	受教育程度	0.346	0.158	4.785	1.413**
	迁移经历	-0.158	0.225	0.492	0.854
	[婚姻状况 =1.00]	-1.299	0.946	1.885	0.273
	[受访本人性别 =1]	0.173	0.731	0.056	1.189
	[会讲本土话 =1.00]	-1.920	1.087	3.119	0.147
	[习俗熟悉程度(序列) =2.00]	-2.741	1.335	4.215	0.065*
	[住房性质 =1.00]	3.450	0.875	15.541	31.500***
本地人	截距	-4.588	1.927	5.670	
	年龄	0.089	0.032	7.850	1.093**
	受教育程度	0.252	0.094	7.159	1.286**
	迁移经历	-1.161	0.250	21.642	0.313***
	[婚姻状况 =1.00]	-0.401	0.629	0.407	0.670
	[受访本人性别 =1]	-0.312	0.484	0.416	0.732
	[会讲本土话 =1.00]	-3.507	1.045	11.249	0.030***
	[习俗熟悉程度(序列) =2.00]	-4.722	0.904	27.298	0.009***
	[习俗熟悉程度(序列) =3.00]	-1.740	0.668	6.775	0.176**
	在本地,您经常联系的亲戚	0.163	0.063	6.622	1.177*
	在本地,您经常联系的老乡	-0.164	0.050	10.583	0.849***
	[本地人的信任程度 =2]	-1.476	0.739	3.986	0.229***
	[本地人的信任程度 =3]	-1.086	0.508	4.576	0.338***
	[住房性质 =1.00]	3.000	0.662	20.542	20.087***

注:a. 参考类别为:^1(外地人);b. 此参数冗余,因此设置为零。

(一)农业转移人口的受教育程度

社会流动既包括物理学上的空间置换,也包括主体的社会权力地位变动。追溯其根源，发现所有的影响因素，包括人力资本、社会资本、制度环境等，均可归为“先赋性”代际累积和“自致性”个体创造两大类。人力资本理论认为，高等教育是对经济地位和职业地位获得的一种很好的解释机制；现代教育是形成人力资本的最重要途径，受教育层次越高，教育质量越好，个人所获得的人力资本存量就越多，收入水平就越高（吴克明，2013）。从人力资本理论的角度来看教育的经济功能是予以支持的，其社会功能也是值得重视的。自1999年起，我国大学生扩招使得原本属于精英阶层的所属特权变成大众化、平民化。“读书无用论”“书读得好，不如工打得好”等社会舆论使得百姓大众严重质疑高等教育的有用性。高等教育作为实现社会流动的桥梁功能也饱受诟病。

与以上结论不同的是，本研究通过数据分析得出，受教育程度每增加一年，其本地人身份认同的发生比例便增加128.6%，能更好地融入当地人的生活。教育不仅能够增强劳动者的生产能力，提高劳动生产率，而且教育能够增强劳动者的配置能力，即处理不均衡状态的能力，这一能力有助于劳动者将包括劳动、资金等在内的各种资源进行最有效率的配置或最优配置，其社会功能也正体现于此。还有学者认为，教育可以促进个体社会资本的增加，如有过大学生活经历的个体可以获得更多社会支持、更高人际交往能力和更强社会归属感（向冠春、刘娜，2011）；高等教育还可以促使个体获得更多文化资本，如人格素养的提高、个体闲暇文化水平的提高、个体生活素养的提高，为更好更快地适应流入地的现代城市文明生活方式提供保障。

（二）农业转移人口的社会资本

Putnam（1995）从构成性视角出发，将社会资本的建构要素分为信任、网络和规范。其中，信任作为核心指标，对社会资本的测量具有很好的信度和效度（Halpern，2005）。农业转移人口对本地人的信任可强化其本地人的身份认同感，但是在信任程度上也出现了微妙的差异性。对本地人的完全不信任和完全信任对身份认同的影响缺乏统计学意义，但是一般程度的信任度反倒显著影响着农业转移人口的本地人身份认同。社会信任作为一种人的心理状态或偏好，会隐性支配人的行动逻辑和价值取向。信任也是参与者主体博弈的过程，在博弈中，当两个博弈参与者达成“合作”均衡时，即可认定他们是互相信任的（齐秀琳、伍骏骞，2017）。中国社会的差序格局特征赋予了每一个体另外一种基于亲缘或地缘关系的身份认同。当空间转移导致原有的“亲缘”或“地缘”关系断裂时，在流入地需要重新建构“业缘”关系圈来替代或弥补因迁移造成的关系流失和情感缺失。在此背景下，“均衡合作”效应的信任机制占据指导地位，“中位”的信任度能够有效地促进农业转移人口构建新的合法化的身份角色认同。

社会网络中以亲戚关系为核心的“血缘”圈和以老乡关系为核心的“地缘”圈对农业转移人口本地人身份认同产生显著影响，反观以朋友和同事为核心建构的“业缘”圈却影响不显著。流动人口被视为在差序格局环境下成长的能动性个体，流动性是其本质特性。农业转移人口业缘关系网络和地缘关系网络的建立更具有自发性和能动性，但是在业缘关系网络的建立上缺乏主动性。定居是差序格局的基础（侯东栋、王晓慧，2018），农业转移人口迁移至物理上的新空间，为了生存的需要，其必定会重新建立起基于流入地的血缘、地缘、业缘等亲疏有别的生产生活共同体，处在“水波圈”中心的血缘关系网和业缘关系网被重新激发，并形成向外差异化扩散的业缘关系辐射圈。

（三）农业转移人口的自有住房

住房具有多重属性和功能，其重要性是一般商品所无法比拟的。住房的居住功能既是常识，也是其他功能的本源。住房居住功能的本源性，既来自人的居住权的天赋性，也来自住房属性的内在市场逻辑（易宪容，2017）。因此，自有住房差异化显著影响着农业转移人口“既是本地人又是外地人”、“新本地人”和“本地人”的三种身份认同。其中，“新本地人”身份认同度的显著效应最高。农业转移人口落脚城市的第一步是居住问题的解决（吕萍，2015）。诚然，住房的政治功能、投资功能和消费功能是一般商品所无法替代的。但是，对于中低收入的民众来说，住房作为一种可以长久使用的大额耐用生活必需品，只是解决其基本的生存需要。作为中国公民最重要的天赋人权，“居住权”和“空间权”的获取一直是民众所追求的，也是农业转移人口实现永久性迁移的一个必要条件。

自有住房对农业转移人口而言,除安身之命的功能之外,也是体现其市场能力的重要指标。李斌(2013)认为,市场能力的高低是农民工能否实现再社会化的重要变量,市场能力的增强有助于农民工在城市中实现职业身份的转变(蔡禾、曹志刚,2009),而自住房的购买力又是其市场能力强弱的重要指示器。一部分市场能力较强的农业转移人口,或者是在政策红利的刺激下,原有住房产值急剧暴涨或极短时间内因拆迁补偿获取大笔资金,这部分"搭政策便车"的"政策性"农转非人口,跨越了住房的居住功能,开始关注住房的投资和消费功能。在"获利 - 认同"的良性循环下,该部分群体会更快地提高生活品质,更好地融入现代城市文明生活。

五、农业转移人口在城市空间的实践演绎

为了探究农业转移人口进入城市后所发生的变化,本课题组于 2019 年 6 月在长沙市选择了 20 个街道,在每个街道再选择 2 个社区,一共 40 个社区,在每个街道选择 25 个家庭展开调查。这 40 个社区,可以分为 7 种不同的社区类型,分别是未经改造的老城社区、单一或混合单位社区、保障性住房社区、普通商品房社区、高级住宅或别墅区、由农村社区转变过来的城市社区(村改居、村居合并或"城中村")和安置区。为了方便阐述,本研究进一步将社区类型归类为两大类:第一类为城乡结合社区,包括由农村社区转变过来的城市社区、保障性住房社区以及安置区;第二类为城市社区,包括未经改造的老城社区、单一或混合单位社区、普通商品房社区、高级住宅或别墅区。数据调查获得的结果是:第一类社区受访人数为 217 人,第二类社区受访人数为 771 人。

本研究的目的是探测居住区社区的性质,以农业转移人口为主的社区或以城市居民为主的社区之间存在的差异。另外就是农业转移人口进入长沙市以后,其发生的市民化进程如何,城市融入度如何,以此来探究城乡关系在城市层面的进展。

(一)居民个体性话语

1. 户口

中外学者习惯于使用“户口”来描绘中国城市化、城乡关系协调发展的核心指标。并且指责正是由于中国采取了过于严格的户口制度,才造成了既有的城乡二元结构。本课题并不认为户口制度运行到今天,还具有其特别重大的意义。实际上中国城市的户口在很大程度上已经失去其基本意义。整体意义上的城市户口已经不比城市零散的居住地重要了,因为居住社区往往与“学区”“环境”“卫生”等联系在一起。

表 12－8 两类社区居民出生时和目前的户口性质所占比例对比(%)

	城乡结合社区		城市社区	
	出生时	目前	出生时	目前
农业户口	69.6	51.9	46.8	30.0
非农业户口	18.4	29.4	34.9	44.5
居民户口(之前是非农)	10.6	10.8	16.6	18.9
居民户口(之前是农)	1.4	7.9	1.7	6.6

尽管如此,本研究发现,目前城市社区中几乎所有社区均有农业转移人口在居住,而且获得城市户籍的人口在增多。表 12－8 数据揭示,出生时是农业户口的人数所占的比例要多于目前农村户口的人数:城乡结合社区中的居民与城市社区中的居民在出生时和现在的户口类型分布情况具有很大的差异。从出生时的户口类型来看,不论是城乡结合社区还是城市社区,居民最主要的户口类型都是农业户口。城乡结合社区的农业户口居民占比更多,为 69.6%,而城市社区的农业居民户口不超过总受访者的一半,为 46.8%。从目前的户口类型来看,城乡结合社区仍然以农业户口居民为主,占比 51.9%,而城市社区的户口分布结构发生了显著改变,居民户口转为以非农业户口为主,占比 44.5%。

如图 12－3 所示,在城乡结合社区居民中,不论是出生时还是目前的情况，都是农业户口居民所占比例最大。尽管该比例从出生时的69.6%下降至51.9%，农业户口居民仍然超过总受访者的一半。非农业户口所占比例远远低于农业户口，出生时为非农户口的居民仅占18.4%，目前上升至29.4%，这表明有约10%的居民在出生之后由本来的农业户口转为非农户口。

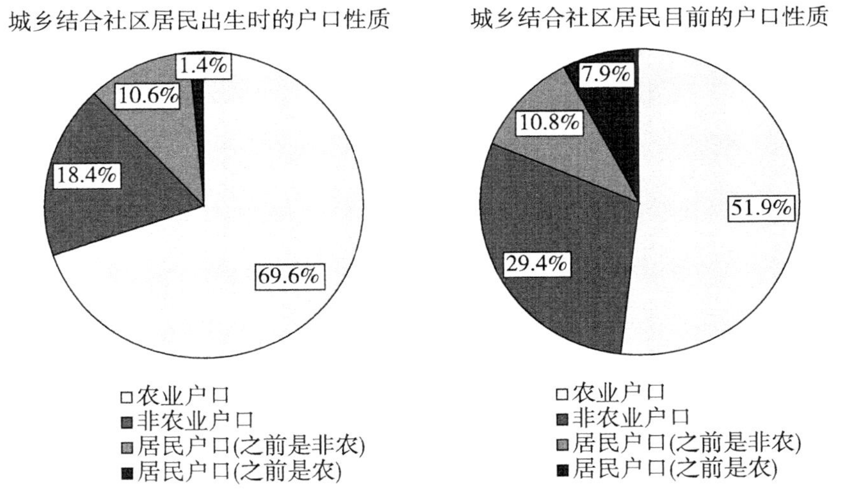

图12-3　城乡结合社区居民出生时和目前的户口分布情况对比

而如图12-4所示，即使在比较单纯的城市社区，居住其中的是农村户口的人数也占了很大一部分。数据显示，在城市社区中，农业户口居民所占比例由出生时的46.8%下降至目前的30.0%，而非农业户口居民所占比例由34.9%上升至44.5%。非农业户口居民成为城市社区居民中的主要组成部分。数据表明，有约10%的城市社区居民由出生时的农业户口转变为现在的非农业户口。

户口类型是我国城市化的重要指标，一定程度上反映了该地区人口的城市化程度。从本次调查得到的数据可以看出，长沙居民户口分布呈现出由农业户口转变为非农业户口的趋势，这说明在新型城镇化进程中，随着户籍制度的改革以及城市落户条件的放宽，城市户口居民人数不断增加，城市

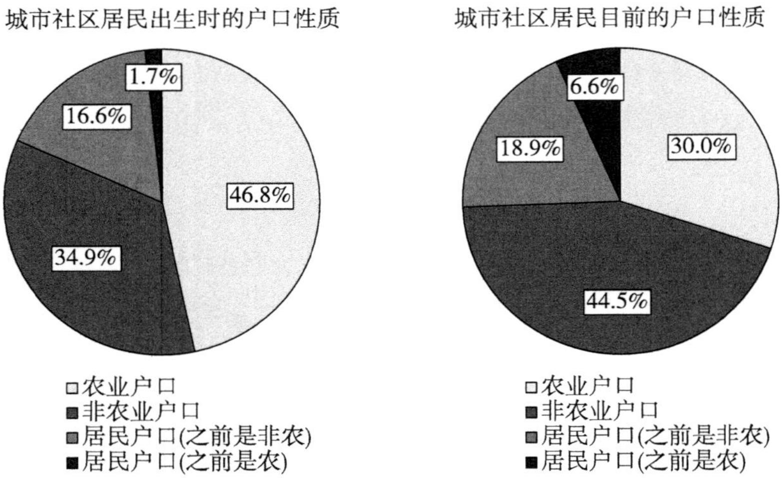

图 12－4　城市社区居民出生时和目前的户口分布情况对比

化进程加快。值得注意的是，城乡结合社区中的居民目前仍然以农业户口类型为主。因此，在区分城乡时，过度强调户口性质，会使相关政策走偏，户口应该逐步退出政策考量的序列。

2. 收入与开支

城乡关系的协调在于城市与农村居民能够获得大抵一致的收入，并且这样的收入或收入差异能够被城乡居民认同。目前收入分配的机制已经由计划经济时期的劳动决定过渡到资本、身份、劳动等多重决定。善于投资也是获得好收入的重要途径。

调查发现，农业转移人口进入城市后，他们的收入与消费和城市社区的居民存在比较大的差距。表 12－9 和图 12－5 展示了两类社区中的居民在个人收入、家庭收入和家庭开支方面的差异。通过独立样本 T 检验发现，两类社区居民在这三方面的均值都具有统计上的显着差异（$p < 0.05$）。城市社区居民的个人收入和家庭收入金额都显著高于城乡结合社区，并且差额较大，城市社区居民个人收入均值甚至是城乡结合社区居民收入的两倍。从家庭开支来看，城市社区居民的家庭开支也显著高于城乡结合社区。

表 12-9　两类社区居民收入与开支的均值比较(元)

	城乡结合社区(均值)	城市社区(均值)
个人收入(税后)	49324.88	91537.54
家庭收入	137753.92	190261.99
家庭开支	99131.80	123739.04

由此可见,因为城乡结合社区中有较多的农村转移人口居住,于是他们的收入以及花费都相对少些。这说明进入城市的农业转移人口要想与城市居民同步,还需要假以时日。城乡融合在收入上还需要转移人口自身以及市场引导与政策鼓励。

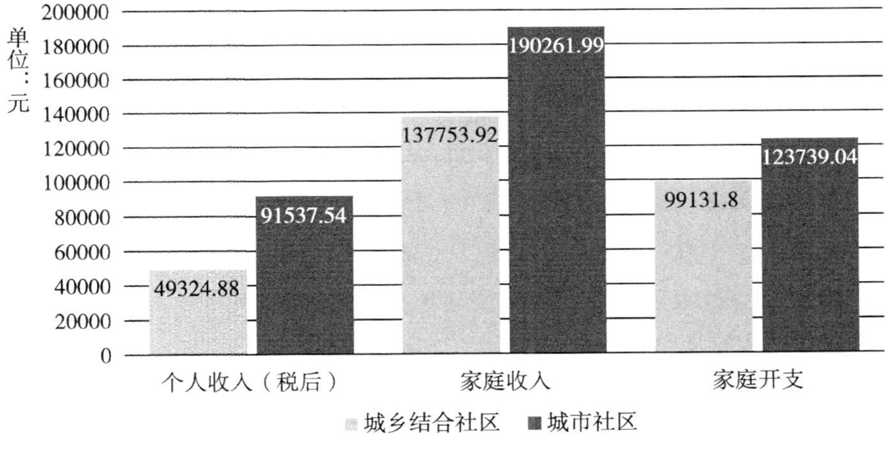

图 12-5　城乡结合社区与城市社区居民收入和开支均值对比

3. 受教育程度

现代城市社会特别鼓励个体的积极努力。然而城市社会是根据个人所从事的职业以及职位高低来支付酬劳的。受教育程度高的居民更容易获取地位高、收入多的职业,否则就只能从事地位低月收入也低的工作。调查显示,城乡结合社区居民受教育程度明显低于城市社区居民。

表 12－10　两类社区居民受教育程度分布情况对比（%）

	城乡结合社区	城市社区
未上过学	2	2
小学	11.2	7
普通初中	35.6	19
普通高中	21.3	19.8
职业高中（中专/技校）	7	6.2
大学专科	7	15.9
大学本科	13.1	25.8
硕士研究生	2.3	3.7
博士研究生	0.5	0.3

表 12－10 展示了城乡结合社区居民和城市社区居民的受教育程度分布比例。在城乡结合社区中，居民的文化程度大部分为普通初中（35.6%），其次是普通高中（21.3%）；在城市社区中，居民的文化程度大部分为大学本科（25.8%），其次是普通高中（19.8%）。从两类社区的总体情况来看，城乡社区居民的受教育程度普遍在职业高中（中专/技校）及以下，而城市社区居民更多地在大学专科及以上。由此可见，两类社区居民在受教育程度上也有显著的差异，城乡结合社区居民受教育程度相对低一些。

图 12－6 清晰地展示了两类社区居民受教育程度的分布情况，城乡结合社区居民的文化程度峰值出现在普通初中，而城市社区居民为大学本科。以职业高中为转折点，职业高中及以下学历以城乡结合社区居民为主，职业高中及以上学历以城市社区居民为主。

4. 工作与就业

尽管在现代城市社会，职位、职称、权利、权力、资本、机会、资格、教育、工作等多种因素决定了人们在社会中所处的等级。但是就一般城市居民而言，工作与就业仍然是核心决定因素。而根据怀特布劳的研究，就业与工作存在高低等级差异。李春玲指出，当前中国社会，决定人们声望地位的主要因素是教育、收入、权力、就业单位性质，以及是否从事受歧视职业，主导声

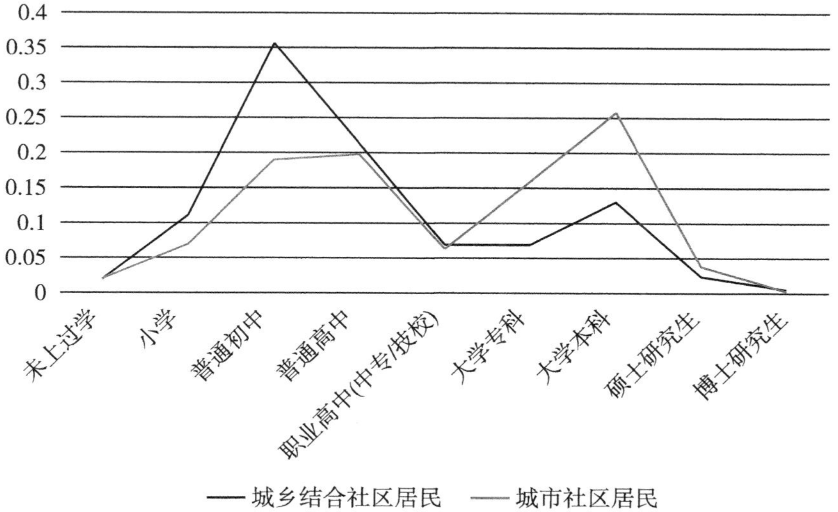

图 12－6　两类社区居民受教育程度分布情况

望地位评价的标准是工业化社会的普遍主义价值。

表 12－11 展示了两类社区居民的就业身份分布情况。从总体结构来看，城乡结合社区居民和城市社区居民的职业都以单位雇员/工薪收入者为主，但城市社区居民在单位雇员上的比例显著偏高。更具体来看，城乡结合社区居民在务农人员、无固定雇主的零散工、自营劳动者这三种职业的比例显著高于城市社区的居民。该结果表明，在新型城镇化的背景下，不论是在城乡结合社区还是在城市社区，居民的就业身份分布结构都已经形成了以单位雇员/工薪收入者为主导的局面。

表 12－12 进一步展示了两类社区居民所在单位类型的分布情况。从总体结构来看，城乡结合社区居民和城市社区居民的所在单位都以私有/民营或私有/民营控股企业为主。具体来看，城市社区居民在党政机关/人民团体、国有企业及国有控股企业、国有/集体事业单位这三类单位中工作的比例显著高于城乡结合社区，尤其是在国有企业单位的比例，高出了 13.6%。然而，城乡结合社区居民在集体所有或集体控股企业、民办非企业单位、社区居委会/村委会等自治组织、个体工商户工作的比例显著高于城市社区居民，没有工作单位的居民比例也显著偏高。

表 12-11　两类社区居民就业身份分布情况对比(%)

	城乡结合社区居民	城市社区居民
单位雇员/工薪收入者	55.6	69.4
雇主/老板	9.0	8.2
自营劳动者	15.3	7.4
家庭帮工(为自家的企业工作,但不是老板)	0.5	2.1
自由职业者	3.2	4.4
劳务工/派遣人员	1.6	1.8
无固定雇主的零工/散工	6.3	2.2
务农	7.9	3.8
无业	0.6	0.7

该结果表明,在新型城镇化的背景下,不论是在城乡结合社区还是在城市社区,居民的所在单位都已经形成了以私企或民营企业为主导的局面。但是,二者仍然具有明显的差异,城市社区的居民更倾向于在相对更稳定的、门槛相对较高的单位中工作(例如国企),而城乡结合社区居民的所在单位或工作类型相对较不稳定、门槛偏低(例如零散工)。

表 12-12　两类社区居民所在单位类型分布情况对比(%)

	城乡结合社区居民	城市社区居民
党政机关/人民团体	1.6	3.2
国有企业及国有控股企业	3.2	16.8
国有/集体事业单位	5.3	12.1
集体所有或集体控股企业	10.0	2.2
私有/民营或私有/民营控股企业	34.2	36.4
三资企业	1.1	1.2
协会/行业/基金会等社会团体或组织	0.0	0.4
民办非企业单位	4.2	1.8

续表

	城乡结合社区居民	城市社区居民
社区居委会/村委会等自治组织	3.7	1.2
个体工商户	20.5	13.9
无单位	16.2	10.8

5. 社会保障

城乡关系不协调表现在城市内部，主要是指城市户口居民与农村户口居民享受差异性极大的社会保障制度。如城市居民可以享受较为便捷的医疗、教育、公共服务，而农村户籍的居民要么被排斥在外，要么需要花高价才能享受。如此状况的存在反映了城乡关系在城市场域内的不和谐、不协调。

表12－13和图12－7展示了两类社区居民享受不同类型社会保障的差异。总体上看，城乡结合社区居民和城市社区居民在社会保障享受比例上呈现相似的分布结构，即两类社区中大部分居民都享有养老保险和医疗保险，比例均超过总样本的70%，其他保障的覆盖率都偏低，小于总样本的50%。具体来看，除了医疗保险和低保以外，城市社区居民在其他所有社会保障的享有率都比城乡结合社区居民更高。该结果表明，无论是在城乡结合社区还是城市社区，社会保障覆盖面都有待提高。

表12－13　两类社区居民社会保障覆盖情况（%）

	城乡结合社区居民		城市社区居民	
	有	没有	有	没有
养老保险	70.8	28.7	71.2	27.7
医疗保险	92.2	7.8	87.1	11.7
失业保险	22.1	77.9	35.2	62.7
工伤保险	21.7	77.9	36.0	61.7
生育保险	20.7	78.8	32.0	64.5
最低生活保障（低保）	3.2	96.8	2.6	94.8
住房公积金	12.5	84.7	22.2	75.3

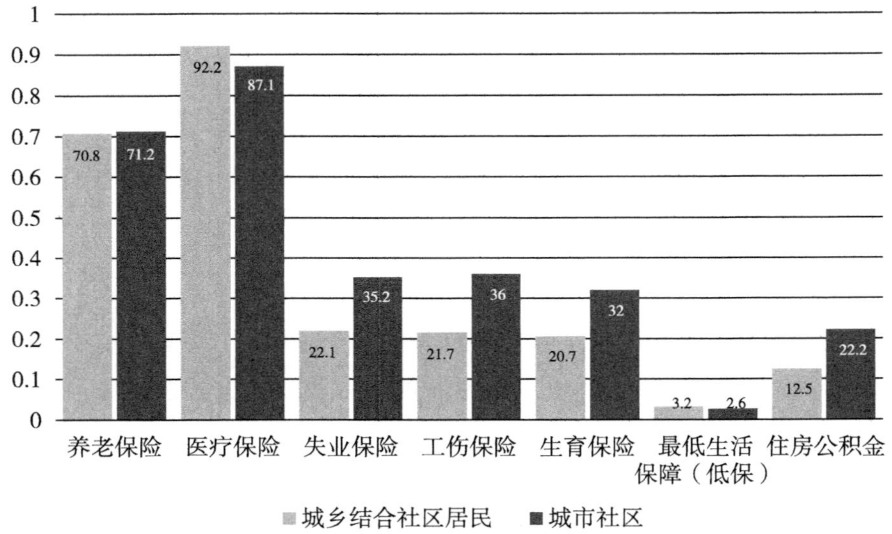

图 12－7　两类社区居民社会保障覆盖比例(％)

6. 社会参与和生活感受

国务院于2014年出台的《国家新型城镇化规划(2014—2020年)》提出，"完善农业转移人口社会参与机制……要积极引导农业转移人口参与社区公共活动、建设和管理"。农村转移人口积极参与城市所在社区的活动，具有良好的生活感受，表明他们已经处于关系良好的状态中。

课题组从居民的社会参与情况、社会接纳程度感受、社会公平程度感受、社会安全程度感受和社会信任程度感受这5个维度来对比两类社区居民的社会参与和生活感受情况。表12－14展示了两类社区居民在这5个维度上得分的均值差异对比。

社会参与情况使用7道问题进行测量，包括是否与周围的人讨论政治问题、是否参加基层人大代表选举、是否向新闻媒体反映过意见等，得分越高表示社会参与程度更高。独立样本T检验表明，两类社区居民在社会参与情况上没有显著的差异，虽然城市社区居民的社会参与度略微偏高，但总体来说，居民的社会参与程度普遍都低。

社会接纳程度使用1道问题进行测量，即目前居住的社区中，本地人普遍排斥外地人口，得分越高表示越同意这一观点。独立样本T检验表明，两类社区居民在社会接纳程度感受情况上有显著的差异，城市社区居民更倾向于认为本地人排斥外地人口，而城乡结合社区居民更倾向于不同意这一观点。

社会公平程度使用12道问题进行测量，包括测试居民对于公共医疗、高考制度、政治权利、收入分配、城乡居民权利与待遇、大城市与小城市居民之间的权利与待遇、有无编制人员的权利与待遇等，得分越高表示社会公平程度越高。独立样本T检验表明，两类社区居民在社会公平程度感受情况上没有显著的差异。尽管城乡结合社区居民认为社会公平程度略微偏高，但总体来说，居民普遍认为社会公平程度一般。

社会安全程度使用9道问题进行测量，包括个人和家庭财产、人身、交通、医疗、食品、隐私、环境安全等，得分越高表示社会安全程度感受越好。独立样本T检验表明，两类社区居民在社会安全程度感受情况上没有显著的差异。

社会信任程度使用7道问题进行测量，包括居民个人对政府、军队、司法、慈善以及媒体的信任程度，得分越高表示信任程度越好。独立样本T检验表明，两类社区居民在社会信任程度感受情况上有显著的差异，城乡结合社区居民的社会信任程度感受显著偏高，而城市社区居民的社会信任程度感受偏低。

该结果表明，城乡结合社区居民和城市社区居民在社会接纳程度感受和社会信任程度感受上具有显著的差异，但是在社会参与、社会公平感受、社会安全感受方面差别不明显。具体来说，城乡结合社区中的居民更倾向于认为目前生活的区域中本地人对外地人具有良好的社会接纳程度，并且对于社会中的各个职能机构具有更高的信任感。

表12－14　两类社区居民社会生活感受差异对比

	得分区间	城乡结合社区（均值）	城市社区（均值）	差异是否显著
社会参与情况	0—7	1.19	1.25	否
社会接纳程度感受	1—5	2.01	2.30	是

续表

	得分区间	城乡结合社区(均值)	城市社区(均值)	差异是否显著
社会公平程度感受	1—5	3. 21	3. 12	否
社会安全程度感受	1—5	3. 58	3. 47	否
社会信任程度感受	1—5	3. 65	3. 52	是

(二)社区的碎片化话语

如前所述,在2019年6月调查的40个社区中,有8个社区属于城乡结合社区类别,其中有6个社区属于新近由农村社区转变过来的城市社区(以下简称“城中村”)。经过比较,这6个社区与其他城市社区存在明显的差异。

1. 人口构成

除了个人层面所反映的户口类型人数差异之外,社区层面数据显示,“城中村”社区的流动人口占总人口的比例较普通城市社区更大。例如,位于望城区的RH社区,其流动人口的数量约占总人口的50%,YJ社区的流动人口数量甚至超过了常住人口的数量,是常住人口的1.3倍。而普通城市社区的流动人口所占比例相对较低,例如芙蓉区XF社区的流动人口仅为常住人口的18.3%。

2. 居委会人员构成

这一区别主要体现在居委会专职社会工作者的人数比例不同。社区专职社工是指由政府通过社会组织购买服务的形式,委派获得社会工作师证书的、具有专业执业资格的人员。专职社工经过了专业的社区工作培训和学习,在社区治理和社区建设方面具有更丰富的理论知识和更科学的工作方法。从本次调查的社区层面的数据来看,在普通城市社区中,大部分居委会都有专职社会工作者,而且所占比例较高,例如WY新村社区的居委会共有14人,其中专职社会工作者12人;RL社区居委会共有工作人员20人,其中专职社会工作者17人。但是,“城中村”社区中的专职社会工作者人数偏少,专职社会工作者在城乡结合社区中仍然不普及。在不少“城中村”社区中，甚至没有一个专职社会工作者，例如JP社区、YJ社区和RH社区的居委会中都没有专职社会工作者。

3. 辖区内的教育资源

教育资源的不平衡是城乡发展不协调的重要体现，不同地区经济发展的不平衡造成了教育资源上的差异以及受教育程度的不同。本次调查的社区层面数据显示，不同社区在教育资源的数量方面差别不大。不论是“城中村”社区还是普通城市社区，其社区内或社区附近都至少有一所幼儿园、小学、初中或高中。但是，从教育办学质量来看，“城中村”社区附近学校的办学质量仍然不如城市社区。这是由于长沙市重点学校或名牌学校仍然位于长沙市中心，从而那些优质的教师资源和办学条件也集中在这些区域。近年来，这一教育资源不平衡的局面正在逐渐转变，长沙市教育部门不断深化教育改革，推动中招与主城区并轨，不断促进城乡教育高位均衡发展。

4. 辖区内的医疗资源

社区层面数据显示，大部分社区内或附近有医院或卫生院至少1个，所以不同社区的医疗资源从数量上看并不明显。但是，经过总结发现，“城中村”社区距离医院相对较远，而普通城市社区距离医院更近。例如，JS社区和RH社区距离最近的医院约为3千米，TG社区距离最近的医院为2.7千米。这一距离在普通城市社区有明显的差异，大部分城市社区距离最近的医院都不超过1千米，例如芙蓉区NH社区附近有2家医院，距离最近的一家仅为0.5千米，开福区BT社区的居委会紧邻医院，居民就医非常方便。

5. 社区生活便利程度

社区生活便利程度主要体现在社区附近是否有超市、市场、公园、商业中心。从数量上看，不同社区在超市、市场、公园这三个设施上差异并不明显，大部分社区附近都有至少一家超市或市场，至少一个公园。但是，在社区附近是否有商业中心这一点上有显著的差异。“城中村”社区附近通常没有商业中心，距离商业中心一般5—10千米。而普通城市社区附近通常都有商业中心，距离较近，例如雨花区NP社区距离最近的商业中心仅为0.5千米。

6. 社区交通便利程度

社区交通便利程度主要体现在社区附近是否有公交站、地铁站及其数量和距离。在公交站方面，两类社区的差异并不明显，甚至“城中村”社区附近的公交车站数量更多，例如JG社区附近公交车站数量多达8个。在地铁站方面，两类社区有明显的差异，大部分“城中村”社区距离地铁站很远，例如JS社区距离最近的地铁站长达15千米，而城市社区附近通常都有1—2个地铁站。

六、归纳总结

本研究就城市社区和城乡结合社区在居民个人层面和社区层面分别进行了差异对比，总体来看，基于新型城镇化背景下，城乡关系具有以下显著特征。

（一）城乡二元结构格局普遍存在

虽然近年来国家对城乡关系一体化建设各方面关注众多，颇有成效，但是，从本次数据分析报告可以看出，目前城乡二元结构格局仍然是普遍存在的。从人口类型的分布来看，即使近年来已经对户籍制度进行了改革，但城乡结合社区的农业户口以及流动人口所占比例仍然普遍高于普通城市社区。这种二元格局不仅体现在人口类型的差异上，更重要的是，城乡居民在生活水平、受教育程度以及就业水平、社会保障享有情况上都具有极其显著的差异，这是由我国城乡长期发展不平衡所导致的。社区层面的分析结果同样印证了城乡差异，城乡结合社区的社区治理人员专业程度、公共基础设施的覆盖程度、社区生活便利程度以及社区交通便利程度普遍不如普通城市社区，这就导致了城乡结合社区的发展受到限制，无法像普通城市社区那样享受较高水平的教育与医疗资源、便利的交通网络。

本次调查弥补了现有文献的不足，虽然现有文献已经表明了城乡二元格局的现状，但少有分析报告指出具体的差异所在。由于城乡社区差异在各个方面都有所体现，这种二元结构很难在短时间内得以改善。针对城乡长期存在的二元结构差异格局，社会政策的制定应更具有针对性，即在城市地区与农村地区采取不同的政策，关注不同的社会问题，从而逐渐缓解城乡发展不平衡的现状。

(二)城乡结合社区居民社会生活感受优于城市社区

虽然城乡结合社区的经济水平和生活质量普遍低于城市社区，但本次数据分析发现，城乡结合社区居民在社会生活感受上要优于城市社区，这些感受体现在对社会接纳程度的认知上以及对社会的信任方面。在社会接纳程度的认知方面，可能是由于城乡结合社区中的农业户口和流动人口比例偏高，社区居民已经形成相互接纳的局面，所以本地人对外地人的接纳程度偏高，歧视程度偏低。在社会信任感方面，可能是由于城乡结合社区居民近年来享受着更为优惠的社会政策和政府对乡村地区建设的扶持，例如扶贫减贫工作、乡村基础设施建设等，从而导致这些地方的居民对政府、军队或媒体的信任程度偏高。

现有文献少有对城乡居民的生活感受方面的对比分析，所以本次数据分析为接下来的进一步研究奠定了基础。同时，对城市社区中的社会接纳感与社会信任感应予以更多的关注，找出城市居民生活感受出现不满意的原因。

(三)公共基础设施在质量上仍然有待提高

从本次数据分析来看，城乡结合社区在公共基础设施的数量上与普通城市社区已经趋于相近。这一点可以归因于近年来国家各部门对乡镇、郊区的基础设施建设规划与政策扶持。值得一提的是，城乡结合社区在学校的数量、医院的数量、公交车站的数量已经与城市社区相近，所以，生活在郊区或“城中村”的社区居民不会面临无学可上或无处就医的困境。但是，从公共设施质量的角度考虑，城乡结合社区仍然不如城市社区，尤其是在教育资源和医疗资源方面，城乡社区很难与城市社区齐平，原因可能是由于乡镇、郊区的经济发展水平相对落后，很难对优质的教育资源或医疗资源形成吸引力,同时也由于城市社区人口更加密集,并且公共基础设施已有多年的发展历程,各方面发展较为完善。今后,城乡结合社区居民数量在不断增加,逐渐对各项设施有更高的需求,所以城乡结合区域的公共基础设施在质量上还有很大的提升空间。

需要思考的问题:城乡之间曾经的二元格局已经逐步演变为以居住空间为基准的多样化的原子化的碎片性空间,在这样的空间格局态势下,共同体及其行动越来越难以形成,个人的心理慰藉也日益难以在现实网络中寻找,农村转移人口融入城市后面临的现代性困境如何克服?制度与个人需要做什么样的准备?

第十三章　流动人口城市融入的复杂性逻辑

流动人口的城市融入过程面临结构约束与个体选择双重复杂性逻辑演进。本研究从4个数据库中选择相关数据资料，从“结构 - 选择”视角探究流动人口市民化的实践逻辑。研究发现，处于结构层面的政治、市场、社会三大体系之间的整合度低；大多数流动人口在城市只感知到市场排斥，还没有注意到可能有的政策与城市社会排斥；具备如下特征的流动人口相对容易融入城市，这些特征大致是女性、较高的受教育程度、已婚、配偶是城里人，对法律规范以及现代城市组织有较多的了解、家庭经济收入高、在城市生活压力小、有正能量以及认同城市主流文化等。

一、问题的提出

人口城镇化是新型城镇化战略的核心。不仅仅是目前人口城镇化被期待可以在经济上带来百万亿元内需（蒋秀娟，2013），在结构上可以化解中国社会二元结构困境（接栋正，2013），在制度建设层面可以形成更加公平可持续发展的制度环境（匡贤明，2012），在现代性层面创造更多的“共容空间”，让更多的人过上有尊严的生活（张鸿雁，2013），同时它还是国家治理、社会治理创新的应有之义（刘武俊，2011），而人口城镇化的衡量尺度就是促进流动人口的城市融入。

本研究将政府、市场、社会视为结构约束要素来展开讨论，探究在结构约束背景下，流动人口行为选择的性质，再根据结构约束力与个体选择性质的组合推断流动人口城市融入效果。用于本研究讨论的数据来源有四：其一是中国社会经济数据库于2010年在全国所做的调查（CGSS），本研究以CGSS2010标识；其二是清华大学数据中心于2012年在全国所做的“中国城镇化与劳动移民研究”专项调查（简称“清华大学数据”）；其三是2012年由湖南省农民工“三融入”调研课题组所做的农民工专题调查（称“三融入”数据）；其四是笔者承担的民进湖南省委2013年重点调研课题“湖南省流动人口现状与需求调查研究”所获得的数据资料①。这四个数据都对流动人口展开了调查。就抽样范围来说，前两个数据以全国为抽样总体，后两个调查以湖南省为抽样母体；同时使用四个来源的数据，目的是从多个侧面印证所讨论的问题，以接近研究对象②。

二、结构、选择与城市融入

社会结构持续对个人产生影响（Yin Yue，2012），甚至人的生命本体就是“结构与选择”的“一体化二重性”的有机统一（陈秉公，2014）。流动人口的城市融入一直面临结构整合与个体选择策略双重演进。本研究设定良好结构整合主要是指，政府、市场与社会三者之间的协同契合：政府政策规范、许可、激励与引导；市场机会公平、创造、拓展与丰富；社会多样性且包容性广，共容性空间大。政府系统、市场系统、社会系统内部整合良好，三个系统之间契合度高，而且政府、市场、社会三系统的稳定与变迁之间具有较好的平衡与协调。反之，如果上述三个系统之间或者内部存在这样或那样的问题，则结构整合就比较差。而所谓的个体选择性主要是指流动人口在面对上述三个系统既有的影响力时所作出的反应，亦即面对以理性、现代性、市

---

① 该调查范围只涉及长沙、株洲、衡阳、岳阳与常德5个城市，这一调查的对象由两部分组成：其一是选取被调查城市流动人口集中居住的区域，采用PPS抽样选取调查对象；其二则是访谈相关城市公安部门流动人口管理机构以及计划生育机构的负责人，这次调查称为“湖南五市调查”。

② 在同一研究中使用多种数据来源其实是研究过程中的“常态”，如有学者运用三种来源不同的数据比较劳动报酬占GDP的份额。鉴于此，我们认为，不同来源的数据如果能够佐证大体一致的结论，或发现异样的事实，则表示该发现更接近“真理”。

场性、个体性、多样性、排斥性、选择性为特质的现代城市所采取的应对策略。流动人口是积极提升或调整自身素质以适应并融入现代城市；还是保留既有的个人特质，固守传统社会的交往方式、生活方式与生产方式；或采取回避方式消极抵抗城市？学术界往往将积极融入城市、与城市要求相匹配的选择行为归类为积极选择行为（Borjas G.，1987）；而将相对保守的、从城市退缩回传统、不思进取的行为称为消极选择行为（Yinon Cohen，2007）。一般来说，积极的选择行为会导致较好的城市融入，而消极的选择行为则会走向"内卷化"[①]，抗逆城市融入进程。

流动人口的行为选择是否积极也取决于结构约束力强弱以及个体自身的特质。具有吸引力的整合良好的城市结构环境有助于流动人口的城市融入。例如，美国制度环境相比以色列就有更大的融合力，苏联流入美国的流动人口的积极选择行为就多些，他们融入美国社会比较快；而流入以色列的流动人口消极选择多些，他们融入劳动力市场的难度较大（Yinon Cohen，2007）。这说明，结构约束力的确会影响流动人口的融入。而就流动者来说，个体素质高，流动前具备现代城市所要求的特质多，作积极选择行为的可能性就大；反之，则消极选择行为会多些。比如，劳动技能转换率越高，流动带来的好处越多，流动者就越容易作肯定性选择（positively self-selection），其城市融入速度也就比较快（谢桂华，2012）；反之，如果劳动技能之间的转换难度大，消极选择也就容易出现。因此，高素质劳动者往往容易实现城市融入，而低素质的劳动者则比较难。此外，年龄、教育水平、工作经历、动机、社会关系等特征在一定程度上也影响着流动人口的行为选择性（Portes，A. & R. Rumbaut，1996）。

综上所述，如果包括社会制度在内的结构性约束条件保持不变，而流动人口自身能够作出积极选择融入城市，即积极提升自己与城市要求相匹配

① 这里的"内卷化"包含这样几层含义：第一，对城市社会不认可，或者不被城市社会认可，更多的情况是他们不被城市认可；第二，对农村社会逐渐失去了认可或者不被认可，在这一点上，更多的是他们不认可农村社会；第三，逐渐转向对自己群体的认可，或被自己群体认可，在这一点上认可与被认可同时存在。社会歧视、制度限制、就业非正规化、居住边缘化等，都构成了对农村流动人口的社会排斥，使他们难以认可城市社会（王春光，2006）。

的各种技能与素质，流动人口的城市融入度便会得到较好的提升。另外，如果城市能够积极地在制度、行动与心理三个层面实现较好整合，并且政府、市场与城市社会存在较强的协同性与引导性，流动人口的城市融入动机会得到激发，积极选择行为就会增多。

（一）流动人口在城市面临的结构约束

流动人口进入城市后，往往会面临诸多困境。有些困境属于个体性的，只要个体积极努力，提升自身能力就能解决与跨越；有些困境则与制度设置以及群体属性相关，属于结构约束困境。由此产生的阻碍可以来自市场、政府，也有可能来自流入地社会的排斥。面对结构性障碍，单个的流动者很难跨越，需要制度创新推动结构变动才可能逾越。如现有条件下来自中国农村的流动人口在城市，特别是北上广等一线城市，可以通过他们自身努力成为产业工人，但是他们却不能改变其身份成为大城市市民。新结构主义强调个人特征受到结构与制度的影响与约束（A. Kalleberg & A. Sorensen，1979），分割性的制度设置会阻碍流动人口融入城市（Shuya Zhang & Guoliang Luo，2013）。进入城市以后流动人口认为他们面临的主要困难不是来自政府行政或诸如户口方面政策，而是主要来自市场阻隔。

表 13－1　流动人口在城市面临的困境（“三融入”数据）

	市场体现的困境			政策体现的困境		社会关系困境		其他
	城市物价太高	买不起住房	找不到工作	落户城市	小孩上学①	亲戚朋友少，感情孤独	受城市居民排挤	
判断“是”的样本数	61.8%（6151）	65.0%（6464）	9.0%（900）	0%（0）	14.3%（1420）	15.6%（1550）	6.2%（621）	11.0%（1095）

“三融入”数据显示（见表 13－1），超过 60% 的流动人口认为最大的困

① 如果仅仅只考虑有子女正在上学的农民工，则认为小孩上学有困难的频数所占的比例有所上升，为 22.1%（857）。

境是“买不起住房”“城市物价太高”。城市中的市场交换规则不利于流动人口融入城市,至于属于社会系统的“受城市居民排挤”“感情孤独”以及属于政府政策体系的“小孩上学”等事项,流动人口视其为主要问题的人数并不多,甚至没有人将“落户城市”视为问题。

既有的理论研究大多认为流动人口面临的困境应该主要来自政府政策限制,而不应该来自市场阻隔。因为中国实施市场改革已经40多年,市场激发了国民巨大活力,包括迁徙权在内的许多壁垒被市场机制相继突破。而限制城乡流动的户口制度尽管已经有很大松动却仍然被一些城市政府强有力地固守,诸如医疗、养老、高考等制度的松动还在商讨、规划、试点过程中。城市社会排斥流动人口现象被学者反复地“证明”(王刚,2006;熊光清,2014;朱海龙,2008)。为了探究表13-1数据与“常识”之间存在差异的原因,下面分别从市场、政府与社会三个维度加以阐述。

1. 市场阻隔

或许正因为市场融合具有决定性作用,对流动人口实施经济阻隔才成为全球性现象。如欧盟国家就通过限制流动人口的就业机会来阻止流动人口进入,这些国家的流动人口的失业率通常是其本国人口的两倍以上(Orsetta Causa, SÈbastien Jean,2007)。另外,以结构主义框架为基础的刘易斯劳动力市场分割理论暗示,流动人口只有实现从次级劳动力市场转向主要劳动力市场以后,经济融合才算完成(Harrie A. & A. Verbon,Lex Meijdam,2008)。素质高的流动人口能够迅速找到体面工作并实现城市融合,而素质相对低的流动者不容易找到较高收入的工作,经济融入也难。正因为存在如此事实,许多国家将社会融合政策的着力点置于低技能劳动者群体(Organization for Economic Cooperation and Development,2009)。以农民工为主体的流动人口大多只能进入准入门槛较低的低等级劳动力市场(王慧等,2014)。尽管因为流动,他们获得了比农村老家居民更多的收入(李强,2012),但是他们获得的收入余额还是阻碍了他们深度融入城市。清华大学调查问卷中有“第一次与最近一次流动外出工作,除日常生活开支外是否还有剩余”这一提问,数据显示:“第一次流动经历”中,18.5%(1060)的人回答扣除在城市的基本生活花费后他们就没有了剩余,64.6%(3704)的受访对象说很少有剩余；“最近一次流动经历”中，12.7%（409）的受访对象回答没有剩余，57.8%（1866）很少有结余，26.4%（853）有比较多结余。这说明，以农民工为主体的流动人口由于大多工作于次要劳动力市场，他们的收入余额难以支付其定居城市的花费。于是，他们融入城市的愿望也就不容易被激发。

2. 政策困境

中国城乡关系及其跨越一直是一个艰难而沉重的话题①。市场改革以后，中国城乡之间围绕“资本”与“分配”两大领域设置了诸多不利于农村的政策②（厉以宁，2012；朱光华，2007；贾建国，2008）。为了维持各流入地城市已有的优势，同时便于应对市场改革、人口流动带来的变化，一些城市政府积极出台花样繁多的制度与政策排斥以农民工为主体的流动人口（柏骏，2003；张文宏、雷开春，2008；胡宏伟等，2011）。目前，附着在户口制度上，分割城乡、流入地与流出地之间的重要民生制度大致还有财产制度、教育制度、分配制度以及包括医疗、养老、失业等在内的社会保障制度（张展新，2007；李强，2011）。因此，根据表 13－1 的数据判断，流动人口整体上应该还

① 其中，如何控制或抑制农村居民流入城市一直是中国政府 1952—2003 年考虑并执行的重要政治事项。1958 年出台的《中华人民共和国户口登记条例》标志着中国城乡分割制度安排正式形成；1981 年，国务院印发了《关于严格控制农村劳动力进城做工和农业人口转为非农业人口的通知》；2003 年《城市流浪乞讨人员收容遣送办法》被废除，农业人口被完全允许进入城市务工；2012 年 8 月 30 日教育部等部门联合出台《关于做好进城务工人员随迁子女接受义务教育后在当地参加升学考试工作的意见》。以上述主要文件为标志，在横跨 50 年的时间内，农村居民向城市流动相继经历过劝阻期（1952—1958 年）、禁止期（1958—1981 年）、松动放开期（1981—2002 年）、允许期（2003—2012 年）、鼓励期（2013 年至今）。

② 厉以宁认为，(1) 就资本方面而言，物质资本、人力资本以及社会资本这三种资本的制度设计都体现了城市的优势地位与农村劣势。如物质资本，城里的土地是国有的，但祖传的房子有产权证，可以用作抵押，可以投资，如果抵押就可以获得资金；可是农村土地是集体所有制，农民在土地上的祖传房子是没有产权的，没有房产证，农民在宅基地上盖房子，盖得再高也没有产权证，不能抵押，农民只能够空手进城，不能带资进城。而就人力资本而言，农村的学校条件差，教师待遇差，教学设备差，农民的孩子学不到什么东西；城市则相反。而就社会资本来说，城里人多多少少认识一些关系和朋友；但在农村，特别是山区的农民，几乎没有社会资本可以利用。(2) 就分配制度而言，第一次分配的制度依据劳动者所处的劳工市场位置而确定包括收入在内的资源分配。劳工市场分两个等级，即上等劳工市场和次等劳工市场。上等劳工市场中的职业被称为好职业，次等劳工市场中的职业被称为坏职业。这两个市场在工资收入、福利待遇、晋升机会、能否继续学到本领上存在重大差异。在二元劳工市场条件下，社会阶层固定化或凝固化，形成了职业的世袭制。第二次分配同样存在不公平甚至扩大了差别。例如，城乡社会保障、医疗保障、养老保障等制度（厉以宁，2012）。

没有意识到政府政策所具有的刚性排斥作用。一旦他们定居城市，谋求进一步发展时，因政策排斥而有的困境就会显现。

3. 社会排斥困境

社会排斥状态既可能以客观形式出现，也可能以主观形式出现（李斌，2002）。有人悲观地判断，流动人口很难认同其流入的城市社区（崔岩，2012；米庆成，2004；史柏年，2005）。另一些学者则比较乐观，他们认为随着流动人口流入城市的时间延长，认同感会随之提升（杨菊华、张莹、陈志光，2013）。流动人口要适应城市生活，不感受来自城市的排斥，需要形成一种与城市人大体一致的生活方式，与城市人发生社会交往，参与社区事务，接受并形成新的、与城市人大体一致的价值观（田凯，1995）。表 13 - 2 的数据显示只有很低比例的流动人口感受到来自城市社会的排斥。不过，清华大学更细致的数据则发现，流动人口与本地人口在社区安全感、社区亲切度、居民彼此友善度、社区内相互照顾、相互信赖、熟悉度、参加社区组织活动的频率与选举等方面均存在差异。这说明，社会排斥客观存在，只是还没有在观念上整体性反映出来罢了。

（二）影响流动人口城市融入的因素

流动人口主观认可自己是城里人这个事实非常重要。因为只有主观上认为自己是城市人，才能算是融入城市社会。为了探究哪些因素影响以及在多大程度上影响流动人口的城市主观融入，下面利用“三融入”数据作综合分析。假定性别、年龄、受教育程度、婚姻状态、配偶是不是城里人等因素会影响流动人口的城市融入。有人发现年轻人、女性、受教育程度高、配偶为城里人的状态容易导致城市融入（熊光清，2014；杨菊华等，2013）；如果流动人口在城市能够及时得到工资收入，他们会容易融入城市；流动人口越了解工会、维权途径、法律法规、工作环境以及劳动安全防护等政府的组织设置，越倾向于主观融入城市；流动人口的家庭经济收入越高，在城市生活压力越低，就越容易主观融入城市；流动人口对自己所工作的企业越满意，他们也就越容易融入城市；流动人口在城市生活越有正能量，越认同城市主流文化，越会主观融入城市。利用 STATA 统计软件，运用 Logistic 回归分析方法,计算出的自变量结果以及相关数值意义说明见表13-2。表中变量的系数值及其显著度检验结果证实,女性、已婚、配偶为城市人口、较高的受教育程度、较高的家庭经济水平、在流入的城市比较有正能量,对维权途径、相关法律制度、劳动安全防护知识有较多了解等因素,的确影响着流动人口的城市融入。

表13-2　流动人口主观认定自己为城里人("三融入"数据)

自变量	含义	处理方式	系数显著	变量系数值的含义
A2	性别	虚拟变量:1男,0女	-0.2501*** (0.0632)	女性更倾向于在主观上融入城市
A3	年龄		0.0023 (0.0042)	主观融入城市与年龄无关
A4	教育		0.2674*** (0.0240)	受教育程度高倾向于主观融入城市
A5	婚姻	虚拟变量:1已婚,0其他	-0.1990** (0.0763)	已婚者更倾向于主观上融入城市
B15	工资拖欠		-0.1322 (0.1077)	主观融入与工资拖欠无关
B25	工会及维权途径的了解	B25子项加总	-0.0587*** (0.0134)	越了解维权路径,越倾向于主观上融合
B26	法律法规的了解	B26子项加总	-0.0148* (0.0069)	越了解法律制度,越倾向于主观上融合
B28	工作环境是否有毒有害		0.1454* (0.0698)	越不了解工作环境有毒,越倾向于主观上融合
B29	劳动安全防护		-0.2391** (0.0737)	越了解安全防护知识,越倾向于主观上融合
D6	配偶是否是城里人	虚拟变量:1是,0其他	0.5103*** (0.1086)	配偶是城里人,更倾向于主观上融合
D18	家庭经济情况在务工地水平		0.5096*** (0.0706)	家庭经济地位在务工地越高,越倾向于主观上融合
D19	D19量表	D19子项加总	-0.2528*** (0.0216)	在当地生活越有正能量更倾向于主观上融合

续表

自变量	含义	处理方式	系数显著	变量系数值的含义
B12	B12 量表	B12 子项加总	0.0136 (0.0096)	对企业满意度不影响主观融入
_cons			-1.0395** (0.3773)	

注:第一列变量代号取自数据库中的变量代码。相关加总处理的变量有,(1)B25 涉及以下子项:是否知道单位有工会组织;所在工会是否能代表员工权益说话;您是否有通过工会组织来维护自己的权益;您是否知道所在单位的工会主席;是否了解职工代表大会制度;是否了解集体合同签订;是否了解工资协商;是否了解女职工专项集体合同。选项:1 = 是,2 = 否。(2)B26 涉及了解以下法律:劳动法、劳动合同法、社会保险法、工会法、劳动争议调解仲裁法、安全生产监督法、《工伤保险条例》、职业病防治法、《女职工劳动保护特别规定》《劳动保障监察条例》。选项:1 = 了解,2 = 一般,3 = 不了解。(3)D19 涉及是否同意以下子项:我觉得自己在城市的生活很幸福;我居住的地方很安全;我周围的邻居彼此之间相互关心;在需要帮助时,本地居民愿意帮助我;我认为与当地居民没有什么区别;我现在已经适应城市生活了。选项:1 = 是,2 = 否,1.5 = 说不清。(4)B12 涉及对企业的满意度指标有:工资水平;福利待遇;管理方式;工作环境;劳动关系;升迁机会等。选项:1 = 满意,2 = 一般,3 = 不满意。

三、发现与讨论

结构总是同时具有约束性与使动性(安东尼·吉登斯,1998:90)。现代城市已经演变为一部增长机器(李斌,2008)。因此,城市化逻辑并不一定会遵循流动人口本身的原始特性与愿望,相反,城市化要引领包括流动人口在内的城市居民的发展。包括流动人口在内的城市居民需要根据城市发展特质提升其素质与行为能力,方能匹配城市提质这一结构性变迁步伐。结构整合与个体选择正在加速变迁。其一是城市之间结构重组。一些城市的地位正在变得越来越突出,另一些城市则退化甚至边缘化。城市结构变动诱导、激励农村居民与城市居民的流动选择向少数大城市、特大城市集中。目前中国人口流动态势已经呈现极化现象,全国 35 个左右城市构成的沿海城市带吸纳了全国半数以上的流动人口(段成荣、杨舸,2009)。其二则是因为不同的选择行为与城市体验促使人口流动及流动人口结构重组。持不同选择行为、不同心理体验以及不同的能力素质的流动人口流向不同类别的城市或流向同一城市中不同性质的岗位，构成所谓的有差别的多样化的城市化、城镇化模式（李强、陈宇琳、刘精明，2012），或者演变为“复合型的城市化道路”（张鸿雁，2012）。这一差别化模式具有全球意义，如安哥拉的流动人口随时间的推移呈现明显的多样化融入格局（diverse structure），实现经济社会维度上的差别性融入（Ersoy，Melih，1992）。那些持积极选择行为的流动人口会容易集中于主要城市并比较快速地融入城市，他们向上层社会流动的特征会很明显；而那些持消极选择的流动人口则会逐步被筛选并向下流动到较低等级的城市或返回到流出地农村。这些态势体现了结构（约束力、使动力）与个体（积极选择、消极选择）之间的混合动力运行轨迹。

就中国流动人口城市融入问题来说，本研究发现，目前真正阻碍流动人口融入城市的要素主要来自市场体系的分割。而在社会层面、心理层面，流动人口均有比较好的自信：80%的流动人口认为他们已经在80%的程度上实现了市民化，超过50%的流动人口计划在城市购买住房并定居城市，而诸如户口之类的由政府出台的城乡分割的相关政策，流动人口似乎没有太重视或者思考得比较少。课题组认为这一发现具有的理论意义至少有四。其一，中国流动人口面临的政治、经济、社会、心理系统在结构层面还没有实现较好的整合，即系统之间的整体整合远没有实现同步，社会结构整合性差阻碍流动人口城市融入。并且，市场的分割性起最大的阻碍作用，而不是学界广泛批评的政府政策（如户口政策、社会保障政策、相关法律法规等）。其二，尽管经济上的阻隔客观上阻挡了流动人口的城市融入，但是超过80%的流动人口仍然没有感觉到城市居民对其的排斥。这是中国实施流动人口融入战略的良好时机。其三，流动人口行为选择性质具有分裂特征。绝大部分流动人口的融城选择既包含积极行为（如积极在城市寻找工作机会，与城市居民积极交往甚至婚配，并有良好的心理自信），又包含消极行为（在流入地城市社会交往呈现“内卷化”）。其四，流动人口的选择行为与主观感受是城市空间中的结构要素——政府、市场、社会三者复杂无逻辑排序现状的某种体现。政府、市场与社会三大领域目前还没有整合到同一层面，流动人口没有更多感觉到政府的限制，只能说明其目前处境还没有上升到政治层面与社会层面。为此，必须突破旧有的分析框架：旧的分析框架仅仅从城市人口（甚至城市户籍人口）所占百分比来度量城市化、城市融入指标，实际上更应该从结构整合性、行为选择性、城市归宿感、现代性、制度保障流动人口权益的程度以及流动人口对城市生活与工作的适应性等多方面来评价城镇化。

第十四章　农业转移人口身份认同的分化逻辑

本章基于“行动－结构”和“主体－建构”视角，研究了结构性排斥和主体能动性对农业转移人口身份认同的分化逻辑。研究发现，农业转移人口身份认同呈“阶梯推进”态势；对农业转移人口身份认同起作用的结构性因素的“面向”呈某种离散性，有些要素有激励作用，如户口改革政策、村改居政策、征地政策等；而有些要素则起阻碍作用，如城市住房保障服务、社会管理服务与公共医疗卫生服务；有些要素似乎被漠视了，如基础教育服务的获取；个体建构层面，则是行动造成分化的逻辑已经由“过程”迈向了“结果”。

一、问题与研究的缘起

2014 年以前，中国城镇化进程呈现出常住人口城镇化率与户籍人口城镇化率差距逐年扩大的趋势，其差值由 1990 年的 5.55% 上升至 2014 年的 18.14%（李春生，2018），此后亦一直维持在 16.2% 左右。国家统计局数据显示，至 2017 年底，中国的常住人口城镇化率为 58.52%，但户籍人口城镇化率仅为 42.35%，与此同时，2017 年全国人户分离人口数达到 2.91 亿，其中流动人口数为 2.44 亿。大规模的人口迁移并没有显著提高户籍人口城镇化率。针对此一尴尬现实，《国务院关于进一步推进户籍制度改革的意见》于 2014 年 7 月 24 日发布。到 2016 年 9 月，30 个省份相继取消户口性质区分。于是，在政策上似乎也就瞬间完成了“户口城镇化”任务。学界认为，农业转移人口[①]市民化的完成需要在深层次上与城市本地人在经济、行为、心理和身份认同等多层意义上实现社会融合（陈云松、张翼，2015），而不仅限于人口物理流动和户口符号的更换。吉登斯认为，在后传统秩序的场景中，个体生活的变换总是需要心理重组的，变化的自我作为联结个人改变和社会变迁反思过程的一部分被探索和建构，自我成为一种反思性投射（吉登斯，1998）。人们的身份转移与认同受到特定情境和文化特质的制约，但迁移中的个体对自我身份的建构与认同也具有主体性和建构性的特征。有研究指出，农业转移人口群体内部存在一种明确的社会分类体系和符号边界，它形成于社会认知、比较、拒斥等多重社会心理过程或机制，它能够通过特定的叙事逻辑、话语和符号指称建构和强化“我们的”与“他们的”群体符号边界（潘泽泉，2007），从而形成一种内化的、有排他性的身份属性意识。社会身份理论强调，身份的获得产生于人际交往互动中的特定社会角色，个体只能根据角色要求来形成自我观念和规定自我言行（Stets & Burke，2000；Hogg et al. ，2010），如 Somers & Gibson（1994）所言，“因为我是谁，所以我行动”（I act because of who I am）。社会学关心社会整合，由社会身份系统参与实现。身份系统的基本功能，是对社会成员所处的社会位置和角色进行类别区分，通过赋予不同类别及角色以不同的权利、责任和义务，在群体的公共生活中形成“支配 - 服从”的社会秩序（张静，2006）。不难发现，城镇化过程中的农业转移人口与城镇本地人之间，在交流互动中所形成的身份归属和群体角色意识对其融城行为会产生影响。严格的户籍分割制度的确阻碍了人口城市化，而瞬间取消城乡户籍的区分自然也不会带来农村人口瞬间的市民化。因此，探究农业转移人口在身份认同上出现的归属分化及其内在的分化逻辑，即分析其在城市化的实践语境中所呈现出的不同身份认同类型主要受哪些关键变量的影响，有助于在更深层次上理解市民化，为“新型城镇化”和“人口城镇化”提供理论和实证参考。

---

① 农业转移人口的概念最早是在 2009 年 12 月召开的“中央经济工作会议”上提出，相比于“农民工”“进城农民”“外来流动人口”等称谓，“农业转移人口”这一称谓更加中性和准确，既包括户籍已经迁到城镇且在城镇生活居住的人员，也包括户籍还在农村，而在城镇生活居住的人员。

二、文献分析与研究假设

（一）本体与建构：身份认同的概念内涵与核心议题

移民“身份认同”一直是社会学、政治学和心理学等学科关注的核心议题之一（Burke & Stets，2014；Rubin et al.，2016；Hogg et al.，2017）。学界有关“身份认同”（identity）的概念界定，整体上存在本体论与建构论两种取向，前者将身份认同视为个体对自身独特性的本体性意识，是一种深锁于人内心深处的“黑匣子”，强调“内里的”“深藏的”内核观以及对“真我”“深我”的认知观，认为“自我”的身份特质是由遗传、性格、认知能力等个体性因素决定（Tajfel & Turner，2004；Lawler，2008），因而本体论意义上的身份认同着重体现为一种跨越时间和空间并自我维系的原初认同，但这种自我身份绝非静止的东西，同时也具有自我主体性和个体行动策略的能动性等特征；而后者则强调社会学意义上的身份建构性和过程性，社会身份是根据个体所在的社会群体的成员资格建构的，社会认同是个体对其从属的特定社会群体的感知，是人作为社会存在的一个特征或属性和关于“我们”是什么人和“他们”是什么人的理解（Jenkins，1996）以及群体成员资格对自己的情感和价值意义，主要由社会类化（categorization）、社会比较（comparison）和积极区分（positive distinctiveness）三个过程组成（Tajfel，1978；Hogg & Abrams，1988；Knippenberg，1991），意味着主体对其身份或角色的合法性的确认及其对社会关系的影响（张淑华、李海莹，2012）。本研究认为，伴随城乡空间迁移，身份认同应该理解为一种持续发生的社会生活流在不断受到本体与社会的反思性监控下的动态互动过程，是多重结构性力量与主体性行动策略互构下对自我身份的整体感知、分类、建构以及合法性确认的心理过程，具有群体同一性和自我同一性的一致性，以及群体差异性与个体差异性的分化特征，是一个持续重组的过程。

从移民的身份建构理论出发，身份是一种在社会情境的演变中持续，并在持续中演变和再生产的动态过程（Fornäs，1995；钱超英，2000）。移民身份认同的演变主要涉及三个核心议题，首先是初始身份的建构和自我身份的形成，其中既包括群体对自我身份的主观性建构，也包括外在群体的客观的社会性建构；既有日常生活世界的微观建构，也有宏观层面的制度性建构（赵晔琴，2013）。其次是迁移过程中移民对原有身份的自觉和新环境下出现的身份危机，物理空间的迁移改变了习以为常的生活场域，进入一个新的意义世界，这会带来一种社会适应期的身份焦虑感（王宁，2001）。最后是身份认同的分化，不同的行为主体在面对身份危机时会采取差异化的身份磋商策略，从而产生城乡空间迁移过程中对身份认同的初始分化。对于农业转移人口而言，身份认同的分化不仅发生在城乡空间的置换过程中，更发生在城市社会空间内部的再分化阶段，权力地位更高的人往往更容易拥有稳定的身份认同，而地位越低的人越难维持身份的稳定意义（Davis & Love，2016）。当然，影响身份认同的因素是多方面的，不同自主性的个体在不同的时空情境下对身份复杂性的组织和整合往往呈现出不同的演化逻辑（Legault et al. ，2017）。

（二）制度分割与网络变更：迈向一种结构主义实践的逻辑

早期学界有关农业转移人口身份认同的研究，主要采取一种结构主义的批判视角，该视角强调社会特有的体制结构和各种制度性安排以及具体的制度实践对身份认同的决定性意义（Stryker & Burke，2000）。制度分割下的身份建构，一方面体现在以城乡二元户籍制度为核心而衍生出的住房、医疗、就业、教育和社会保障等福利体系的制度安排上（陈映芳，2005；陆益龙，2008），与户籍制度关联的公共产品和服务共享的不平等，使身份认同在本质上变成经济社会权利不平等分配的投射（亓昕，2013）；另一方面体现在社会治理中的移民歧视问题（Verkuyten，2016），对农村户口人员采取差别化策略，导致城市治理在实践行动中建构了一种外在的、强制性的身份属性。有学者通过“社区”场域中的个案研究发现，社区管理者对外来民工存在“防范式管理”的身份定位，而外来民工自身也存有“内卷化的关系认同”，其对于社区本地居民“能纳入社区管理”存有羡慕情绪，由此产生出一种自主性的身份区隔意识（黄达安，2008）。还有学者认为，户籍制度削弱了城市本地人与农民工之间在群体边界上的渗透性，强化了群体偏见（Shi et al.，2017），城乡户籍所造成的身份分类、制度排斥与文化隔阂才是导致农业转移人口出现身份认同困境的核心要素（崔岩，2012）。制度分割下的身份认同分化呈现出一种结构主义的实践逻辑，但这种分化逻辑很少能建立在经验数据的分析上，这是因为大部分实证研究往往都默认了农业转移人口的农业户籍属性，而忽略了对“农转非”群体的对照性关注。此外，制度分割对身份认同具备解释力的关键在于假定了户籍制度分割与公共福利不平等的逻辑一致性，这实际上忽视了新型城镇化过程中政府对公共福利政策的持续调整，以及其在福利获得和心理认知层面对个体身份认同所产生的动态影响。基于此，提出以下假设：

假设1a：*持非农户口的农业转移人口更有可能认同城里人身份；*

假设1b：*获取城市公共服务的便利度影响身份认同，获取越便利，越认同城里人身份；*

假设1c：*公共服务与户籍对身份认同的影响存在交互效应，农业户籍人口的身份认同比非农户籍人口更有可能受到公共服务获取便利度的影响。*

社会网络本质上也是一种社会结构，城乡空间的迁移往往伴随社会网络的断裂与重构，当农业转移人口从一个以首属群体为核心的乡土关系网络进入以职业协作为核心的都市关系网络时，必然影响其对于自身身份归属的疑问和反思性投射。一方面，既有研究大多从社会网络存量的角度分析农业转移人口的身份认同，即农业转移人口在城乡两个不同空间所拥有的社会网络规模，尤其是关系网络中可以有效调动的社会资源量的大小及其转化态势，对其身份认同的转变具有重要作用。社会网络越丰富，能获得的社会支持度越大，这些支持网络有助于其在个体目标达到、心理慰藉与情感性支持以及群体嵌入与整合等方面提供更多可能。有学者认为，农民工拥有的社会资本越广泛，越有利于消除群体偏见和改变农民工对自身的身份认同（王桂新、武俊奎，2011）。另一方面，也有学者从不同性质社会网络的依赖度开展了类型学的对比分析，有学者区分了乡土社会网络和城市新生社会网络对身份认同的不同效应，发现农民工越能减少对乡土社会网络的依赖，更多地利用城市新生社会网络，越可能产生城市认同（蔡禾、曹志刚,2009)。与此相似,还有学者基于身份认同的社会支持理论视角,进一步区分了以首属群体为关系核心的非正式社会支持网络和以政府、企业、制度性支持为特征的正式社会支持网络,发现后者更能促进农民工的城市融入,而过多地依赖非正式社会支持网络,则容易强化农民工的"农村人"认同(朱考金、刘瑞清,2007)。基于此,提出以下假设:

假设 2a:*农业转移人口对新生的社区邻里网络的依赖程度越强,越倾向于城里人认同;*

假设 2b:*农业转移人口对原有的农村家族网络的依赖程度越强,越倾向于乡下人认同。*

(三)主体行动与再社会化:作为一种自主性行动策略的逻辑

立足个体自主性的理论逻辑,农业转移人口身份认同的转变实质上是一次再社会化的过程(江立华,2003),相对于其在以"有机团结"为核心的农村传统社会中所经受的初始社会化而言,再社会化主要体现其对城市社会"机械团结"这一核心特质的社会适应上,而再社会化过程中的适应性分化与身份认同分化之间存在紧密关联(王茂福、徐艳,2010;张捷,2008;张春龙、聂玉梅,2001;易方、周云华,2005)。一般而言,再社会化能力主要指农业转移人口在城市长期生活的自我适应能力,包括工作获得、生活节奏的掌握,甚至是身体的重新培训等(Brown,2017)。李斌(2013)认为,工作和收入的融入是流动人口融入城市的关键,也就是说,市场能力的高低是农民工能否实现再社会化的重要变量。有学者提出,虽然市场能力因素在解释农民工身份认同上没有社会网络因素的解释力高,甚至市场能力因素中的文化程度对城市空间认同具有抑制效应,但市场能力的增强仍然有助于农民工在城市中实现职业身份的转变(蔡禾、曹志刚,2009),这表明,市场能力的内在构成要素对身份认同的转变具有差异化效应,其内在影响机制并非完全一致。因此,本研究提出如下假设:

假设 3:*农业转移人口在城市的个人市场能力越强,越倾向于城里人认同。*

再社会化过程的成败不仅涉及农业转移人口在城市谋取生存机会的市

场能力的大小,还包括对城市现代文明的文化适应能力的高低(张卫枚,2012)。当前,学界对于农业转移人口文化适应的考察实质上遵循着现代性理论的逻辑,将身份认同的转变视为一种去除乡土性、增强城市性和现代性的过程。此类分析具有明显的"城市中心论"倾向,认为城市社会才是先进生产力和生产关系的代表,城市的生活方式、价值体系和符号意义是理性化和现代化高度发展的结果,而农业转移人口要实现身份认同的转变,必须逐渐摒除传统的乡土社会的价值观和生活方式,建立现代社会的价值观念、工作和生活方式(梁波、王海英,2010)。如果农业转移人口在这种"现代性实践"中没有实现这种主体性意识的自觉生成(潘泽泉,2011),便难以完成其身份认同的转换,从而在身份认同上存在一种"双向偏离危机"。但也有学者认为,移民的文化归属感本身具有相对独立性(Brettell,2006),个人的乡土性与现代生活并非完全对立,甚至乡土经验对于培养现代性也存在一定积极价值(李强、李凌,2014)。以上争论有待进一步检验。综合而言,个体的认知能力构成是现代城市文化适应能力的重要根基,个体认知能力越突出,其接受城市价值观念的能力越强,而城市文化体验(包括城市生活方式的获取、城市价值观念的形成等)越丰富,其接受到来自城市的文化传递和习性塑造越多,其城市认同越强烈(彭远春,2007)。基于此,提出以下假设:

假设4a:*农业转移人口的个体认知能力越强,越倾向于城里人认同;*

假设4b:*农业转移人口的城市文化体验越丰富,越倾向于城里人认同。*

三、分析框架、操作性变量与测量

(一)分析框架的构建

以上经验研究和理论解释构成了一种多维度的理论张力,但也缺乏对身份以及身份认同在理论和实证研究上整体的动态考察。一方面,结构性排斥固然一直存在,但并非静止不变。虽然户籍对公共服务均等化仍然具有一定的区隔效应,但随着国家"城乡一体化"战略的持续推进,诸多福利政策已经或正在突破二元城乡体制的限制[①]（周明，2011；余佶、余佳，2014）。另一方面在于个体行动力量的激发、培育和能动性应用。在庞大的农业转移人口群体中，虽然面临的结构性排斥大同小异，但在身份认同上已经显现出较大的分化倾向，这必然涉及不同主体对于行动策略的运用及其作为一种行动结果的成效差异。就身份认同的内在机制而言，它体现的是身份集体同一性和自我同一性的统一（Stets & Burke，2000），是主体性确认、反思与社会性建构、形塑的策略性互动的产物（Jenkins，1996）。于此，本研究基于两条分析维度，即“本体－建构”维度和“行动－结构”维度，来构建农业转移人口身份认同分化的分析框架。本体论意义上身份认同最为核心的问题是“我认为我是谁”，这主要涉及身份的“自我认同”过程以及对“本我”的主体性确认；而社会建构论意义上的身份认同，强调的是那些外在于个体的结构性力量对身份属性的强制性建构，即“我被认为是谁”，这主要涉及身份的“社会认同”过程。本研究的理论关注在于，在当前的农业转移人口市民化过程中，究竟是结构性力量更多地限制了个体能动性的发挥，进而加剧了身份认同的分化，还是个体行动力正在突破旧有的结构性制约，对身份融入发挥了更大的积极价值，抑或是存在其他可能。

按本研究的分析框架，对身份认同的解释维度包括分割性制度、网络变更、市场能力、文化适应能力。其中分割性制度和社会网络属于结构性要素，市场能力、文化适应能力属于自致性要素。制度分割考察的是户籍制度及其对公共服务获取的捆绑效应对于身份认同的影响；社会网络则由新生社会网络和原生社会网络构成，虽然生活空间的转移必然导致部分乡土社会网络的断裂或削弱，但也同时意味着在城市获得了有别于传统关系的新生关系网络，因而社会网络的更新既具有结构变换的意义，也具有自主性策略的内涵。个人市场能力主要由个人职业收入、文化程度、个人财富占有等

① 截至2016年9月，包括北京在内已经有30个省份出台户籍制度改革方案，具体为河北、河南、山东、山西、陕西、江西、湖南、湖北、广东、广西、黑龙江、吉林、辽宁、重庆、云南、甘肃、青海、福建、江苏、安徽、贵州、四川、新疆、宁夏、浙江、海南、内蒙古、天津、上海、北京，各地普遍提出取消农业户口与非农业户口性质区分。

因素构成;文化适应能力主要包括在城居住年限、非农工作经历、城市生活方式、个体认知能力等。

(二)数据和变量

本研究的研究数据取自中国人民大学"中国调查与数据中心"于2013年进行的中国综合社会调查(CGSS2013),该调查采用分层多阶段概率抽样方法,共对28个省(自治区、直辖市)134个县(区)491个村(居)委会11438户家庭中的个人进行了入户调查。本研究从中抽选出农业转移人口样本①,并进一步分为两部分:一是目前户口登记状况为农业户口,且常年居住在城镇或城市地区的人员;二是目前户口登记状况为非农户口②,常年居住在城镇或城市地区,但有从农业户籍转为非农户籍经历的人员。然后课题组依据统计分析规范,在去除不符合条件的案例和缺失案例后,最终获得3280个有效样本。

因变量:农业转移人口在城乡迁移过程中涉及多重身份属性的认同转换。张文宏、雷开春(2009)认为,城市新移民的身份认同大致可以分为文化身份认同、地域身份认同、群体身份认同、地位认同和职业认同五大类,他们发现地域认同、文化认同和群体认同之间存在很强的一致性。以此为基础,"城里人-乡下人"的身份划分方式包含了地域身份、文化身份以及群体归属身份在内的一致性的综合身份感知,既可以体现出"城市区域-农村区域"的地域认同,也包含了"城市文化习性-农村文化习性"的文化认同,以及"市民-村民"的群体认同等多重意蕴,能够直接指向农业转移人口身份认同的核心特质。本研究利用CGSS2013中的"现在社会上常常将人们划分

① 对于分析样本的选择,学界有不同的标准,例如陈云松、张翼在研究"城镇化的不平等效应与社会融合"问题时,选择"进城农民"样本的标准是:在城镇工作或居住、持农业户口、年龄在18岁以上的人,这种选择标准默认了一个事实,即只要进城农民的户籍转变为非农业户口,即"新城民",便脱离了进城农民群体,其与城市本地人之间便不存在社会融合的问题,显然这其中存在遗漏。本研究发现,在已经获得非农户口的"新城民"中,仍然有30.1%的人不认同自身属于"城里人",这说明"新城民"群体也存在身份认同的分化问题。

② CGSS2013数据库中共有样本11438个,本文剔除了户口登记状况为"没有户口"和"其他"两种类型的样本,且将"蓝印户口""居民户口""军籍"等户口类型均纳入"非农业户口"。

为不同的类型，您认为自己属于其中哪一个群体”来进行测量，下设城里人、乡下人两大类别，分别对应城里人认同和乡下人认同。表 14 – 1 的数据报告了不同户籍样本在身份认同类型上的占比。总体上，乡下人认同的占比(61.9%)大于城里人认同比例(38.1%)。其中，转移人口中农业户籍人口认同城里人的比例仅为 14.3%，而非农户籍人口认同城里人的比例则是 69.9%，两者差异显著。本研究通过对获得非农户口的原因进一步区分出政策性农转非人员(户口改革政策、征地政策、村改居政策等导致当地不再有农业户口)和自致性农转非人员(包括升学、参军、转干、招工、购房、家属随转等)，两者的城里人认同占比分别为 46.3% 和 76.0%。这说明，通过个体的自主努力所获得的非农户籍比国家强制性农转非政策而获得的非农户籍人口更能提升城里人认同度。

表 14 – 1　不同户籍属性农业转移人口的身份认同分布

	样本总体	农业户籍人口	非农户籍人口		
			总体	政策性农转非	自致性农转非
城里人认同(%)	38.1(1251)	14.3(269)	69.9(982)	46.3(133)	76.0(849)
乡下人认同(%)	61.9(2029)	85.7(1607)	30.1(422)	53.7(154)	24.0(268)
合计(%)	100.0(3280)	100.0(1876)	100.0(1404)	100.0(287)	100.0(1117)

注：户籍属性与身份认同的卡方检验值 = 1052.317，显著性水平 < 0.001；农转非类型与身份认同的卡方检验值 = 95.584，显著性水平 < 0.001。

自变量：为全面考察农村转移人口身份认同的分化逻辑，本研究依据吉登斯的“结构二重性”理论，将自变量分为结构性变量和自致性变量两类。前者包括户籍属性、公共服务获取便利度和社会网络。其中，户籍属性分为农村户口和非农户口两类。对公共服务的获取便利度的考察，本研究利用 CGSS2013 中的四个问题“您觉得目前获得公共教育服务是否方便”“您觉得目前获得医疗卫生公共服务是否方便”“您觉得目前获得基本住房保障公共服务是否便利”“您觉得目前获得社会管理公共服务是否方便”来测量①,将其选项反向转化为“非常不方便、不太方便、一般、比较方便、非常方便”五等级选项,采用与李路路、石磊(2017)对五等级变量同样的测量方式,赋值为1—5分,分值越高代表公共服务的获取便利度越高。

对于网络变更的考察,本研究主要关注农业转移人口对在城市所拥有的社区邻里网络和农村家族网络的情感依赖度与其身份认同之间的关系。前者指农业转移人口进入城市之后重新构建的居住地邻里网络,本研究利用CGSS2013中“您与邻居进行社交娱乐活动(如互相串门,一起看电视,吃饭,打牌等)的频繁程度”来测量其对社区邻里网络的依赖程度,下设“从来不、一年1次或更少、一年几次、大约一个月1次、一个月几次、一周1到2次、几乎每天”七等级选项,分别取值1—7分。农村家族网络则主要指农业转移人口拥有的来源于农村流出地的亲族网络,本研究利用“您与不住在一起的亲戚聚会的频繁程度”来测量农业转移人口对农村家族网络的情感依赖程度,下设“从不、一年数次、一月数次、一周数次、每天”五等级选项,分别取值1—5分。分值越高,代表农业转移人口对相应的社会网络依赖程度越强。

市场能力指个人具有参与市场交换的实际本领,或个人能够提供的参与市场交换的稀缺资源的价值量(李斌,2004),本研究通过受教育年限、工作状态、职业年收入、产权住房、小汽车对农业转移人口的市场能力进行考察。受教育年限可以衡量农业转移人口在求职市场中的文化资本,通过受教育年限、工作状态和职业年收入可以综合反映出农业转移人口的职业能

① 就“教育、卫生、医疗以及住房”等“公共服务”获取方便性与否的判断性回答,的确存在两类群体:第一类群体自己亲自经历过相关服务,他们的判断性回答更接近“事实”;第二类群体没有享受过相关服务,其感受来源于他者发出的信息,或自己的主观判断,这类群体的判断性回答可能远离“事实”。不过,如前者,即使某人享受过相关服务,但也不能保证其就不发生“盲人摸象”的情况;如后者,受访者并不一定只能根据自身的实际遭遇或结果才能回答相关公共服务获取便利度的感知。以公共教育为例,那些没有子女在城市上学的农业转移人口,也可以根据其他信息渠道感知到公共教育获取的方便程度,他们在城市或许有亲戚、工友、朋友等,他们通过相关的讨论或交流,进而形成感知与评价,相关信息综合在一起就可以形成农业转移人口对相关公共服务的一般性评价或整体感知。同时,从社会科学研究的基本范式来看,这两类可能的“误差”都应该属于社会调查过程中的“随机性误差”与“非随机性误差”。

力，而产权住房和小汽车可以用来衡量个体在城市社会中的综合经济地位。

个体认知能力指个体对于不同文化系统中的信仰（beliefs）、价值观（values）、规范和法令（norms and sanctions）、符号（symbols）等要素进行推测、判断和理解的能力。对农业转移人口而言，城市不仅是各种器物构件和城市管理机构的人工聚合物，同时也深深根植于现代主流的价值信念、伦理道德、生活习惯以及意识形态等文化土壤之上（陈立旭，2002）。有学者指出，农业转移人口对于现代城市文化的适应并非毫无困难（张卫枚，2012；马威、罗婷，2014），信息化在加速城市文化变迁的同时，还塑造了独特的城市文化形态，这对农业转移人口自身的个体认知能力提出了更高要求。语言是文化整体中的一部分（马林诺夫斯基，2002），它不仅是文化表达的工具性媒介，而且体现和代表了文化事实本身（Kramsch，2000），农业转移人口对现代城市交际语言的掌握，无疑具有重要的文化认知价值。本研究试图将普通话和英语界定为一种现代城市交际语言，主要有两大依据。一是因为已有学者基于 CGSS2013 研究发现，普通话听力和表达能力对城镇居民的经济收入有显著的正向影响，但对农村居民的经济收入没有显著影响（陈媛媛，2016），这说明现代城市人际交流对普通话能力存在一种经济理性需求。随着中国社会流动性的加剧，普通话日益成为农业转移人口适应现代城市文化的基本认知工具，甚至还代表着一定的经济地位和权势地位，以及自信心、文化素质和与城市居民开展社会交际时的平等意识等（夏历，2009）。此外，现有研究表明，英语对于官方语言非英语国家居民也会有“收入溢价”效应（Azam et al.，2013；Casale & Posel，2011），虽然英语还没有成为中国城市普遍使用的交际语言，但在民众的日常消费、职业获得、收入增长、职称评定等方面发挥着越来越重要的作用，有学者基于 CGSS2010 分析发现，在城市劳动就业和收入获得层面，英语已然成为一大重要的人力资本，尤其是对于城市中的中高收入群体而言（高原，2017）。二是来源于全国大规模调查的数据支持，本研究利用 CGSS2013（N = 11438）的全样本数据分析发现，城乡居民之间在“听普通话能力、说普通话能力、听英语能力、说英语能力”这 4 个语言能力指标上均存在显著的城乡差异，城市居民比农村居民在这四项语言能力的均值上分别高出0.65、1.12、0.66、0.58，且差异性检验（Dunnett - t检验）均显著（$p < 0.001$），这表明将普通话和英语作为一种现代城市交际语言，有一定的现实合理性。鉴于此，本研究对个体认知能力的测量由“听普通话能力、说普通话能力、听英语能力、说英语能力”构成，采用“非常差—很好”五分量表形式，赋值为1—5分，量表的克隆巴赫α系数为0.77（>0.6），KMO值为0.598（>0.5），Bartlett球形检验的显著性水平小于0.001。利用因子分析、最大方差旋转法共提取两个公因子：普通话能力因子、外语能力因子，可解释总变异的88.00%，按照各自因子得分和以对应的方差贡献率比例为权数，计算出个体认知能力的综合得分值，分值越高，代表个体的个体认知能力越强。

城市文化体验指农业转移人口对城市文化生活诸多面向的行为体验与主观感受。本研究对农业转移人口城市文化体验的测量由在城居住年限、非农工作经历、城市生活方式三个观测变量构成。在城居住年限在纵向层面反映出农业转移人口体验城市文化的时间向度，而非农工作经历和城市生活方式则体现出对于城市职业文化以及休闲文化的多层感知。本研究选择利用休闲活动来测量城市生活方式，包括“上网、逛街购物、在家听音乐、外出看电影、参加文化活动（例如听音乐会、看演出或展览）、现场观看体育比赛、阅读、参加体育锻炼”8个观测变量，采用“从不、一年数次或更少、一月数次、一周数次、每天”五等级量表的形式，赋值为1—5分，量表的克隆巴赫α系数为0.72（>0.6），KMO值为0.79（>0.5），Bartlett球形检验的显著性水平小于0.001。值得注意的是，随着城乡生活边界的模糊，虽然这些休闲活动类别在农村地区已经较为常见，但由CGSS2013（N = 11438）的全样本数据（见表14 - 2）可以发现，作为一种总体性事实，这八大休闲方式在活动频度上的城乡区分度仍然较为明晰，即便是1980年以后出生的居民群体，亦同样如此[①]。例如，城市居民在上网的频度均值上比农村居民整体高出1.53，

---

① 本研究还对CGSS2010（N = 11783）和CGSS2015（N = 10968）的全样本数据进行了分析，分析结果亦与此一致，即城乡居民在这八大休闲方式的活动频度上均具有显著的城乡差异，受篇幅所限未详细展示该数据。

而对于 1980 年以后出生的居民而言，这一城乡均值差异为 1.34，且差异性检验显著，而农业转移人口的活动频度均值则处于农村人口和城市人口之间。基于城乡之间仍旧存在的这一结构性事实，本研究利用因子分析、最大方差旋转法从这八大休闲活动中共提取出两个公因子来测量农业转移人口对于现代城市生活方式的接受和内化程度，分别命名为“通俗娱乐活动因子”（在上网、逛街购物、在家听音乐上有较大载荷）和“自我发展活动因子”（在外出看电影、参加文化活动、现场观看体育比赛、阅读、参加体育锻炼上有较大载荷）①，这两个公因子可解释总变异的 49.37%。

表 14-2　不同群组休闲生活方式的城乡差异检验结果

测量指标	年龄群组	均值			Dunnett - t 检验（双侧）	
		农村人口	农业转移人口	城市人口	农村人口—城市人口	农业转移人口—城市人口
上网	总体	1.55	2.49	3.08	-1.533***	-0.594***
	≥1980 年	3.28	4.14	4.62	-1.340***	-0.483***
	<1980 年	1.22	1.98	2.59	-1.370***	-0.614***
逛街购物	总体	2.32	2.76	2.84	-0.520***	-0.087***
	≥1980 年	2.74	2.98	2.93	-0.192***	0.058
	<1980 年	2.25	2.69	2.82	-0.572***	-0.131***
在家听音乐	总体	1.95	2.51	2.93	-0.980***	-0.415***
	≥1980 年	3.02	3.29	3.53	-0.509***	-0.240***
	<1980 年	1.74	2.27	2.73	-0.992***	-0.464***
外出看电影	总体	1.19	1.43	1.68	-0.491***	-0.257***
	≥1980 年	1.46	1.86	2.29	-0.833***	-0.427***
	<1980 年	1.14	1.29	1.49	-0.346***	-0.199***

① 因子命名受刘精民、李路路（2005）研究的启发，他们曾将休闲方式分为高雅休闲型因子（参加体育锻炼、欣赏音乐或艺术作品）和通俗娱乐型因子（看电视、玩牌），并发现城镇居民的客观阶层位置与休闲方式之间存在一定程度的关联。

续表

测量指标	年龄群组	均值			Dunnett - t 检验(双侧)	
		农村人口	农业转移人口	城市人口	农村人口—城市人口	农业转移人口—城市人口
参加文化活动	总体	1.20	1.47	1.70	-0.495***	-0.234***
	≥1980 年	1.45	1.64	2.00	-0.548***	-0.359***
	<1980 年	1.16	1.41	1.60	-0.445***	-0.193***
现场观看体育比赛	总体	1.10	1.25	1.37	-0.266***	-0.114***
	≥1980 年	1.28	1.39	1.54	-0.258***	-0.148***
	<1980 年	1.07	1.21	1.31	-0.246***	-0.102***
阅读	总体	1.72	2.49	3.21	-1.493***	-0.720***
	≥1980 年	2.24	2.82	3.26	-1.020***	-0.442***
	<1980 年	1.62	2.39	3.19	-1.577***	-0.806***
参加体育锻炼	总体	1.46	2.23	2.70	-1.239***	-0.474***
	≥1980 年	1.85	2.27	2.72	-0.869***	-0.453***
	<1980 年	1.39	2.22	2.70	-1.308***	-0.480***

注:“***”表示 $P<0.001$;“农村人口”特指生活在农村地区的居民,“城市人口”特指从出生起便一直持有非农户籍且生活在城市地区的居民。

其余控制变量包括性别、年龄、婚姻状态、居住城区类型等。其中居住城区类型根据距离中心城区的远近依次分为市/县城的中心城区、边缘城区、城乡结合部以及集镇。各主要自变量的描述性统计特征见表 14-3。不难发现,拥有不同户籍的农业转移人口,在除性别外的自变量特征上都存在显著差异。整体上,在未控制其他变量影响的条件下,农业户籍人口在住房、工作、受教育年限以及公共服务获取上都比非农户籍人口差。数据同时表明,农业转移人口内部存在一定的群体性分化:获得城市户籍的农村转移人口似乎有更强的行动能力,并且在获取公共福利方面存在优势。

表 14-3　变量的定义、赋值与描述性统计特征

变量	赋值	总样本	非农户籍人口	农业户籍人口	差异检验
性别	女性=0,男性=1	0.48	0.47	0.49	$\chi^2=1.32$
年龄	连续变量(17—97)	47	51	44	$t=13.16^{***}$
婚姻状态	未婚=0,已婚=1	0.88	0.9	0.87	$\chi^2=9.85^{***}$
户籍属性	农业户口=0,非农户口=1	0.43	—	—	—
公共教育服务获取	连续变量(1—5)	3.35	3.35	3.34	$t=0.26^{**}$
医疗卫生服务获取	连续变量(1—5)	3.36	3.37	3.34	$t=0.82^{*}$
住房保障服务获取	连续变量(1—5)	2.77	2.87	2.69	$t=0.30^{***}$
社会管理服务获取	连续变量(1—5)	3.17	3.28	3.06	$t=0.45^{**}$
原生社会网络依赖度	连续变量(1—5)	2.27	2.32	2.24	$t=3.51^{***}$
新生社会网络依赖度	连续变量(1—7)	3.86	3.53	4.10	$t=-8.11^{***}$
通俗娱乐活动因子	连续变量(-1.61—5.97)	0	0.10	-0.07	$t=5.22^{***}$
自我发展活动因子	连续变量(-2.50—3.18)	0	0.32	-0.23	$t=17.38^{***}$
在城居住年限	连续变量(1—93)	28.72	33.94	21.52	$t=18.25^{***}$
非农工作经历	无=0,有=1	0.79	0.92	0.70	$\chi^2=278.71^{***}$
个体认知能力	连续变量(-1.22—2.21)	0	0.18	-0.13	$t=15.38^{***}$
受教育年限	连续变量(0—19)	9.46	11.15	8.24	$t=20.76^{***}$
工作状态	有工作=0,没有工作=1	0.59	0.51	0.65	$\chi^2=77.87^{***}$
职业年收入(取对数)	连续变量(-9.21—13.53)	7.11	8.69	5.90	$t=11.98^{***}$
自有产权住房	否=0,是=1	0.52	0.61	0.46	$\chi^2=91.28^{***}$
自有小汽车	否=0,是=1	0.20	0.24	0.17	$\chi^2=34.05^{***}$

注:由于 CGSS2013 的问卷数据由 A 卷、B 卷两部分构成,其中仅 A 卷涉及农业转移人口公共服务获取便利程度的考量,该部分的样本只有 1652 个;“*、**、***”分别表示:$P<0.1$、$P<0.05$、$P<0.01$。

（三）模型设置

由于本研究的因变量“身份认同”分为：认同自身属于城里人、说不清和乡下人三种类别，体现了农业转移人口对城里人认同的逐渐弱化和对乡下人认同逐渐增强的过程，因此该变量可以被视为定序变量。但在进行有序多分类 Logistic 回归时所做的平行线检验①发现，其 P 值为 0.001（<0.05），在置换了 5 种连接函数之后均不能满足平行线假设，说明各自变量的回归系数的确在随着因变量的分割点发生变化，此时应该采用无序多分类 Logistic 回归（MNL）进行模型拟合。首先该分析模型定义：“Y_0/城里人认同”为参照水平，其他水平（“Y_1/说不清”“Y_2/乡下人”）均与其相比，对 P 个自变量拟合建立 2 个广义 Logistic 模型：

$$\text{模型 A1：} \ln(\pi_1/\pi_0) = \alpha_1 + \sum_1^p \beta_{1p}\chi_p$$

$$\text{模型 A2：} \ln(\pi_2/\pi_0) = \alpha_2 + \sum_2^p \beta_{2p}\chi_p, (\pi_0 + \pi_1 + \pi_2 = 1)$$

其中 π_0、π_1、π_2 分别表示因变量取值为 Y_0、Y_1、Y_2 时的发生概率，由于是以“城里人”为参照水平，如果希望比较“说不清”和“乡下人”，则直接将 $\text{Logit}(\pi_1/\pi_0)$ 和 $\text{Logit}(\pi_2/\pi_0)$ 相减即可得到相应函数：

$$\begin{aligned}\ln(\pi_1/\pi_0) - \ln(\pi_2/\pi_0) &= \ln(\pi_1/\pi_2)\\ &= \alpha_1 - \alpha_2 + \sum_1^p \beta_{1p}\chi_p - \sum_2^p \beta_{2p}\chi_p\end{aligned}$$

四、数据分析与研究发现

闫云翔（2012）认为，作为认同政治的核心，中国模式里的个体身份认同更多地与要求个人权利和重新界定个人－群体－制度之关系相关，而不是与寻求自我相关。农业转移人口空间迁移的首要目标在于提高生活水平和

---

① 平行线检验是对有序多分类 Logistic 回归模型适用条件的前提性考察，如果显著性检验的 P>0.05则说明无论因变量的分割点在什么位置，模型中各自变量的系数都保持不变，即自变量的回归系数与分割点无关，各回归方程互相平行，才可使用该模型进行分析，否则应当另行处理。

社会地位,而社会流动带来的个人身份认同之所以重要,是因为它影响了个人的生活机会,包括获得合适的工作机会、构建新的社会网络,以及获取当地公共服务等,而这些公共福利大多与户籍制度之间存在一定的捆绑关系,共同构成一种结构性排斥力(Whyte,2010)。如果一个地区的结构排斥力越弱,便越有利于提高农业转移人口对城里人身份的认同度,而这种转变本身也是“人的城市化”的重要部分。此外,虽然受到特定社会结构的限制,但改革开放以来的公民个体正具备更多的行动空间,这着重体现在个人市场能力的分化上,以及作为一种附加能力而发挥潜在价值的、以获取现代生活方式为核心的文化适应能力,它们共同构成了一种主体性的自主行动力。本数据模型的目的在于对这两种力量及其与身份认同之间的关系进行细致考察。

基于 CGSS2013 全国样本进行模型估计时,考虑转变身份认同的概率在不同地区之间可能存在差异,本研究采用广义线性混合模型(GLMM)以调整样本变量在区县层次上可能存在的聚集效应,采用二元 Logistic 回归的关联函数。由于假设 1a 和假设 1b 重在考察“户籍”“公共服务获取便利度”以及两者之间交互效应对身份认同的影响,分别将这三个变量纳入分析模型,得到模型 1、模型 2 和模型 3(见表 14 -4)。模型 1 显示,代表地区差异的常数项估计值具有统计学意义($P<0.01$),说明城里人认同的发生比在区县层面的确存在聚集性。由于本研究重在解释身份认同在个体层次的差异,并不打算对其在区县层面的差异进行过多阐释,因而在分析模型中并未纳入区县层次的解释变量。在控制区县层次固定效应的基础上,户籍变量对身份认同的主效应在模型 1、模型 2 和模型 3 中都显著,且其回归系数的估计值均为负值,说明农业户籍人口拥有城里人认同的可能性比非农户籍人口低。模型 3 表明,相对于乡下人认同而言,非农户籍人口拥有城里人认同的发生比为农业户籍人口的 7.29 倍[$1/e^{-1.987}$],假设 1a 得到支持。

公共服务获取的便利度是考察农业转移人口在城市所受到结构性排斥力的重要指标。由表 14 -3 可知,在不考虑其他因素影响的情况下,公共服务的获取便利度在户籍上是存在显著差异的,农业户籍人口在获取公共服务上的便利度要显著低于非农户籍人口,这说明政府提供的公共服务对农业户籍人口确实存在较强的制度排斥。模型2表明，城里人认同的发生比在住房保障服务的获取便利度上存在显著差异，其便利度每提升1个单位，城里人认同的发生比增加13.77%［$e^{0.129}-1$］，其余三种公共服务的获取便利度对城里人认同的主效应并不显著（P>0.1），假设1b得到部分支持。为进一步考察户籍在公共服务获取上可能存在的捆绑效应，模型3在模型2的基础上增加了户籍与公共服务之间的交互项。结果显示，农业户口与医疗卫生服务、基本住房保障服务、社会管理服务的交互项系数是显著的，但当户籍属性为非农户籍时，医疗卫生服务和社会管理服务的回归系数不再显著（P>0.1），说明这两类公共服务对身份认同的影响效应仅适用于农业户籍人口。而基本住房保障服务对两类群体均有显著影响，且农业户籍人口的身份认同受住房保障服务影响较非农户籍人口更严重，假设1c得到部分支持。这表明，住房保障服务已成为影响农村户籍人口认同转变的首要结构性要素，其次是社会管理服务和医疗卫生服务。而公共教育服务与户籍的交互项不显著可能缘于农业户籍人口对公共教育服务的需求主要限于其流出地，或者是当前在城市流入地获取基础教育的渠道已经不存在太大阻碍，抑或是农业转移人口还没有来得及思考、面对、处理其后代的教育问题。表14－3中的数据揭示，在公共教育服务获取便利度上两类户籍群体之间的差异极小。这是否暗示，基础教育领域针对农业转移人口的制度排斥有所松动？基本住房保障服务对提升城里人认同度有显著影响，说明基本住房保障已成为一个超越户籍的影响身份认同的关键因素。表14－3数据揭示，无论是农业户籍人口还是非农户籍人口，获取基本住房保障服务都不容易。而且，公共住房福利上的分割对于农业转移人口实现城市融入和转变身份认同的议题上在扮演消极角色。

表14－4的三个模型中，新生社会网络依赖度的回归系数为负值，说明农业转移人口在城市新建立起来的邻里社会网络并不能有效提升其城里人认同度，而原生社会网络依赖度的回归系数反而为正值，但不具有统计显著性（P>0.1）。这一发现同已有的研究结论（蔡禾、曹志刚，2009）不一致，假设2a和假设2b没有得到支持。由表14－3的数据可知，农业户籍人口对于新生邻里网络的依赖度要远远强于非农户籍人口，这是因为农业户籍人口

的住房自有率低，大多租住在条件一般的底层聚集区，居民同质性更强。与现代商品住宅社区相比，生活在更老旧、更贫困社区的农村转移人口具有更高频率的跨越“桥梁”的邻里互动（Wang et al.，2016），相对容易重建邻里网络，但这并不意味着他们就因此提升了对城里人身份的认同度，反而可能由于底层聚集带来的网络联结以及与城里人生活条件的巨大反差而加重对社会不平等的感知（Lin et al.，2011）。非农户籍人口虽然自有产权住房率较高，大多居住在条件较好的城市小区中，但居民之间的异质性较强，较难建立新的邻里网络。在当前社区关系冷漠、邻里衰落的大环境下（刘佳燕，2014），亦难以对身份认同产生显著影响，使得邻里满意度降低（Bernardo & Palma-Oliveira，2016）。此外，表 14－4 的数据并没有显示出原生社会网络依赖度对于城里人认同的负向效应，其回归系数为正值，说明原生网络依赖度与现代性的身份感知之间并非完全对立。虽然模型中的回归系数不具有统计学意义，但是这从乡土性社会网络的角度印证了部分学者的观点，即乡土性与现代性之间并不一定构成对立关系，两者之间也有可能产生促进效应（李强、李凌，2014），当然这需要数据的进一步支持。

在表 14－4 对市场能力的考察中，一个有趣的发现是，工作的有无、学历的高低以及职业收入的多少，对身份认同均无显著影响（$P > 0.1$），而这些因素都与个人的职业能力紧密关联。虽然农业转移人口可以通过学历提升、技术培训等主体能动性的发挥来获得，但是职业能力增强的结果，并没有显著提升对于城里人身份的心理认同感，这说明仅是得到一份城市工作，仍不足以产生对于城里人身份的获得感。而模型 3 表明，占有产权住房和小汽车有利于提升城里人认同的可能性，有产权住房而拥有城里人认同的发生比是无产权住房人员的 2.05 倍［$e^{0.716}$］，而有小汽车的人员拥有城里人认同的发生比是没有车人员的 1.70 倍［$e^{0.531}$］，这说明，“有房有车”对农业转移人口而言已经成为“城里人”身份意义的重要表征，住房获得成为转换身份认同的关键解释变量。可是面对城市的高房价壁垒，大部分农村转移人口仅靠个人“即期性”的工作积蓄仍然很难购买到商品房，而且受制于户籍制度和传统的住房分割政策的约束，农业户籍转移人口大多处于城市福利性住房分配和住房补贴的供给体系之外，从而形成了对农业转移人口住房不平等获得的双重机制(Huang & Jiang,2009;Li & Zhang,2011)。这也意味着,当前部分拥有城市产权住房的农业转移人口,大多依靠的是家庭成员的"累积性"财富。有学者将其概括为初始资源禀赋(initial endowment),即个体通过个人的和基于家庭的社会继承和成就而在市场交换中拥有的初始资源(周雪光,2015)。如果家庭成员无法提供足够的资金支持,农业转移人口便很难成为城市业主,此时农村住房便成为其维持乡下人身份的关键纽带。住房获得对身份的意义已经远远超过职业能力因素,最近的研究表明,住房分层比职业分化更能解释城市居民在主观阶层认同上的差异(张海东、杨城晨,2017)。综合而言,以城市住房、小汽车的获得为代表的"累积性"的财富分化已经取代"即期性"的职业能力因素,成为身份认同分化的重要解释维度,假设3得到部分支持。

模型3表明,在对文化适应能力的诸多考察因素中,个体认知能力、城市生活方式(通俗娱乐活动因子、自我发展活动因子)、在城年限和非农工作经历对身份认同均有显著影响。例如,通俗娱乐活动因子和自我发展活动因子每增加1个单位,城里人认同的发生比分别提升19.24% [$e^{0.176}-1$] 和35.53% [$e^{0.304}-1$],这说明农业转移人口在这两大类休闲活动上的差异均有助于解释其在身份认同上的分化。这是因为无论是通俗娱乐活动还是自我发展活动,本质上都是起源于城市的文化体验活动。作为一种城市化的文化外溢结果,虽然城乡居民之间在这些休闲体验上的差别越来越小,但这些休闲活动对于大部分农业转移人口而言仍然代表了一种城里人的身份意识。只是随着城市化的急剧扩张,这些城市文化体验的外溢效应越来越扩散到农村地区,导致自我发展活动比通俗娱乐活动更能代表城市特性,因而更能提升城里人认同度。此外,在城市居住的年限每增加1年,城里人认同的发生比增加1.21% [$e^{0.010}-1$],有非农工作经历的人员拥有城里人认同的发生比为没有非农工作经历人员的1.75倍,而个体认知能力每增加1个单位,其城里人认同的发生比相应增加61.61% [$e^{0.480}-1$],以上综合说明,个体认知能力越强,城市文化体验越丰富,对于城市生活环境的文化适应能力也越强,越有利于实现身份认同的转变,假设4a和假设4b得到支持。

表 14－4　农业转移人口身份认同的 Logistic 回归模型

	模型 1		模型 2		模型 3	
	B	SE	B	SE	B	SE
固定效应的常数项	－1.263***	0.460	－2.348***	0.780	－2.871***	0.910
年龄	0.027***	0.006	0.038***	0.009	0.038***	0.009
女性（男性）	－0.171	0.116	－0.015	0.164	－0.023	0.165
未婚（已婚）	－0.129	0.202	－0.435	0.298	－0.426	0.299
城区外的镇（中心城区）	－2.663***	0.376	－3.143***	0.507	－3.146***	0.508
市/县城的城乡结合部	－0.866***	0.214	－1.332***	0.281	－1.331***	0.282
市/县城的边缘地区	－0.017	0.167	－0.142	0.212	－0.134	0.211
通俗娱乐活动因子	0.164**	0.069	0.174*	0.098	0.176*	0.098
自我发展活动因子	0.254***	0.068	0.299***	0.096	0.304***	0.096
在城居住年限	0.009**	0.004	0.010*	0.005	0.010*	0.005
有非农工作经历（无）	0.620***	0.185	0.605**	0.268	0.561**	0.270
个体认知能力	0.584***	0.128	0.460**	0.183	0.480***	0.183
受教育年限	0.047	0.019	0.035	0.027	0.036	0.027
有工作（无）	－0.410	0.162	－0.263	0.235	－0.219	0.236
职业年收入（取对数）	0.014	0.010	0.019	0.014	0.017	0.015
有产权住房（无）	0.549***	0.121	0.693***	0.171	0.716***	0.172
有小汽车（无）	0.501***	0.141	0.528**	0.206	0.531**	0.206
新生社会网络	－0.029	0.028	－0.042	0.039	－0.042	0.040
原生社会网络	0.130	0.081	0.090	0.115	0.095	0.116
农业户口（非农户口）	－2.625***	0.139	－2.674***	0.196	－1.987**	0.840
公共教育服务			0.013	0.097	0.090	0.098
医疗卫生服务			0.039	0.096	0.064	0.095
基本住房保障服务			0.129**	0.095	0.145**	0.071
社会管理服务			0.155	0.106	0.075	0.096
农业户口×公共教育服务					－0.072	0.043
农业户口×医疗卫生服务					0.045**	0.022
农业户口×基本住房保障服务					0.078***	0.028
农业户口×社会管理服务					0.091**	0.038
随机效应的常数项	0.530***	0.135	0.316***	0.141	0.307**	0.140
－2 倍对数似然值	16866.063		8357.448		8073.852	

续表

	模型 1		模型 2		模型 3	
	B	SE	B	SE	B	SE
Akaike 的信息条件(AIC)	16868.064		8357.450		8075.855	
Schwarz 的 Bayesian 条件(BIC)	16874.152		8362.843		8081.245	
N(有效)	3280		1652		1652	

注:①因变量参照种类:乡下人认同,各离散自变量后的括弧表示参照组;②“ * 、** 、*** ”分别表示:$P<0.1$、$P<0.05$、$P<0.01$;③由于 CGSS2013 分为 A、B 卷,其中仅 A 卷涉及公共服务变量,因而模型 2 的有效样本只有 1652 个。

从表 14 - 4 中各控制变量的影响效应来看,年龄较大、居住地离中心城区越近,越有可能拥有城里人认同。模型 3 显示,居住在集镇的人口拥有乡下人认同的发生比是居住在中心城区居民的 5.12 倍[$1/e^{-3.146}$],而居住城乡结合部人员的这一数值为 3.78 倍[$1/e^{-1.331}$],边缘城区和中心城区没有显著差异。身份认同的居住空间分化常常被学者们忽视,实质上这反映出中国城市空间内部存在巨大的社会经济差异,而不仅限于城乡之间。近年来,中国的城市化实际采用了大城市群发展之路,忽略了小城镇的公共投资和乡镇产业建设,这加剧了城市空间内部的分化。反映在模型数据中,主要体现在集镇居民对于城里人身份的认同感极低,其占比仅为 5.8%,远远低于中心城区的 52.9%。

考虑到公共服务的获取便利度对身份认同的影响存在户籍差异,本研究将研究样本分为农业户籍样本和非农户籍样本以作进一步考察,结果见表 14 - 5。不难发现,两类群体在身份认同上的差异除了体现在结构性因素上,还体现在产权住房、小汽车、城市生活方式(通俗娱乐活动因子、自我发展活动因子)、在城居住年限、非农工作经历、个体认知能力等个体因素上。具体来说,住房和小汽车对城里人认同的显著效应仅适用于农业户籍人口,而城市生活方式(通俗娱乐活动因子、自我发展活动因子)、在城居住年限对身份认同的显著影响仅适用于非农户籍人口。非农工作经历和个体认知能力对两者均有显著影响。这表明,在个体层面,农业户籍人口身份认同的差异主要体现在产权住房、小汽车等“累积性”的财富分化上,而那些已经实现户籍转换的个体,其心理层面的身份融入更多地与城市生活方式、价值理念等精神文化层面的因素相关，这意味着不同户籍农业转移人口的身份认同遵循着不同的分化逻辑。

表 14－5　不同户籍农业转移人口“城里人认同”Logistic 回归模型

	农业户籍人口		非农户籍人口		政策性农转非人员		自致性农转非人员	
	B	SE	B	SE	B	SE	B	SE
固定效应的常数项	-5.538***	1.066	-2.271***	1.272	-0.324	1.821	-1.350	1.684
通俗娱乐活动因子	0.161	0.161	0.174*	0.154	0.157	0.265	0.070	0.203
自我发展活动因子	0.118	0.118	0.426***	0.151	0.666**	0.312	0.342*	0.192
在城居住年限	0.067	0.008	0.010*	0.011	-0.002	0.018	0.016	0.013
有非农工作经历(无)	0.593*	0.349	0.386**	0.542	0.476	0.606	0.212	0.712
个体认知能力	0.685**	0.268	0.242***	0.275	0.510	0.502	0.127	0.384
受教育年限	0.067	0.007	-0.001	0.045	-0.098	0.075	-0.065	0.055
有工作(无)	-0.560	0.340	0.290	0.379	0.053	0.609	0.290	0.379
职业年收入(取对数)	0.020	0.020	0.021	0.024	-0.011	0.048	0.046	0.033
有产权住房(无)	0.994***	0.258	0.317	0.268	0.262	0.339	0.287	0.357
有小汽车(无)	0.684**	0.279	0.771	0.365	0.318	0.419	1.238**	0.532
新生社会网络	-0.008	0.057	-0.071	0.062	0.054	0.111	-0.065	0.079
原生社会网络	0.185	0.171	-0.013	0.175	0.509	0.382	-0.067	0.236
公共教育服务	0.016	0.041	0.086	0.149	-0.428	0.278	0.191	0.149
医疗卫生服务	0.098**	0.040	0.053	0.153	0.277	0.298	0.196	0.153
基本住房保障服务	0.218***	0.034	0.147***	0.145	0.436	0.291	0.208**	0.160
社会管理服务	0.179**	0.061	0.093	0.160	0.035*	0.150	0.207	0.160
控制变量	Y	Y	Y	Y	Y	Y	Y	Y
随机效应的常数项	0.337	0.213	0.405*	0.223	0.337	0.263	0.324	0.249
-2 倍对数似然值	5252.841		3319.153		770.491		2701.232	
Akaike 的信息条件(AIC)	5254.846		3321.159		772.523		2703.240	
Schwarz 的 Bayesian 条件(BIC)	5259.680		3325.664		775.327		2707.494	
N(有效)	956		696		149		547	

注：①因变量参照种类：乡下人认同，各离散自变量后的括弧表示参照组；②“*、**、***”分别表示：$P<0.1$、$P<0.05$、$P<0.01$。

此外，不同类型的非农户籍人口在身份认同上也存在一定差异，表 14－

1 显示，政策性农转非人员拥有城里人认同的比例仅为 46.3%，远低于自致性农转非人员的 76.0%，说明国家通过强制性的政策干预还不能达到个体通过自身努力而实现户籍转变对提升其城里人认同的效果，但这并不意味着这种政策干预就完全没有作用，相对于那些仍然保留农业户籍的居民（其城里人认同的比例仅为 14.3%）而言，政策干预对于身份融合仍然具有一定的积极效应。表 14－5 的数据表明，对农业户籍人口身份认同有显著影响的结构性因素包括医疗卫生服务、基本住房保障服务、社会管理服务三大类别，其中仅有社会管理服务对政策性农转非人员有显著效应，这或许说明政府推行的户口改革政策、村改居政策、征地政策等一系列公共政策的实施不仅带来农村居民户籍的转变，而且确实在一定程度上提升了公共服务共享水平，包括更高水平的社区医疗服务，集中安置的保障房、廉租房等福利性住房的供给等，缩小了政策性农转非人员在公共服务获取上与城市居民之间存在的差异。

五、发现与讨论

本研究选择 2013 年 CGSS 数据作为论据基础，运用“行动－结构”二重性和“主体－建构”理论分析框架，研究了结构性排斥与主体能动性对于农业转移人口身份认同的影响，并着重探究其差异化逻辑。研究发现，农业转移人口的身份认同，因为结构差异化效应与个体差异化策略影响，而表现出差异性分布。首先，农业转移人口身份认同呈“阶梯推进”态势。14.3% 的农业户籍人口，46.3% 的政策性农转非人口，76% 的自致性农转非人口，认同城里人身份。其次，结构要素呈现分散性，大致有三类。一是结构性激励。即相关政策的执行有助于农业人口身份的消除，如户口改革政策、村改居政策、征地政策等。二是结构性抑制。表征为结构性变量的基础公共服务具有很强的约束性，如农村转移人口很难获得城市住房保障服务、社会管理服务与公共医疗卫生服务，类似境况持续抑制身份认同。另外，作为结构的重要变量居住空间，其性质与类型也影响身份认同。三是结构性“意外”。公平正义地获得流入城市的基础教育服务，应该被视为城里人身份认同的基本表征，然而本研究的结果则似乎出现了“意外”，基础教育的获取与否对农村转移人口的身份认同不产生影响。最后，个体行动造成分化的逻辑已经由“过程”迈向了“结果”。本研究显示，反映行动本身差异的指标，如工作的有无、学历的高低、职业能力的强弱等，对农业转移人口的城里人身份的认同已经没有统计显著性差异。而反映行动结果差异的指标，如城市生活方式的拥有、在城生活年限、是否有房有车等则对城里人身份认同具有统计显著性差异。

有学者提出，随着市场转型的加快，社会排斥的主要机制已经由“体制排斥”转向“市场排斥”（李路路、朱斌，2015）。本研究的上述发现无疑表明，“体制排斥”并没有顺利转向“市场排斥”，而是在“体制排斥”内部表现出了多重“面向”，而“市场排斥”则由职业能力体现的“手段”型过渡到利用住房、汽车等财富表达的“结果”型。以本研究的上述发现为基础，以下三个方面值得进一步讨论。

一是农业户口取消以后，身份认同的结构性激励机制如何整合？截至2017年3月，全国已有30个省（自治区、直辖市）出台文件，提出取消农业户口与非农户口性质区分。于是，在制度层面作为“户口身份”而存在的“城里人”和“乡下人”之别似乎不存在了。不过，城乡居民在心理、文化、身份层面上的差异绝不会就此烟消云散。于是，如何整合当前结构内涵的多重“面向”以形成制度与公共服务合力，实现城乡统筹、协同发展，就成了重要议题。

二是新型城镇化战略如何在结构层面有助于实现全域范围内国民身份平等？党的十九大报告指出，要“以城市群为主体构建大中小城市和小城镇协调发展的城镇格局，加快农业转移人口市民化”。这或许意味着农村人口转变为城市居民后，仅仅是“农民身份”的消退，他们进入的是以“市民身份”为基线的多重庞杂性的“城市身份”体系（李春玲，2005），这时，个人又如何理解身份平等？社会政策又应该如何作为？

三是新时代背景下个体的行动策略问题。党的十九大报告指出中国已经进入新时代，需要实现伟大的梦想，要进行伟大斗争，建设伟大工程，推进伟大事业。“伟大斗争，伟大工程，伟大事业，伟大梦想，紧密联系、相互贯通、相互作用。”本研究认为，包括农村转移人口在内的每一个公民都需要自觉地将自己的身份认同与中华民族伟大事业相一致。

本研究的不足大致有三。第一，本研究虽然控制了农业转移人口的身份认同在区县层次的固定效应，但并未就区县层次的变异给予解释，这是因为本研究的主要关注点在于农业转移人口的身份认同在个体层次上的变异，未来在数据充足的情况下可以做进一步研究。第二，尽管学界有众多前期研究可以作为本研究在指标设计上的支撑，课题组仍然认为测量指标上升到核心概念过程中存在过分概化现象。如在结构排斥力的操作化议题上，本研究仅涉及四类核心公共服务获取的便利程度，更多的指标可能要考虑政治参与、落户政策、就业培训以及其他社会保障项目的共享程度。而在个体行动力指标的设计上，自我发展活动因子以及通俗娱乐活动因子的具体指标对应也存在许多值得改进的地方。第三，本研究聚焦于对城市中的“获得性认同”因素的分析，受数据所限，未能探究作为“继承性认同”的农村“土地拥有量”对身份认同的潜在影响。

第十五章　社区参与的社会资本逻辑

社会资本作为一个多维度概念,可以用于多种类型公共事务居民参与动机的解释。本研究从"互惠与一般信任""社区信任""非正式社会互动""地方性社会网络""参与社团或组织""社区凝聚力""志愿主义"社会资本的7个维度,将社区参与分为四种类型,即权益性参与、文体娱乐性参与、志愿性参与和福利性参与进行测量,以期探索社会资本在社区参与过程中的逻辑。

一、问题的提出

早在1887年,德国社会学家滕尼斯(Tönnies)在《共同体与社会》一书中就论述了社会学的两种基本形式"社区"和"社会"。他认为,"社区"有别于"社会",其居民是基于一种"本质意志"而建构成一个有机的人群组合,这是"一种社会共同体组织"(Tönnies,1887)。此后,包括Hillery(1995)、Biddle(2014)和Mcmillan(1986)在内的不少学者对社区进行了概念界定。但终难形成定论,有学者甚至认为不可能对其作出明确界定(常铁威,2004)。尽管如此,在现有纷繁复杂、众多定义的基础上,不难发现社区包含两类基础性概念元素,即包括"地域""组织结构"等在内的外显要素和包括"人口、文化及认同感"等在内的潜在要素。单从概念界定的发展轨迹上看,从过于强调社区的"地域性、空间性"到后期开始关注于更为隐蔽的"共同观念、情感与理想"等潜在变量,足以窥见学界关于"社区"研究所呈现出的一种复杂性逻辑。

“行政管理单元”(李斌,2018)和“国家治理单元”的属性(杨敏,2007;吴清军,2004)决定了社区建设已然成为当今创新社会治理、促进社会协调发展、消除城乡隔阂和化解二元社会固有矛盾的重要课题。民众社区参与作为社区形成的核心机制(杨敏,2007)和动力源泉(潘泽泉,2009;涂晓芳、汪双凤,2008),为社区建设和社区发展提供了重要保障,起到了核心推动作用。然而,在社区建设的实践中,社区居民的社区参与日趋多元化,同时也出现了如“离散化”(杨敏,2007)、“碎片化”(李斌,2018;唐有财,2017)、“参与难”(姚华、王亚南,2010;张莉,2015)与“弱参与”等诸多问题(唐亚林、朱春,2012;李和中、廖澍华,2017;吴晓燕、赵普兵,2014;谭祖雪、张江龙,2014;冯敏良,2014;涂晓芳、汪双凤,2008)。

针对上述问题,如何解释社区参与内在的复杂性逻辑,学界已经作了不少探索。有研究发现,社会资本作为一个多维度概念,可以用于多种类型公共事务居民参与动机的解释,但缺乏实证支持。因此,本章基于已有的研究基础,将社会资本作为社区参与复杂性逻辑的一种解释机制,企图通过数据来寻求实证方面的支持。本研究基于中国综合社会调查(CGSS)2012 年度调查数据,从社会资本理论的视角,对我国社区参与背后的复杂性逻辑进行挖掘,拟回答以下问题:第一,社会资本理论与社区参与行为之间的逻辑关联度如何;第二,多维度的社会资本对认识与促进社区参与会起何种作用;第三,以社会资本理论为视角构建起来的社区参与,在何种程度上丰富中国经验的特殊性与普适性。

二、理论分析框架

(一)社会资本视角下社区参与模式的建构

1. 社区参与类型化的分析框架:社会资本理论的引入

面对社区参与的复杂性问题,有学者基于“理性经济人”视角,阐述了参与动机(陈万灵,2004)、参与效用(陈万灵,2004)、个人利益实现(方明、王颖,1991)、分享(徐永祥,2000)、利益关联性(冯敏良,2014)等深层影响社区参与的要素。并且还形成了一些理论，如利益依赖理论（桂勇，2007）、理性选择理论、参与－回报理论（冯敏良，2014）、博弈理论等。以经济学为基础的解释或者理论，尽管的确可以解释一些社区参与中出现的问题，但是在针对社区中广泛存在的一大批几乎不追求利益回报的积极分子来说，明显乏力。

国内有学者试着从制度主义视角解释公众参与不足的问题，他们认为制度文本建构缺失、执政不力、参与渠道不畅、参与理念与参与方式不合适等制约了真实社区参与行为的发生（张莉，2015）。付诚、王一（2014）则认为，过于强调功利意识，会使得公共意识和志愿精神淡漠，最终陷入社区参与的文化困境。另外，“认同理论”也受到一些学者的关注，他们运用认同理论分析社区参与行为（唐有财、胡兵，2016），甚至认为社会认同与社区参与可互为因果，是一个生产和再生产的过程（颜玉凡、叶南客，2019）。在两者循环互构的过程中，居民个体的自我价值实现会起到重要作用。如果发挥不好，干扰效应也很显著（吴理财，2011；谢治菊，2012a；谢治菊，2012b；吴欢欢，2010）。

基于社区参与主体、客体、动机和目标复杂性特征现实，以上理论尽管有一定解释力，但仍然难以应对现实中的诸多困境。而社会资本已被社会学家和政治学家视为培育公众参与的重要变量（应优优，2018），不同类型的社会资本对不同类型的社区参与有不一样的效应（颜玉凡、叶南客，2019；黄荣贵、桂勇，2011）。不过，上述对社会资本解释力的判断并没有得到数据证实。本研究针对这一不足，希望能够从数据证明上有所贡献。

2. 社会资本：概念与解释

（1）概念内涵。“社会资本”是与物质资本（physical capital）和人力资本（human capital）相对应的一个理论概念（潘泽泉，2014）。虽然关于社会资本理论的缘起在学界暂无定论，但其思想萌芽可以追溯至古典社会学家迪尔凯姆的“集体意识”和齐美尔的“互惠交换”（池上新、陈诚，2018）。尤其是在布迪厄（Bourdieu）、科尔曼（Coleman）、帕特南（Putnam）、福山（Fukuyama）等学者的努力下逐步使之理论化。布迪厄（1992/1986）认为人类社会的资本包括三种基本形式，即文化资本、社会资本和经济资本。社会资本指的是通过占有“体制化关系网络”而获取真实或虚拟资源的集合体。帕特南首次将社会资本概念运用于社区发展的实证研究中。他认为,社会资本具有组织特点,通过组织之间或社会上的规范、网络与信任来促进集体行动去实现共同利益(Putnam,1993)。福山(1995)将社会资本等同于社会信任的程度,认为社会资本是一种非正式的社会规范,有助于产生较高的人际信任。布迪厄、帕特南、福山与托克维尔(1988)、涂尔干(1996)等人一样,似乎都强调了社会资本的集体性特征。

在后续的研究中,尤其是在科尔曼的推动下,社会资本概念逐渐脱离了集体性传统,转而强调更具个人色彩的研究方向。科尔曼(1990/1994)提出社会资本存在于人际关系和社会结构中,为个人所拥有,并为结构内部的个人行动提供促进作用。社会资本的个体性转变契合了当今的现实需求,当今的学者更喜欢从社会网络角度对社会资本作解释(Lin,2001)。边燕杰(2004)提出社会资本大致包含三个层面:社会网络关系、社会网络结构、社会网络资源。为了便于研究,边燕杰对社会资本作了操作化定义,在社会网络资源方面,边燕杰强调网顶与网差,在网络关系层面则强调网络规模,在网络结构层面强调网络构成。这样从总体上,社会资本就包括了道德义务与规范、社会价值和社会网络三个部分(潘泽泉,2019)。

(2)社会资本的解释维度。对社会资本的解释和测量两个方面都存在许多争议。总而观之,就社会资本的测量方面有单变量测量、多变量测量、类型和层次测量等方法。首先,有学者将社会信任作为社会资本的单一测量指标,发现社会信任可以很好地解释社会资本,并具有良好的信度与效度(Haplern,2005;Paxton,1999);也有人将社会网络作为单一指标测量社会资本(边燕杰),其测量工具包括“定名法”、“定位法”与“资源生成法”(Wellman,1979)。其次,多变量测量法。Fabio Sabatini(2009)、Grootaert(2002)、De Silva(2006)、Narayan(2001)分别从4、6、8、7个维度测量社会资本。国内学者赵延东(2006)、桂勇(2008)、裴志军(2010)、胡涤非(2011)分别从多个变量测量社会资本。最后,类型与层次法。有学者将社会资本分为认知型社会资本和结构型社会资本,用类型法考察社会资本(Harpham,2002)。

基于社会资本本身的复杂性,社会资本概念在研究中被赋予了太多内涵,如同一个“大框”(catch-all),貌似可用于解释很多社会现象,实际则不然(Macinko,Starfield,2001)。现实中要么有效测量社会资本的工具缺乏,要么缺乏系统性、全面性,造成社会资本概念饱受业界诟病。

尽管有诸多争论,但多维度测量法越来越被学界普遍采纳。如有不少学者在各自的研究中有针对性地选择如下14个指标中的某几个作为自己研究时达到研究目标的工具,这些指标工具大致有:参与社团或组织、地方性社会网络、非正式社会互动、信任、互惠、志愿主义、社会支持、社区凝聚力、社区归属感、家庭社会资本、工作联系、参与公共事务、集体行动、非正式控制。有学者指出社会支持、志愿活动、参与公共事务、集体行动、非正式控制等维度或者指标应该是社会资本的后果,而不应该作为社会资本的测量工具(桂勇、黄荣贵,2008)。

已有研究发现社会信任可以很好地作为社会资本的测量指标,且具有良好的信度与效度(Halpern,2005),除此之外,还有网络与信任两个指标均可以作为社会资本测量的核心要素(雷叙川、赵海堂,2017)。本研究依据前期的成果,结合既有问卷资料的优势与不足,确定从互惠与一般信任、社区信任、非正式社会互动、地方性社会网络、参与社团或组织、社区凝聚力、志愿服务,来测量城乡社区居民的社会资本。

(二)社区参与类型设定及关键变量

1. 四个类别的社区参与

总体上看,居民社区参与有广义和狭义之分。广义的社区参与包括多元的参与主体、参与行为和参与过程。狭义的社区参与则仅仅指社区居民参与社区公共事务(谭祖雪、张江龙,2014;李雪萍、陈艾,2013)。颜玉凡、叶南客(2019)选择城市居民社区公共文化参与视角构建出基于认同的三种持久参与模式;谢治菊(2012)从公共参与和私人参与两个方面研究测量了社区参与;翟敬朋(2015)则从社区文体活动、社区志愿服务活动、社区政治活动三个维度测量社区参与;王潇、焦爱英(2014)从社区政治参与、文化参与、社会与公共事业参与三个方面测量社区参与;黄荣贵、桂勇(2011)将社区参与分为体制化社区参与、抗议型社区参与和公共型社区参与三种类型;姜振华(2007)将社区老年人的社区参与划分为文体娱乐性参与、志愿性参与、自治性参与三种类型;李宗华、高功敬、李伟峰(2010)将社区参与分为社区集体活动、政治参与、社会生活参与和文化参与四个方面;杨敏(2007)提出了社区参与的福利性参与、志愿性参与、娱乐性参与和权益性参与四种类型。综合上述研究,本研究将社区参与分为四个类别,即权益性参与、文体娱乐性参与、志愿性参与和福利性参与。

2. 产权状态成为制约社区参与的关键变量

有关影响社区参与的因素也可从宏观和微观两个方面考虑。首先,宏观层面。叶南客(2001)从制度建设和环境支撑的角度,将居民社区参与过程中出现的问题归纳为"三不",即体制不顺、投入不够和动员不足;颜玉凡、叶南客(2019)认为,居民参与受社会宏观结构,如制度环境和文化变迁等因素影响;付诚、王一(2014)则认为制度、组织、文化三种困境是造成公民参与社区治理的现实障碍。其次,微观层面。在以往的研究中,户籍制度一直以来被认为是限制流动人口或新移民的政治权利和政治参与机会的重要影响因素(Solinger,1999;李景治、熊光清,2007;苏黛瑞,2009);熊易寒(2012)在移民社区的个案研究中发现,年龄更为重要;更多学者发现,住房产权状态对社区参与具有关键解释力(Dietza,Haurin,2003;杨巧、陈诚、张可可,2018;李斌、张贵生,2019);谭祖雪(2014)将无权感、主体性缺失和社会资本缺失作为当前社区参与不足的重要参数;陈万灵(2004)认为,"分利能力"是居民社区参与的动力。

综上所述,除了宏观层面的政策和制度因素,微观层面的年龄、户籍、住房产权等都对居民参与行为产生影响。因此,本研究综合考虑上述研究成果,将相关变量作控制处理。

(三)社会资本与社区参与结盟

国内外已有较多的学者从理论和实证维度讨论了社会资本与社区参与之间存在着相当强的复杂关系。应优优(2018)将社会资本与社区参与分别作了分类以后发现,具有黏结性的社会资本特征的社团动员和具有桥梁性的社会资本特征的人际关系在公众民主选举、公益服务参与和维权参与行为等社区行为中体现出比较强的城乡差异;黄荣贵、桂勇(2011)发现社会资本和社区参与均具有多维度、复杂性的特征,两者间的关系绝非单纯的正向或负向影响,必须展开具化研究。他们使用多层次 Logistic 回归模型考察了集体性社会资本对抗议型、体制化与公共型参与三种类型社区参与的影响;陈捷、卢春龙(2009)认为,社会资本有通用性和特定性两种特征。包容性的社会信任与开放性的社会网络对社区居民的社区参与会产生显著的积极作用,而局限性的人际信任与封闭性的社会网络对社区参与有显著的负面作用。基于以上分析,本研究提出如下假说:

H1:信任和网络作为社会资本的核心因素,对社区参与的各形态,即权益性参与、文体娱乐性参与、志愿性参与和福利性参与,具有很强的相关性。

H2:社区组织程度、社区凝聚力和志愿活动均对社区参与的各形态,即权益性参与、文体娱乐性参与、志愿性参与和福利性参与,具有很强的相关性。

三、数据来源、变量设定与统计描述

(一)数据来源

本研究所用数据来源于中国综合社会调查 CGSS2012 年数据,本书使用 CGSS2012 表示。该项目是由中国人民大学发起组织,系统、全面收集了 29 个省份 134 个县(区)488 个村(居)委会,年满 18 周岁,具有中国国籍,且在抽中住址居住满一周的居民在社会、社区、家庭和个人多个层次的数据。其中个人层次包括社会人口属性、社会态度、生活方式等,家庭层次包括家庭资本、家庭成员基本信息等,社区层次包括社区参与、邻里互帮互助等;社会层次包括社会网络、社会关系、信任等社会资本的基本信息。CGSS2012 中的样本容量达 11765 个,其中设定的调查问题所获得的数据资料,奠定了本研究得以进行的基础。

（二）变量及描述统计

1. 因变量：社区参与

杨敏（2007）曾经使用四维度测量方法研究社区参与，本研究根据既有的数据库中的变量将社区参与划分为权益性参与、文体娱乐性参与、志愿性参与和福利性参与四种类型。首先，权益性参与。利用问卷中"上次居委会选举/村委会选举，您是否参加了投票"进行测量。选项赋值：是 =1，否 =0。其次，文体娱乐性参与。利用问卷中的问题"请问您与邻居进行社交娱乐活动（如互相串门、一起看电视、吃饭、打牌等）"一题进行测量。选项赋值为：从来不 =0，所有其他 =1。再次，志愿性参与。利用问题"过去 12 个月中，您是否参加过建设本社区的志愿活动（如美化环境、加强治安、修桥铺路等活动）"一题来进行测量。选项赋值为：是 =1，否 =0。最后，福利性参与。包括医疗保险参与和基本养老保险参与。利用问卷中问题"您是否参加了城市基本医疗保险/新型农村合作医疗保险/公费医疗"和"您是否参加了城市/农村基本养老保险"进行测量。统计表明，权益性参与、文体娱乐性参与、志愿性参与、医疗保险参与和基本养老保险参与的百分比分别为 49.7%、88.9%、19.8%、89% 和 63%。

2. 自变量：社会资本

本研究运用探索性因子分析来测量社区社会资本各维度（见表 15－1）。在综合考虑载荷系数（不低于 0.3）、克隆巴赫 Alpha 值（不低于 0.7）、KMO 值（不低于 0.7）、Bartlett 球形检验卡方值、相关显著性等检验后，确定了最终各维度所含的项目。

表 15－1　社区社会资本变量测量

变量	操作化	赋值	变量类型	预测方向	通过检验并保留
互惠与一般信任	绝大多数人是可信任的	1 = 是； 0 = 否	二分变量	+	是，是
	别人想办法占您的便宜	1 = 是； 0 = 否	二分变量	－	是，是
社区信任	对邻居的信任程度	1—4 分	定序变量	+	是，是

续表

变量	操作化	赋值	变量类型	预测方向	通过检验并保留
非地方性社会互动	与不住在一起的亲戚聚会	李克特五点量表	定序变量	-	是，是
	与朋友聚会	李克特五点量表	定序变量	-	是，是
	与其他朋友进行社交娱乐活动	李克特七点量表	定序变量	-	是，是
	您和其他人多久出去吃一次饭	李克特五点量表	定序变量	-	是，是
	度假或探亲访友而没有在家过夜	1—6 分	定序变量	-	否，否
	与不住在一起的亲戚联系	1—9 分	定序变量	-	否，否
	除了家人或亲戚以外，联系人数	1—9 分	定序变量	-	否，否
地方性社会网络	您见面会打招呼的邻居人数	李克特五点量表	定距变量	+	是，是
	提供帮助的邻居人数	李克特五点量表	定距变量	+	是，是
社区组织参与	社区组织成员并积极参与	0 = 不参与； 1 = 是或积极参与	二分变量	+	是，是
社区凝聚力	发生自然灾害，居民能够联合	李克特七点量表	定序变量	+	否，否
	邻里之间是互相关心的	李克特七点量表	定序变量	+	是，是
	当有需要时，邻居们都很乐意帮忙	李克特七点量表	定序变量	+	是，是
志愿主义活动	社会公益组织成员并积极参与	0 = 不参与； 1 = 是或积极参与	二分变量	+	否，否
	与体育、文化、艺术或学术相关的志愿活动	1 = 是； 0 = 否	二分变量	+	是，是
	与处于弱势地位的群体相关的志愿活动	1 = 是； 0 = 否	二分变量	+	是，是
	自愿地以货币、实物或所有权等形式进行过社会捐赠	1 = 是； 0 = 否	二分变量	+	否，否
	自愿地参加过社会志愿服务活动	1 = 是； 0 = 否	二分变量	+	是，是

3. 控制变量

由于本研究主要测量社会资本中社区信任和社区网络对居民社区参与的影响机制，借鉴已有研究普遍采用的控制变量，引入性别、年龄、婚姻状况、教育年限、政治面貌、户籍、住房产权、在城居住时长、工会会员、居住地类型、居住社区类型一共11个变量，作为控制变量。在国内外相关研究中，人口学变量属性的性别、年龄和婚姻状况是最常见的控制变量。选项赋值为：男 =1，女 =0；已婚 =1，未婚 =0。年龄为18—98岁的连续变量。加入教育年限变量，主要是考虑到因受教育水平引起的认知水平和观念意识方面的差异可能会对社区参与行为造成影响。综述已有研究成果发现，政治面貌、户籍、住房产权、在城居住时长、工会会员、参与社会组织、居住地类型等都会对参与行为产生影响，应加以控制。

综上所述，本研究中所使用的各种变量描述性统计特征详见表15－2。

表15－2 变量描述及统计数值

变量	样本量	均值(%)	标准差	最小值	最大值
性别(男 =1)	11765	51.2	0.50	0	1
年龄	11761	48.92	16.25	18	96
婚姻状况(已婚 =1)	11765	90.35	0.30	0	1
教育年限	11763	8.71	4.64	0	19
政治面貌(党员 =1)	11765	11.87	0.32	0	1
户籍(非农 =1)	11760	53.26	0.50	0	1
住房产权(有 =1)	11743	50.2	0.50	0	1
在城居住时长	3638	21.10	17.74	0	88
工会会员(会员 =1)	11723	11.1	0.31	0	1
居住地类型(市区 =1)	11737	60.06	0.49	0	1
居住社区类型	11674				
老城区	1902	16.17	0.37	0	1
单位社区	1077	9.15	0.29	0	1
保障性社区	68	0.58	0.08	0	1
普通商品房社区	2630	22.35	0.42	0	1
别墅区或高级住宅区	115	0.98	0.10	0	1

续表

变量	样本量	均值(%)	标准差	最小值	最大值
村改居社区	1020	8.7	0.28	0	1
农村	4862	41.3			
互惠与一般信任					
绝大多数人是可信任的	11759	3.47	1.00	1	5
别人想办法占您的便宜	11755	2.94	1.07	1	5
社区信任					
对邻居的信任程度	5810	3.04	0.59	1	4
非地方性社会互动					
与不住在一起的亲戚聚会	11734	2.21	0.75	1	5
与朋友聚会	11755	2.32	1.00	1	5
与其他朋友进行社交娱乐活动	11756	2.83	1.19	1	5
您和其他人多久出去吃一次饭	5815	1.98	1.03	1	5
地方性社会网络					
见面会打招呼邻居个数	5817	3.96	1.23	1	5
提供帮助邻居个数	5801	2.92	1.39	1	5
社区组织参与(是=1)					
社区组织成员并积极参与	5810	2.91	0.17	0	1
社区凝聚力					
邻里关心程度	5814	5.92	0.97	1	7
邻里互助程度	5808	5.73	1.09	1	7
志愿主义					
与文体或学术相关的志愿活动	5817	7.65	0.27	0	1
与处于社会弱势地位的群体相关的志愿活动	5816	11.57	0.32	0	1
自愿地参加过社会志愿服务活动	5819	7.48	0.26	0	1
权益性参与	11301	50.29	0.50	0	1
文体娱乐性参与	11765	80.2	0.40	0	1
志愿性参与	5817	11.05	0.31	0	1
福利性参与					
医疗保险参与	11685	89.61	0.31	0	1
养老保险参与	11558	64.16	0.48	0	1

四、统计结果及分析

本研究分别建构五组二分变量的 Logistic 回归模型(Binary Logistic Regression)。首先将可能影响社区参与的控制变量,包括性别、年龄、婚姻状况、教育年限、政治面貌、户籍、住房产权、在城居住时长、工会会员、居住地类型、居住社区类型等纳入模型,建立模型 1,然后再将“互惠与一般信任”“社区信任”“非正式社会互动”“地方性社会网络”“参与社团或组织”“社区凝聚力”“志愿主义”等社会资本变量依次纳入模型,分别建立模型 2、3、4、5、6、7、8。

(一)权益性参与行为的回归分析

课题组针对社区参与行为中的权益性参与设置了 8 个模型,8 个模型的 F 检验显著性水平都为 0.000,表明模型显著性水平都很好。考克斯 - 斯奈尔 R 方系数从 0.156 上升至 0.203,这同时说明在引入了社会资本变量后,模型的解释力得到一定的提高(见表 15 - 3)。

模型 1 显示,考虑了各控制变量对因变量“权益性参与行为”的影响。数据显示,性别、年龄、婚姻状况、政治面貌、住房产权、在城居住时间、社区性质等都对居民的权益性参与行为有重要影响;或者说,具有如下特征,即年龄大、女性、已婚、党员、有房产、在城市居住的时间足够长、社区越类似于传统农村社区的居民,居民在社区中的权益性参与行为发生的概率越大。值得注意的是,户籍、是否工会会员这两个变量起的作用都不明显。模型 2 增加了“信任大多数人”与贪图小便宜两个与社会资本相关联的变量,结果发现,模型 1 中变量的显著性没有发生差异,说明权益性参与行为的增加与是否“信任大多数人”之间没有太大关系;模型 3 说明,如果社区居民信任邻居,则权益行为发生的概率会增加;模型 4 增加了熟人、朋友这一变量,发现熟人朋友多少或者联系频率,对权益性行为的发生不产生影响;模型 5 增加了“是否对社区内居民打招呼”,发现这有显著影响,这说明邻居在社区行为中具有很强的作用;模型 6 说明,如果属于社区组织成员,权益性参与行为

表 15-3 权益性参与的回归模型

变量名		模型 1 Beta	模型 1 Std. E	模型 2 Beta	模型 2 Std. E	模型 3 Beta	模型 3 Std. E	模型 4 Beta	模型 4 Std. E	模型 5 Beta	模型 5 Std. E	模型 6 Beta	模型 6 Std. E	模型 7 Beta	模型 7 Std. E	模型 8 Beta	模型 8 Std. E
性别		-0. 389 ***	0. 12	-0. 387 ***	0. 12	-0. 384 ***	0. 12	-0. 412 ***	0. 123	-0. 385 **	0. 124	-0. 342 **	0. 125	-0. 322 **	0. 126	-0. 292 *	0. 127
年龄		0. 022 ***	0. 005	0. 022 ***	0. 005	0. 022 ***	0. 005	0. 025 ***	0. 005	0. 024 ***	0. 005	0. 023 ***	0. 005	0. 023 ***	0. 005	0. 023 ***	0. 005
婚姻状况		0. 976 ***	0. 302	0. 981 ***	0. 302	0. 973 ***	0. 303	1. 029 ***	0. 304	0. 908 **	0. 307	0. 888 **	0. 31	0. 868 **	0. 312	0. 934 **	0. 315
教育年限		0. 01	0. 017	0. 01	0. 017	0. 012	0. 017	0. 008	0. 017	0. 008	0. 017	0. 002	0. 017	0. 004	0. 017	-0. 002	0. 018
政治面貌		0. 533 ***	0. 161	0. 525 ***	0. 162	0. 519 ***	0. 162	0. 512 **	0. 162	0. 462 **	0. 164	0. 353 *	0. 168	0. 336 *	0. 168	0. 314	0. 169
户籍		-0. 116	0. 162	-0. 119	0. 162	-0. 134	0. 162	-0. 137	0. 163	-0. 116	0. 165	-0. 112	0. 166	-0. 123	0. 166	-0. 118	0. 167
住房产权		0. 265 *	0. 113	0. 266 *	0. 113	0. 256 *	0. 113	0. 251 *	0. 114	0. 26 *	0. 115	0. 265 *	0. 116	0. 262 *	0. 117	0. 249 *	0. 117
在城居住时长		0. 013 ***	0. 004	0. 013 ***	0. 004	0. 013 ***	0. 004	0. 013 ***	0. 004	0. 011 **	0. 004	0. 011 **	0. 004	0. 012 **	0. 004	0. 012 **	0. 004
工会会员		0. 188	0. 158	0. 187	0. 158	0. 184	0. 158	0. 161	0. 159	0. 16	0. 161	0. 098	0. 165	0. 09	0. 166	0. 044	0. 168
居住地类型		-0. 451	0. 292	-0. 456	0. 292	-0. 428	0. 293	-0. 492	0. 297	-0. 408	0. 298	-0. 408	0. 299	-0. 401	0. 3	-0. 434	0. 299
居住社区类型	老城区	-0. 497	0. 306	-0. 488	0. 307	-0. 497	0. 308	-0. 454	0. 31	-0. 4	0. 311	-0. 421	0. 312	-0. 404	0. 314	-0. 383	0. 314
	单位社区	-0. 795 *	0. 322	-0. 789 *	0. 322	-0. 787 *	0. 323	-0. 787 *	0. 324	-0. 765 *	0. 326	-0. 784 *	0. 328	-0. 781 *	0. 331	-0. 77 **	0. 33
	保障房小区	-0. 527	0. 622	-0. 52	0. 622	-0. 504	0. 623	-0. 504	0. 629	-0. 504	0. 635	-0. 587	0. 649	-0. 61	0. 653	-0. 607	0. 65
	普通商品房小区	-0. 654 *	0. 297	-0. 647 *	0. 298	-0. 649 *	0. 298	-0. 628 *	0. 3	-0. 544	0. 301	-0. 545	0. 303	-0. 532	0. 305	-0. 52	0. 304
	别墅区	-1. 802 **	0. 63	-1. 794 **	0. 63	-1. 763 **	0. 626	-1. 772 **	0. 629	-1. 623 **	0. 631	-1. 674 **	0. 652	-1. 508 **	0. 653	-1. 513 *	0. 654
	村改居	-0. 655 *	0. 318	-0. 645 *	0. 319	-0. 664 *	0. 319	-0. 661 *	0. 323	-0. 648 *	0. 324	-0. 634	0. 325	-0. 618	0. 327	-0. 595	0. 326
信任大多数人				0. 034	0. 055	0. 006	0. 056	-0. 001	0. 056	0. 002	0. 057	-0. 006	0. 057	-0. 005	0. 057	-0. 005	0. 058

续表

	模型 1		模型 2		模型 3		模型 4		模型 5		模型 6		模型 7		模型 8	
变量名	Beta	Std. E	Beta	Std. E	Beta	Std. E	Beta	Std. E	Beta	Std. E	Beta	Std. E	Beta	Std. E	Beta	Std. E
占便宜			0.011	0.051	0.004	0.051	0.006	0.051	0.006	0.052	-0.005	0.052	-0.014	0.053	-0.014	0.053
信任邻居					0.236 **	0.099	0.228 *	0.099	0.139	0.103	0.128	0.104	0.057	0.109	0.05	0.11
亲戚聚会							-0.083	0.079	-0.105	0.079	-0.109	0.08	-0.109	0.081	-0.125	0.081
朋友聚会							0.116	0.075	0.124	0.075	0.114	0.076	0.106	0.076	0.098	0.076
朋友娱乐							0.064	0.055	0.049	0.056	0.069	0.057	0.071	0.057	0.075	0.057
与他人吃饭							0.041	0.067	0.016	0.068	0.006	0.069	0.008	0.069	-0.005	0.069
打招呼邻居									0.244 ***	0.053	0.231 ***	0.053	0.223 ***	0.054	0.217 ***	0.055
帮助邻居									-0.012	0.05	-0.017	0.05	-0.04	0.051	-0.044	0.051
社区组织成员											1.804 ***	0.363	1.816 ***	0.366	1.578 ***	0.376
互相关心													-0.13	0.074	-0.128	0.074
乐意帮忙													0.22 **	0.071	0.212 **	0.072
文化类志愿															0.444 *	0.211
助弱性志愿															-0.063	0.197
志愿服务															0.483 *	0.243
_cons	-1.952 ***	0.447	-2.084	0.489	-2.669 ***	0.548	-3.081	0.583	-3.569 ***	0.596	-3.329 ***	0.601	-3.498 ***	0.644	-3.38 ***	0.647
-2log likelihood	1996.02		1995.511		1989.704		1981.456		1954.929		1922.366		1912.629		1901.155	
McKelvey and Zavoina's R^2	0.156		0.157		0.159		0.164		0.177		0.193		0.197		0.203	

的发生概率也会显著增加；模型 7 说明如果居民有乐于帮助他人的美德，则权益性参与行为的发生概率也会提高；模型 8 说明志愿服务会显著增加权益性参与行为。

（二）文体娱乐性参与行为的回归分析

文体娱乐性参与的 8 个模型中，F 检验显著性水平都为 0.000，表明模型显著性水平都很好。考克斯－斯奈尔 R 方系数从 0.1 上升至 0.243，表明在引入了社会资本变量后，模型的解释力得到一定的提高。

模型 1 显示，考虑了各控制变量对因变量“文体娱乐性参与行为”的影响。数据显示，年龄、婚姻状况、政治面貌、户籍、住房产权、在城居住时间、社区性质等都对居民的文体娱乐性参与行为有重要影响。或者说，具有如下特征，即年龄大、已婚、党员、有房产、在城市居住的时间足够长、社区越类似于传统农村社区的居民，居民在社区中的文体娱乐性参与行为发生的概率越大。值得注意的是，性别、教育年限、工会会员、居住地类型这 4 个变量起的作用已经不明显。模型 2 显示，喜欢占便宜的居民，文体娱乐性参与行为发生的概率会大些；模型 3 说明，信任邻居，则文体娱乐性参与行为发生的概率会增加；模型 4 说明越愿意与朋友娱乐，则文体娱乐性参与行为会越多；模型 5 说明，与邻居关系好，愿意帮助邻居，则文体娱乐性参与行为会越多；模型 6 说明，如果属于社区组织成员，文体娱乐性参与行为的发生概率不会有太大变化；模型 7 说明，如果居民有乐于帮助他人的美德，则文体娱乐性参与行为的发生概率也不会有什么变化；模型 8 说明，志愿服务不会影响居民的文体娱乐性参与行为。

（三）志愿性参与行为的回归分析

志愿性参与的 8 个模型中，F 检验显著性水平都为 0.000，表明模型显著性水平都很好。考克斯－斯奈尔 R 方系数从 0.031 上升至 0.185，表明在引入了社会资本变量后，模型的解释力得到较大程度的提高。

表 15－4　文体娱乐性参与的回归模型

	模型 1		模型 2		模型 3		模型 4		模型 5		模型 6		模型 7		模型 8	
变量名	Beta	Std. E	Beta	Std. E	Beta	Std. E	Beta	Std. E	Beta	Std. E	Beta	Std. E	Beta	Std. E	Beta	Std. E
性别	-0.203	0.117	-0.177	0.118	-0.174	0.119	-0.216	0.126	-0.179	0.13	-0.161	0.131	-0.158	0.131	-0.163	0.132
年龄	-0.014**	0.005	-0.014**	0.005	-0.015**	0.005	-0.009	0.005	-0.01	0.006	-0.011*	0.006	-0.011*	0.006	-0.011*	0.006
婚姻状况	0.691***	0.201	0.706***	0.202	0.687***	0.204	0.949***	0.216	0.752***	0.223	0.744***	0.223	0.744***	0.223	0.733***	0.224
教育年限	0.006	0.017	0.005	0.017	0.01	0.017	-0.01	0.019	-0.012	0.019	-0.015	0.019	-0.014	0.019	-0.014	0.019
政治面貌	0.401*	0.165	0.379*	0.166	0.365*	0.167	0.375*	0.175	0.229	0.182	0.177	0.184	0.177	0.184	0.193	0.185
户籍	0.33*	0.156	0.333*	0.157	0.302	0.159	0.347*	0.168	0.411*	0.173	0.411*	0.173	0.408*	0.174	0.407*	0.174
住房产权	0.284*	0.12	0.287*	0.12	0.26*	0.122	0.233	0.128	0.257	0.133	0.263*	0.133	0.266*	0.134	0.26	0.134
在城居住时长	0.01*	0.004	0.01*	0.004	0.008	0.004	0.008	0.004	0.006	0.005	0.006	0.005	0.006	0.005	0.006	0.005
工会会员	-0.117	0.157	-0.108	0.158	-0.125	0.159	-0.231	0.169	-0.254	0.175	-0.274	0.176	-0.277	0.176	-0.272	0.177
居住地类型	-0.144	0.369	-0.135	0.37	-0.059	0.374	-0.144	0.404	0.15	0.415	0.157	0.414	0.149	0.415	0.179	0.418
老城区	-0.897*	0.368	-0.903*	0.37	-0.951*	0.374	-0.791*	0.399	-0.689	0.408	-0.701	0.407	-0.692	0.408	-0.722	0.411
单位社区	-0.868*	0.38	-0.884*	0.381	-0.902*	0.385	-0.937*	0.411	-0.852*	0.42	-0.867*	0.419	-0.852*	0.42	-0.883*	0.423
保障性小区	-0.727	0.684	-0.759	0.688	-0.718	0.701	-0.608	0.744	-0.259	0.766	-0.297	0.771	-0.295	0.772	-0.351	0.776
普通商品房小区	-1.368***	0.359	-1.38***	0.36	-1.42***	0.365	-1.363***	0.39	-1.139**	0.398	-1.145**	0.397	-1.129**	0.399	-1.154*	0.402
别墅区	-1.946***	0.515	-1.949***	0.516	-1.979***	0.521	-2.099***	0.553	-1.788**	0.564	-1.795***	0.564	-1.79**	0.566	-1.817***	0.567
村改居	-0.01	0.407	0.001	0.409	-0.063	0.413	-0.138	0.441	-0.119	0.451	-0.12	0.45	-0.103	0.452	-0.121	0.453
信任大多数人			0.059	0.055	-0.001	0.057	-0.021	0.06	-0.011	0.062	-0.015	0.062	-0.017	0.062	-0.023	0.063
占便宜			0.12*	0.053	0.098	0.053	0.118*	0.056	0.125*	0.058	0.122*	0.058	0.122*	0.058	0.121*	0.058

续表

	模型 1		模型 2		模型 3		模型 4		模型 5		模型 6		模型 7		模型 8	
变量名	Beta	Std. E	Beta	Std. E	Beta	Std. E	Beta	Std. E	Beta	Std. E	Beta	Std. E	Beta	Std. E	Beta	Std. E
信任邻居					0. 552 ***	0. 098	0. 506 ***	0. 104	0. 213	0. 11	0. 209	0. 11	0. 188	0. 116	0. 188	0. 116
亲戚聚会							0. 115	0. 086	0. 075	0. 091	0. 075	0. 091	0. 074	0. 091	0. 074	0. 091
朋友聚会							-0. 086	0. 085	-0. 085	0. 089	-0. 091	0. 089	-0. 094	0. 089	-0. 1	0. 09
朋友娱乐							0. 711 ***	0. 073	0. 681 ***	0. 075	0. 691 ***	0. 075	0. 691 ***	0. 075	0. 697 ***	0. 076
与他人吃饭							0. 005	0. 073	-0. 01	0. 076	-0. 015	0. 076	-0. 017	0. 076	-0. 016	0. 076
打招呼邻居									0. 212 ***	0. 053	0. 208 ***	0. 053	0. 2 ***	0. 055	0. 2 ***	0. 055
帮助邻居									0. 401 ***	0. 063	0. 401 ***	0. 063	0. 399 ***	0. 064	0. 402 ***	0. 064
社区组织成员											0. 68	0. 358	0. 674	0. 358	0. 733 *	0. 374
互相关心													0. 037	0. 072	0. 041	0. 072
乐意帮忙													0. 006	0. 069	0. 005	0. 069
文化类志愿															0. 238	0. 238
助弱性志愿															-0. 143	0. 208
志愿服务															-0. 201	0. 259
_cons	1. 503 ***	0. 411	0. 982 *	0. 457	-0. 321	0. 515	-2. 4 ***	0. 591	-3. 193 ***	0. 618	-3. 095 ***	0. 62	-3. 234 ***	0. 654	-3. 216 ***	0. 657
-2log likelihood	1960. 114		1952. 704		1920. 112		1767. 015		1659. 609		1655. 719		1655. 276		1653. 516	
McKelvey and Zavoina's R^2	0. 100		0. 103		0. 120		0. 192		0. 240		0. 242		0. 242		0. 243	

模型1显示,考虑了各控制变量对因变量“志愿性参与行为”的影响。数据显示,教育年限、政治面貌、工会会员、社区性质等对居民的志愿性参与行为有重要影响。或者说,具有如下特征,即受教育层次高、党员、工会会员、居住社区越类似于传统农村社区的居民,居民在社区中的志愿性参与行为发生的概率越大。值得注意的是,性别、年龄、户籍、住房产权、在城居住的时间长短以及居住地类型这6个变量起的作用已经不明显。模型2显示,是否对大多数人有较多的信任,是否喜欢占便宜,对志愿性参与行为的发生概率没有影响;模型3说明,信任邻居,则志愿性参与行为发生的概率会增加;模型4说明,朋友聚会越多,则志愿性参与行为会越多;模型5说明,与邻居打招呼多,则志愿性参与行为会越多;模型6说明,如果属于社区组织成员,志愿性参与行为的发生概率也会明显增加;模型7说明,帮助他人、互相关心两个要素,对志愿性参与行为的发生概率影响很小;模型8说明,志愿服务非常强烈地影响居民的志愿性参与行为。

(四)福利性参与行为的回归分析

本研究中对福利性参与分析,以“城市基本医疗保险/新型农村合作医疗保险/公费医疗”和“城市/农村基本养老保险”为例子作分析,分别设置了8个模型(见表15-6、表15-7)。F检验显著性水平都为0.000,表明模型显著性水平都很好。两类保险数据所得到的模型,考克斯-斯奈尔R方系数分别从0.062上升至0.071,从0.163上升至0.170,这表明在引入了社会资本变量后,模型的解释力未得到较大程度的提高。

表15-6中的模型1显示,考虑了各控制变量对因变量“医疗保险参与行为”的影响。数据显示,年龄、婚姻状态、教育年限、政治面貌、户籍、住房产权、工会会员等对居民的医疗保险参与行为有重要影响。或者说,具有如下特征,即男性、已婚、受教育层次高、党员、城市户口、拥有住房产权、工会会员,居民在社区中的医疗保险参与行为发生的概率越大。值得注意的是,性别、在城市居住的时间长短以及居住地类型这3个变量起的作用已经不明显。模型2显示,喜欢占便宜的居民,医疗保险参与行为的发生概率会更大;模型3说明,信任邻居,对医疗保险发生的概率没有影响;模型4说明,朋友

表 15－5　志愿性参与的回归模型

	模型 1		模型 2		模型 3		模型 4		模型 5		模型 6		模型 7		模型 8	
变量名	Beta	Std. E	Beta	Std. E	Beta	Std. E	Beta	Std. E	Beta	Std. E	Beta	Std. E	Beta	Std. E	Beta	Std. E
性别	-0.2	0.176	-0.212	0.177	-0.209	0.177	-0.248	0.18	-0.236	0.184	-0.136	0.19	-0.131	0.19	0.182	0.218
年龄	0.005	0.007	0.004	0.007	0.004	0.007	0.008	0.008	0.005	0.008	0.002	0.008	0.002	0.008	0	0.009
婚姻状况	0.687	0.371	0.69	0.371	0.667	0.373	0.697	0.375	0.512	0.383	0.505	0.39	0.486	0.39	1.159*	0.462
教育年限	0.061*	0.026	0.06*	0.026	0.065*	0.026	0.055*	0.027	0.059*	0.028	0.049	0.029	0.051	0.029	0.022	0.033
政治面貌	0.581**	0.214	0.568**	0.214	0.559**	0.216	0.541**	0.217	0.474*	0.221	0.256	0.236	0.254	0.236	0.036	0.273
户籍	-0.323	0.254	-0.329	0.254	-0.356	0.255	-0.326	0.255	-0.293	0.259	-0.291	0.263	-0.294	0.264	-0.368	0.288
住房产权	-0.099	0.173	-0.093	0.173	-0.108	0.174	-0.126	0.175	-0.114	0.177	-0.136	0.183	-0.128	0.183	-0.265	0.209
在城居住时长	-0.008	0.006	-0.008	0.006	-0.009	0.006	-0.009	0.006	-0.012	0.006	-0.012	0.007	-0.012	0.007	-0.01	0.008
工会会员	0.479*	0.209	0.462*	0.209	0.436*	0.211	0.391	0.211	0.396	0.214	0.308	0.226	0.308	0.226	-0.14	0.276
居住地类型	0.295	0.447	0.263	0.45	0.308	0.45	0.143	0.456	0.253	0.458	0.226	0.473	0.207	0.473	-0.355	0.556
老城区	-0.734	0.45	-0.674	0.454	-0.676	0.454	-0.598	0.458	-0.501	0.461	-0.58	0.479	-0.568	0.478	-0.475	0.567
单位社区	-0.63	0.464	-0.588	0.466	-0.574	0.466	-0.536	0.469	-0.449	0.472	-0.52	0.492	-0.495	0.491	-0.455	0.585
保障性小区	-0.962	1.121	-0.906	1.126	-0.82	1.122	-0.742	1.122	-0.562	1.126	-0.827	1.185	-0.867	1.188	-1.109	1.443
普通商品房小区	-0.578	0.427	-0.526	0.429	-0.513	0.429	-0.485	0.432	-0.318	0.436	-0.317	0.452	-0.293	0.452	-0.236	0.535
别墅区	-1.237	0.853	-1.22	0.856	-1.165	0.856	-1.211	0.858	-0.904	0.865	-0.821	0.871	-0.859	0.879	-1.055	1.08
村改居	-1.369*	0.568	-1.316*	0.57	-1.366*	0.572	-1.279*	0.574	-1.26*	0.576	-1.206*	0.588	-1.173*	0.588	-1.021	0.673
信任大多数人			0.141	0.086	0.087	0.088	0.082	0.088	0.079	0.088	0.077	0.09	0.068	0.09	0.132	0.103
占便宜			-0.085	0.078	-0.1	0.078	-0.097	0.079	-0.101	0.079	-0.132	0.082	-0.129	0.081	-0.155	0.091

续表

	模型 1		模型 2		模型 3		模型 4		模型 5		模型 6		模型 7		模型 8	
变量名	Beta	Std. E	Beta	Std. E	Beta	Std. E	Beta	Std. E	Beta	Std. E	Beta	Std. E	Beta	Std. E	Beta	Std. E
信任邻居					0.45 **	0.15	0.43 **	0.152	0.268	0.16	0.243	0.163	0.209	0.17	0.314	0.192
亲戚聚会							0.041	0.116	0.017	0.117	0.001	0.121	0.002	0.12	-0.086	0.142
朋友聚会							0.264 *	0.11	0.271 *	0.11	0.247 *	0.113	0.236 *	0.114	0.235	0.134
朋友娱乐							-0.071	0.088	-0.093	0.089	-0.043	0.091	-0.042	0.091	-0.046	0.105
与他人吃饭							0.118	0.095	0.09	0.096	0.077	0.099	0.075	0.099	-0.034	0.118
打招呼邻居									0.378 ***	0.089	0.349 ***	0.091	0.326 ***	0.093	0.249 *	0.102
帮助邻居									0.047	0.071	0.038	0.075	0.036	0.075	0	0.089
社区组织成员											2.078 ***	0.287	2.065 ***	0.287	1.255 ***	0.357
互相关心													0.126	0.122	0.177	0.14
乐意帮忙													-0.005	0.111	-0.136	0.122
文化类志愿															1.169 ***	0.248
助弱性志愿															1.656 ***	0.223
志愿服务															1.765 ***	0.257
_cons	-3.263 ***	0.632	-3.446 ***	0.707	-4.558 ***	0.808	-5.342 *	0.863	-6.201 ***	0.899	-5.691 ***	0.924	-6.179 ***	1.024	-5.964 ***	1.163
-2log likelihood	1087.649		1084.111		1074.958		1063.389		1034.795		985.084		983.629		780.078	
McKelvey and Zavoina's R^2	0.031		0.033		0.038		0.044		0.059		0.085		0.086		0.185	

表 15－6　以医疗保险参与为例的福利性参与行为的回归模型

	模型 1		模型 2		模型 3		模型 4		模型 5		模型 6		模型 7		模型 8	
变量名	Beta	Std. E	Beta	Std. E	Beta	Std. E	Beta	Std. E	Beta	Std. E	Beta	Std. E	Beta	Std. E	Beta	Std. E
性别	-0.098	0.162	-0.076	0.162	-0.078	0.162	-0.052	0.167	-0.051	0.167	-0.038	0.168	-0.034	0.168	-0.028	0.169
年龄	0.026 ***	0.007	0.025 ***	0.007	0.025 ***	0.007	0.024 ***	0.008	0.024 ***	0.008	0.023 **	0.008	0.023 **	0.008	0.023 **	0.008
婚姻状况	0.508 *	0.241	0.521 *	0.242	0.515 *	0.242	0.487 *	0.245	0.487 *	0.249	0.485	0.248	0.485	0.249	0.5 *	0.25
教育年限	0.097 ***	0.024	0.096 ***	0.024	0.097 ***	0.024	0.099 ***	0.024	0.1 ***	0.024	0.097 ***	0.024	0.098 ***	0.024	0.096 ***	0.024
政治面貌	0.95 **	0.35	0.933 **	0.35	0.932 **	0.35	0.945 **	0.35	0.947 **	0.351	0.915 **	0.352	0.918 **	0.352	0.909 **	0.353
户籍	0.285	0.19	0.285	0.19	0.278	0.19	0.294	0.191	0.298	0.191	0.298	0.191	0.295	0.191	0.283	0.192
住房产权	0.412 *	0.173	0.414 *	0.173	0.409 *	0.173	0.401 *	0.174	0.397 *	0.174	0.393 *	0.174	0.396 *	0.174	0.397 *	0.175
在城居住时长	0.004	0.006	0.004	0.006	0.003	0.006	0.003	0.006	0.003	0.006	0.004	0.006	0.004	0.006	0.004	0.006
工会会员	1.038 **	0.346	1.051 **	0.346	1.051 **	0.346	1.063 **	0.347	1.059 **	0.347	1.033 **	0.347	1.034 **	0.347	1.01 **	0.348
居住地类型	-0.083	0.412	-0.07	0.415	-0.057	0.416	-0.044	0.419	-0.061	0.421	-0.062	0.42	-0.076	0.421	-0.078	0.422
老城区	-0.358	0.42	-0.37	0.422	-0.378	0.423	-0.395	0.424	-0.402	0.426	-0.417	0.425	-0.409	0.426	-0.45	0.428
单位社区	-0.15	0.451	-0.177	0.453	-0.179	0.454	-0.197	0.454	-0.216	0.456	-0.225	0.455	-0.214	0.456	-0.222	0.457
保障性小区	0.726	1.119	0.67	1.124	0.665	1.125	0.649	1.126	0.581	1.127	0.546	1.129	0.54	1.129	0.539	1.132
普通商品房小区	-0.307	0.413	-0.327	0.415	-0.333	0.415	-0.356	0.416	-0.378	0.42	-0.385	0.419	-0.372	0.42	-0.403	0.421
别墅区	1.023	1.095	1.038	1.095	1.031	1.095	1.058	1.098	1.029	1.1	1.021	1.099	1.026	1.099	1.023	1.1
村改居	-0.075	0.443	-0.069	0.446	-0.075	0.447	-0.095	0.448	-0.105	0.449	-0.098	0.448	-0.081	0.45	-0.066	0.45
信任大多数人			0.055	0.072	0.048	0.073	0.045	0.073	0.047	0.073	0.045	0.073	0.042	0.074	0.049	0.074
占便宜			0.138 *	0.069	0.134	0.07	0.135	0.07	0.134	0.07	0.131	0.07	0.132	0.07	0.128	0.071

续表

	模型 1		模型 2		模型 3		模型 4		模型 5		模型 6		模型 7		模型 8	
变量名	Beta	Std. E	Beta	Std. E	Beta	Std. E	Beta	Std. E	Beta	Std. E	Beta	Std. E	Beta	Std. E	Beta	Std. E
信任邻居					0. 082	0. 124	0. 08	0. 125	0. 108	0. 131	0. 111	0. 131	0. 091	0. 14	0. 085	0. 14
亲戚聚会							0. 112	0. 11	0. 107	0. 11	0. 097	0. 11	0. 095	0. 11	0. 089	0. 11
朋友聚会							0. 015	0. 101	0. 018	0. 1	0. 015	0. 101	0. 012	0. 101	0. 005	0. 101
朋友娱乐							-0. 042	0. 076	-0. 033	0. 077	-0. 03	0. 077	-0. 029	0. 077	-0. 029	0. 077
与他人吃饭							-0. 047	0. 09	-0. 05	0. 091	-0. 048	0. 091	-0. 05	0. 091	-0. 046	0. 091
打招呼邻居									0. 046	0. 07	0. 041	0. 07	0. 032	0. 072	0. 017	0. 072
帮助邻居									-0. 077	0. 074	-0. 083	0. 074	-0. 084	0. 075	-0. 083	0. 075
社区组织成员											1. 479	1. 023	1. 471	1. 024	1. 45	1. 036
互相关心													0. 059	0. 094	0. 061	0. 094
乐意帮忙													-0. 011	0. 089	-0. 008	0. 089
文化类志愿															0. 274	0. 36
助弱性志愿															0. 403	0. 292
志愿服务															-0. 229	0. 359
_cons	-0. 856	0. 516	-1. 405 *	0. 575	-1. 602 *	0. 647	-1. 644 *	0. 696	-1. 687 *	0. 707	-1. 584 *	0. 709	-1. 761 *	0. 758	-1. 71 *	0. 761
-2log likelihood	1231. 681		1226. 261		1225. 823		1224. 258		1223. 142		1219. 782		1219. 304		1216. 008	
McKelvey and Zavoina's R^2	0. 062		0. 065		0. 065		0. 066		0. 067		0. 069		0. 069		0. 071	

表 15－7　以基本养老保险参与为例的福利性参与行为的回归模型

	模型 1		模型 2		模型 3		模型 4		模型 5		模型 6		模型 7		模型 8	
变量名	Beta	Std. E	Beta	Std. E	Beta	Std. E	Beta	Std. E	Beta	Std. E	Beta	Std. E	Beta	Std. E	Beta	Std. E
性别	0. 015	0. 125	0. 026	0. 125	0. 026	0. 125	0. 037	0. 128	0. 032	0. 129	0. 034	0. 129	0. 02	0. 129	0. 023	0. 13
年龄	0. 037 ***	0. 006	0. 036 ***	0. 006	0. 036 ***	0. 006	0. 036 ***	0. 006	0. 036 ***	0. 006	0. 036 ***	0. 006	0. 036 ***	0. 006	0. 036 ***	0. 006
婚姻状况	0. 389	0. 205	0. 396	0. 206	0. 393	0. 206	0. 355	0. 208	0. 401	0. 211	0. 4	0. 211	0. 414	0. 212	0. 423 *	0. 213
教育年限	0. 124 ***	0. 018	0. 123 ***	0. 018	0. 124 ***	0. 018	0. 123 ***	0. 019	0. 124 ***	0. 019	0. 123 ***	0. 019	0. 122 ***	0. 019	0. 121 ***	0. 019
政治面貌	0. 379	0. 213	0. 368	0. 213	0. 366	0. 213	0. 374	0. 214	0. 392	0. 214	0. 387	0. 215	0. 392	0. 215	0. 38	0. 216
户籍	－0. 277	0. 146	－0. 283	0. 146	－0. 285	0. 146	－0. 262	0. 146	－0. 265	0. 147	－0. 265	0. 147	－0. 26	0. 147	－0. 272	0. 147
住房产权	0. 238	0. 125	0. 237	0. 125	0. 236	0. 125	0. 236	0. 126	0. 233	0. 126	0. 232	0. 126	0. 228	0. 126	0. 23	0. 126
在城居住时长	0. 005	0. 005	0. 004	0. 005	0. 004	0. 005	0. 005	0. 005	0. 005	0. 005	0. 005	0. 005	0. 005	0. 005	0. 005	0. 005
工会会员	0. 804 ***	0. 227	0. 808 ***	0. 227	0. 807 ***	0. 227	0. 808 ***	0. 228	0. 804 ***	0. 228	0. 8 ***	0. 228	0. 803 ***	0. 229	0. 794 ***	0. 23
居住地类型	－0. 306	0. 295	－0. 305	0. 295	－0. 303	0. 296	－0. 311	0. 298	－0. 344	0. 299	－0. 343	0. 299	－0. 334	0. 299	－0. 338	0. 3
老城区	0. 217	0. 307	0. 217	0. 308	0. 216	0. 308	0. 203	0. 309	0. 181	0. 31	0. 178	0. 31	0. 164	0. 31	0. 142	0. 312
单位社区	0. 632	0. 329	0. 626	0. 329	0. 627	0. 33	0. 614	0. 33	0. 585	0. 331	0. 584	0. 331	0. 563	0. 332	0. 559	0. 333
保障性小区	－0. 072	0. 648	－0. 095	0. 648	－0. 096	0. 647	－0. 097	0. 649	－0. 152	0. 65	－0. 159	0. 651	－0. 132	0. 653	－0. 123	0. 658
普通商品房小区	0. 493	0. 298	0. 491	0. 298	0. 491	0. 298	0. 467	0. 299	0. 42	0. 301	0. 419	0. 301	0. 397	0. 301	0. 376	0. 303
别墅区	0. 748	0. 625	0. 76	0. 625	0. 76	0. 625	0. 766	0. 628	0. 699	0. 631	0. 7	0. 631	0. 683	0. 633	0. 685	0. 634
村改居	0. 306	0. 319	0. 317	0. 319	0. 316	0. 32	0. 313	0. 321	0. 303	0. 321	0. 304	0. 321	0. 27	0. 322	0. 281	0. 323
信任大多数人			0. 04	0. 056	0. 037	0. 057	0. 034	0. 057	0. 033	0. 057	0. 032	0. 057	0. 037	0. 057	0. 043	0. 058
占便宜			0. 058	0. 053	0. 057	0. 053	0. 056	0. 053	0. 056	0. 053	0. 055	0. 053	0. 058	0. 053	0. 055	0. 054

续表

	模型 1		模型 2		模型 3		模型 4		模型 5		模型 6		模型 7		模型 8	
变量名	Beta	Std. E	Beta	Std. E	Beta	Std. E	Beta	Std. E	Beta	Std. E	Beta	Std. E	Beta	Std. E	Beta	Std. E
信任邻居					0. 031	0. 098	0. 027	0. 098	0. 072	0. 102	0. 072	0. 102	0. 128	0. 108	0. 126	0. 108
亲戚聚会							0. 141	0. 084	0. 142	0. 084	0. 141	0. 085	0. 144	0. 085	0. 143	0. 085
朋友聚会							0. 027	0. 077	0. 027	0. 077	0. 027	0. 077	0. 034	0. 077	0. 032	0. 077
朋友娱乐							-0. 074	0. 058	-0. 064	0. 058	-0. 063	0. 058	-0. 066	0. 058	-0. 068	0. 058
与他人吃饭							0. 001	0. 07	0. 005	0. 07	0. 005	0. 07	0. 007	0. 07	0. 009	0. 07
打招呼邻居									-0. 032	0. 055	-0. 033	0. 055	-0. 016	0. 056	-0. 026	0. 056
帮助邻居									-0. 056	0. 054	-0. 057	0. 054	-0. 046	0. 055	-0. 044	0. 055
社区组织成员											0. 116	0. 393	0. 132	0. 394	0. 123	0. 408
互相关心													-0. 063	0. 076	-0. 065	0. 076
乐意帮忙													-0. 053	0. 071	-0. 052	0. 071
文化类志愿															-0. 014	0. 246
助弱性志愿															0. 355	0. 211
志愿服务															-0. 136	0. 262
_cons	-2. 753 ***	0. 416	-3. 033 ***	0. 462	-3. 109 ***	0. 521	-3. 23 ***	0. 56	-3. 133 ***	0. 567	-3. 115 ***	0. 57	-2. 742 ***	0. 616	-2. 724 ***	0. 618
-2log likelihood	1858. 110		1856. 036		1855. 937		1851. 408		1848. 746		1848. 657		1845. 783		1842. 771	
McKelvey and Zavoina's R^2	0. 163		0. 164		0. 164		0. 166		0. 167		0. 167		0. 169		0. 170	

多少，是否聚会，对医疗保险行为没有影响；模型 5 说明，邻居这一变量对医疗保险参与行为没有影响；模型 6 说明，是否属于社区组织成员，医疗保险参与行为的发生概率不会受影响；模型 7 说明，帮助他人、互相关心两个要素，对医疗保险参与行为的发生概率影响很少；模型 8 说明，志愿服务不影响居民的医疗保险参与行为。

表 15 - 7 中的模型 1 显示，考虑了各控制变量对因变量“养老保险参与行为”的影响。数据显示，年龄、教育年限、工会会员等对居民的养老保险参与行为有重要影响。或者说，具有如下特征，即年龄大、教育程度高、居住地为城市的居民，养老保险参与行为发生的概率越大。值得注意的是，性别、婚姻状态、政治面貌、住房产权与在城居住的时间长短以及居住地类型这 6 个变量起的作用已经不明显。模型 2 显示，喜欢占便宜的居民，养老保险参与行为的发生概率会更大；模型 3 说明，信任邻居，对养老保险发生的概率没有影响；模型 4 说明，朋友多少，是否聚会，对养老保险行为没有影响；模型 5 说明，邻居这一变量对养老保险参与行为没有影响；模型 6 说明，是否属于社区组织成员，养老保险参与行为的发生概率不会受影响；模型 7 说明，帮助他人、互相关心两个要素，对养老保险参与行为的发生概率影响很少；模型 8 说明，志愿服务不影响居民的养老保险参与行为。

五、主要发现

20 世纪 90 年代以来，我国“政府主导下的城镇化”驶入发展快车道（李强、陈宇琳、刘精明，2012）。在此背景下，社区制逐步替代单位制，而成为一种新型的城市基层管理体制。在社会多元化、政治民主化和城市现代化的推进下，社区参与逐渐成为中国城市社区建设的新主题和新动力（姜振华，2007；叶南客，2001）。但面对错综复杂的社区参与问题，学者们尽管进行了多种尝试，但仍有解释机制力度不够、影响机制考虑不周全等问题。

本研究将多维的社会资本变量作为多维的社区参与的一种解释机制，分析发现，不同维度的社会资本对不同类型的社区参与存在差异性相关。

首先,“社区组织成员”变量对权益性参与和志愿性参与存在显著相关性,解释力度比较大;其次,“社区信任”变量与权益性参与、文体娱乐性参与和志愿性参与均存在显著相关;再次,“居住社区类型”变量和“地方性社会网络”变量中“见面打招呼的邻居数量”显著影响权益性参与、文体娱乐性参与和志愿性参与;又次,党员身份也显著影响权益性参与、文体娱乐性参与、志愿性参与和基本医疗保险参与,但与基本养老保险相关不显著;最后,“社区凝聚力”变量对四种类型的社区参与行为均不存在显著性影响,“社会资本”变量对居民的权益性、文体娱乐性和志愿性参与有一定的解释力,但与福利性参与缺乏显著性相关。

(一)身份逻辑

数据分析显示,党员身份在本研究中显著影响了权益性参与、文体娱乐性参与、志愿性参与和基本医疗保险参与,党员身份的解释力非常强。究其原因,党员联系服务群众的解释视角为本研究提供了新的思路。“先锋引领的参与机制”,旨在提高党员的自主参与服务意识,起到先锋引领的作用,并能鼓励和带动家庭成员、其他社区居民、所在单位的职工同事共同参与服务社区群众。尤其是在志愿性社区服务中,要充分发挥党员的先锋模范和领头羊的作用,以带动其他社区居民参与社区建设,实实在在做到“有困难,找党员”。在当今的中国社会,党员群体在参与社区服务和社区治理方面要比非党员群体明显地积极、活跃。社区参与的党员身份逻辑解释得到数据支持。

另一层面的身份逻辑首先体现在村改居社区类型的居民在志愿性社区参与中显现出非常低的参与率。其深层的解释机制可理解为,经历“拆迁”“回迁上楼”等一系列事件后,村改居居民较其他社区类型居民会更多地考虑“投资 - 回报”等经济利益,因而志愿性参与积极性不高,其身份标签似乎得到了一定的验证。此外,单位社区类型与志愿性参与和福利性参与不存在显著性相关,却与权益性参与呈正向相关,而与文体娱乐性呈负向相关。社会学视角下的“单位制”还包括单位制度研究,其对认识中国社会、研究中国城市基层社会治理形式和研究中国社会变迁等方面具有重要意义。单位管理体制使得“公家人”在历经社会变迁的情况下，仍会延续经验的惯性。他们在保障自身合法权益方面，较其他社区类型居民更具积极性。因此，身份逻辑在单位社区居民身上也得到了显著体现。

（二）信任逻辑

信任作为社会资本的一个至关重要的维度，对社会资本的解释具有非常强的信度和效度。本研究中，“对邻居的信任程度”显著影响了居民的权益性参与、文体娱乐性参与和志愿性参与。信任的性质及其在个人之间、团体之间和机构之间至少发挥一定程度的秩序功能。作为一种社会功能，信任是不可或缺的。然而，其他法律、官僚规定、监督、保险和制裁，对于建立和维持某种基本的社会秩序，也是不可或缺的（伯纳德·巴伯，1989：1）。在“生活共同体”的社区生活中，信任作为社会秩序建立的“柔性”工具，比法律、制裁等“刚性”工具具有更隐蔽、有时甚至是更强大的社会功能。同时，信任作为认同的一个维度，可以更好地促进居民社区参与。反过来，有效的社区参与行为反哺信任程度，最终形成一个良好的循环互构过程。在本研究的数据结果分析中，很好地体现了居民权益性参与、文体娱乐性参与和志愿性参与的信任逻辑。

（三）网络逻辑

以关系取向、伦理本位为特征的中国社会在经济市场化、新型城镇化、社会民主化和城市现代化的推动下，发生了巨大变化。首先，“新型城镇化”“城市化的双轨制”“土地财政”等影响机制直接或间接地影响了农村居民的居住结构和居住空间，进而影响了传统的中国乡土社会，使其由传统的“熟人社会”变成了“半熟人社会”甚至是“陌生人社会”。空间的变革既是资本运作和权力分配的后果，也产生着新的权力格局和社会关系（吴莹，2017）。其次，经济市场化作为“单位制”社区解体的重要原因，使得“单位制”开始解体，人们寄希望于新型城市社区能担负起由原先的“单位”剥离下来的许多社会功能（王小章，2003）。大量研究认为，社区是由“人的本质意志”选择所导致的，是一种“生活共同体”，具有不可替代的功能。但也有学者认为，受通信技术水平、交通便利程度等因素的影响，人的“本地”交际网络必将由“异地”网络所替代。社区，这一地方性的小共同体，必将打破地域的局限性，实现跨行政区域、跨国家界线的世界共同体。因此，学界出现了“社区消亡论”“脱域的共同体”等论断。

与上述论断不同的是，本研究结果显示，地方性社会网络的构建仍然是社区参与的重要影响机制，本地关系网络的搭建仍然为人们所热衷。“远亲不如近邻”的中国人传统居住生活观念，使得社区居民在面对社区的构成不断升级、人口流动率增大的今天，出于安全感和社区信任感提升的考虑，仍会作出经营好邻里关系的选择。与此同时，地方性社会网络平台又与社区参与互构因果，形成一个生产和再生产的循环机制。因此，在权益性参与、文体娱乐性参与和志愿性参与中非常明显地体现出了网络构建逻辑。

（四）制度逻辑

城市基本医疗保险、新型农村合作医疗保险、公费医疗以及城市、农村基本养老保险作为国家的社会福利制度，从属于社会保障，是社会保障体系的组成部分。数据显示，在纳入“社会资本”变量后，两类保险参与模型的解释力并没有得到显著提高，说明“社会资本”与基本医疗保险参与和基本养老保险参与不存在显著性相关。但是，数据又显示出社区居民在两类保险参与中的比例分别为89.61%和64.16%，均为较高参与率。一种可能的解释是，社会福利是由国家或社会立法或政策范围内保证全体公民在一定生活水平的基础上，尽可能提高其生活质量的资金和服务的社会保障制度。这种福利性的民生保障服务，民众表现出较高的积极性，无须过多鼓动和号召，其政策本身具有强烈的吸引力，体现出民众参与的一种制度逻辑。

第十六章　迈向共建共治共享的社区治理

尽管在概念上，社区存在“实体”论与“虚无”论之类的争论，但是在行政管理实务领域，近10多年来社区一直是真实的存在。于是，社区治理理论转向了以社区行动为特色的干预主义。中国社会市场转型30多年来过多地忽视了社会建设，导致基层社区碎片化现象严重。党的十八大报告指出“党委领导、政府负责、社会协同、公众参与、法治保障”治理体制，然而5年多的运行，尽管获得了一些典型经验，但总体上“碎片化”现象没有被改变。笔者认为，要落实党的十九大继续强调的要建立“党委领导、政府负责、社会协同、公众参与、法治保障”治理体制，必须确定民政部门作为执行机构，分别落实相关任务，才可能达成社区治理的“社会化、法治化、智能化、专业化”这“四化”目标。

一、超越边界:社区概念演变

滕尼斯(Tönnies,1887)在《共同体与社会》中将“社区”定义为“一个由自然意志控制的以熟悉、同情、相互依赖和社会关联为主的社会共同体组织”。他判断，社区正在向一个由理性意志控制的、陌生的、缺乏信任为特征的社会变迁。后来许多学者也相继使用了类似的“二分”分析框架，如曼恩的“身份社会与契约社会”、斯宾塞的“尚武社会与工业社会”、马克思的“封建主义社会与资本主义社会”、托克维尔的“贵族制社会与民主制社会”、迪尔凯姆的“机械团结与有机团结”、韦伯的“宗法传统经济与理性资本主义经济"、雷德菲尔德的"乡民社会与市民社会"、贝克尔的"神圣社会与世俗社会"、费孝通的"礼俗社会与法理社会"以及帕森斯的模式变量等。这些学者大多认为,传统社会人的社会再生产是社区性的,而在现代社会则是超社区的,甚至是一个全民文化的过程(王铭铭,1997)。

当代社会迅速变迁,社区概念问题成了学界重要话题。针对社区概念的模糊性,有学者甚至认为不可能对社区作出明确定义(Alleyne,2002:608)。希勒里(Hillery,1955)依据当时发表的文献,总结了 94 个社区定义,他进而发现有 3 个基础性概念元素贯穿社区概念之中,分别是地理区域、居民之间互动构成的社会关系以及共同纽带意识,其中,地理要素又最重要。地点、物理边界或地理上的连续,是社区的基础,社区的存在需要有一个稳定的、永久的、地理封闭的居住场所(Bell and Newby,1974;Gusfield,1975)。

近些年,学者们认识到过于强调社区的地域性限制越来越脱离当代社会的发展现状。于是,一些学者强调社区的共同观念、情感与理想,如毕德尔(Biddle)认为,居民的任何一种共同观念和认同都可以称为社区;麦克米兰(McMillian)认为社区应该是人们的共同归属感,一种把人们连接起来的情感、共同的理想和承诺。随着全球化的拓展、新自由主义观念的传播、人口流动的加速、经济不平等加剧、环境政治的兴起以及网络媒体与电子通信技术的迅速发展等因素,社区概念去属地化(Giulianotti and Robertson,2012;Sennett,1977)趋势明显,从人们的原居住地到他们工作经历过的地方,甚至到他们的梦想之地,都应该纳入社区范畴。这说明,地域型社区似乎正在"虚化"。除此之外,马克思主义理论、女性主义理论、反种族主义以及绿色环保理论都对传统上社区概念的地域性限制也提出了挑战(Keith Popple,2015)。

社区消亡论。社区消亡论强调,社区作为地域人类生活共同体将不可避免、无可挽回地走向衰落与终结(程玉申、周敏,1998)。帕克也指出,在那里,成千上万的人虽然居住生活近在咫尺,却连见面点头之交都没有,初级群体中的那种亲密关系弱化了,依赖这种关系的道德秩序慢慢解体了(Park,R. E. ,1916:91—130)。随着城市住房市场化速度的拓展,人们根据寻找工作的需要选择居住地,与社区以外的联系日益增多,而与社区内的联系却迅速减少，导致社区功能日趋弱化甚至不复存在（Fisher C. S.，1984：131—137）。在全球化时代，共同体似乎与地方性中心之间的关联在降低，甚至有与特定地点脱钩的趋势，成为“脱域的共同体”（disembeded community）。越来越多的人借助互联网与通信技术的发展在“网络虚拟社区”中建立交往和社会联系。

社区维持论。尽管技术上“地球村”已经成为可能，但是不同“共同体”之间的差异与纷争的迹象似乎并没有减少，以共同体为基础的多样化行动行为仍然随处可见。“社区维持论”的声音仍然强劲。“一些传统社区在回应大社会一体化进程时，其地方和社区共同体的特点和力量不仅存在，有的甚至比以前更加明显、强大。”（王铭铭，1997：297）即使在现代都市，也广泛存在相互依赖的关系和社区情感（桑德斯，1982：16）。刘易斯通过一系列的个案研究发现，无论是发达国家还是发展中国家的城市中都存在内聚性和认同感很强的“都市村庄”，邻里与亲属关系在当代都市仍然丰富与强大。库卜鲁姆（W. Kornblum）在《蓝领社区》中指出，由于现代城市住房市场具有的强社会选择机制，城市居民居住空间阶层化趋势加剧，这又促使阶层化的居民的社区共同意识形成并获得强化（Kornblum，1974）。曼纽尔·卡斯特的研究甚至发现了“一种抵制性认同”，这种认同“拒绝被全球流动与激进的个人主义所冲走”，“他们围绕着神、民族及家庭等传统价值建造其社区，以及他们以族群之徽记纹章与领域之防御设施安营扎寨”（曼纽尔·卡斯特，2003：411）。

另外，尽管传统社区的那种邻里关系正在离我们而去，但在现代城市社区的职业团体或者韦伯意义上的法人团体（corporation）则承担了相应功能，其力量渗透于当代社会生活的各个部分（涂尔干，2000：331）。职业群体保障了社会基本生活的基本秩序，确立了职业伦理和法律准则，为行动反思、价值和信任建立了一整套公共制度和社会精神，使每个社会成员成为完整的社会人（渠敬东，1999）。这种建构，使得现代社区成为可能。因此，重塑社区精神、培育社区意识已成为促进城市社区持续运行的重要任务（Hays R. A.，2003）。正因为此，社区概念在西方的政治与行政管理上变得非常重要（Day，2006；Delanty，2010；Joseph，2002）。

社区超越论。当人的社会流动成为社会常态以后，大众化社会随之成为既定社会事实。美国学术界曾经就大众社会来临这一事实产生了一系列理论成果，如《大众社会中的小城镇：一个乡村社会的阶级、权力和宗教》《卡勒斯伍德·海兹（村）：一个郊区生活的文化研究》《利瓦伊镇人：新郊区社会中的生活和政治方式》《身份和渴望：大众社会中的生存者》等。这些成果围绕大众社会结构（mass society's structural components）与大众社会心理（social psychological aspects）变迁展开研究。如布鲁姆把“大众社会的结构”特征归纳为大规模性、异质性、群众对公共生活的无障碍接近、持续的变化等，而把“社会心理”变迁归纳为个体角色的快速转换、表达和思维模式的多样性（Blumer，Herbert，1988）。面对这些新的态势，韦尔曼和雷顿主张社区居民应从地域和邻里关系的局限中超脱出来，在更加广泛的范围内接触和结交朋友，形成超越地理边界的“群体”，这就是所谓的“社区超越论”。（常铁威，2005：52；夏建中，2000）然而，大众社会的来临在将传统禁锢，即相对狭窄的地理空间限制被打破以后，并不能够从根本上转换人们心里深处的情感诉求与消解人类的群体性本能。因此，现代城市社会的人们就依据自己的兴趣爱好、性格特征等一系列可能有的禀赋构建并形塑了各种群体，经过一定时间互动，逐渐产生为特定群体内成员接受的规范、价值观和生活方式。于是就会出现两种似乎矛盾的现象：一方面群体内部凝聚与整合程度高；另一方面则是群体之间摩擦与冲突加剧。而在个人层面，在公开场合居民戒心重、冷漠、自私；而在私人场景则是热情助人、相互信任和充满人情味。因此，当代社区就在地理边界上出现了超越，在心理边界上则凸显重构迹象。重构过程表现了亚群体内部形成亚文化并张扬，进而呈现排他性特征增强的趋势。于是，当代社区所形成的共同体往往只有比较单一的联系，这样的社区，涉及群体维系纽带时群体行动会比较强烈，而当纽带以外的元素受到侵害时，往往难以唤醒社区成员。总而言之，类似的社区往往是超越特定地理边界、单一性强的纽带连接共同体。这样的社区能够较好满足成员的特定爱好与诉求，却不能解决社区地理边界内居民的总体性、全方位服务诉求，特别是随着老年化、失能情境加剧而必然产生的困境。

尽管学术界对社区的概念存在众多纷争，民政部于 1986 年第一次提出

“社区”这一概念，1998年修订的《中华人民共和国城市居民委员会组织法》将城市居委会改称社区居委会。这样在中国各城市、各城镇，当社区前面加上一个确切的地名以后，它就特指具体的行政区域了。

二、转向行动的社区理论

结构功能主义、冲突学派以及建构主义（行动主义）三大理论体系对社区研究产生了非常重要的影响。结构功能主义学派主要考察各种社会设置在多大程度上能够满足由一个共享的规范体系所限定的各项功能要求，从而形成一个有序的自我生长的动态均衡的功能整体。因此，意识形态的统一被置于非常重要的地位（Dunlop，John T.，1993），系统组成部分的基本使命是完成整体的基本功能。“结构内的各部分都对整体发挥作用，同时通过不断分化与整合，维持整体的动态的均衡秩序”。（Parsons T.，1951）社区内部诸要素需要配合社区整体需求。帕森斯、马林诺夫斯基、桑德斯以及罗兰·沃伦等以上述理论视角作了许多经典研究。马林诺夫斯基和布朗在20世纪20—40年代就发现文化在社区中起着重要的整合功能；桑德斯将社区视为持久相互作用的体系，许多个人、群体、机构之间相互交往、相互作用形成网络（桑德斯，1982）。罗兰·沃伦强调社区是“宏观的系统的节点”，可以通过像村庄、教区、贫民区、郊区、城镇本身或城市中心地带等的功能及其发挥来研究。因此，功能主义视角下的社区研究将主要精力置于社区凝聚力、社区的价值观、劳动分工、管理官僚制、利益、功能分化以及城市化等方面的议题上。

当整体内不同部分功能失调时，冲突学派就从结构功能主义学术体系中脱颖而出。冲突学派着眼于竞争、变迁、冲突等概念。马克思主义理论比较强调冲突在社会发展中的作用，认为“一切历史冲突都根源于生产力和交往形式实践的矛盾”。该理论假设社区是人们聚集在一起以追求各自利益的地方。各自对利益的追求会导致不平等，进而产生冲突，冲突是固有的，它有利于社区发展，冲突很多时候是剧烈社会变迁的前奏（桑德斯，1982）。

詹姆斯·科尔曼(James Coleman)1957年出版了《社区冲突》一书。科尔曼认为,社区冲突主要根源于经济竞争、政治争端、价值观冲突。继科尔曼之后,W. A. 葛木森于20世纪60年代研究了新英格兰18个社区的争端,他将冲突分为积怨的冲突和常规的冲突。他断言,政治控制、社区整合程度低会导致更多积怨冲突,而常规冲突社区则比较沉闷和停滞。其后,桑德斯在《社区论》一书中概括了社区冲突的3个要素:对立的关系、不同的权力分配以及社区居民的某种激烈的情绪(桑德斯,1982)。威廉·甘莫森发现,社区内"同盟力量或支持团体的缺失"、宗教层面终极现实崩塌容易使居民产生怨恨(William A. Gamson,1975:249—268)。"现代人在宗教形而上学上的绝望以及对世界和文化的日益强烈的憎恨和人对人的根本不信任等因素,具有强大的心理能量。"(舍勒,1997:30)这说明,要消除社区内的冲突不可能,也没有必要。

社区理论越来越需要以行动为核心,以解释或阐释型理论为基础,越来越多的学者注意到社区一方面从整体上需要提质发展,另一方面社区居民的生活质量需要提升。其实,1952年联合国就成立了专门机构,并于1954年改名为"联合国社会局社区发展组"。于是,指向社区行动的理论越来越受到重视。"社区发展"(community development)演进为侧重"社区基础设施建设"(community building)和"空间结构建设"(community construction),再到"社区全域发展"(community full-scale development)成为社区行动的指导性概念。人们通过积极主动刺激、动员、鼓动社区民众将环境美化、音乐化,进而改造人际关系环境,通过倾听与小组会话,引导并集中各方能量以提升人际情感以及社会生活(Mcelwee G.,Smith R.,Somerville P.,2018)。社区行动理论的主要观点大致有:社区行动具有社会关联性,社区是一个社会互动的复合体,社区中的社会行动与社区外的社会行动相关联,社区内各种社会行动也是相关联的。社区行动理论之所以日益受到重视,是因为其一,其理论内涵体现了一种自上而下的社会发展干预模式,这契合了第二次世界大战以后民族国家的发展逻辑。国家治理"需要通过'居住地的小手法',通过范围、界线、监督、分隔、社会戒律和空间区分的一种精巧的地理学来实现"(爱德华·W. 苏贾,2004:234)。其二,它还是提升全民共识的工程。社区行动可以“促进全国水平的认同的形成”(C. E. 布莱克,1998:33—34),进而在根源上减少冲突。其三,社区行动可以实现社会整合和社会团结。“社区不仅意味着重新找回已经失去的地方团结形式,它还是一种促进街道、城镇和更大范围的地方区域的社会和物质复苏的可行办法。”(安东尼·吉登斯,2000:83)其四,良好的社区行动回应人们的本质诉求,帮助进入社区的人们“找到了一个社交世界,有名有分,扮演角色,找到适应和安全感”(W. I. 托马斯、F. 兹纳涅茨基,2000:8)。其五,社区行动是一种促进基层民主建设的积极的政治行动。社区可以集合居民相关信息传达给国家,保障居民利益,联结居民发出社区政治声音,通过各种各样的志愿者协会,“一是帮助国家并为公民提供民主政治实践所需的技能的实践;二是节制冲动,通过维持话语礼仪的文明来加强理性民主”(夏建中,2009:118)。

有效的、良好的社区行动可以形成新的社区治理结构,构建“一种由共同的目标支持的社区公共事务方面的活动或管理机制”(潘泽泉,2014)。好的社区治理结构“是一个由在社区范围内的不同的公私行为主体(包括个人、组织、公私机构、权力机关、非权力机构、社会、市场等),依据正式的强制性的法规,以及非正式的、人们愿意遵从的规范约定,通过协商谈判、资源交换、协调互动,共同对涉及社区居民利益的公共事务进行有效管理,从而增强社区凝聚力、提高社区自治能力、增进社区成员福利、推进社区经济和社会进步的过程”(史柏年,2006:8)。

社区治理可分为四种模式,即“国家控制社会模式、社会参与国家模式、国家与社会合作模式、国家与社会共生模式”(李慧凤,2010)。本研究则根据社区行动动力来源以及行动是否经过规划来分类,也有四类。第一类社区行动动力来源于社区内部,且行动多源于自发性,有很强的民俗、习俗特征。比较有代表性的有费孝通的《江村经济》,马林诺夫斯基发表的《西太平洋上的航海者》(*Argonauts of the Western Pacific*),林德夫妇的《中镇》(*Middle town A study in contemporary American Culture*),雷德菲尔德(Redfield)的《提波兰:一个墨西哥村庄》(*Tepoztlan, A Mexican Village*),沃纳(Warner)的《扬基城》(*Yankee City*)等著作中描绘的社区。学者们依据结构功能主义分析框架,认定其描绘了社区各个部分的生长,探究其对社区整体以及社区中个人的意义。第二类社区行动动力来源于内部,其行动有明显的指向并经过规划。代表性的有天津的大邱庄、江苏的华西村、安徽的小岗村。这类典型案例产生的科研成果相比第一类来说要弱很多。由新华社高级记者范银怀撰写的《从大寨到大邱庄》一书可以看作其代表。第三类社区行动动力来源于国家推动、市场介入等外部力量,社区行动有相应规划。以城镇化过程中的数目较多的失地安置社区以及农村区域内的贫困村为代表。就类似的社区实践近些年产生了大量博士、硕士学位论文以及期刊论文。就失地安置社区来说,学者们研究的焦点集中于失地农民的城市融入、市民化进程、利益得失与身份转换等以及由此产生的公正与不公正等方面的议题。而就贫困村的脱贫来说其相关研究有比较好的厚度,其中因问题而有的针对性研究尤其多。第四类社区行动动力来源于国家、市场、社会组织与社区内部等多方联合。这类行动如果联合良好、科学有序规划且符合人文价值,往往能够产生很好的效应。2000 年以后,这类社区行动被称为“社区治理”并逐步上升为国家战略。围绕社区治理这一主题,中国学术界在近 20 年来作了相当多的探讨与研究,发表的论文数目逐年增多(见表 16 - 1),产生了一些有价值的成果。因此,社区理论的确走向了“行动”,社区治理既是行动,又是动态结构,甚至是某种不错的目标。

表 16 - 1　中国知网以“社区治理”为标题发表的文献数量

年份	2000	2001	2002	2003	2004	2005	2006	2007	2008	2009
篇数	3	2	8	30	17	34	69	95	77	134
年份	2010	2011	2012	2013	2014	2015	2016	2017	2018	2019
篇数	114	124	149	195	448	759	690	871	786	865

注:查询截至 2020 年 2 月 7 日。

三、社区治理行动困境

中国市场转型迫使中国社会也随之变迁。正是因为中国社会变迁的被动特性才导致“多样性、分化性、自主性、个体性、碎片化、原子化、流动性以及快速变迁”逐步成为目前中国社会的基本特征。面对如此“分裂”的社会事实，清华大学李强教授于2018年5月在清华的一次讲座中提出了他的判断：相比中国的市场建设，中国社会建设至少晚了20年。于是，我国城市在推动现代社区治理运动时就自然会面临一系列困境：有“社区组织碎片化、社区公共性衰落、社区生活个体化”困境（杨君、徐永祥，2014），有“集体行动困境”（佘湘，2014），有“社区治理主体参与非平等性、价值观与利益的冲突、组织内生动力不足”困境（薛晓东、王灵垚、邢浩然，2017），有“社区多元主体无序博弈、社区失灵以及NGO应有作用难以体现”的困境（康宇，2007）。随着国家新型城镇化战略的实施，村改居成为全国范围内的普遍现象，农民市民化成为难以回避的议题，村改居社区的治理也就面临更大难题。归纳一些学者的研究发现，这类社区的治理困境大致有：产权不清导致集体经济难以发展、组织关系不顺、社区自治能力不强、公共服务落后（顾永红、向德平、胡振光，2014）；居民之间不团结，身份认同“内卷化”，社区参与动力不足，社区管理制度匮乏，社区治理中政府独大（吴晓燕、赵普兵，2014）；集体产权制度存在很强的封闭性与束缚性，乡村经济社会结构不能迅速转向开放（李增元，2014）；社区治理主体权责不分、社区自治功能弱化、居民及社会组织参与不够（李和中、廖澍华，2017）；等等。如果上述研究成果具备良好的外在效度的话，那么中国基层社区的“原子化、碎片化”就是一种普遍状态。

尽管一方面“碎片化、原子化以及快速变迁”已经成为目前中国社会的基本事实，然而另一方面，经济成长、科技进步，智能化、信息化、网络化、数字化迅速拓展，中国政府已经完全有能力将所有的“社会碎片”连接起来，实现中国社会重大领域或重大问题的一体化治理。基于最大限度自信，党的十九大报告在党的十八大报告基础上继续强调要打造“共建共治共享”的社会治理格局。这一“共的格局”被党的十九大报告用20个字——“党委领导、政府负责、社会协同、公众参与、法治保障”确认为治理体制，而在这“共的格局”中政府必须承担社区治理的首要责任（柯尊清，2016；张鲁宁，2017；黄琴，2007）。然而，在过去较长时间内，第一，“党委领导”被理解为“党建”工作本身（沈跃春，2014；孙肖远，2012；甄小英，2015）。第二，“政府负责”的具体内容存有较大歧义，人们很难弄清楚政府需要负责的具体内容。有人认为,政府的责任有四个方面,即指导社区建设,提供社区公共服务,维持社区治安与秩序,提供社区社会保障(王永红,2011)。有人认为政府的责任应该是基层建设、管理与组织、领导与监督(张鲁宁,2017)。另有人还认为,政府责任是创造协商民主条件、保证协商过程的良性互动以达成利益的一致,保障协商结果的利益实现(陈景岭,2008)。也有学者认为,政府责任是征地拆迁、经济发展、社区基础工作、民主测评(陈伟东、许宝君,2016)。这就使社区治理实践中政府责任广泛存在"随机性"与"任意性"。第三,"社会协同"无论在认知还是行动层面都没有明确性与统一性。有人认为社会协同的前提是培育多元化的治理参与主体(胡小君,2016)。有人认为是"大联动"(陈慧荣、张煜,2015)。有人认为"社会协同治理主张社会治理主体的多元性、平等性、协同性和有序性,实现社会有效协同治理,有赖于良好的社会资本"(刘卫平,2013)。也有人认为社会协同"就是在政府治理能力较强而社会发育程度较低的现实情形下,政府发挥主导作用,政府保护并尊重社会的主体地位以及社会自身的运作机制和规律,并通过建立健全各种制度化的沟通渠道和参与平台,推动落实各项相应的制度建设和政策措施,直至将其纳入已有法律体系,从而充分发挥社会力量在社会治理中的作用"(郁建兴、任泽涛,2012)。还有人认为,社会协同是"指社会各行动主体之间形成紧密配合的和谐关系与相互支持的合作行动,是社会组织与政府、企业、社区以及社会组织自身的协同"(朱力、葛亮,2013)。"社会协同"在所谓的社区治理实践中被各式各样地理解。第四,"法治保障"的基础议题,即用什么法、如何治、保障什么以及如何保障等关键问题也没有清晰规定。有学者认为这方面的研究才刚刚开始(颜慧娟,2016),有人认为"法治保障"就是在社区治理中注入法治功能(马涛,2018),有人认为是社区居民依法自治(许小成,2015),也有人认为是"运用法治思维和法治方式,发挥法治的引领和推动作用"(马太建,2014)。总体上,城市社区治理法治化"相关立法内容滞后、制度设计不科学、法律缺乏实效等问题突出"(梁迎修,2014)。

四、落实共建共治共享社区治理行动责任

面对种种困境,不少城市政府与城市社区积极行动,破解"碎片化"难题,以谋求党的十九大报告中描绘的"共建共治共享"的社会治理格局。探索实践过程产生了不少好的社区治理经验或经验模式,如深圳市宝安区某街道的一核多元模式("1 + 3 + N"模式,"1"是指社区党委,"3"是指社区居委会、社区工作站、社区服务中心,"N"是指各类社区社会组织)(李和中、廖澍华,2017);武汉市推行的"883 社区建设行动计划""农村家园建设行动计划""两型社区"社会治理工程、"江汉模式"、百步亭社区治理样本(王杰秀、何立军,2015);上海的经验是以"党建引领"为核心,形成网格化、区域化、枢纽化的党建体系,政府层面则形成网格、平台的治理体系,居委会层面形成以社区协商为中心的自治共治体系,调动和整合各类主体和资源参与社区治理(李威利,2017);杭州的经验是在社区提供新的自组织平台,激活、重构和整合社区内已有的包括自组织在内的社会资源,以提升社区治理效能(李行、杨帅、温铁军,2014);山东省垦利县的经验是构建"三个体系"(县、乡镇、社区三级组织领导体系,党组织领导的社区群众自治体系,科学有效的管理制度体系),打造一个智慧社区数字服务平台(中共垦利县委、垦利县人民政府,2014);成都市武侯区的经验是积极促进社区、社会组织和社会工作人才有效衔接,探索"三社联动"新机制(巫敏,2017);北京市东城区南锣鼓巷的经验模式是将政府的"手"与民间的"手"形成合力,让商会走向前台,治理社区乱象(潘媛媛,2017);湖南省则在全省各乡镇建设一个社会工作站,强化乡镇层面的社区治理。

党的十九大报告提出希望通过治理方式"重心向基层下移,发挥社会组织作用,实现政府治理和社会调节、居民自治良性互动",进而实现社区治理"社会化、法治化、智能化、专业化"这"四化"目标。党的十九大报告提出的"党委领导、政府负责、社会协同、公众参与、法治保障"治理体制从顶层设计层面考量是科学合理的。上述列举的各地社区建设经验说明,如果党委能

够强力推进社区治理工程，则社区治理就可以产生很好的效果。为了在全国范围内强力推动“党委领导、政府负责、社会协同、公众参与、法治保障”构成的中国社会治理动态过程，需要设定一个政府部门监督落实，这个部门自然应该是民政部门。

民政部门在获得授权以后，需要在战略上落实习近平新时代中国特色社会主义思想，在行动上精细具体化“党委领导、政府负责、社会协同、公众参与、法治保障”这20个字中设定的任务与职责范围，以形成统一协调的社区治理格局。第一，在“党委领导”这一层面，需要以现有的行政区划、行政级别为基准，设定从中央到地方各级党委就社区治理领域的领导方略，以习近平新时代中国特色社会主义思想领导各级社区治理，社区治理单元以现有行政区划为基准。评判标准是党的十九大报告指出的具体要求，如提高安全治理的能力，化解矛盾、安全发展、生命至上，保护人民人身权、财产权、人格权；培育积极心态，自尊自信、理性平和、积极向上；推动基层、社会组织多承担社区具体治理任务。提高“社会化、法治化、智能化、专业化”水平。第二，在“政府负责”这一层面。以行政区划为基准，各级政府负责其区域内的社区治理，实施“社区(村)—街道(乡镇)—区(县)—市—省—国家”的多级纵向治理责任制，形成纵向管理、激励、监督与问责的格局。借鉴发达国家经验与本土研究成果，在充分调查研究的基础上，根据现有的大数据与历史逻辑，综合预判布置或提质所属区域的硬件设施、软件设施、数据信息网络以及服务机构。各级别民政部门要能够监督并约谈不作为或乱作为的相应级别的领导干部与相关责任者。根据行政区域发展水平，重点做好五级规划，即“社区(村)—街道(乡镇)—区(县)—市—省”。各级政府在上级政府的指导与授权的基础上，以一定时间段为基准设置本行政区域的社区治理与社区建设任务。如社区社会工作站建设、社区大学的开办、社区养老机构的设置、社区医院的建设、居民事务处理、社区精神文化培育与践行、社区公共事务运行等，以提升居民素质与能力，培养自信，保障安全，体现“社会化、法治化、智能化、专业化”治理水平。第三，“社会协同”层面中的“社会”主要是指社会组织，目前总体上中国社会组织尚在发育培养中，中西部社会组织就更加短缺，很多县域内甚至还没有一个符合现代标准的社会组织。

因此，当前的急迫任务是培育社会组织，可以先由政府牵头组建，如湖南省在每个县(区)设置一个社会组织孵化基地。然后，引进发达地区的社会组织进驻并指导孵化。此外，就需要在社区治理实践中检验效果。通过社会组织连接社区内的居民，进而实现社区内居民之间的网络化、智能化，让社区内居民获得专业化服务。第四，“公众参与”。曾经的“雷锋精神”鼓励了许多个人积极参与公共事务，而今因为人口结构的变迁以及快速流动的社会事实，国家需要有新的思路才能吸引并调动公众的参与积极性，笔者曾经提出“服务银行”的公众参与体制，即公民在有体力、有精力、有时间的前提下，去服务有需要的“他者”，然后经过第三方(服务银行)的认定，将服务存入银行，待到自己需要他人照顾时再从“服务银行”提取，获取他人服务，以此来提升公共参与服务的积极性。其实，此类服务体系在瑞士已经开始普及。当然，以其他方式推动公众参与积极性也是非常必要的。第五，“法治保障”。几十年的市场转型，中国法治化进程迅速，社区治理的法治保障是让社区内部实现“共建共治共享”，因此其导向应该以社区群体价值为核心，同时也不损害个人价值。具体运行时，需要设置成员“资格逻辑”与“市场逻辑”的双轨运行机制。所谓的“资格逻辑”是指各社区居民根据居住资格而获得的成员资格，享受面向该社区所有成员的基本福利。福利提供遵循底线原则、免费原则。而“市场逻辑”是在社区内提供依据市场规则运行的服务，允许相关服务机构在提供服务时收取市场通行的费用，以提供更加优质的服务。如此，社区治理中的法治需要在现有市场法制与社会保障的基础上进行分类更新。这自然是一巨大理论与现实难题。如果没有民政部门负责落实，“法治保障”自然就容易落空。

第十七章　城市劳动力幸福感研究

以往社会学有关幸福感的研究过于集中于“效用论”和结构主义视角，而对行动者所内含的心理特质关照不够。本章运用多层线性模型（HLM）实证分析城市劳动力的外在结构位置和内在心理特质对生活幸福感的综合影响。研究发现，在控制个体所处结构位置后，奋斗意志力、奋斗效能感、奋斗－获得公平感这三大心理特质因素对生活幸福感都有显著正向影响，且前两种心理特质带来的幸福回报基本不因社会阶层位置或生活条件差异而变化，但越是在结构位置上处于社会底层的城市劳动力，其生活幸福感越多地与奋斗－获得公平感强相关，这一发现将结构不平等与心理公平感联结起来，对于更好践行习近平总书记的“奋斗幸福观”具有重要现实意义。

一、研究背景与问题的提出

虽然不同历史阶段和社会情境下的人们对于幸福的界定往往莫衷一是，但每个时代的人们总有大致相似却又不完全等同的幸福体验。社会转型理论认为，幸福体验的历史性嬗变和复杂取向构成了“中国体验”变迁的重要组成部分，这种看似主观的感受也是审视社会客观变迁的重要视角（周晓虹等，2017）。在物质匮乏时代，传统中国人的幸福观是“知足常乐”（明恩溥，2007），处在特定结构位置的个体大多期待拥有与之相对公平的物质和精神资源，而不会超越自身能力或位置去过度索求，林语堂将其概称为一种

“消极态度的幸福观”，以之与西方社会“积极态度的幸福观”相对应。周晓虹（2017）认为，1949 年以来，中国人的价值观和社会心态经历了从传统价值观的断裂、价值观的空白期、现代价值观和社会心态的萌生、新价值观的顿挫、价值观和社会心态嬗变的复苏、价值观和社会心态嬗变的发展 6 个阶段的转变。在此过程中，幸福观作为一种重要的价值品质也随之出现了适应性调整。在物质大发展时代，经济社会的快速前进迫切需要充分激发各行各业行动者的内生动力，国家通过“时间就是金钱，效率就是生命”这样的口号来激活被计划经济体制压抑良久的理性主义价值观，在市场化动员和组织激励的过程中，人们的“物欲”也被极大地释放出来，越来越多的人开始体验到物质财富带来的心理刺激，国民幸福观开始由传统的消极知足型幸福观逐渐向市场竞争时代的积极进取型幸福观转变，经济收入、社会财富、政治权力、职业地位等阶层变量逐渐成为提升人们幸福感的关键所在（邢占军，2011；吴菲，2016）。

然而，当经济社会发展进入后物质时代时，物质变量对于幸福感的边际效应随之下降（丘海雄、李敢，2012；洪岩璧，2017），人们对幸福的概念定义、切身感悟和总体评价也开始大相径庭，呈现出相互矛盾且共生共存的特征。更重要的是，在市场化改革的同时，中国的社会不平等和阶层固化也在急遽扩大，底层群体的相对剥夺感、不公平感和向上流动的无力感骤然上升（Brockmann et al. ，2009），整个社会呈现出结构性的“断裂”状态（孙立平，2003）。在此背景下，社会开始出现多重面向的，甚或是激烈冲突的幸福图式。既有研究表明，不同的社会阶层存在着迥然不同的幸福路径，底层群体的幸福感主要受制于经济收入；中间阶层的幸福感不仅关乎经济收入，还与人际关系和身体健康相关；而优势阶层的幸福感不仅受到人际关系和身体健康的影响，还与心理健康和社团参与紧密相关（张云武，2015）。这一阶层差异表明，底层群体仍然属于生存取向的幸福体验模式，他们只在乎经济收入的多寡，但收入的增加却正变得越来越困难，有的底层群体已经选择重归所谓“佛系”的生活态度，有的则迈向了一种畸形的“拜金主义”幸福观，还有的热衷于“走捷径”式的地位获得路径；中产阶层属于兼顾生存与发展取向的幸福体验模式，虽然看上去比底层群体的生活处境要好，但也面临巨大的生存和发展危机,他们的幸福体验同时承受着向下坠落的不安全感和向上流动的艰巨感;而优势阶层属于兼顾发展与自我实现取向的幸福体验模式,他们虽然占据了更多的经济社会资源,但也不敢轻易忽视对自身的发展型投资。因此,对于正在跨越"中等收入陷阱"这一转型社会背景的中国社会而言,到底应如何回应不同社会阶层在幸福界定和幸福感体验上显现出来的复杂形态,在主流舆论上引导社会各界塑造更加积极进取的奋斗心态,激励中下层群体持续投入共圆中国梦的伟大进程,成为不可回避的时代问题。

习近平总书记提出的"奋斗幸福观"是对上述问题的重要回答。自 2017 年 12 月始,他相继在多个重要场合提出"幸福都是奋斗出来的""奋斗本身就是一种幸福""新时代是奋斗者的时代""只有奋斗的人生才称得上幸福的人生……"一系列观点,这些观点一经发表很快成为社会舆论传播的热点,作为一种极具正能量的引领性的主流政治话语,产生了广泛而深远的社会影响。"奋斗幸福观"本质上是以艰苦奋斗、积极进取为依归的劳动价值观,其核心要意关乎国家、社会和个体三个层面在中国特色社会主义新时代应该追求什么样的幸福以及怎样追求幸福的重要问题,是对市场经济社会中诸多混乱、消极的幸福观的一次重大纠正,也是对深陷阶层流动困境的中下层群体的一种心理激励。"奋斗幸福观"的基本内涵是,幸福的概念界定应该立基于劳动价值和劳动过程之上,越是拥有奋斗品格和进取精神的行动主体,越能够在社会实践中更好发挥主观能动性,其获得的幸福感才会越富有内涵(陈志刚,2018)。笔者认为,"奋斗幸福观"的提出,有待我们迫切在理论阐释和实证研究上展开精细化剖析和深度挖掘,进一步加深与既有经验研究和理论成果的学术对话,扩大社会影响。因此,本研究的核心问题是,如果不同时代的人们在奋斗意志力、奋斗效能感以及相对于实际获得而言的奋斗公平感等层面都存在显著的差异,那么当前中国人的奋斗品质和生活幸福感又呈现出哪些特征?不同的个体心理特质对幸福感具有怎样的影响效应?这一影响效应在不同阶层地位、社会出身或生活条件的社会群体之间又存在怎样的差异?如何解释这些差异?

二、结构约束与心理内化：理论视角与研究假设

“生活幸福感”一直是人文社会科学密切关注的热点议题之一，仅以CNKI收录的文献为例，2006—2013年有关“幸福感”的文献年均增长量竟达到了114.6篇，且2012年以来每年有关“幸福感”的文献均在800篇以上。这充分说明，虽然西方国家的幸福感研究肇始于20世纪70年代（邱林、郑雪，2015），但国内学者在该领域的研究热潮却是近年来形成的。梳理文献发现，尽管学界有关生活幸福感的影响机制研究纷繁复杂，但在理论范式上主要存在两种基本的解释视角。第一种是结构约束视角，主要以经济学、社会学和政治学等学科的研究为主，强调行动者所处社会结构位置（既包括绝对位置也包括相对位置，而相对位置又涉及参照对象及其时空节点的选择）对生活幸福感的影响，其基本的理论假设是，结构位置越高的人拥有的经济社会资源越多，其各个层级的生活需求越容易得到满足，因而幸福感越高。当然，在结构性质上存在多种维度，例如政治结构（党员身份、政治参与）、经济收入结构（经济收入、收入不平等、再分配收入、累积性资产）、文化教育结构（文化程度、劳动技能、文化素养）、职业结构（职业地位、职业权威）、居住空间结构（城乡空间、社区空间、中心-边缘空间）、社会网络结构（社会资本、邻里联结）、消费结构（消费层次、消费支出）、公共福利结构（基础型社会保障、补充型社会保障）等（洪岩璧，2017；黄嘉文，2016；吴菲、王俊秀，2017），维度繁多，可谓不一而足。

当然，学界讨论最多的还是经济收入结构，这方面的研究基本上围绕着“伊斯特林悖论”而展开（Easterlin，1974），该悖论认为，在长期背景下，国家经济的发展并没有带来国民平均幸福感的提升，反而出现了“快乐水车”现象。既往学者对此提出的解释主要有三点：一是认为经济收入增长对幸福感具有条件效应，不同经济位置的个体在需求类型上存在很大差异，当社会整体性的需求类型由物质型转向发展享受型时，物质型变量的幸福回报会逐步下降；二是认为经济收入不平等的持续扩大会强化个体的相对剥夺感

效应，从而消除了经济增长带来的一部分幸福回报（李路路、石磊，2017）；三是在物质财富增长的同时，人们对经济收入的预期也在增长，真正影响幸福感是实际收入与预期收入的差距，而非特定时段绝对收入的高低（约翰·奈特、拉曼尼·古纳提拉卡，2015）。很明显，后面两点主要是从横向对比（个人与他人之间）的收入公平感和纵向对比（个人预期与实际获得之间）的收入公平感来解释这一悖论的，这凸显了“公平”对于幸福的独特意义。

虽然经济收入影响幸福感的内在机制较为复杂，但大量实证研究都认同社会经济地位的持续提升带来的幸福回报确实存在边际递减的规律，在这种情境下，影响幸福感体验的因素逐渐由静态的客观地位转向动态的主观意义。也就是说，行动者对地位获得过程的意义建构和意义阐释尤为重要（杨慷等，2016），行动者的人格特质成为能否体验到幸福感的关键所在，由此形成了第二种解释视角，即心理内化视角，这方面的研究以心理学或社会心理学为主，主要强调行为主体所内具的心理特质，尤其是人格禀赋对幸福感的内在影响（邱林、郑雪，2005；杨慧芳、郭永玉，2008）。实际上，很早就有学者指出，外部性的结构位置因素对生活幸福感的解释力不足20%（Campbell et al.，1976），相对于重视金钱而言，更重视生活情趣，有正确价值观念的人拥有更高水平的幸福感（张学志、才国伟，2011）。有学者发现，个体专念水平（寻求新异、创造新意和专注）能极大扩充个体的心理资本，而较高的心理资本会进一步提升幸福感（潘苗苗等，2018）。相似的研究也表明，如果工作中的个体在生理、认知和情感等方面的身心投入越专注，在行动态度上越积极主动，其生活幸福感也会越高（王羽等，2017）。由此可见，心理内化视角所默定的生活幸福感，在概念本质上追求的是一种自我实现、自我完善和自我成就的意义性结果（张陆、佐斌，2007），它更强调个体在行动过程中所获得的意义体验及其价值建构，在理论旨趣上属于“实现论”（eudaimonic）范畴，也有学者将其称为“互动论”（丘海雄、黄嘉文，2015），而结构约束论视角下的幸福感本质上属于“效用论”范畴，它所默定的幸福是一种对现实需求层面的效用性满足。

问题的关键在于，长久以来，这两种在概念界定、目标指向、框架设定和实证检验上都完全迥异的解释路径，并没有在理论逻辑和实证研究上展开切实有效的对话。社会学者在研究幸福感的影响机制时大多只关注外在的社会结构因素的影响,漠视了个体心理特质可能带来的更深层次的解释力。事实上,人格因素已经成为绝大部分量化研究模型中被明显忽视的“未被观测变量”,即便是经典的社会学研究文献,虽然在文献综述时提及了这一要素的重要地位,但在后续的研究设计和实证检验环节仍然选择将其隐藏和抛却(李路路、石磊,2017),当然这既可能是缘于数据本身的限制,也可能缘于研究者本身在理论范式上的旗帜鲜明的学科坚守;而与此相对,心理学家则大多不考虑宏观的社会情境或结构性因素对幸福感可能带来的制约效应(吴伟炯等,2012),他们更集中于个体微观主义的解释传统。当然,有少部分社会心理学家兼顾到社会情境变迁所具有的意义,但整体上这两条路径形成了各不干扰、互不对话的尴尬局面。鉴于此,本研究尝试对此进行一次跨学科式的融合考察,全面剖析社会结构位置和个体心理特质对城市劳动力生活幸福感的综合影响,有待检验的研究假设主要有三个:

假设1:城市劳动力在社会结构上的位置越高,其所拥有的经济社会资源会越丰富,个体性需求得到满足的可能性更大,因而其生活幸福感越高;

假设2:城市劳动力在心理特质上越倾向于积极奋斗型人格,其在日常性的行动实践中所获得的过程意义和精神价值会越深刻,因而其生活幸福感越高;

假设3:心理特质对幸福感的影响更为内在,即心理特质对生活幸福感的影响不因个体所处结构位置的差异而存在显著差异。

三、数据来源、变量设计与操作化

(一)数据来源

本书使用中国劳动力动态调查(CLDS)2012 年的基线调查数据。该调查采用分层多阶段概率抽样法,对 29 个省份 195 个县/区 303 个村/居委会 16253 户家庭中的个人开展调查,调查对象为 15—64 岁的劳动力年龄人口,涉及个体、家庭和社区三个层次的横截面数据。本书选取其中 129 个城市社区的居民样本，依据统计分析规范，在去除不符合条件的案例和缺失值案例后，最终获得5752个有效样本。

（二）变量设计与操作化

本研究的因变量是生活幸福感。学界有关幸福感的测量方法大致可以分为复杂量表测量法和单个问题测量法两大类，前者主要通过多维度的复杂量表来间接测量个体的综合幸福感，而后者则直接以单个问题将幸福程度分为3—5个类别或7—11个分值进行测量，这两种方法各有优劣（王广州、王军，2013）。本研究采取与主流学者相同的单个问题测量法（李路路、石磊，2017），利用CLDS2012中“总体来说，您觉得您的生活是否过得幸福”来测量城市劳动力的生活幸福感，其选项设置为“很不幸福 = 1 至非常幸福 = 6”6个等级，取值区间1—6分，数值越大代表生活幸福感越高。

本研究的核心自变量是个体心理特质，其代理变量分别为奋斗意志力、奋斗效能感、奋斗 - 获得公平感。事实上，要准确测量个体的奋斗品质是一件困难的事。心理学领域的学者大多将“个人奋斗”理解为一种特定的、与情境目标有关的人格意向结构（张钊、郭永玉，2006），或个体以其特有的行为方式选择并实现的一个或多个生活预定目标，这些目标需要通过奋斗才能达到（Pervin，2001）。个人奋斗不仅包含认知、情感、行为等成分，而且会随着生活情境的变迁而变化，大部分个人奋斗都被假定是有意识的，并可以自我报告（Emmons & King，1988）。鉴于个人奋斗的动态情境性和类别差异性，本研究选择更为一般意义上的与个人奋斗紧密关联的某种人格特质（奋斗意志力、奋斗效能感、奋斗 - 获得公平感）作为操作化指标，这也是目前大部分实证研究所采用的方法（张瑞平、李庆安，2017；高锋剑等，2017）。其中，奋斗意志力是指个体在完成目标过程中克服现实困难的毅力、心态和坚韧性，立足三个观测指标（您是否同意就算身体有点不舒服，或者有其他理由可以休息，你也会努力完成每日应该做的事，包括所有工作、学业及日常生活事务等；就算是你不喜欢的事，你也会尽全力去做，包括所有工作、学业及日常生活事务等；就算一件事需要花好长时间才能有结果，你仍然会不断地尽力去做），其选项均为“非常不同意、不同意、同意、非常同意”，运用主成分分析法生成综合性的奋斗意志力指数，指数越高代表奋斗意志力越强。奋斗效能感是指个体对自身能否利用所拥有的技能去完成某项工作任务的自信程度，这是一种个体内具的心理状态，利用“在过去四周里，您是否经常有以下感受或想法：你觉得有信心处理好自己的问题”来测量，选项设置为“没有、很少、有时、经常、总是”，分别赋值1—5分。奋斗－获得公平感指个体对自身所付出的劳动代价与所得到的报酬进行比较后得出来的相对公平感知，本书利用“您认为您目前的生活水平和您的努力比起来是否公平”来测量，选项设置为“完全不公平、比较不公平、说不上公平但也说不上不公平、比较公平、完全公平”，分别赋值为1—5分。值得注意的是，奋斗－获得公平感既能表达内在恒定的心理特质，也能表达随客观情境而变的心理特质。例如，有的人无论身处何种情境都觉得所得公平或不公平，这既有“随缘而定”的天然的公平观，也有“我命由我不由天”的天然的不公平观，还有的人虽然在不同情境状态下有不同的公平观，但都表达着个体在“此时此景”下的心理特质。

表17－1　变量的定义、赋值和描述性统计

变量	均值	标准差	变量	均值	标准差
生活幸福感(1—6)	4.31	1.24	受教育年限(0—23)	10.32	3.96
奋斗意志力(4.46—2.37)	0.00	1.00	个人年收入对数(11.51—5.99)	－2.70	5.71
奋斗效能感(1—5)	3.66	1.09	身体健康程度(1—5)	3.73	0.90
奋斗－获得公平感(1—5)	3.24	0.97	社会保障水平(0—6)	1.66	2.01
性别(男性)			社区邻里交往(0—12)	6.32	2.49
女性	0.54	0.50	家庭汽车(没有家庭汽车)		
年龄(15—86岁)	41.20	13.73	有家庭汽车	0.21	0.41
年龄的平方	1885.70	1156.42	主观社会等级(0—10)	4.14	1.95
家庭类型(单身家庭)			自我未来预期(预期向下流动)		

续表

变量	均值	标准差	变量	均值	标准差
核心家庭	0.67	0.47	预期向上流动	0.58	0.49
直系家庭	0.15	0.36	社会信任感(1—4)	2.76	0.57
隔代家庭	0.06	0.24	生活压力感(1—5)	1.96	1.04
其他家庭	0.06	0.23	社区类型(商品房社区)		
住房类型(自有产权房)			城中村/棚户区	0.09	0.28
单位福利房	0.05	0.23	未改造的老城区	0.19	0.38
租赁住房	0.23	0.42	工矿企业住宅区	0.12	0.32
户籍属性(农业户口)			单位住宅区	0.10	0.30
非农户口	0.30	0.46	经济适用房社区	0.05	0.22
政治面貌(非中共党员)			村改居社区	0.10	0.30
中共党员	0.14	0.35	移民社区	0.02	0.15
职业类别(非管理技术类)			其他社区	0.03	0.16
管理技术类	0.18	0.39			

本研究的控制变量主要分为两大类别：一是个体所处的社会结构位置，包括政治面貌（政治权力结构）、经济收入（经济收入结构）、文化程度（文化教育结构）、职业类型（职业地位结构）、主观社会等级和等级流动的自我未来预期（阶层流动结构）、居住社区类型（居住空间结构）、社会保障水平（公共福利结构）等、制度结构（户籍属性）；二是其他被证明对生活幸福感有较大影响的因素，包括性别、年龄、家庭类型、身体健康程度、住房类型、家庭汽车拥有、生活压力感、社会信任感、社区邻里交往等。变量具体情况见表17－1。

四、模型设定、数据分析与研究发现

（一）模型设定：多层线性模型

考虑到现有研究显示出的地区空间因素对幸福感的差异性影响，而且本研究所使用的是个体嵌套于社区的多层次数据，因此使用多层线性回归模型（HLM）进行统计估计，即允许个体层次模型的截距随不同社区发生变化。通过嵌套模型的方式，逐步在模型中加入自变量，以考察不同类别心理特质因素对生活幸福感影响的净效应，表 17-2 报告了模型估计的结果。在此之前，本研究还建立了一个不包含任何解释变量的多层回归模型的零模型，仅分析城市劳动力的生活幸福感的变异在不同社区是否存在聚集性。结果显示，代表社区差异和个体差异的常数项估计值分别为 0.086 和 1.464，且均具有统计学意义（$P<0.001$），这意味着社区间的方差成分占总方差的比例达到了 5.5%［0.086/（1.464+0.086）］，这说明不同社区间的幸福感水平的确存在显著差异，同时充分说明，多层线性回归模型（HLM）比一般的线性回归模型（OLS）更为合理，具体结果见表 17-2。

表 17-2　SEM 实证分析假设检验

假设	路径	Estimate	S. E.	C. R.	P	结果
H1	工作满意度←工作时间长短	-0.004	0.002	-1.887	0.059 +	成立
H2	工作满意度←工作时间收入	0.003	0.004	0.814	0.416	不成立
H3	工作满意度←工作时间刚性	-0.027	0.107	-0.252	0.801	不成立
H4	工作满意度←工作时间体验	1.613	0.209	7.732	***	成立
H5-1	工作时间体验←工作时间长短	0.000	0.001	-0.208	0.835	不成立
H5-2	工作时间体验←工作时间收入	0.005	0.002	3.348	***	成立
H5-3	工作时间体验←工作时间刚性	-0.266	0.054	-4.941	***	成立

注：+ $P<0.10$，* $P<0.05$，** $P<0.01$，*** $P<0.001$。

（二）结构位置和心理特质对城市劳动力生活幸福感的影响

在结构位置层面，数据显示，不同维度的结构位置因素具有不同的影响效应，对生活幸福感有显著影响的结构位置因素有政治面貌、文化水平、社会保障水平、居住社区类型、主观社会等级及其社会流动预期；没有显著影响的因素则有经济收入、职业类别、户籍属性等。假设1得到部分验证。值得注意的是，虽然经济收入、职业类别、住房类型、户籍属性的影响系数都没有统计显著性（$P>0.1$），但其系数均为正值，这说明拥有产权住房居民的平均幸福感要高于居住在单位福利房和租赁住房的居民；非农户籍人口的平均幸福感高于农业户籍人口；管理技术类职业居民的平均幸福感高于非管理技术类。在生活条件层面，生活压力感越大，身体健康越差，生活幸福感会越低；而有车一族的幸福感显著高于无车一族。在其他控制变量层面，性别、年龄、年龄的平方、家庭类、邻里交往、社会信任感的系数均在0.001的水平上显著。在控制其他因素后，女性的幸福感高于男性；年龄对幸福感的影响呈“U”形关系，大致44岁居民的幸福感最低，事实上这个年龄的居民面临的生活压力也最大；核心家庭、直系家庭以及隔代家庭的幸福感均高于单身家庭，这驳斥了近来较为流行的“单身幸福论”；邻里交往越紧密，幸福感越高；社会信任感越高，幸福感越高，这些与现有的研究发现基本一致。

在心理特质层面，模型1中奋斗意志力的评估系数为0.052（$P<0.001$），说明城市劳动者的奋斗意志力越强，幸福感越高。具体而言，其他因素保持不变，奋斗意志力每提升1个单位，幸福感增加5.2%。模型2和模型3分别估计了奋斗效能感和奋斗－获得公平感的影响效应。结果显示，个体的奋斗效能感越强，奋斗－获得公平感越高，幸福感也越高。奋斗效能感和奋斗－获得公平感每提升1个单位，生活幸福感分别提升12.9%和26.1%。模型4为全模型，将3个自变量全部纳入模型后各自变量的影响系数基本保持稳定。总之，模型1至模型4的估计结果表明，控制城市居民的阶层位置、生活条件等因素之后，奋斗型心理特质越突出的居民，其生活幸福感越高，假设2得到验证。

表 17 - 3　生活幸福感的多层线性回归模型

变量	模型 1	模型 2	模型 3	模型 4
女性	0.168 *** (0.030)	0.185 *** (0.030)	0.169 *** (0.029)	0.170 *** (0.029)
年龄	-0.041 *** (0.007)	-0.040 *** (0.007)	-0.031 *** (0.007)	-0.031 *** (0.006)
年龄的平方	0.000 *** (0.000)	0.000 *** (0.000)	0.000 *** (0.000)	0.000 *** (0.000)
核心家庭[a]	0.382 *** (0.064)	0.387 *** (0.063)	0.377 *** (0.062)	0.382 *** (0.062)
直系家庭	0.409 *** (0.073)	0.411 *** (0.072)	0.410 *** (0.071)	0.410 *** (0.071)
隔代家庭	0.369 *** (0.086)	0.380 *** (0.086)	0.362 *** (0.085)	0.372 *** (0.084)
其他家庭	0.064(0.087)	0.074(0.086)	0.062(0.085)	0.072(0.084)
单位福利房[b]	-0.098(0.070)	-0.086(0.070)	-0.100(0.069)	-0.092(0.068)
租赁住房	-0.059(0.042)	-0.066(0.042)	-0.044(0.041)	-0.056(0.041)
城中村/棚户区[c]	-0.158 * (0.069)	-0.147 * (0.068)	-0.152 * (0.067)	-0.147 * (0.066)
未改造的老城区	-0.114 * (0.052)	-0.109 * (0.052)	-0.088 + (0.051)	-0.083 + (0.050)
工矿企业住宅区	-0.049(0.061)	-0.048(0.060)	-0.020(0.059)	-0.017(0.058)
单位住宅区	-0.151 * (0.059)	-0.146 * (0.059)	-0.135 * (0.058)	-0.129 * (0.057)
经济适用房社区	0.076(0.076)	0.091(0.076)	0.082(0.074)	0.098(0.073)
村改居社区	-0.138 * (0.067)	-0.125 + (0.066)	-0.107 + (0.065)	-0.101(0.064)
移民社区	-0.406 *** (0.114)	-0.409 *** (0.113)	-0.369 *** (0.111)	-0.382 *** (0.110)
其他社区	-0.243 * (0.097)	-0.232 * (0.096)	-0.256 ** (0.094)	-0.239 * (0.094)
非农户口	0.047(0.041)	0.039(0.041)	0.071 + (0.040)	0.065(0.040)
中共党员	0.074(0.046)	0.079 + (0.045)	0.078 + (0.044)	0.074 + (0.044)
个人年收入对数	-0.002(0.003)	-0.002(0.003)	-0.000(0.003)	-0.000(0.003)
受教育年限	0.013 ** (0.005)	0.010 * (0.005)	0.014 ** (0.005)	0.011 * (0.005)
管理技术类职业	0.035(0.042)	0.032(0.041)	0.017(0.041)	0.011(0.040)
身体健康程度	0.238 *** (0.018)	0.231 *** (0.018)	0.215 *** (0.018)	0.205 *** (0.018)
社会保障水平	0.020 * (0.009)	0.020 * (0.009)	0.021 * (0.009)	0.021 * (0.009)
社区邻里交往	0.044 *** (0.007)	0.042 *** (0.007)	0.041 *** (0.006)	0.038 *** (0.006)
有家庭汽车	0.200 *** (0.039)	0.198 *** (0.039)	0.165 *** (0.038)	0.159 *** (0.038)
主观社会等级	0.129 *** (0.008)	0.123 *** (0.008)	0.105 *** (0.008)	0.098 *** (0.008)

续表

变量	模型 1	模型 2	模型 3	模型 4
预期向上流动	0.118 *** (0.031)	0.094 ** (0.030)	0.102 ** (0.008)	0.094 ** (0.030)
社会信任感	0.130 ** (0.027)	0.140 *** (0.026)	0.084 ** (0.026)	0.079 ** (0.026)
生活压力感	-0.182 *** (0.014)	-0.171 *** (0.014)	-0.155 *** (0.014)	-0.145 *** (0.014)
奋斗意志力	0.052 *** (0.015)			0.031 * (0.015)
奋斗效能感		0.129 *** (0.014)		0.118 *** (0.014)
奋斗 - 获得公平感			0.261 *** (0.016)	0.255 *** (0.016)
常数项	3.218 *** (0.213)	2.766 *** (0.215)	2.393 *** (0.213)	2.089 *** (0.216)
社区层次截距	0.039 *** (0.008)	0.037 *** (0.008)	0.035 *** (0.008)	0.032 *** (0.007)
个体层次误差	1.187 *** (0.022)	1.173 *** (0.022)	1.136 *** (0.021)	1.121 *** (0.021)
-2 倍对数似然值	17572.729	17502.671	17315.842	17248.447

注：*** P<0.001，** P<0.01，* P<0.05，+P<0.1（双尾检验）；样本量 N=5752，以下同；a 表示参照组为单身家庭，b 表示参照组为自有产权房，c 表示参照组为商品房社区。

（三）城市劳动力的心理特质影响生活幸福感的结构位置差异

奋斗型心理特质带来的幸福效应对所有个体都一样吗，还是因不同阶层地位和生活条件而存在差异？本研究重点考察了奋斗意志力、奋斗效能感、奋斗 - 获得公平感与政治面貌、经济收入、文化程度、职业类别、自我未来预期、社会保障水平、住房类型、家庭汽车拥有、生活压力感、户籍属性的交互效应①，由于奋斗意志力、奋斗效能感与这些变量的交互效应均不显著，因而没有将数据结果详细展示出来，仅在表 17 -4、表 17 -5 中详细报告了奋斗 - 获得公平感与上述控制变量之间存有显著交互效应的统计结果。

表 17 -4 和表 17 -5 的数据显示，奋斗 - 获得公平感与政治面貌、经

① 为方便解释交互效应，经济收入、社保水平、生活压力感被处理为二分变量。国家统计局 2013 年 1 月公布的数据显示，2012 年全年城镇居民人均总收入为 2.69 万元。高于 2.69 万元被定义为“中高收入”，反之为“低收入”。对于“五险一金”的社保体系而言，拥有其中 3 项及以上被定义为“社保水平高”，反之为“社保水平低”。对于生活压力感，CLDS2012 中“我觉得自己不能控制生活中的重要事情”，选择“总是、经常”的被定义为“生活压力感大”，反之为“生活压力感小”。

济收入、社保水平、文化程度和自我未来预期的交互效应显著。具体而言，党员的奋斗－获得公平感的影响系数为0.116（－0.079＋0.195），而非党员为0.195，说明非党员的幸福感更多受到奋斗－获得公平感的影响；中高收入居民的奋斗－获得公平感的影响系数为0.087（－0.106＋0.193），而低等收入居民为0.193，说明低等收入居民的幸福感更多地受到奋斗－获得公平感的影响；社保水平高的居民，其奋斗－获得公平感的影响系数为0.069（－0.113＋0.182），而社保水平低的居民为0.182，说明社保水平低的居民幸福感更多地受到奋斗－获得公平感的影响；大专以上学历居民的奋斗－获得公平感的影响系数为0.061（－0.112＋0.173），而高中及以下学历居民为0.173，说明高中及以下学历居民的幸福感更多地受到奋斗－获得公平感的影响；未来社会等级预期向上流动居民的奋斗－获得公平感的影响系数为0.293（0.053＋0.240），而预期向下流动居民为0.240，说明预期向上流动居民的幸福感更多受到奋斗－获得公平感的影响，这从侧面表明，那些对未来结构位置有积极期待的城市劳动者，其奋斗－获得公平感的提升能够带来更强烈的幸福回报，另外这也表明，那些有志于实现阶层流动的人，往往拥有更低水平的奋斗－获得公平感，他们既对现状感到不满，同时又保留着向上流动的积极期待。整体而言，阶层地位越低的居民，其幸福感更多地受到奋斗－获得公平感的影响。

表17－4　奋斗－获得公平感对生活幸福感影响的结构位置差异

变量	模型1	模型2	模型3	模型4
控制变量	已控制	已控制	已控制	已控制
党员	0.370** (0.146)	0.113* (0.045)	0.111* (0.045)	0.111* (0.045)
中高收入	0.030(0.036)	0.377*** (0.108)	0.028(0.036)	0.028(0.036)
大专及以上学历	－0.100* (0.043)	－0.100* (0.043)	0.266* (0.128)	－0.102* (0.043)
预期向上流动	0.092** (0.031)	0.090** (0.031)	0.091** (0.031)	0.262** (0.100)
F	0.195*** (0.039)	0.193*** (0.026)	0.173*** (0.034)	0.240*** (0.020)
F×党员	－0.079* (0.042)			
F×中高收入		－0.106** (0.031)		

续表

变量	模型 1	模型 2	模型 3	模型 4
F × 大专及以上学历			-0.112 ** (0.037)	
F × 预期向上流动				0.053 * (0.029)
截距	1.699 *** (0.237)	1.685 *** (0.214)	1.752 *** (0.224)	1.560 *** (0.210)
社区层次截距	0.034 *** (0.008)	0.033 *** (0.008)	0.034 *** (0.008)	0.034 *** (0.008)
个体层次误差	1.132 *** (0.021)	1.130 *** (0.021)	1.130 *** (0.021)	1.131 *** (0.021)
-2 倍对数似然值	17293.097	17285.620	17287.666	17294.113

注：*** P<0.001，** P<0.01，* P<0.05，+ P<0.1（双尾检验）；变量 F 表示奋斗 - 获得公平感，以下同。

表 17-5 的数据则进一步显示，奋斗 - 获得公平感与住房类型、生活压力感、户籍属性等生活条件变量也存在显著的交互效应。具体而言，相对于自有产权房而言，租赁住房居民的幸福感更多地受到奋斗 - 获得公平感的影响，但单位福利房居民的幸福感与奋斗 - 获得公平感的交互项系数不显著，这说明住房类型上的幸福感差异主要体现在自有产权房和租赁住房之间；生活压力感小的居民，其奋斗 - 获得公平感的影响系数为 0.242，而生活压力感大的居民为 0.359，说明生活压力感大的居民的幸福感更多地受到奋斗 - 获得公平感的影响；非农户籍居民的奋斗 - 获得公平感的影响系数为 0.239，而农业户籍居民为 0.323，说明农业户籍居民的幸福感更多地受到奋斗 - 获得公平感的影响。整体而言，城市生活条件越差，受户籍约束越强的居民，其幸福感更多地受到奋斗 - 获得公平感的影响。

表 17-5　奋斗 - 获得公平感对生活幸福感影响的生活条件差异

变量	模型 5	模型 6	模型 7	模型 8
控制变量	已控制	已控制	已控制	已控制
社保水平高	0.459 *** (0.110)	0.097 ** (0.037)	0.095 ** (0.037)	0.096 ** (0.037)
单位福利房	-0.092(0.068)	-0.390 + (0.212)	-0.097(0.068)	-0.097(0.068)
租赁住房	-0.060(0.041)	-0.274 * (0.116)	-0.063(0.041)	-0.058(0.041)
生活压力感小	0.365 *** (0.054)	0.369 *** (0.054)	0.686 *** (0.148)	0.368 *** (0.05)
非农户籍	0.107 ** (0.039)	0.106 ** (0.039)	0.105 ** (0.039)	0.380 ** (0.112)

续表

变量	模型 5	模型 6	模型 7	模型 8
F	0.182 *** (0.028)	0.241 *** (0.018)	0.359 *** (0.045)	0.323 *** (0.028)
F×社保水平高	-0.113 *** (0.033)			
F×单位福利房		0.093(0.064)		
F×租赁住房		0.067 * (0.035)		
F×生活压力感小			-0.117 * (0.047)	
F×非农户籍				-0.084 ** (0.03)
截距	1.717 *** (0.216)	1.536 *** (0.207)	2.393 *** (0.213)	2.241 *** (0.21)
社区层次截距	0.034 *** (0.008)	0.034 *** (0.008)	0.037 *** (0.008)	0.034 *** (0.008)
个体层次误差	1.130 *** (0.021)	1.131 *** (0.021)	1.131 *** (0.021)	1.131 *** (0.021)
-2 倍对数似然值	17285.008	17295.453	17291.085	17290.338

注：*** P<0.001，** P<0.01，* P<0.05，+P<0.1（双尾检验）。

上述发现综合表明，假设 3 得到了部分验证。其中，奋斗意志力和奋斗效能感对幸福感的影响确实不因阶层位置的差异而存在显著差异，但奋斗－获得公平感对幸福感的影响效应会因部分阶层位置指标的不同而出现显著变化，不具有党员身份、经济收入偏低、学历较低、对阶层上流的期望强烈、社保水平低、居住在租赁住房、生活压力感大以及非农户籍的群体，其生活幸福感更多地与奋斗－获得公平感显著相关。

五、结论与政策建议

增强人民幸福感是中国民生建设和社会治理的永恒目标之一。党的十九大报告郑重指出，“中国共产党人的初心和使命，就是为中国人民谋幸福，为中华民族谋复兴”“保障和改善民生……使人民获得感、幸福感、安全感更加充实、更有保障、更可持续”。但是，随着物质变量的边际幸福回报逐步递减，社会不平等和阶层固化不断加深，要继续提升人民群体的幸福感正变得越来越富有挑战性。研究发现，那些拥有党员身份、受过高水平教育、享受到充分社会保障、有车有房、生活压力感小、主观阶层认同高的城市劳动力，其生活幸福感明显更高。这似乎预示，那些结构位置越高的居民,拥有的经济社会资源越多,所承载的生活压力越小,因而幸福感越高;社会底层群体的幸福感则明显低得多。唯一与已有研究不一致的是(孙伟增、郑思齐,2013),本研究发现买房或租房已经不再成为影响生活幸福感的关键变量,但是否居住在优质的商品房社区已经显得尤为重要,这说明居住空间结构对生活幸福感的影响已经体现在社区空间的整体性分化上。综合而言,本研究再次证明,社会学的结构阐释路径在幸福感研究中仍然成立,经济社会不平等在很大程度上同时反映了幸福感的不平等。

更重要的是,本研究强调了心理内化路径对生活幸福感的强大解释力,这一发现无疑进一步凸显了习近平总书记提出的“奋斗幸福观”对当前中国社会的理论和现实意义。“奋斗”是一种精神状态,“奋斗型人格”是一种重要的基础性心理特质,个体的奋斗意志力和奋斗效能感对生活幸福感的正向效应适应于各个阶层群体。换言之,无论收入或教育水平高低、身处体制内外、生活条件好坏,都不影响奋斗型心理特质对幸福感的激励作用。这充分说明,尽管结构位置对幸福感的外在激励效应仍然显著,但这种心理特质一直是提升生活幸福感的内在驱动力,这一内生路径对于党的十九大报告中指出的加强“社会心理服务体系建设”具有重要意义。幸福确实是奋斗出来的,习近平总书记的“奋斗幸福观”是对既有的部分消极取向的幸福观的重大批判和纠正,也是对所有社会阶层群体的重大心理激励,尤其是对中下层群体而言,尽管向上流动的渠道正变得越来越狭窄,社会阶层化水平越来越严峻(刘精明、李路路,2005),但仍不能降低自身内在的奋斗意志和自信心。此外,这一发现还可延伸至农村的精准扶贫实践中,对于那些好逸恶劳、“等靠要”思想严重的贫困户,地方政府应该继续以“扶志”为上,加强对“奋斗幸福观”的政策宣导和心理教育,稳步提升脱贫群体的行动意志和脱贫信心,仅靠国家的政策福利难以长期有效地提升贫困群体的生活幸福感。

此外,笔者有关奋斗-获得公平感对幸福感影响的阶层差异研究也具有重要启发意义。那些认为自身所得与劳动付出越不公平的居民,其生活幸福感也越低,而且,越是处于社会底层、生活压力感越大的群体,其生活幸福感更多地受到奋斗－获得公平感的影响。笔者认为，日益扩大的社会不平等和阶层固化使得个体的奋斗观具有了鲜明的时代特征，相对剥夺感效应的不断强化和向上流动变得越来越困难，已经严重影响了底层群体的心理平衡度，这对于一般意义上的“奋斗幸福观”构成了强有力挑战，无疑会极大损害奋斗型心理特质带来的幸福效应。在此背景下，“公平感”对于“奋斗幸福观”具有独特意义，公平感成为提升幸福感的关键。当前，中国社会的主要矛盾已经转变成人民日益增长的美好生活需要和不平衡不充分的发展之间的矛盾，收入分配和发展机会的不平等更是题中应有之义，而营造公平的收入分配机制和发展机会，就是让人们的劳动付出与回报趋于对等。

鉴于此，笔者建议如下。一是继续加强民生建设，尤其要着重破解民生建设和社会治理领域中的区域不平等、身份不平等和发展机会不平等等难题，给予底层群众更公平的教育机会、就业机会以及收入获得机会，这同时意味着在给予他们更公平的幸福获得机会。二是国家应有序推进“社会心理服务体系建设”，继续加大对社会各界有关“奋斗幸福观”的宣导力度，通过弘扬主旋律，进一步塑造积极向上的奋斗氛围和进取姿态，引导各阶层群体坚守“劳动价值观”和“奋斗幸福观”，对那些极度扭曲和混乱的幸福观要及时批判和纠正。三是提升国民幸福感水平除了要激发城市劳动者的奋斗意志力和效能感以外，还要加大对奋斗－获得公平感这一关键社会心态变量的特别关注。即便“幸福是奋斗出来的”，但处于不同结构位置的城市劳动者对于奋斗的价值定位和回报性感知是有显著差异的，那些认为自我奋斗程度与自身所获得的物质回报越不对等的居民，越难以提升其幸福感。据此，国家要高度重视经济发展带来的社会不平等问题，以及这一问题在社会心态、价值观形塑、心理感知等层面的反映。四是那些处于社会底层的城市居民，其生活幸福感更容易受到奋斗－获得公平感的影响，国家应通过再分配系统加大对困难群体的福利保障力度，尤其是就业保障力度，推进“精准保障”体系建设，积极推动“城乡一体化”和城市内部不同类型社区之间的公共服务均等化，进一步缩小贫富差距和公共福利差距，提升相对公平感。

第十八章　城乡劳动力的工作时间与工作满意度

如果将工作时间的属性区分为社会属性与自然属性的话，那么，劳动者的工作满意度很大程度上是时间作为“资源、秩序与意义”等社会属性。其中，劳动者在工作时间内体验到的意义既对劳动者工作满意度产生直接影响，又对工作时间带来的收入和工作时间所具有的刚性程度产生完全中介效应。这些发现揭示，社会发展与个人幸福在时间上存在一定张力。因为社会发展需要劳动者工作时间数量上的投入，而个人幸福在很大程度上却是基于劳动者在工作时间所体验到的意义。

一、问题的提出

生产自动化、家务智能化、即时通信等，各式各样的科学技术在节省大量时间的同时，人们的时间匮乏感却与日俱增，成为现代社会的一大悖论。“时间病”“急忙病”“雅痞流行性感冒”等词纷纷“现身”，为现代人的时间不适发声。上述现象在工作领域表现得尤为明显。《2014 中国劳动力市场发展报告：迈向高收入国家进程中的工作时间》显示“我国劳动者普遍存在过度劳动的问题，加班现象严重”。劳动者的工作时间对社会发展和个人幸福都具有重要意义：一方面，中国经济腾飞离不开亿万劳动人民“撸起袖子加油干”；另一方面，在“以时间为动力机制”的现代社会中，劳动者又产生了越来越强烈的时间稀缺和筋疲力尽感。

增加工作时间，在个体层面，会导致消极情绪增多、心理压力增大、疲劳水平增加、不健康行为（吸烟、酗酒等）增多，严重者引发各类疾病。在群体层面，则容易让员工处于工作角色和家庭角色的冲突中，进而降低员工对工作的满意度。不同于既有“工作时间增加，工作满意度降低”的研究结论，Rudolf 研究发现，当工作天数由 6 天改为 5 天后，员工的工作满意度并没有提高。来自土耳其制造业、拉丁美洲以及美国企业员工的数据也显示，工作时间长短对工作满意度的影响并不显著。鉴于此，本研究企图探索工作时间作用于工作满意度的内在机制，进而对中国经济腾飞与人民对美好生好向往之间可能有的张力作出回应。

二、理论视角和研究假设

（一）时间：自然属性与社会属性

索罗金和默顿指出，“未加质疑地采用自然时间来探求社会现象，几乎一直都是不成功的，因为社会现象涉及的是‘符号意义上的’而不是‘实验意义上的’不相等中的相等”。既有对工作时间与工作满意度的研究基于工作时间的自然属性，即一种客观的、可测量的、同质的“时距”①时间，通常操作化为“工作时间的长短”。实际生活中，人们一方面会遵照自然时间进行生产生活；另一方面还会根据生产生活需要合理地安排时间，在自然节奏的基础上形成社会节奏，于是便产生了社会时间。社会时间是依据人的现实需要、生产力水平和社会关系等实践活动对自然时间安排与扬弃实现的。由于人的实践活动多种多样，时间的社会属性也有多重内涵，主要以“资源、秩序、意义”的形式展现在人们面前。

① 时距是指时间的长短，即每一件事的持续时间。

（二）工作时间的自然属性：工作时间的长短与工作满意度

一般而言，过长的工作时间会直接对劳动者的生理机能产生消极影响，而这种影响往往不以人的意志为转移，因而具有基础性。基于此，本研究提出以下假设：

假设H1：工作时间的长短（下文简称工作时间长短）与工作满意度呈负相关性。

（三）工作时间的社会属性：社会时间的理论维度及其借鉴

尽管工作时间长短对劳动者的生理影响具有基础性，但如果只注重工作时间的自然属性，而忽视工作时间的社会属性，就可能得出彼此矛盾的结论。国内学者新近的实证研究突破了时间的自然属性限制，指出“影响幸福感的关键变量并非是工作时间的长短，而是工作时间的性质”。

1. 作为资源的工作时间

在经典时间社会学理论中，马克思揭示了劳动者的时间作为资源存在的社会根源。商品经济时代，商品的交换价值由生产商品的社会必要劳动时间决定，时间与资本的关联形成。就商品经济的本性而言，其关键不在于获得社会必要劳动时间，而在于利用剩余劳动时间实现资本积累和扩大再生产。为此，资本家通过改进技术提高劳动生产率。对剩余劳动时间的追求使得单位时间内浓缩了与日俱增的行动和事件，“时间就是金钱”成为现代社会的至理名言。随着消费社会、景观社会的到来，不仅劳动时间以资源的形式存在，非劳动时间也异化为消费时间。劳动时间创造财富资源，非劳动时间消费财富资源。如果劳动者不能通过劳动时间获得足够的收入去消费，则会产生挫折感，导致工作满意度下降。基于此，本研究提出以下假设：

假设H2：工作时间带来的收入（下文简称工作时间收入）与工作满意度呈正相关。

2. 作为秩序的工作时间

对时间的规定本质上是对社会秩序的整合。刘易斯和韦加特致力于揭示社会整合的时间机制，提出嵌入、分层、同步化三个关键概念，时间嵌入和分层的最终目标是同步化，进而实现人的行动与系统运行的秩序化。为避免无止境的同步化导致的人的异化，公共时间与私人时间的官僚式分割机制出现，一天工作几小时、一周工作几天以及休假安排等制度性规定既反映又提高了现代工作表的时间刚性。既有研究表明，刚性工作时间制度带来的工作与家庭冲突会导致员工情绪衰竭和工作倦怠，而弹性工作时间、工作进程自主性则对员工工作满意度产生积极影响。基于此，本研究提出以下假设：

假设H3：工作时间的刚性程度（下文简称工作时间刚性）与工作满意度呈负相关。

3. 作为意义的工作时间

“人的心灵的确总是给日历中的每一天加上一种不平常的价值”，如同样是被要求加班一天，妻子生孩子这天与一个普通周六则有不同的情绪体验。人对时间的体验因为时间承载的人类活动而存在差异，“充满着变化和有趣经历的时间过起来感觉短，但当我们回顾它的时候却长，一段没什么经历的时间过起来感觉长，回顾起来却显得短”，不存在任何意义的时间则难以被感知。Beal 发现，工作时间中的不同事件会产生不同的情绪体验和意义，工作时间内体验到的积极情绪、自我肯定和感知到的亲社会影响会抵消工作时间中的精力消耗，并对员工的工作满意度产生重要影响。基于此，本研究提出以下假设：

假设H4：工作时间内积极的情感体验（下文简称工作时间体验）与工作满意度呈正相关。

时间之于人是体验性、情感性的，而非实验室意义上的。量上相同的时间因主体的感受差异而被调节，产生与客观实在不一致的主观体验。基于此，本研究提出以下假设：

假设H5-1：工作时间长短受工作时间体验的调节进而对工作满意度产生影响；

假设H5-2：工作时间收入受工作时间体验的调节进而对工作满意度产生影响；

假设H5-3：工作时间刚性受工作时间体验的调节进而对工作满意度产生影响。

三、研究设计

（一）数据

本研究使用的数据来自2015年中国综合社会调查（CGSS2015）的A部分核心模块和D部分ISSP工作模块。2015年CGSS调查覆盖全国28个省份的478个村（居），共完成有效问卷10968份，其中D部分仅选取受访者中的1/6作答，获得有效样本1795份。根据研究需要，本研究仅选取D部分正在从事有报酬收入的非农劳动者为样本，对A和D部分的样本量差异导致的缺失值采取删列方式处理，对D部分样本的缺失值采用均值替代处理，最终获得有效样本567份。

（二）变量与测量

1. 工作满意度及其测量

Hoppock把工作满意度定为，工作满意度是员工心理和生理上的一种主观感受。本研究借鉴工作满意度的单一整体测量法，使用CGSS2015D部分问卷中“您对您（主要）的工作是否满意”这一问题进行测量，选项从“完全不满意”到“完全满意”，采用李克特式七级计分。

2. 工作时间的自然属性及其测量

对工作时间自然属性的测量操作化为工作时间长短，采用“一般每周的工作时间为多少小时”进行测量。

3. 工作时间的社会属性及其测量

“作为资源的工作时间”操作化为工作时间收入。由于受访者的工作单位包括党政机关、企业、事业单位、社会团体、村（居）委会、个体户等，不同劳动者的工作时间回报（工资、奖金、绩效等）在类别占比和发放时间上存在差异，因此采用“2014年全年的职业收入”除以56周计算周工作时间收入。在对该变量进行平方根转换后呈正态分布。

表 18－1　相关变量的定义与测量

属性	变量	测量	均值	标准误
工作满意度		主观工作满意度	4.7713	1.0119
工作时间的自然属性	工作时间长短	周工作时数	49.6748	17.9092
工作时间的社会属性	工作时间回报	Sqrt(周职业收入)	25.9583	10.9579
	工作时间刚性	上下班时间的自主性	1.6345	0.7813
		工作时间的可预期性	2.5608	0.6143
		工作安排的自主性	2.1165	0.7465
		工作时间弹性	2.0054	0.8269
	工作时间体验	工作稳定	3.7123	1.0309
		收入高	2.6188	1.0807
		升职机会大	2.4798	1.0070
		工作有趣	3.0089	1.0839
		帮助他人	3.6957	0.8706
		对社会有益	3.8801	0.7762

“作为秩序的工作时间”操作化为工作时间刚性。工作时间刚性是指用人单位对劳动者工作时间的相关规定,包括对工作与非工作时间界限的设定和界限调整的空间大小,工作时间段内各项活动的先后顺序和先后顺序得以调整的空间大小等,是一个需要通过多个观测变量进行测量的潜变量。结合现有数据和既有研究,本研究采用“上下班时间的自主性”“工作时间的可预期性”“工作安排的自主性”“工作时间弹性”4 个观测变量来反映工作时间的刚性程度。其中,“上下班时间的自主性”操作化为“以下哪种说法最符合您的上下班时间安排”,选项“不能自己决定”“在一定范围内能决定”“完全可以自己决定”分别赋值为 1、2、3;“工作时间的可预期性”操作化为“以下哪种说法最符合您的工作时间安排”,选项“工作时间是固定的”“工

作时间会定期变化”“工作时间由领导临时决定并通知”分别赋值为3、2、1①;“工作安排的自主性”操作化为“以下哪种说法最符合您每天的工作安排”,选项“我可以自由决定我每天的工作如何安排”“在一定程度上,我可以决定每天的工作安排”“我不能自由决定我每天的工作安排”分别赋值为3、2、1;“工作时间弹性”操作化为“如果您在上班时间需要处理一些个人或家庭事务,暂时离开一到两个小时是否有困难”,选项“完全没有困难”“不是特别困难”“有些困难”“非常困难”分别赋值为4、3、2、1。

“作为意义的工作时间”操作化为工作时间体验。从某种意义上说,体验是人对价值与意义的认知。在马克思看来,人的价值包含客体和主体二重性,既体现为个人对社会的奉献,又体现为社会对个人的回报。由于工作时间体验是一个内含客体和主体的潜变量,本研究采用问卷中一组评价工作体验的量表进行测量,包括“我的工作稳定”“我的工作收入高”“我的升职机会大”“我的工作有趣”“我在工作中帮助他人”“我的工作对社会有益”,选项从“非常不同意”到“非常同意”,采用李克特式五级计分。采用Cronbach's Alpha系数对工作体验量表进行可靠性检验,信度系数为0.758,表示量表具有相当的信度;采用建构效度对量表进行因子分析,对数据进行KMO取样适当性检验以及Bartlett球形检验,KMO值为0.730,表明量表具有相当的建构效度。

(三)分析方法与假设模型

本研究采用结构方程模型探究工作时间作用于工作满意度的内在机制。结构方程建模法能够有效避免行业、工种、岗位、劳动者特质等诸多控制变量的限制,解决了工作时间所具有的多重内涵中存在无法直接测量的潜变量和不同变量间存在相关性干扰的问题,且能够实现在同一个模型中工作时间(部分内涵)既作为自变量又作为因变量同时存在。根据研究假设

① 时间的可预期性越低,事件的发生越具有随机性,时间的碎片化和不可控程度相应提高,由此增加私人时间/事件与工作时间/事件冲突的可能性。为保持观测变量赋值逻辑的一致性,故将其赋值为3、2、1。

与结构方程建模要求[①]，提出如下假设模型（见图 18－1）。

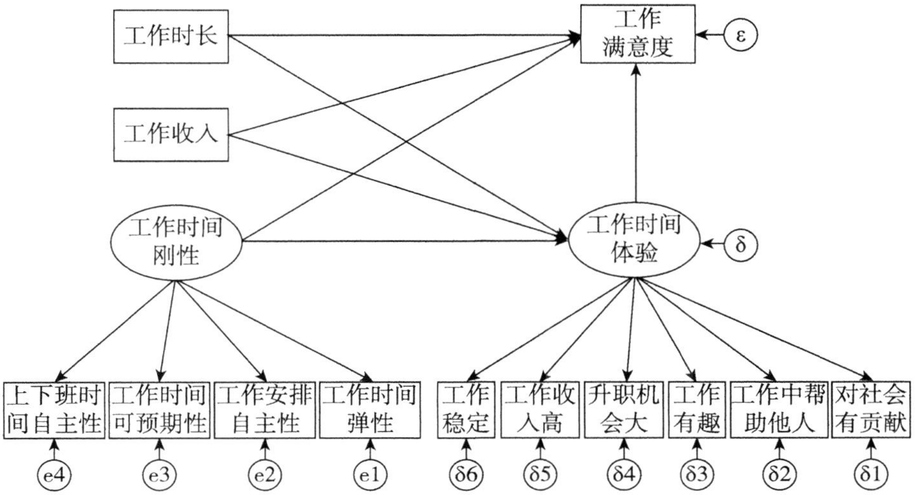

图 18－1　工作时间与工作满意度的假设模型

四、模型运行与结果分析

根据上述模型假设，运用 AMOS24 软件进行 SEM 分析，对结构方程模型进行调试、识别、检验，最终得到显著结果。

（一）模型整体适配度检验

模型卡方值为 48.914，显著性概率值为 0.133，大于 0.05 的显著性水平，不能拒绝虚无假设，表示假设模型与样本数据可以适配。各项拟合指标如下：CMIN/DF 为 $1.254<2$，$GFI=0.987>0.9$，$AGFI=0.970>0.9$，$NFI=0.972>0.9$，$IFI=0.994>0.9$，$CFI=0.994>0.9$，$RMSEA=0.021<0.05$，整体模型适配度指标都达到了适配标准。

---

① 图 18－1 由结构模型和测量模型构成，其中矩形表示变量可直接测量，椭圆形表示变量为不能直接测量的潜变量。在结构模型中，箭头发出的变量为自变量，箭头所指的变量为因变量。潜变量通过观测变量来测量，构成测量模型；在测量模型中，箭头发出的变量为潜变量，箭头所指的变量为测量潜变量的观测变量。

(二)假设检验和路径分析

模型运行所得结果见表 18－2,工作时间长短与工作满意度呈负相关(r = －0.072,P =0.059 <0.1),假设 H1 得到验证;工作时间收入与工作满意度不具有显著相关性(r =0.033,P =0.416 >0.1),假设 H2 被证伪;工作时间刚性与工作满意度不具有显著相关性(r = －0.012,P =0.801 >0.1),假设 H3 被证伪;工作时间体验与工作满意度呈正相关(r =0.534,P <0.001),假设 H4 得到验证;工作时间长短与工作时间体验不具有显著相关性(r = －0.010,P =0.835 >0.1),假设 H5－1 被证伪;在 H4 得到验证的基础上,工作时间收入和工作时间刚性均与工作时间体验显著相关(r 值分别为0.179 和－0.34,P 值均小于0.001),假设 H5－2、H5－3 得到验证。

SEM 实证分析表明,工作时间作用于工作满意度的内在机制为:工作时间长短和工作时间体验对工作满意度产生直接影响;工作时间收入和工作时间刚性通过工作时间体验对工作满意度产生间接影响。具体而言,工作时间每缩短一个单位,工作满意度提升0.072 个单位;工作时间体验每改善一个单位,工作满意度提升0.534 个单位;工作时间收入每提高一个单位,工作时间体验改善0.179 个单位,从而促进工作满意度提升0.095 个单位;工作时间刚性每增加一个单位,工作时间体验恶化0.342 个单位,从而导致工作满意度下降0.183 个单位。

对理论假设的检验和路径模型的分析发现:支持了“工作时间长短与工作满意度具有相关性”的研究结论,同时,二者间的路径系数和显著性系数(r = －0.072,P =0.059)又表明,工作时间长短即工作时间的自然属性对工作满意度的影响较弱;路径模型系数表明,工作时间对工作满意度的影响主要通过工作时间的社会属性实现,即工作时间作为“资源、秩序与意义”的社会属性作用的结果;实证结果证伪了“工作时间收入与工作满意度呈正相关”“工作时间刚性与工作满意度呈负相关”这两个似乎是常识的命题,而发现了“工作时间体验”这一中介变量的存在,指出工作时间收入和工作时间刚性并非直接作用于工作满意度,而是在工作时间体验的完全中介作用下间接作用于工作满意度。上述发现揭示了工作时间收入和工作时间刚性影响工作满意度的具体路径,使既有结论更加准确。

“工作时间收入与工作满意度呈正相关”“工作时间刚性与工作满意度呈负相关”“工作时间长短受工作时间体验的调节对工作满意度产生影响”三个假设均来自既有理论和相关研究,为何却被证伪?本研究认为,由于工作时间收入和工作时间刚性尚未形成客观评判标准,所以不同劳动者会根据自己的认知、需求、比较对象等形成个体化的评判标准,即受到个体主观体验的调节。学界对劳动者的客观经济地位与主观福利评判不一致的现象多有讨论,存在“同质性参照群体”“向上流动期望”等解释。上述解释实质上内含了不同主体采用的差异化的评价标准。尽管对工作时间收入和工作时间刚性尚未形成一致的社会认知,但既有的普遍性价值取向(如富有与贫穷、自由与约束等)使得二者最终与工作满意度产生关联,并在数据中表现出相关性。如果劳动者没有形成某种价值认同(如“富裕好,贫穷不好”),则工作时间收入对工作满意度不存在影响。由此解释了工作时间收入与工作满意度不存在直接关系,而必须通过劳动者对时间意义的体验产生影响。同理,工作时间刚性与工作满意度亦然。上述解释也因假设 H5 -2、H5 -3 被证实而得到佐证。相反,钟表对时间长短的准确度量、劳动法规定的八小时工作制、各用工单位对上下班时间的明确规定等,使全社会对工作时间长短的评价存在相对客观的评判标准,因而较少受到个体主观体验的调节。

表 18 -2　路径模型的计算结果(标准值)

路径	总效应	直接效应	间接效应
工作满意度←工作时间长短	-0.077 +	-0.072 +	-0.005
工作满意度←工作时间收入	0.128	0.033	0.095 **
工作满意度←工作时间刚性	-0.194	-0.012	-0.183 ***
工作满意度←工作时间体验	0.534 ***	0.534 ***	-
工作时间体验←工作时间长短	-0.010	-0.010	-
工作时间体验←工作时间收入	0.179 **	0.179 **	-
工作时间体验←工作时间刚性	-0.342 ***	-0.342 ***	-

注:+P<0.10,*P<0.05,**P<0.01,***P<0.001。

(三)测量模型及系数分析

由于工作时间刚性和工作时间体验是难以直接测量的潜变量,因而需要通过多个观测变量进行测量,由此构成测量模型。测量模型的系数又为改善劳动者的工作满意度提供了具体的行动路径。

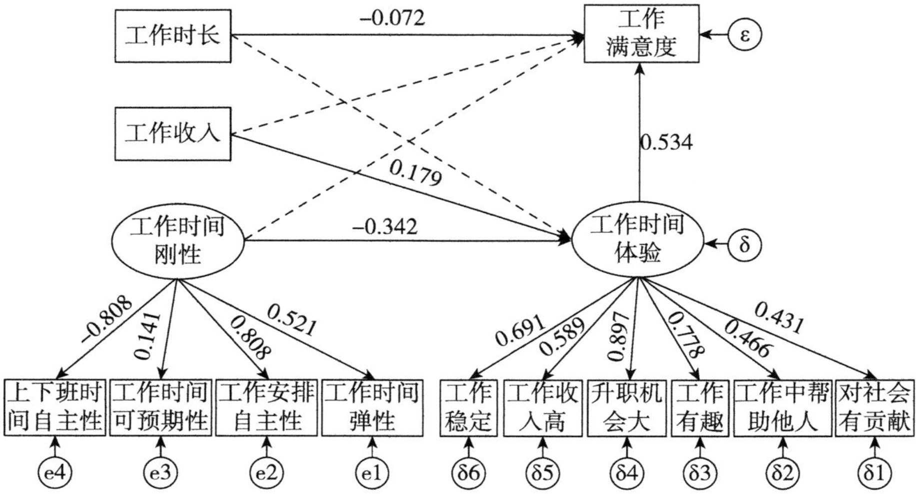

图 18-2 工作时间与工作满意度的结构方程模型①

工作时间刚性的测量模型显示,工作时间的可预期性越高($r = 0.141$,$P < 0.001$)、工作安排的自主性越高($r = 0.808$,$P < 0.001$)、工作时间弹性越强($r = 0.521$,$P < 0.001$),工作时间刚性越小②。值得注意的是,劳动者上下班时间的自主性越高,劳动者感受到的工作时间刚性反而越强($r = -0.808$,$P < 0.001$)。这一发现与孟续铎等"没有固定上下班时间,完全看工作需要由本人安排的企业员工更容易超时工作从而导致身心问题"的研究结论一致。在实际生活中,护士、收费员等职业类型的劳动者的上下班时间几乎没

① 实线代表关系成立,虚线代表关系不成立。

② 根据对工作时间刚性测量"时间制约性越强,赋值越小"的赋值逻辑,测量变量的 r 系数为正,表明该变量降低工作时间刚性;r 系数为负,则增强工作时间刚性。

有自主性，但一旦脱离工作时间，则能够较好地摆脱工作压力；而如科研工作者、企业经营者等职业类型的劳动者尽管上下班时间具有较高自主性，但往往工作时间与私人时间界限模糊，工作性质、竞争压力等使劳动者在非工作时间难以实现"心理脱离"，由此会感受到较强的时间压力。因此，有必要从提高工作时间的可预期性、增加工作时段内的时间弹性、赋予劳动者一定的工作安排自主性空间、适当设置"工作信号盲区"等，避免工作时间过度刚性化和如影随形的时间压力导致人的异化和身心问题。

工作时间体验的测量模型显示，影响工作时间体验的因素从高到低为"是否觉得工作有趣"($r=0.778$，$P<0.001$)、"是否觉得工作稳定"($r=0.691$，$P<0.001$)、"是否觉得升职机会大"($r=0.897$，$P<0.001$)、"是否觉得工作收入高"($r=0.589$，$P<0.001$)、"是否觉得能帮助他人"($r=0.466$，$P<0.001$)、"是否觉得对社会有贡献"($r=0.431$，$P<0.001$)。测量系数表明，首先，相较于提高工资，增加工作的趣味性更能改善劳动者的工作体验；其次，工作的稳定性对劳动者的心理感受影响较大，相较于临时工、散工、兼职等用工制度，稳定可预期的工作能产生更积极的情绪体验；再次，主观工作收入每提高一个单位，工作体验提升0.589个单位的结论，与路径模型中客观的工作收入通过工作体验对工作满意度产生影响的结论不谋而合，表明工作时间作为资源的回报率并不存在客观标准，而取决于劳动者个体化的评价标准；最后，劳动者充分意识到工作对他人、对社会的价值能有效改善劳动者的工作时间体验。

五、发现与讨论

(一)发现

通过上述结构方程模型的验算，发现对于劳动者而言，工作时间社会属性的影响力远远胜过工作时间的自然属性。工作时间对工作满意度的影响主要是通过其社会属性，即以"资源、秩序、意义"特性而对工作满意度产生影响，而工作时间的自然属性，即工作时间的长短对工作满意度的影响则比较小。并且，即便是作为“资源、秩序”的工作时间，最终也受到劳动者体验到的“意义”的调节而作用于工作满意度。工作时间体验到的“意义”对工作满意度既产生直接影响，又对工作时间收入和工作时间刚性，即作为“资源、秩序”的时间产生完全中介效应，成为工作时间作用于工作满意度最具影响力的维度。同时，工作时间价值取向的测量模型显示我国劳动者似乎呈现由“以工作为生”向“以工作为乐”过渡的特征。

本研究表明，精确的时间只是钟表、手机、计算机等工具和资本家、组织、国家等象征主体的时间；对于有血有肉的活生生的劳动者而言，对时间的体验少了精准，却多了意义。上述发现揭示了社会发展与个人幸福在时间上的矛盾：社会发展强调时间的数量①，而个人幸福却基于时间的意义。由此，相关的社会政策需要调整：不仅聚焦于工作时间的长短，更要着眼于工作时间内的活动及劳动者对活动意义的体验。转型期工作时间“延长还是缩短”的议题或许可以转化为“如何改善工作时间内劳动者的工作体验”。

（二）讨论

对工作时间内活动意义的认知，本质上源于社会文化的建构。劳动者对社会价值的内化实质上指向生命时间内填充哪些活动、实现什么目标。时间作为一种自然之物本无质与量的冲突，时间的冲突实则是文化价值的冲突，如传统文化中“日复一日、年复一年”“子又有孙，孙又有子，子子孙孙无穷匮也”的循环时间观衍生出的家庭宗族观念与“时间一去不复返”“一寸光阴一寸金”“浪费时间等于谋财害命”的线性时间观下发展出的个体主义间的冲突，在工作时间与工作满意度的关系中则表现为工作 - 家庭、生命意义等的冲突。

科塞夫妇指出，人的行动总是受到他的时间观的影响，时间观是一个社会中各种价值观的整合部分。转型期的中国处于传统性、现代性和后现代

---

① 社会发展关注的时间数量主要是指剩余劳动时间的数量，而获得剩余劳动时间的方法有直接延长劳动时间和通过提高劳动效率间接延长劳动时间两种。但无论是哪种，本质上都是为了增加劳动时间的数量。

性并存的阶段,不仅不同劳动者间存在多元时间价值取向,同一个劳动者也会感受到多种时间价值的冲突。因此,要避免社会转型过程中出现的社会失序,实现时间价值取向的整合尤为重要。将个人的发展与社会发展、时代需要相结合,从“幸福是奋斗出来的”到“奋斗是幸福的”。

本研究有待进一步追问时间价值取向的多维度如何穷尽,其影响力如何,又如何形塑个体行动和主观评价。诚如迪尔凯姆所强调的,“时间是集体意识的产物”。在社会持续分化和价值取向多元化的阶段,进一步丰富对时间体验的构成和认知,深化对时间体验的研究,有利于实现社会发展与个人幸福的统一,回应现代社会的时间悖论。

第十九章　户籍制度及其时空转换意蕴

户籍制度因其内含人口管理、公民身份、社会保障、公共福利、劳动就业、地区经济、服务理念和能力等内容，关系到个人、地区和国家的发展，因而成为社会转型期人们关注的焦点。近年来户籍改革制度密集出台：《国务院办公厅关于积极稳妥推进户籍管理制度改革的通知》（2012 年）、《中共中央关于全面深化改革若干重大问题的决定》（2013 年）、《国务院关于进一步推进户籍制度改革的意见》（2014 年）、《居住证暂行条例》（2015 年）、《推动 1 亿非户籍人口在城市落户方案》（2016 年）。我国户籍制度改革的过程成为国内外学者研究中国社会发展轨迹和社会结构变迁的一面棱镜。本章基于时空社会学视角，认为我国的户籍制度实质上是作为一种结构化的时空转换机制嵌套于时空结构。

户籍制度改革政策频繁出台，对户籍制度的认知和评价也一直处于争议中。本章基于时空社会学视角，认为户籍制度实质上是作为一种结构化的时空转换机制嵌套在时空结构之中，在社会整体性机械连接向零散性有机连接的时空转换背景下，户籍制度通过改革实现了由城乡整体静态维持到社区空间动态竞争的转型，并促进了时空结构的转换。

一、户籍制度的争论与时空分析视角

（一）户籍制度改革的学术争论

产生于计划经济时期的户籍制度，在社会转型过程中必然面临改革。

然而,学者们立足不同视角对户籍制度改革却一直有不同的主张和认知。

从户籍制度改革方向来说,主要有三种主张:“统一论”“取消论”和“剥离论”①(湛中乐,2009;涂一荣、鲍梦若,2016)。“剥离论”(彭希哲、赵德余、郭秀云,2009;李涛、任远,2011;冯奎、钟笃粮,2013;丁波,2016)认为,户籍制度嵌套了各种社会福利制度,导致户籍制度改革艰难,甚至衍生出不少不公平、不正义方面的问题,这类学者主张卸载与户籍本身无关的各种功能。有学者从社会治理视角出发(熊万胜,2015)指出,户籍制度随着改革的深入,不仅没有剥离原有户籍制度上所附着的种种福利,甚至还强化了户籍与公共服务之间的关系,建构了更为复杂的空间秩序。王克强等(2014)就实证了东部城市户籍存在“堤坝效应”。

另外,还存在权力视野下的身份 - 政治叙事模式和生存 - 经济模式之争。湛中乐(2009)认为,真正争论的不是一个价值问题,而是一个事实预测和判断问题,即政府是否有能力控制迅速放开所造成严重的社会后果。黄仁宗(2003)强调了价值取向对户籍制度改革的关键作用,提出户籍制度的价值取向应由“实现城镇化”重新界定为“人的迁徙自由”。万川(2012)从法学角度辨析了“平等、自由、秩序、效率”对于当代户籍制度改革的适用性,提出应“以秩序、效率为户籍立法的价值取向”。而与其对立的则是以公民身份为基础的福利资格和社会公正的主张(郁建兴、楼苏萍,2008)。

从对户籍制度改革的评价来说,学者们以工具理性和价值理性为分析框架对户籍制度改革进行了评价,得出户籍制度改革是“工具理性对价值理性的遮蔽”(涂一荣、鲍梦若,2016;杨菊花,2017)和“工具理性向价值理性的回归”(郭秀云,2016)截然相反的观点。彭希哲(2013)认为,新型户籍制度改革中提出的积分权益制依据“权利与义务对等”的原则,通过强调积分获得相应权益而弱化了户籍的含金量,有助于引导外来人口就业、为农村转移人口提高自身人力成本提供了外在动力,有助于实现公共服务的供需平衡。

① “统一论”者认为户籍带来的不平等问题是城乡二元户口造成的,取消了农业户口与非农业户口是户籍问题的解决之道;“取消论”要求从根本上取消户籍制度,认为户籍制度对社会和国家来说是多余的、无益的;“剥离论”(也有学者称为“脱钩论”)认为,现行户籍制度存在的问题是户籍承载了许多不该承载的负担,它必须卸载与户籍本身无关的各种功能。

而吴开亚、张力(2010)从发展主义政府的视角认为,地方政府普遍设置面向精英群体的城市落户政策,各城市落户障碍只表现为程度上的差距,并没有质的不同。不同于对改革成效的争论,另一部分学者强调财政分权(夏纪军,2004;王清,2015;高翔,2015)、制度关联性(盛广耀,2017)、利益攸关者博弈(张国胜、陈瑛,2015;李春会,2016;王瑜,2017)、城市层级结构和融资能力(蔡昉、都阳,2003)、人口红利与刘易斯转折点(蔡昉,2010)等因素对户籍制度改革产生的影响。

立足不同层面的研究视角,得出的研究结论相互矛盾甚至截然相反,这表明需要一个具有"统一学科"①的视角和方法,对极具"中国特色"的户籍制度形成历史的、动态的、通识性的认知。时空因有基础性,而有通用性,为实现这一目标提供了可能。

(二)户籍制度的时空分析视角

时间、空间对于社会发展的重要性日益被人们拓展以后,沃勒斯坦等人强调了建构一种时空理论的重要性,指出"如果我们把时间和空间的概念看成世界借以影响和解释社会现实的社会变量,我们就面临着发展一种方法论的必要性,从这种方法论出发,我们可以把这些社会结构置于分析的前台,而与此同时又不把它们当作一些任意的现象来对待或利用"。安东尼·吉登斯在批判社会分析仅将时间和空间看作行动的环境,而不将其视为具有建构作用的变量时提出,"社会系统的时空构成恰恰是社会理论的核心",时空的基础性日渐被揭示。既有的时空社会学涉及哲学、经济学、管理学、地理学、历史学、语言学、文学、规划学等,时空分析视角已经突破了传统的学科界限。景天魁等指出,"显然,如果我们想选一组概念,选一个学科,作为社会科学统一的基础,那么,最适合的、最现成的就是时空社会学","如果我们希望找到自然科学与社会科学的结合点,找到自然科学、社会科学、人

① 沃勒斯坦等人在号召"重建社会科学"时,提出要解决的一大堆问题就是"如何消除19世纪出现的政治、经济和社会(文化或社会文化)这三者假象的自律领域"之间的人为分离。……我们有必要直接地面对并解决这些彼此分离的领域的存在问题,或更准确地说,我们必须充分地把这个问题重新开放出来"。

文科学实现融通的‘统一科学’的基础，那么，时空社会学是可以优先选择的学科之一”（景天魁等，2012：14）。

时空分析涉及时间、空间和社会。时间可以是自然时间，如日历；也可以是社会时间，如节日。空间可以是自然空间，如房间；也可以是社会空间，如地位。时空，既作为一种结构性力量存在，又被人类行为建构。正如农业社会中农作物在土地上的生长有自然周期，农民围绕着农作物生长的自然周期安排生产生活娱乐，在这个过程中赋予不同空间、不同时间以意义，形成一套完整的农业文明，形成相对固定的农业社会时空结构。王南湜（2009）认为，社会的时间和空间是指“通过社会运动并在社会运动中而取得现实性的时间和空间”。所有时间的概念和空间的概念都是社会区分出来的，是集体表现和社会制度（景天魁等，2012：79）。社会时空结构就是指“处于一定人类时间阶段上的社会构造物，而从这种角度理解的社会就如同一个内置了‘空间部分’（spatial parts）和‘时间单元’（temporal units）的联合等级”时空视角下的户籍制度，嵌套于历史脉络的演进中，是产生于某一时空的具体组合。时空的基础性使得时空分析视角下的户籍制度的演化展现出偶然性与必然性相结合的特点；同时，时空视角在具体分析中具有的认知深度与广度的自由调节特征，为户籍制度的研究提供了一个可广角、可聚焦的认知工具。

二、机械的时空结构通过户籍制度得以反映

秩序的建构需要社会控制。营造一种什么样的“人工维持的秩序”始终是一个重要问题。早在1840年中国的传统农业时空结构就已经遭遇现代性的强行入侵，之后若干年的战火纷飞环境并未给中国现代性全面迅速生长提供有利条件。直到20世纪中叶，中国社会结构仍然具有非常典型的农业社会“机械团结”特征：个体间具有大体一致的生活方式、心理情感和道德准则等，个体受群体意志支配。在“机械团结”的社会结构现实和执政者受马克思“整体型社会聚合体”思想的影响下，土地革命、“文化大革命”等群众性

的规训、动员和运动得以反复进行，这些运动以及相关推出的包括户籍制度在内的各项制度的现实效果就是强化了时空结构的整体性。户籍制度及其配套的城市劳动就业制度、城市偏向的社会保障制度、基本消费品供应的票证制度和排他性的城市福利体制等，大多是出于稳定新政权、恢复社会秩序、建设整体型社会而作为“总体性支配”①方式的具体工具而产生的。

陆学艺(2002)指出，恢复社会秩序的选择可以是多样的，但决策者选择“户口”作为核心路径，与中国历史上政权更迭都非常重视户口管理的历史传统有关。显然，户籍制度的演进绵延于历史脉络中，同时，户籍制度的具体内容又嵌套于某一时刻的具体时空组合。从国际时空格局来看，新中国成立初期我国处于帝国主义的敌视、封锁和包围之中，为解决国家安全问题我国实施了“一边倒”战略。在冷战格局中，苏联对中国友好，并承诺对中国经济给予资金和技术援助，在这样的背景下，新中国站到了以苏联为首的社会主义阵营，接受具有重工业传统的苏联的援助，开始了我国的重工业发展历程。从国内时空来说，资本主义国家通过第一次工业革命开启了现代化历程时，中国还处于落后的封建时期。之后列强用洋枪大炮打开中国的大门，中国沦为半殖民地社会。近一个世纪的殖民统治使得“落后就要挨打”的观念深入人心。既有的时空体验启示新中国发展重工业的重要性，而重工业的发展需要工农业间的剪刀差提供积累。由此，在整体性机械连接的时空结构和具体的国内外时空组合下，户籍制度以城乡静态维持为方向推进。

新中国的户籍制度，在中央层面最早可追溯至1951年公安部发布的《城市户口管理暂行条例》，此条例尊重行动者的自由，采取说服劝阻的执行方式，基本上是单纯的信息反映机制，并不包含控制人口流动的规范意图，在当时起到了恢复城市公共秩序和经济建设的作用。然而，内忧外患的中国急于建成社会主义工业国家，促使户籍制度渐渐趋向于对人进行分类控制，通过户籍限制农村人口流动、确保城市人口基本生活必需品和社会福利

① “总体性支配”主要是指中国改革开放前社会结构的一个基本特征，即国家几乎垄断着全部重要资源，这种资源不仅包括物质财富，也包括人们生存和发展的机会及信息资源。

的供给（蔡昉、都阳、王美艳，2001；孟兆敏，2008；蔡昉，2010）。在第一个五年计划期间相继出台了《中共中央关于粮食统购统销的决议》《国务院关于建立经常户口登记制度的指示》《市镇粮食定量供应暂行办法》《关于城乡划分标准的规定》等政策。1958 年 1 月，全国人大常委会通过《中华人民共和国户口登记条例》，第一次明确将城乡居民区分为“农业户口”和“非农业户口”两种不同户籍，并且附带着就业、住房、医疗等方面的政策（吴航，2000；李若建，2001），确立了以“严格限制”为基本精神的“农”与“非农”二元格局。户籍制度的出台在新中国成立初期对恢复社会秩序起到了显著作用，增强了新政权和户籍制度的合法性，并进一步强化了整体性机械连接的时空结构。首先，在既有的合法性基础上，新政权通过“农”与“非农”的区分建立了社会整合的身份制度，身份群体之间流动十分困难；其次，户籍制度依据身份采取统一化的、集中的政策干预资源的配置，由此导致社会群体间具有了很强的一致性特征，强化了巨型的社会聚合体。在文化传统和整体性机械连接的时空结构中产生的户籍制度在内忧外患的时空组合下导向城乡静态维持的制度内容，最终以限制人口流动、二分身份制度、计划资源配置等为具体内容，又进一步强化了整体性机械连接的时空结构。

三、动态时空结构要求户籍制度配合经济发展

费正清指出，急于求成是很多新兴政权常犯的错误之一。在容易出现整体性政治运动、整体性社会结构和执政初期的时空组合下，中国出现了“大跃进”、人民公社和“上山下乡”等一系列政治运动。政治运动、自然灾害、冷战格局等导致中国新的政权面临着时空结构上的重重矛盾，寻求时空变革成为结构性要求。在经历持续大规模的政治运动后的 20 世纪 80 年代早期，中国最终选择了渐进主义改革目标，而不是彻底改造既定的社会结构和秩序。通过思想上的“拨乱反正”，确立了以经济建设为中心，而且结构层面认定，经济发展是解决社会矛盾的关键。

当“发展是硬道理”被确定为总的指导思想以后，中国政府根据当时的

具体时空组合作出了改革开放的道路选择。从国际时空格局来看,20 世纪 50 年代以后特别是 70 年代以后,中国恢复联合国席位、中美关系正常化、中日建交、法国总统访华、国际上要求和平的呼声越来越高,和平与发展成为时代主题。与此同时,日本和亚洲四小龙的崛起也让中国重新审视自己。1978 年前后党和国家领导人频繁出访,中国社会的整体落后被主要领导人深刻地认知,改革开放的必要性和紧迫感被前所未有地提上议事日程;从国内时空格局来看,1976 年 10 月"四人帮"倒台,党的十一届三中全会纠正"文化大革命"及其以前的"左"倾错误,并确立了以邓小平为核心的党的第二代领导集体,为实行改革开放奠定了权力基础。在"以经济建设为中心"的主旋律和"黑猫白猫抓到老鼠就是好猫"的指引下,中央的改革"一改通过总体性支配来实现工业化积累或通过群众动员来克服该体制之缺陷的思路,而是通过调动、激发基层民众的活力来塑造新型的社会主义政治经济体制"。以承包制为计划经济改革的突破口,开启了中国社会的双轨制,城乡二元结构凸显。深圳、珠海、汕头、厦门、海南等多地被确定为经济特区,凭借各种优惠政策,经济特区成为时空转换的排头兵,并产生"牵一发而动全身"的效应,成千上万的农民离土离乡成为世界产业链上的工人。在这样的时空组合下,产生于计划经济时期的户籍制度,在宏观时空结构转换过程中开始了痛苦而愉悦的改革。

为满足市场经济对生产要素自由流动的需要,户籍制度开始松动。陆益龙(2002)指出,改革开放初期的"农转非"指标实质上进一步强化了户口的价值意识,使人们将城镇规模与户口价值相连,强化了城市户口等级意识,户口成为地方政府的控制砝码和可利用的符号资源。1984 年 10 月,国务院颁布《关于农民进入集镇落户问题的通知》,规定农民可以自理口粮进集镇落户,并同集镇居民一样享有同等权利,履行同等义务。于是,城市户口在改革开放引入市场经济机制后,逐渐以货币形式显示出来。各城市相继出现了直接定价买卖户籍入户、买房入户、投资入户、蓝印户口等五花八门现象,户口价值外显。并且,各城市开始了利用户口促进商品房销售、吸引海内外投资、增加地方财政收入等行为,户籍成为促进经济发展的重要工具。

经济发展的确使政府放松了对户籍制度的管控，但是，现实中“城”“乡”二元身份的区分却并没有改变，户籍制度依旧将农村劳动力排除在城市公共服务和城市社会较高标准的社会保障体系之外。户籍制度依据劳动力的户口在就业、住房、医疗等诸多方面提供的差别化公共服务和社会福利，违反了市场经济公平竞争原则。以经济发展为导向的户籍制度实现了“效率”却忽视了“公平”。

四、当代时空结构零散性突出，挑战社区治理能力

李强（2008）指出，倡导个体自由竞争的市场配置取代计划经济的整体性配置，导致个体利益的碎片化，整体型社会结构解体。中国社会的双重转型加速了现代化进程，而现代化本身就是一个分化过程。分化一方面带来效率的提高；另一方面带来社会的失序，形塑什么样的国内新秩序成为摆在执政者面前的新问题。与此同时，作为后发现代化的国家，中国发展面临的环境不是西方的“时空延伸”①，而是“时空压缩”②，如何实现国际时空格局的有利转换也是时空结构中面临的机遇与挑战。而实现国内外时空结构转换的具体路径则依托于具体的时空组合。

从国际时空结构来看，改革开放以来，中国经济以“开放速度最快、开放领域最广、开放政策最激进”的态势迅速融入国际分工体系，中国一方面凭借人口红利、制度红利、文化传统等因素在加入 WTO 后一跃成为“世界工厂”，“改变了经济全球化的整体面貌”；另一方面在资本主义世界体系中频频遭遇贸易保护主义、政治经济“围堵”等。金碚（2015）对目前全球化进行分析后认为，现阶段经济全球化的地缘格局表现为霸权渐弱的新均势，经济全球化的地缘格局已经发生变化并面临着新的秩序选择，“中国在经济全球

① 吉登斯“时空延伸”概念内含了资源和环境承受能力的无限性、市场和需求的无限性假设。欧美等国通过对世界其他国家的殖民，得以在时空延伸的结构下迅速发展。

② 对当今中国的发展而言，资源和环境承受能力、市场和需求这些无限性都变成了有限性和硬约束。中国的发展面临的环境是世界范围内资本主义世界政治、经济、文化体系已经建立的受到限制的时空环境。

化1.0时代国运衰落,在经济全球化2.0时代寻求复兴,必将在经济全球化3.0时代占据重要国际地位,发挥影响全球的大国作用”。贺雪峰(2014)认为,中国要跻身发达国家行列,核心就是通过产业结构调整在国际分工中上升到比较优越的产业位置上去。强化优势以实现“时空压缩”向“时空延伸”的国际格局转换成为国家和特大城市的一致选择。从国内时空结构来看,市场转型导致财政的分税制改革,“项目治国”与行政发包制、“晋升锦标赛”到“政治淘汰赛”①,一方面中央政府试图通过财政支出均等化的原则对地区间的差异通过再分配进行平衡,并通过转移支付体现自己的意图,另一方面也在实际上强化了地方竞争和地区差异。地方发展型政府与城市化浪潮的组合开启了地方政府的“土地财政”模式,“抓住经济发展的主动权”②成为地方政府的行动逻辑。渠敬东、周飞舟、应星(2009)指出,“这种以地方竞争模式为基本形式、以土地开发和城市建设为中心的发展战略实际上存在极大的风险……‘经营城市、经营土地’的发展模式使得政府的公共服务职能得不到发展,社会保障滞后,贫富差距迅速拉大”。为解决新一轮以市场、土地和城市化为核心的经济增长带来的诸多社会矛盾,中央政府开启了经营型政府向以公共服务为本的治理型政府的转变。而社会治理和“社区制”的结合使得公共服务供给的责任落到地方政府身上,强化了地方政府的主体意识。在国际环境机遇与挑战并存、国内社会发展持续分化的时空组合下,新一轮户籍制度也导向以社区为公共服务提供平台的动态有机竞争。

新一轮户籍制度改革中,取消了两类差异:一类是城市居民与农村居民间的差异,规定“取消农业户口与非农业户口性质区分和由此衍生的蓝印户口等户口类型,统一登记为居民户口”;另一类是城市中本地居民与外来人

① 渠敬东等人(2013)认为,在社会管理向社会治理转型的过程中,不仅保留了“政治锦标赛”的性质,还全面强化了问责制,政府官员在一系列指标上的失职都可能导致职位不保。这种问责制的运作更像是政治淘汰赛。

② “抓住经济发展的主动权”就是地方政府所决定的工作重心必须满足这样的条件:这种工作重心之实施,既能有效地推动地区经济增长,又能不放弃对地区经济的领导权和控制权。因此,当中央政府推行市场化改革、地方政府开始进入市场化环境之时,地方政府为了继续“抓住经济发展的主动权”,需要控制土地要素的供给权和定价权,相应地,其经营方式也需要转向把所辖区域当作一家企业来经营。

口的差异，出台居住证制度，规定持有居住证的非本地户籍人口也能享受6项服务和7项便利。此外，户籍制度在取消城市内部城乡差异的同时，又在不同等级城市之间设置了“门槛”，积分制兴起。并且，新的户籍政策强调“认真落实优先解决存量的要求，重点解决进城时间长、就业能力强、可以适应城镇产业转型升级和市场竞争环境的人员落户问题。不断提高高校毕业生、技术工人、职业院校毕业生、留学回国人员等常住人口的城镇落户率”。新一轮户籍制度改革作为一种时空调节的机制，是市场化、城市化和全球化共同作用的产物。通过取消农村人与城市人、本地人与外地人间的差异，弱化了城市内部差异，满足了城市内部市场经济对人口、原料、资本等生产要素自由流动的需要，社会福利均等化形成公平的市场竞争环境。居住证制度和积分制是社会治理理念的落实，寓管理于服务，实现户籍制度从“控制管理”到“服务管理”的转变，实现了户籍制度由“出身决定命运”的静态模式向“权利与义务对等”的动态模式转变。在后单位制时代，社会服务最终落实到社区，居住证上附着的福利正好成为缺乏制度化管理的社区居委会的手段。同时，户籍政策在不同城市、不同人群之间设置不同准入门槛，强化了城市间的差异，为高度发达城市迅速整合内部各要素，迅速实现产业结构升级，提升国际竞争力赢得了宝贵的时间和空间，同时也促使各地方政府作为利益主体在市场中“八仙过海、各显神通”，整体性机械连接的时空结构完成向零散性有机连接的转换。

五、结束语

时空社会学视角下的户籍制度，嵌套于时空结构之中，作为一种结构化的时空调节机制而存在，是特定时空结构中特定时空组合下具有必然性与偶然性相结合特点的时空现象。具体来说，新中国成立以来，在整体性机械连接的时空结构和内忧外患的时空组合下，为恢复社会秩序、建设社会主义工业国家，在受传统文化的影响下，户籍制度应运而生并致力于城乡静态维持，进一步强化了整体性机械连接的时空结构。在整体性社会结构背景下，大规模时空形塑运动得以可能,然而急于求成的时空运动导致时空结构中矛盾重重。在当时和平与发展成为时代主题、改革开放成为战略选择的具体时空情景下,以“严格限制”为基本精神的户籍制度松动并导向经济发展,促进时空结构由整体性机械连接向零散性有机连接转换。改革开放引发的时空转换,带来经济的迅速腾飞和社会利益的分化,中国面临着社会秩序重构和国际格局转换的机遇与挑战。在分税制、地方发展型政府、社会治理、社区制、第三次全球化等时空组合下,新一轮户籍制度改革形塑了社区空间有机竞争的社会生态,进一步强化了零散性有机连接的时空结构。

发现与结语

本课题从2015年获得国家社科基金重点支持至今一晃数年时间，日月如梭的感觉日益浓厚。课题主题设置为“居住空间结构化与人口城镇化路径及策略研究”。众所周知，20世纪80年代中国改革开放以来，“人口城镇化”“居住空间结构化”一直是中华大地发生的两次特别重大的变迁。

一、发现

（一）居住空间结构化

20世纪末以来，中国城市“居住空间结构化”表现出的景象至少有两大层面。其一，城市结构化体系。即不同城市根据其自身发展的历史、文化、自然条件、现实禀赋以及国家政策等要素，组成了一个庞大的以北上广深为核心的，以省中心城市为“支撑”，以县城为“支脚”，以农村集镇为“触角”的，所谓的“一二三四五”线城市体系。这种独特的城市体系已经产生出自动的利益输送机制，最为突出的、目前也最难治理的就是因为居住空间结构化产生的价值利益吸取与输送机制，北上广深等一线城市因为其中心地位等非居民的个人性原因，房价从20世纪末每平方米几百元迅速飙升至目前的上10万元1平方米，而三四五线城市的房价增长速度却很缓慢。不同城市之间因为住房价格非同步非均衡增长，使得一二线城市对其他的三四五线城市尤其是农村，形成了巨大的“虹吸效应”。无论从何种层面分析，这样的城市结构化体系内含了巨大的不公正性。其二，城市内部不同区域之间形成的居住空间结构化体系。住房改革以后各城市政府在相应的城市内部积极打造诸如教育、医疗、交通、商业、康乐、养老、绿色等不同的中心,各城市围绕这些中心的一个或多个积极打造不同品质的住房小区。于是城市内部就形成了因为居住空间而有的阶层化、结构化体系。住房市场化策略在极大提升城市住房存量、提升住房效率与居民住房财富的同时,使得即便是同一个城市也可能因内部地域不同而居住空间价值大相径庭。其直接导致的结果就是一方面城市内部即期的利益输送机制逐步形成;另一方面涉及"人的再生产机制"变更,或者说形成了所谓的特定居住空间的"社会再生产",即城市内部因为不一样的居住空间附带有很不相同的教育资源、健康资源等公共资源,资源禀赋的不同往往决定人的社会再生产机制。鉴于上述产生的重大议题及其意蕴,课题负责人在过去的10多年内作了较多的持续不断的研究,已经发表了比较多的论文,也出版了专著。

(二)人口城镇化路径及策略

进入21世纪,中国人口城镇化驶入了"快车道",到2020年中国城市人口已经突破60%,在今后20年时间内,人口城镇化还将一直是中国社会变迁的重要主题。过去的40多年,中国城镇化战略推进过程中已经发生了许多重大变迁。

一是新型城镇化理论转向。新型城镇化理论转向到城乡协调发展,以及重生态与人文宜居环境;从一元城市论走向多元城市论,由结构二元、空间区位到全域理论、去极化理论,从政府主导、整体规划到市场导向、主体多元推进;由"生产性发展"理念向"生活性幸福"理念转向;新型城镇化理念确立为"多元、复合、容纳";目标上坚持"以人为本,促进人的发展与幸福";新型城镇化机制采取"市场主导、政府规划与监督、社会参与、成果分享、责任追究";发展道路则选择"全域、去极化、城乡统筹,多梯度复合型"。

二是户口已经由过去城乡宏观层面的"二元"格局过渡到目前城市内部制度操作层面的"零散"分布。户籍制度通过改革实现了由城乡整体静态维持到社区空间动态竞争的转型,变动着城市社区的时空结构。通俗地说,户籍制度已经由过去的城乡二元格局过渡到目前城市内部的零散状态,零散状态的性质主要以城市内部居住小区的诸如优质教育、健康等公共资源的配置为基准。因此，户口的价值极大地降低，而隶属于居住小区的住房产权的价值，随着居住小区的地位变迁，则发生相应变化。

三是城乡劳动者在工作中体验到的意义以及奋斗程度高度影响其幸福感。劳动者在工作时间内体验到的意义既对劳动者工作满意度产生直接影响，又对工作时间带来的收入多少和工作时间所具有的刚性程度产生完全中介效应。奋斗意志力、奋斗效能感、奋斗 - 获得公平感三大心理特质因素对生活幸福感都有显著正向影响。而且，社会底层的城市劳动力，其生活幸福感更多地与奋斗 - 获得公平感强相关。

四是农村基层干部日常工作态度、与村民的关系往往在一定程度上决定着国家政策在农村能否顺利落地。本研究以河南省某村庄焚烧秸秆为例，探究乡村社会秩序逻辑。如果基层干部在日常工作中更多以百姓为中心，为他们服务，国家推行的众多政策哪怕是临时权衡，甚至一些对百姓眼下不太有利的政策，百姓们也会支持。反之，哪怕是政府推行的一些惠及百姓的政策，百姓也不会积极响应。研究发现一些地方干部存在平时不亲民现象，如河南省某村庄的农民就积极灵活地运用其地方经验，抵制国家规定要执行的秸秆焚烧政策。

五是脱贫攻坚与乡村振兴战略叠加可以加速农村居民就地城镇化效率，不过核心是要能够吸引适度数量的农村青年返乡创业。以农户、村庄、乡镇、县域为层级的四级产业立体网络平台一旦建设成功，就可以提升农村产业的可持续性与盈利空间，更为重要的是让农村回乡青年有了宽广的职业发展空间，进而优化农村青年就地城镇化质量。

六是中央与省级政府需要给县级政府以发展集镇更大自主权，激励县级政府对每个乡镇以特色发展。集镇具有空间与人员集聚上的优势，集镇的发展需要嵌入农村发展与城市发展扩散的序列。费孝通曾经特别强调了集镇在城镇化战略中的重要地位，集镇也一直是中国学界的研究热点。由于全国集镇的多样性以及时空特征的复杂性，各地集镇发展实际上遵循着各自不同的路径，目前学界将纷繁复杂的集镇空间变化归纳为四种模式，即自上而下的规划模式、自下而上的生长模式、外部驱动型城镇化模式以及能人模式。集镇居民在职业、收入、阶层感受以及满意度上特性明显。

七是青年农民失去土地后,他们的人际关系会产生压力,有效利用这种压力可以加速人口城镇化速度。失地青年因为居住空间的变动经历着原有生活群体、职场与家庭代际三重人际关系变迁,这会给他们带来新的人际关系压力;失地事件、个体发展需求以及个体认知差异是失地青年人际压力感变动的基本原因;将压力转变为失地青年融入城市的动力,可以更有效地提升人口城镇化。

八是安置型社区居民身上存在明显的文化"堕距"现象,引进社会工作服务可以有效提升安置区居民的就业能力。安置型社区的失地农民就业会经过脱嵌、嵌入与分化三个阶段,总体上呈现弱势状态下的分化现象。要破解这一难题,安置社区可以通过政府购买服务,引进社会工作机构,实施失地农民的就业促进计划,提升失地农民的文化素质、职业技能,促进思维方式转变;弥合快速城镇化过程中社区居民所面临的文化堕距;增强其对社会变迁的适应能力,进而也能创新社区社会工作方法,提升社区社会工作水平。

九是城市对流动人口的排斥主要体现在制度层面,至于城市居民与流动人口之间的排斥与接纳则以社区为界:社区以内呈现较大的排斥性;如果超越社区边界,则呈现较多的友好与包容。制度上的排斥造成农业转移人口无法接受和城市居民同等质量的教育、分享大体一致的公共资源,于是人为的排斥会滋生且日趋严重。

十是目前真正阻碍流动人口融入城市的要素主要缘于市场体系的分割,流动人口融入城市的行为选择具有分裂特征。他们的一些行为青睐城市,另一些行为则排斥城市。更应该从结构整合性、行为选择性、城市归宿感、现代性、制度保障流动人口权益的程度以及流动人口对城市生活与工作的适应性等多方面来评价城镇化指标。

十一是住房产权状态显著影响农业转移人口的社区政治参与。居民个人的身份、对他人的信任、宽广的网络资源与有公信力的制度也会极大地影响居民的社区参与行为。以房权维护和社区政治参与为导向的社区房权政治,正逐步取代二元户籍分割体制下的户籍身份政治。当前有关农业转移人口的社区治理正逐渐由属地化原则向居住地原则转变，如 2020 年的新冠肺炎疫情防控，政府要警惕新型城镇化过程中形成住房产权壁垒。

十二是农业转移人口融入城市的程度在持续推进，推进的结果是他们发生了多样化分化。农业转移人口进入城市以后，从统计学意义上说，其就业能力、职业声望相对偏低；在城市获得有产权住房所占的比例不足 5%，政府推出的住房以及住房的市场态势明显不利于农村转移人口；而从社会网络规模看，农业转移人口随着其在城市生活工作的时间延长，融入城市的程度的确在增加；农业转移人口已经认为户口没有什么价值了；居住在城市内部不同的社区有很不相同的公共资源，居住空间的重要性已经远远大于户口的重要性。

十三是枢纽型社会工作站的有效运行可以解决当下城市老旧社区治理的诸多难题。在创新社区治理实践中，社会工作凭借自上而下的政府购买服务项目和专业性、社会性、无涉性等内在属性，探索出枢纽型社会工作治理模式，成为城市老旧社区多元主体协同共治的发起者和组织者。枢纽型社会工作治理模式中，社会工作者在为社区居民提供一线服务的同时，引进外部服务主体和孵化内部服务主体，同时还致力于提升行政主体、外引主体和内生主体的服务能力，通过促进多元治理格局的形成实现服务型治理和城市老旧社区治理困境的破解。

十四是邻里之间的交往正在日益减少，且城市化程度越高的社区邻里之间的冷漠关系越明显。数据显示，居住空间所属社区越靠近农村，邻里之间的社会交往越频繁，社区的城市特征越明显，居民邻里之间的交往越稀疏，这为城市社区建设设置了障碍。

二、思考

（一）如何有限度地提升农村就地城镇化水平

以此为背景一系列的问题需要思考与进一步研究：

（1）村民原子化利益的表达方式如何纳入现代国家的新秩序？

(2)普通村民“有怨恨无抗争”所具有的社会风险系数如何?

(3)因为底层群众的不配合,规划好的乡村秩序最终会走向何方?

(4)农民利用农村自然空间,按照时间的自然属性,种植、培育农产品,获得健康生态价值基础上的农产品,使用什么机制可以获得超额价值?“绿水青山就是金山银山”如何才会真正落地?

(5)农户、村、镇、县网络立体平台建设问题,需要政府支持与投入才能奏效。建设成功后,农村青年会自动返乡创业,并一定会成功吗?

(6)就地城镇化与人口流动都具有重大意义,如何才能做好平衡与安排?

(7)国家政策对农村的改造如何能够既张扬现代性,又能够使农村传统性得到真实尊重?

(二)如何提升集镇人口城镇化质量

(1)集镇的发展如何与农村稳定脱贫、乡村振兴战略紧密联系,进而承担起重要角色?

(2)集镇如何围绕“休闲旅游、商贸物流、现代制造、科技教育、传统文化、美丽宜居”等主题展开?

(三)失地农民被安置在相应城市社区以后,其适应、融入与发展问题,如何有效完成

(1)新型城镇化背景下人际关系的内涵与本质问题如何?

(2)失地农民的人际关系会由原初的乡土人情走向进入城市后的“陌生冷淡”,如何避免这种尴尬局面?

(3)流动人口进入城市以后的人际关系会发生何种变动?如何控制环境变动后人际关系产生的压力处于适度水准?

(4)我国社会工作目前仍然处于弱势发展阶段,如何让社会工作帮助失地农民就业处境中的弱势,进而促进安置区居民的人口城镇化?

(5)社会工作项目如何设置才能切实促进失地农民的就业与就业质量,帮助安置区的居民实现城市化生活的全方位转型?

（四）城市化的深层问题：城市之间的关系问题，城市原居民与流动人口之间的关系、接纳、共同发展等方面的问题

（1）增长与发展是现代城市的基本特性，城市对居民的接纳与排斥如何做才能符合城市的发展特征？

（2）城市社会存在的社会达尔文主义式的信条应该在多大程度上执行或者拒绝？

（3）针对目前各大城市住房价格的畸形格局，如何通过住房产权引导农业转移人口有序融入城市、融入社区？

（4）城乡之间曾经的二元格局已经逐步演变为以居住空间为基准的多样化的、原子化的碎片性空间，在这样的空间格局态势下，如何培养共同体意识？

（5）在城市碎片化环境下，个人的心理慰藉到哪里去寻找，进而提升个人的生命意义？

（6）农业转移人口融入城市后面临的现代性困境如何克服，制度与个人需要做什么样的准备与调整？

（7）城市之间结构重组，一些城市的地位正在变得越来越突出，另一些城市则退化甚至边缘化。如何克服与调整由此带来的巨大不公正现象？

（8）因为不同的选择行为与城市体验促使人口流动及流动人口结构重组。如何让重组既满足流动者个人的需求与利益，也契合国家的重大战略？

（9）如何才能保持城市空间的结构化变动与流动人口的结构性变动一直有较好的弹性？

（10）城市的物理环境层面需要怎样的设计，才可以帮助社区居民有更多的交往？这将成为城市社区建设的中心话题。

（11）提升社区治理水平，需要社会工作加盟，但是如何才能有效提升社会工作机构自身水平呢？

（五）深层次理论问题

（1）针对碎片化的社会格局，如何提升一体化水平，进而构建有效率的社会秩序？

(2)中国新型城镇化理论的中国特色如何提炼?

(3)中国一二三四五线城市体系如何构建,才能既有效率又能够达到人们满意的公正性?

(4)幸福感与工作时间需要如何定义与再定义,才能契合现代城市的现代性?

(5)社区治理的归属问题如何有更多的合法性?

三、建议

(一)居住空间向有利于"房子是用来住的、不是用来炒的"方向演变

就城市居民居住空间因存在结构化趋势,提出如下建议。

1. 设置商品房、保障房两类住房制度,只允许商品房上市流通,绝对禁止保障房入市与升值

商品房可以在市场上买卖交易,可以升值;保障房只能租用,不能升值,不能转换为商品房。就两类住房的房源而言,一是现房转换与定性。将各城市现有的所有租住型的住房都纳入保障房类别,将居民购买获得的住房定性为可以交易的商品房。二是设定新增房比例。设置各城市新增住房中两类住房的比例,原则上一线城市要求保障房占新增房的比例不低于70%,商品房不高于30%;三四线城市保障房的比例可适当降低,但也不能低于30%,商品房的比例可以适当提高,最高不能超过70%,当然具体比例还可以通过动态大数据做更加精准的测算。三是鼓励城市政府购买本城市居民手中的二手房,然后将其转化为保障房,杜绝将回购房重新流入商品房市场,杜绝将保障房房源转变为商品房房源。

2. 建立商品房、保障房健康运行长效机制

通过两类住房的区隔设置,实现党的十九大报告指出的"房子是用来住的、不是用来炒的"设想。将炒房行为设定在一个不多于30%城市居民的"小众"范围;将土地供应方向和人口流动方向匹配起来。以城乡一体化战

略眼光，打破城乡土地界线，研究农村的集体建设用地进入城市商品房、保障房建设用地的政策与路径，增加大城市的土地供应量。房地产企业需要提高住房建设质量与品质，不仅要把房子盖好，还要满足老百姓的幸福生活的需求。让保障房与商品房除了产权性质不同，面积受限以外，包括教育、医疗、工作等在内的各方面，与商品房没有任何差异。

3. 明确保障房管理主体及管理技术

城市保障房管理主体必须是政府住房管理部门，具体日常管理可以区县为基层管理单位，人口较多的区县，以街道为管理责任主体。采用现代网络智能技术、大数据集成，自动跟踪技术收集保障房承租人的相关信息。保障房承租者需要将自己及其家庭成员的有关职业、收入、人口、生活花费等方面的数据及其变化上报保障房管理信息系统，方便保障房管理信息系统研判，随着智能技术的提升与普及，保障房信息系统也可以自动跟踪保障房承租户的信息变化，以评判并建议承租户后期的延租或搬离。保障房相关管理主体与手段，需要有立法保障。

（二）流动人口城镇化向"促进城乡发展，居民生活幸福，社会和谐有序"方向发展

1. 乡村人口就地城镇化路径

（1）构建良好的乡村自然与人文环境，优化乡村干群关系，利益输送向乡村社会倾斜，激励村民努力奋斗的动力，提升村民就地城镇化热情。

（2）提升自然空间、自然时间的价值，努力转变"绿水青山就是金山银山"价值的度量，并实现操作化。给守卫或改善"绿水青山"的村民以国家补贴。

（3）构建"农户、村、镇、县"网络立体平台，鼓励回乡青年回乡创业。

（4）农村人口的就地城镇化既要引进城市的现代先进要素，同时必须挖掘并保留农村的传统。

2. 集镇人口城镇化路径

（1）充分发挥集镇的中介与缓冲作用，让集镇成为城市带动农村，农村支持城市，最终让集镇周边村民向集镇集中居住的态势。积极发展就近、就地城镇化。

(2)以县为责任主体,积极打造集镇特色,围绕“休闲旅游、商贸物流、现代制造、科技教育、传统文化、美丽宜居”等主题开发农村各集镇的特色优势。

3. 失地农民安置区人口城镇化路径

(1)让安置区失地农民家庭中有劳动能力的人口实现全面就业,以获得持续城镇化的基础平台。

(2)重视并积极安排安置区农民的教育、职业培训、生活方式、人际关系促进等方面的项目,全面提升失地农民的素质。

(3)在失地农民安置区持续引进社会工作项目,以帮助设定的各类项目顺利而有效地推进。

4. 人口城镇化路径的深度发展

(1)城市发展持续保持开放与流动,严禁歧视与排斥。

(2)城市出台的各类政策需要积极考量与平衡资本、居民、空间、时间之间的关系。

(3)积极推进社区营造,让社区空间满足社区居民多样性要求,构建具有人文精神的公共空间,推进社区居民的共同体建设,提升满意度与使命感。

(4)研究并设置相应机制,让居民个人的心理慰藉容易获得归属,个人容易体验到生命的价值与意义。

(5)贯通政府、市场、社会之间的壁垒,如市场政策的出台需要积极考量政府与社会的效应;政府行政与公共政策的出台则要协调市场、社会等领域。杜绝前期医疗市场化改革、教育市场化改革中出现的悖论。

(6)梳理并平衡城市空间的公正性。研究针对仅仅因为住房价格上涨而让房主个人获得超额利润的机制,出台相关税收政策,让因空间而衍生出的巨额利益输送给国家,降低空间不公正的程度。

(7)改进城市住房的设计,让居住空间具有更好的人际交往性。

(8)购买社会工作服务,提升社区治理水平,实现社区治理的“社会化、法治化、智能化、专业化”这“四化”目标。

参考文献

中文著作

1. 王梓材. 世本 · 作篇[M]. 北京:北京图书馆出版社,2007.

2. 阿克塞尔 · 霍耐特. 为承认而斗争[M]. 胡继华,译. 上海:上海人民出版社,2005.

3. 马克斯 · 韦伯. 经济与社会[M]. 阎克文,译. 上海:上海人民出版社,2010.

4. 恰亚诺夫. 农民经济组织[M]. 萧正洪,译. 北京:中央编译出版社,1996.

5. W. L. 托马斯,F. 兹纳涅茨基. 身处欧美的波兰农民[M]. 张友云,译. 南京:译林出版社,2000.

6. 保罗 · 诺克斯,琳达 · 麦克卡西. 城市化[M]. 顾朝林,汤培源,杨兴柱,等,译. 北京:科学出版社,2011.

7. 查尔斯 · 蒂利. 社会运动,1768—2004[M]. 胡位钧,译. 上海:上海人民出版社,2009.

8. 赫茨勒. 世界人口的危机[M]. 何新,译. 北京:商务印书馆,1963.

9. 黄宗智. 华北的小农经济与社会变迁[M]. 北京:中华书局,2000.

10. 加布里埃尔 · A. 阿尔蒙德,G. 宾厄姆 · 鲍威尔. 比较政治学:体系、过程和政策[M]. 曹沛霖,郑世平,公婷,陈峰,译. 上海:上海译文出版社,1987.

11. 科尔曼. 社会理论的基础(上)[M]. 邓方,译. 北京:社会科学文献出版社,1990.

12. 威廉 · 奥格本. 社会变迁:关于文化和先天的本质[M]. 杭州:浙江人民出版社,1997.

13. C. E. 布莱克. 现代化的动力:一个比较史的研究[M]. 段小光,译. 成都:四川人民出版社,1988.

14. PervinL A. 人格科学[M]. 上海:华东师范大学出版社,2001.

15. 阿尔弗雷德 · 韦伯. 工业区位论[M]. 北京:商务印书馆,1997.

16. 埃米尔·涂尔干. 社会分工论[M]. 北京:三联书店,2000.

17. 爱德华·W. 苏贾. 后现代地理学:重申批判社会学理论的空间[M]. 北京:商务印书馆,2004.

18. 安东尼·吉登斯. 社会的构成[M]. 李康,李猛,译. 北京:三联书店,1998.

19. 安东尼·吉登斯. 现代性的后果[M]. 南京:译林出版社,2000.

20. 边燕杰,卢汉龙. 改革与社会经济不平等:上海市民地位观[M]. 北京:三联书店,2002.

21. 伯纳德·巴伯. 信任:信任的逻辑和局限[M]. 福州:福建人民出版社,1989.

22. 查尔斯·H. 扎斯特罗,卡伦·K. 科斯特-阿什曼. 人类行为与社会环境[M]. 师海玲,孙岳,等,译. 北京:中国人民大学出版社,2006.

23. 常铁威. 新社区论[M]. 北京:中国社会出版社,2005.

24. 陈立旭. 都市文化与都市精神:中外城市文化比较[M]. 南京:东南大学出版社,2002.

25. 陈鹏. 社区政体的二重维度:从"维权"到"自治"的转型[M]//郭于华,沈原,陈鹏. 居住的政治:当代都市的业主维权和社区建设. 桂林:广西师范大学出版社,2014.

26. 陈平. 雕梁画栋:古代居住文化[M]. 南京:江苏古籍出版社,2002.

27. 陈文玲. 村庄的记忆、舆论与秩序[M]. 北京:北京大学出版社,2017.

28. 戴维·波普诺. 社会学[M]. 北京:中国人民大学出版社,2003.

29. 迪尔凯姆. 自杀论[M]. 冯韵文,译. 北京:商务印书馆,1996.

30. 杜能. 孤立国同农业和国民经济的关系[M]. 北京:商务印书馆,1993.

31. 杜鹰,白南生. 走出乡村:中国农村劳动力流动实证研究[M]. 北京:经济科学出版社,1997.

32. 方明,王颖. 观察社会的视角:社区新论[M]. 北京:知识出版社,1991.

33. 费孝通. 论小城镇建设[M]. 北京:群言出版社,2000.

34. 费孝通. 乡土中国:生育制度[M]. 北京:北京大学出版社,1998.

35. 费孝通. 乡土中国[M]. 上海:上海人民出版社,2013.

36. 费孝通. 中国城镇化道路[M]. 呼和浩特:内蒙古人民出版社,2010.

37. 高珮义. 中外城市化比较研究[M]. 天津:南开大学出版社,2004.

38. 郭于华,沈原,陈鹏. 居住的政治:当代都市的业主维权和社区建设[M]. 桂林:广西师范大学出版社,2014.

39. 哈尔特穆特·罗萨. 加速:现代社会中时间结构的改变[M]. 北京:北京大学出版

社,2015.

40. 哈萨德. 时间社会学[M]. 北京:北京师范大学出版社,2009.

41. 贺雪峰. 新乡土中国[M]. 北京:北京大学出版社,2013.

42. 赫尔嘉·诺沃特尼,等. 时间:现代与后现代经验[M]. 北京:北京师范大学出版社,2011.

43. 亨廷顿·塞缪尔,乔治·多明格斯. 政治发展[M]//格林斯坦,波尔斯比. 政治学手册精选. 北京:商务印书馆,1996.

44. 胡焕庸,张善余. 世界人口地理[M]. 上海:华东师范大学出版社,1982.

45. 黄平. 寻求生存:当代中国农村外出人口的社会学研究[M]. 昆明:云南人民出版社,1997.

46. 黄晓星. 社区过程与治理困境:南苑的草根自治与转变[M]. 北京:社会科学文献出版社,2016.

47. 吉登斯,安东尼. 现代性与自我认同:晚期现代中的自我与社会[M]. 赵旭东,方文,译. 北京:三联书店,1998.

48. 金碚. 大国筋骨:中国工业化 65 年历程与思考[M]. 广州:广东经济出版社,2015.

49. 金耀基. 从传统到现代[M]. 北京:法律出版社,2010.

50. 景天魁. 时空社会学:理论和方法[M]. 北京:北京师范大学出版社,2012.

51. 李斌. 分化的住房政策:一项对住房改革的评估性研究[M]. 北京:社会科学文献出版社,2009.

52. 李斌. 福利型新农合政策研究[M]. 北京:经济日报出版社,2015.

53. 李斌. 共有的住房习俗[M]. 北京:光明日报出版社,2007.

54. 李斌. 中国城市居住空间阶层化研究[M]. 北京:光明日报出版社,2013.

55. 李斌. 住房利益分化与社会分层机制变迁[M]. 长沙:中南大学出版社,2004.

56. 李骏. 住房产权与政治参与[M]. 上海:上海社会科学院出版社,2013.

57. 李培林,张翼,赵延东. 就业与制度变迁:两个特殊群体的求职过程[M]. 杭州:浙江人民出版社,2000.

58. 李培林,等. 当前中国城市化及其影响[M]. 北京:社会科学文献出版社,2013.

59. 李强. 城市化进程中的重大社会问题及其对策研究[M]. 北京:经济科学出版社,2009.

60. 李强. 农民工与中国社会分层[M]. 北京:社会科学文献出版社,2012.

61. 李强,等. 多元城镇化与中国发展战略及推进模式研究[M]. 北京:社会科学文献出版社,2013.

62. 列宁. 列宁全集:第3卷[M]. 北京:人民出版社,1959.

63. 林语堂. 中国人[M]. 上海:学林出版社,1994.

64. 刘安. 淮南子 · 原道训[M]. 北京:中华书局,2012.

65. 刘德寰. 年龄论:社会空间中的社会时间[M]. 北京:中华工商联合出版社,2007.

66. 刘梦,等. 小组工作[M]. 北京:高等教育出版社,2007.

67. 刘沛林. 古村落:和谐的人聚空间[M]. 上海:上海三联书店,1997.

68. 刘晓鹰,等. 中国西部欠发达地区城镇化道路及小城镇发展研究[M]. 北京:民族出版社,2008.

69. 刘易斯,韦加特. 社会时间的结构和意义[M]//约翰 · 哈萨德. 时间社会学. 北京:北京师范大学出版社,2009.

70. 刘易斯 · 科塞,罗斯 · 科塞. 时间观与社会结构[M]//约翰 · 哈萨德. 时间社会学. 北京:北京师范大学出版社,2009.

71. 陆学艺. 中国农村现代化基本问题[M]. 北京:中共中央党校出版社,2004.

72. 吕不韦. 吕氏春秋[M]. 南昌:江西人民出版社,2010.

73. 马克思,恩格斯. 马克思恩格斯全集[M]. 中共中央马克思恩格斯列宁斯大林著作编译局,译. 北京:人民出版社,1971.

74. 马林诺夫斯基. 文化论[M]. 费孝通,译. 北京:华夏出版社,2008.

75. 曼纽尔 · 卡斯特. 认同的力量[M]. 北京:社会科学文献出版社,2003.

76. 明恩溥. 中国人的气质[M]. 上海:上海三联书店,2007.

77. 农村绿皮书. 中国农村经济形势分析与预测(2018—2019)[M]. 北京:社会科学文献出版社,2019.

78. 潘培坤,凌岩主. 城镇化探索[M]. 上海:同济大学出版社,2012.

79. 潘泽泉. 行动中的社区建设:转型和发展[M]. 北京:中国人民大学出版社,2014.

80. 潘泽泉. 社会、主体性与秩序:农民工研究的空间转向[M]. 北京:社会科学文献出版社,2007.

81. 庞树奇,范明林. 普通社会学理论(第3版)[M]. 上海:上海大学出版社,2000.

82. 渠敬东. 生活世界中的关系强度:农村外来人口的生活轨迹[M]//柯兰君,李汉林. 都市里的村民:中国大城市的流动人口. 北京:中央编译出版社,2001.

83. 瞿同祖. 清代地方政府[M]. 范忠信,等,译. 北京:法律出版社,2003.

84. 桑德斯. 社区论[M]. 台北:黎明文化事业公司,1982.

85. 沈原. 市场、阶级与社会:转型社会学的关键议题[M]. 北京:社会科学文献出版社,2007.

86. 施坚雅. 中国农村的市场和社会结构[M]. 北京:中国社会科学出版社,1998.

87. 史柏年. 城市边缘人:进城农民工家庭及其子女问题研究[M]. 北京:社会科学文献出版社,2005.

88. 苏黛瑞. 在中国城市中争取公民权[M]. 杭州:浙江人民出版社,2009.

89. 孙立平. 断裂:20 世纪 90 年代以来的中国社会[M]. 北京:社会科学文献出版社,2003.

90. 索罗金,默顿. 社会时间:一种方法论的和功能的分析[M]//约翰·哈萨德. 时间社会学. 北京:北京师范大学出版社,2009.

91. 谭琳. 建设社会主义新农村与性别平等[M]. 北京:中国妇女出版社,2007.

92. 托克维尔. 论美国的民主[M]. 北京:商务印书馆,1988.

93. 托马斯·海贝勒,君特·舒耕德. 从群众到公民:中国的政治参与[M]. 张文红,译. 北京:中央编译出版社,2009.

94. 王春光,孙晖. 中国城市化之路[M]. 昆明:云南人民出版社,1997.

95. 王铭铭. 社会人类学与中国研究[M]. 北京:三联书店,1997.

96. 王宁. 消费社会学:一个分析的视角[M]. 北京:社会科学文献出版社,2001.

97. 王思斌. 社会工作概论[M]. 北京:高等教育出版社,2006.

98. 威廉·奥格本. 社会变迁:关于文化和先天的本质[M]. 杭州:浙江人民出版社. 1997.

99. 克里斯塔勒. 德国南部中心地[M]. 北京:商务印书馆,2000.

100. 沃勒斯坦,等. 开放社会学科[M]. 北京:三联书店,1997.

101. 乌尔拉尼斯:世界各国人口手册[M]. 成都:四川人民出版社,1982.

102. 吴晓林. 房权政治:中国城市社区的业主维权[M]. 北京:中央编译出版社,2016.

103. 吴振兴. 城镇化案例[M]. 上海:同济大学出版社,2012.

104. 西蒙·库兹涅茨. 各国的经济增长[M]. 常勋,译. 北京:商务印书馆,2005.

105. 谢文惠,邓卫. 城市经济学[M]. 北京:清华大学出版社,1996.

106. 新玉言. 新型城镇化:理论发展与前景透析[M]. 北京:国家行政学院出版社,2013.

107. 徐扬波,巢耀明. 特色农业型小城镇产业发展模式初探[C]//新常态:传承与变革:2015 中国城市规划年会论文集,2015.

108. 徐永祥. 社区发展论[M]. 上海:华东理工大学出版社,2000.

109. 徐志耀. 农村小城镇发展动力机制研究[M]. 北京:经济科学出版社,2015.

110. 许经勇. 中国农村经济改革研究[M]. 北京:中国金融出版社,2001.

111. 闫云翔. 中国社会的个体化[M]. 上海:上海译文出版社,2012.

112. 袁中金. 中国小城镇发展战略[M]. 南京:东南大学出版社,2007.

113. 泽鲁巴维尔. 私人时间与公共时间[M]//约翰 · 哈萨德. 时间社会学. 北京:北京师范大学出版社,2009.

114. 詹姆斯 · C. 斯科特. 国家的视角:那些试图改善人类状况的项目是如何失败的[M]. 王晓毅,译. 北京:社会科学文献出版社,2004.

115. 张静. 身份:公民权利的社会配置与认同[M]. 上海:上海人民出版社,2006.

116. 张军,周黎安. 为增长而竞争:中国增长的政治经济学[M]. 上海:上海人民出版社,2008.

117. 中国城市经济学会中小城市经济发展委员会. 中小城市绿皮书:中国中小城市发展报告:新型城镇化:中小城市的路径选择与成功实践[M]. 北京:社会科学文献出版社,2013.

118. 中国发展研究基金会. 中国发展报告 2010:促进人的发展的中国新型城市化战略[R]. 北京:人民出版社,2010.

119. 钟敬文. 民俗学概论[M]. 上海:上海文艺出版社,1998.

120. 周晓虹,等. 中国体验:全球化、社会转型与中国人社会心态的嬗变[M]. 北京:社会科学文献出版社,2017.

121. 周雪光. 国家与生活机遇:中国城市中的再分配与分层 1949—1994[M]. 北京:中国人民大学出版社,2015.

122. 提姆 · 梅伊,詹森 · L. 鲍威尔. 社会理论的定位[M]. 姚伟,王璐雅,等,译. 北京:中国人民大学出版社,2013.

123. 新玉言. 新型城镇化:模式分析与实践路径[M]. 北京:国家行政学院出版社,2013.

中文期刊

1. 黄宗智. 小农户与大商业资本的不平等交易:中国现代农业的特色[J]. 开放时代,2012(3):88 - 99.

2. 安培培. 劳动就业政策对我国人口城镇化障碍性影响研究[J]. 经济问题,2011(10):77－78.

3. 安树伟,肖金成. 区域发展新空间的逻辑演进[J]. 改革,2016(8):45－53.

4. 白南生,李靖,陈晨. 子女外出务工、转移收入与农村老人农业劳动供给——基于安徽省劳动力输出集中地三个村的研究[J]. 中国农村经济,2007(10):46－52.

5. 柏骏. 农民身份——一个社会学研究的视角[J]. 唯实,2003(12):90－93.

6. 包蕾萍. 生命历程理论的时间观探析[J]. 社会学研究,2005(4):120－133.

7. 边燕杰,张文宏,程诚. 求职过程的社会网络模型:检验关系效应假设[J]. 社会,2012,32(3):24－37.

8. 边燕杰. 城市居民社会资本的来源及作用:网络观点与调查发现[J]. 中国社会科学,2004(3):136－146＋208.

9. 才国伟,刘剑雄. 归因、自主权与工作满意度[J]. 管理世界,2013(1):133－142.

10. 蔡超,夏睿智,韩峰,等. 皖北农村人居生态环境建设现状调查与特征分析[J]. 中国人口·资源与环境,2018(增刊):86－89.

11. 蔡禾,曹志刚. 农民工的城市认同及其影响因素——来自珠三角的实证分析[J]. 中山大学学报(社会科学版),2009,49(1):148－158.

12. 曹海军,薛喆. "三社联动"机制下政府向社会力量购买服务的三个阶段分析[J]. 中国行政管理,2018(8):41－46.

13. 曹海军. "三社联动"的社区治理与服务创新——基于治理结构与运行机制的探索[J]. 行政论坛,2017(2).

14. 曹海军. "三社联动"视野下的社区公共服务供给侧改革——基于S市项目制和岗位制的案例比较分析[J]. 理论探索,2017(5):23－29.

15. 曹现强,姜楠. 基本公共服务与城市化耦合协调度分析——以山东省为例[J]. 城市发展研究,2018,25(12):153－159.

16. 曹志刚,谭雅文. 双重权威下政府购买服务中的专业关系探析——以武汉LM社区项目小组工作为例[J]. 学习与实践,2017(10):101－111.

17. 曹子玮. 农民工的再建构社会网与网内资源流向[J]. 社会学研究,2003(3):99－110.

18. 曾家达,殷妙仲,郭红星. 社会工作在中国急剧转变时期的定位——以科学方法处理社会问题[J]. 社会学研究,2001(2):63－67.

19. 曾润喜,杨琳瑜. 新媒体环境下的虚拟社会集体行动形成逻辑[J]. 新媒体与社会,2013(4):99-110.

20. 常京凤.生命历程:“文革”对“老三届”婚姻的影响[J].中国青年研究,1996(3):9-11.

21. 常铁威.社会经济与设施建设[J].宏观经济管理,2004(2):49-52.

22. 陈柏峰.“气”与村庄生活的互动——皖北李圩村调查[J].开放时代,2007(6):121-134.

23. 陈秉公.“结构与选择”机制下的人的生命本体[J].中国社会科学,2014(3):44-63.

24. 陈锋.分利秩序与基层治理内卷化资源输入背景下的乡村治理逻辑[J].社会,2015,35(3):95-120.

25. 陈光裕,徐琴.租、住区隔:城市中的二元社区及其生成——以产权为视角的个案研究[J].学海,2014(6):75-79.

26. 陈浩,陈雪春,谢勇.城镇化进程中失地农民职业分化及其影响因素研究[J].中国人口·资源与环境,2013,23(6):72-79.

27. 陈慧荣,张煜.基层社会协同治理的技术与制度:以上海市A区城市综合治理“大联动”为例[J].公共行政评论,2015(1):100-116.

28. 陈建伟,王轶.就业安置政策增加失地农民稳定工作机会了吗——基于特大型城市的数据[J].财贸研究,2017,28(1):48-57.

29. 陈健民,丘海雄.社团、社会资本与政经发展[J].社会学研究,1999(4):66-76.

30. 陈捷,卢春龙.共通性社会资本与特定性社会资本——社会资本与中国的城市基层治理[J].社会学研究,2009,24(6):87-104+244.

31. 陈景岭.城市社区“善治中的政府责任”——基于协商民主理论[J].生态经济(中文版),2008(10):54-56.

32. 陈鹏.当代中国城市业主的法权抗争——关于业主维权活动的一个分析框架[J].社会学研究,2010,25(1):34-63+243-244.

33. 陈鹏.公民权社会学的先声——读T. H. 马歇尔《公民权与社会阶级》[J].社会学研究,2008(4):227-241.

34. 陈颀.“公益经营者”的形塑与角色困境——一项关于转型期中国农村基层政府角色的研究[J].社会学研究,2018,33(2):88-114+244.

35. 陈秋红,于法稳.美丽乡村建设研究与实践进展综述[J].学习与实践,2014(6):107-116.

36. 陈涛,杨锡聪,陈锋. 发展性社会工作的本土化理论及实践[J]. 新视野,2018(4):62-68.

37. 陈万灵. "社区参与"的微观机制研究[J]. 学术研究,2004(4):77-81.

38. 陈伟东,吴恒同. 论城市社区治理的专业化道路[J]. 华中师范大学学报(人文社会科学版),2015,54(5):21-28.

39. 陈伟东,许宝君. 社区治理责任与治理能力错位及其化解——基于对湖北12个社区的调查[J]. 华中农业大学学报(社会科学版),2016(1):101-107.

40. 陈燕. 新型城镇化助推扶贫开发基本路径研究[J]. 长春理工大学学报(社会科学版),2018,31(5):91-98.

41. 陈映芳. "农民工":制度安排与身份认同[J]. 社会学研究,2005(3).

42. 陈媛媛. 普通话能力对中国劳动者收入的影响[J]. 经济评论,2016(6).

43. 陈云松,张翼. 城镇化的不平等效应与社会融合[J]. 中国社会科学,2015(6):78-95+206-207.

44. 陈赵阳. 当代青年农民工政治参与心理研究——对福州市区青年农民工的调查与分析[J]. 青年研究,2007(4):30-33.

45. 陈志刚. 奋斗成就幸福,奋斗开拓时代——中国共产党人的奋斗幸福观[J]. 人民论坛,2018(25):30-31.

46. 程莉,周宗社. 人口城镇化与经济城镇化的协调与互动关系研究[J]. 理论月刊,2014(1):119-122.

47. 程淑平,程业炳,张德化. 农业转移人口职业化影响因素研究——基于供给侧改革的视角[J]. 新余学院学报,2017,22(1):48-51.

48. 程业炳,周彬,张德化. 新型城镇化背景下农业转移人口就业能力提升研究[J]. 探索,2014(3):152-156.

49. 程玉申,周敏. 国外有关城市社区的研究述评[J]. 社会学研究,1998(4):56-63.

50. 池上新,陈诚. 社会资本有利于城乡居民对医生的信任吗?——基于CGSS2012数据的实证研究[J]. 人文杂志,2018(1):112-121.

51. 慈鸿飞. 近代中国集镇发展的数量分析[J]. 中国社会科学,1996(2):27-39.

52. 崔裴,胡金星,周申龙. 房地产租赁市场与房地产租买选择机制——基于发达国家住房市场的实证分析[J]. 华东师范大学学报(哲学社会科学版),2014,46(1):121-127+155-156.

53. 崔岩. 流动人口心理层面的社会融入和身份认同问题研究[J]. 社会学研究,2012

(5):141 - 160.

54. 崔援民,刘金霞. 中外城市化模式比较与我国城市化道路选择[J]. 河北学刊,1999(4).

55. 单纯刚. 鼓励“蚁族”青年到二、三线城市创业、就业[J]. 中国人大,2010(23):24.

56. 邓大松,黄清峰,孟颖颖. 反思与阐释:中国城市化道路选择问题探析[J]. 理论月刊,2014(1):5 - 8.

57. 邓建伟,董藩. 生命历程理论视野中的三峡移民问题[J]. 株洲师范高等专科学校学报,2001,6(1):5 - 10.

58. 邓文,乔梦茹. 社会支持体系对失地农民再就业的影响分析——基于湖北四市的调查数据[J]. 江汉论坛,2017(9):44 - 49.

59. 邓秀华. 社会转型期农民工的政治参与渠道探析[J]. 东南学术,2013(3):42 - 49.

60. 邓雅丁. 浅析失地农民再就业过程中的政府责任[J]. 人口与经济,2009(增刊):130 - 131.

61. 丁玲华. 大众传媒在失地农民转型中的作用——基于珠三角地区的调查[J]. 江西社会科学,2016,36(2):253 - 256.

62. 丁明. 审时度势,铸就辉煌——新中国外交战略演变的历史回顾[J]. 当代中国史研究,2009(5):555 - 566.

63. 丁士军,杨晶,张科静,周晶. 征地与农户收入结构变化:对九江和襄阳农户数据的分析[J]. 华中农业大学学报(社会科学版),2015(5):1 - 8.

64. 董国强. 社会工作视角下的失地农民社会保障问题研究[J]. 社会工作(理论),2009(9):60 - 62.

65. 董海军. 依势博弈:基层社会维权行为的新解释框架[J]. 社会,2010(5):96 - 120.

66. 董海军. 作为武器的弱者身份:农民维权抗争的底层政治[J]. 社会,2008(4):34 - 58.

67. 董晓英. “积极老龄化”政策下的社区居家养老与社会支持网络——基于山西省长治市老年人居家养老的社会支持调查[J]. 吉首大学学报(社会科学版),2017,38(S2):64 - 68.

68. 杜德斌,崔裴,刘小玲. 论住宅需求、居住选址与居住分异[J]. 经济地理,1996,16

(1):82－90.

69. 杜书云,徐景霞. 内源式发展视角下失地农民可持续生计困境及破解机制研究[J]. 经济学家,2016(7):76－83.

70. 杜秀达. 小城镇建设在实现"四化"过程中的地位和作用——繁昌县小城镇调查[J]. 安徽师范大学学报(人文社科版),1984(2):13－17.

71. 段成荣,段力刚. 流动人口政治参与问题研究[J]. 国家行政学院学报,2014(5):63－69.

72. 段成荣,杨舸. 我国流动人口的流入地分布变动趋势研究[J]. 人口研究,2009(6):1－12.

73. 段羡菊. 城"肿"镇"衰"折射城镇化之困[J]. 农村·农业·农民(A版),2017(2):38－39.

74. 段莹,法念真,朱仕达. 中国不同行政层级城镇发展质量研究[J]. 小城镇建设,2018,36(11):14－21.

75. 范晓光,陈云松. 中国城乡居民的阶层地位认同偏差社会学研究[J]. 2015(4):143－168.

76. 方明智. 论"四位一体"在构建多元化的大学生创业机制中的作用[J]. 哈尔滨师范大学学报(社会科学学报),2014(3):175－180.

77. 方向新. 集镇人口特点、发展趋势及对策探析[J]. 人口学刊,1985(5):6－11.

78. 方叶林,黄震方,李经龙. 中国特色小镇的空间分布及其产业特征[J]. 自然资源学报,2019(6).

79. 费孝通. 关于乡镇发展的思考[J]. 北京大学学报(哲学社会科学版),1992(1):91－99.

80. 费孝通. 论中国小城镇的发展[J]. 中国农村经济,1996(3):3－5＋10.

81. 费孝通. 小城镇,再探索(之一)[J]. 瞭望,1984(20):16－17.

82. 冯敏良. "社区参与"的内生逻辑与现实路径——基于参与－回报理论的分析[J]. 社会科学辑刊,2014(1):57－62.

83. 冯仕政. 中国社会转型期的阶级认同与社会稳定——基于中国综合调查的实证研究[J]. 黑龙江社会科学,2011(3):127－133.

84. 符平. "嵌入性":两种取向及其分歧[J]. 社会学研究,2009(5):141－164.

85. 付诚,王一. 公民参与社区治理的现实困境及对策[J]. 社会科学战线,2014(11):207－214.

86. 高锋剑,陈有国,刘培朵,江竹,黄希庭. 心理韧性、孤独感、自我效能感预测老年人主观幸福感的优势分析[J]. 心理与行为研究,2017(2):227 - 232.

87. 高勇. 城市老旧社区重建的新途径[J]. 城市问题,2008(2):60 - 64.

88. 高原. 中国城镇居民语言能力回报率实证研究——普通话与英语能力回报率的对比分析[J]. 语言政策与语言教育,2017(1):58 - 72 + 128.

89. 戈大专,龙花楼,屠爽爽. 新型城镇化与扶贫开发研究进展与展望[J]. 经济地理,2016(4):22 - 28.

90. 顾永红,向德平,胡振光. "村改居"社区:治理困境,目标取向与对策[J]. 社会主义研究,2014(3):23 - 25.

91. 管兵. 维权行动和基层民主参与:以 B 市商品房业主为例[J]. 社会,2010,30(5):46 - 74.

92. 管彦波. 论中国民族聚落的分类[J]. 思想战线,2001,27(2):41 - 44.

93. 广新力,张日新. "能人治村"与村民自治组织治理[J]. 南方农村. 2005(6):16 - 20.

94. 桂勇,黄荣贵. 社区社会资本测量:一项基于经验数据的研究[J]. 社会学研究,2008(3).

95. 桂勇. 邻里政治:城市基层的权力操作策略与国家 - 社会的粘连模式[J]. 社会,2007(6):102 - 126 + 208.

96. 郭斌,李杨,曹新利. 老旧小区的管理困境及其解决途径——以陕西省老旧小区为例[J]. 城市问题,2018,276(7):72 - 78.

97. 郭熙保. "三化"同步与家庭农场为主体的农业规模化经营[J]. 社会科学研究,2013(3):14 - 19.

98. 郭小东,付升华. 社会保护底线支出、城镇偏好与城乡居民收入差距[J]. 社会保障研究,2017(2):95 - 105.

99. 郭星华,杨杰丽. 城市民工群体的自愿性隔离[J]. 江苏行政学院学报,2005(1):57 - 62.

100. 郭秀云. 户籍制度分立式改革路径:利益剥离与利益扩展[J]. 改革,2016(9):79 - 87.

101. 郭于华,沈原. 居住的政治——B 市业主维权与社区建设的实证研究[J]. 开放时代,2012(2):83 - 101.

102. 郭志刚. 我国人口城镇化现状的剖析——基于 2010 年人口普查数据[J]. 社会

学研究,2014(1):10－24.

103. 韩启民. 城镇化背景下的家庭农业与乡土社会——对内蒙赤峰市农业经营形式的案例研究[J]. 社会,2015(5):122－141.

104. 何雪松,陈蓓丽. 当代西方社会工作的十大发展趋势[J]. 南京师大学报(社会科学版),2005(6):19－25.

105. 何雪松. 改革开放40年与中国社会工作的发展——“结构－行动”的视角[J]. 西北师大学报(社会科学版),2019,56(2):41－46.

106. 何耀华. 小城镇建设在中国城市化进程中的地位和作用[J]. 思想战线,1999(3):5－10.

107. 贺青,李强彬. 当前我国农民维权能力发展态势分析[J]. 理论与改革,2007(1):80－82.

108. 洪小良. 城市农民工的家庭迁移行为及影响因素研究——以北京市为例[J]. 中国人口学,2007(6):42－50+96.

109. 洪岩璧. 再分配与幸福感阶层差异的变迁(2005—2013)[J]. 社会,2017(2):106－132.

110. 侯东栋,王晓慧. 流动人口的城市融合:从疏离到结缘——基于差序格局理论的分析[J]. 西北人口,2018,39(1):51－56+64.

111. 侯静珠,魏广君. 中国城镇化快速发展期的思考[J]. 城镇化研究,2007(4):27－29.

112. 侯利文,徐永祥. 被忽略的实践智慧:迈向社会工作实践研究的新方法论[J]. 社会科学,2018(6):82－93.

113. 侯旭平. 城镇化进程中失地农民失业救助困境及其破解[J]. 湖南社会科学,2017(3):79－84.

114. 胡斌武,高丽娟,陈春霞. 失地农民职业教育补偿策略[J]. 教育发展研究,2016,36(3):21－25.

115. 胡博成,朱忆天. 从空间生产到空间共享:新中国70年城镇化发展道路的嬗变逻辑[J]. 西北农林科技大学学报(社会科学版),2019(4):28－35.

116. 胡涤非. 农村社会资本的结构及其测量——对帕特南社会资本理论的经验研究[J]. 武汉大学学报(哲学社会科学版),2011(4).

117. 胡宏伟,李冰水,曹杨,吕伟. 差异与排斥:新生代农民工社会融入的联动分析[J]. 上海行政学院学报,2011(4):79－93.

118. 胡锦涛. 在纪念党的十一届三中全会召开30周年大会上的讲话[J]. 求是,2008(24):3-16.

119. 胡荣. 中国人的政治效能感、政治参与和警察信任[J]. 社会学研究,2015(1):76-96.

120. 胡小君. 从分散治理到协同治理:社区治理多元主体及其关系构建[J]. 江汉论坛,2016(4):41-48.

121. 华农心. 中国新的政治现象——农村能人政治(下)[J]. 中国国情国力,1998(6):18-9.

122. 黄达安. 农民工融入社区的身份认同研究——以长春市D社区为例[J]. 华南农业大学学报(社会科学版),2008(4):7-14.

123. 黄芳. 农业现代化进程中农村妇女就业问题研究[J]. 农业现代化研究,2001(4):198-202.

124. 黄嘉文. 收入不平等对中国居民幸福感的影响及其机制研究[J]. 社会,2016(2):123-145.

125. 黄玖立,吴敏,包群. 经济特区、契约制度与比较优势[J]. 管理世界,2013(11):28-38.

126. 黄琴. 论政府在城市社区治理中的应然角色[J]. 理论与改革,2007(4):63-65.

127. 黄荣贵,桂勇. 集体性社会资本对社区参与的影响——基于多层次数据的分析[J]. 社会,2011,31(6):1-21.

128. 黄小虎. 土地制度改革的现状与前景[J]. 中州学刊,2016(6):33-36.

129. 黄小虎. 征地制度改革与发展方式转变[J]. 开放导报,2011(6):12-16.

130. 黄晓春,周黎安. 政府治理机制转型与社会组织发展[J]. 中国社会科学,2017(11):119-139+207-208.

131. 黄晓春. 中国社会组织成长条件的再思考——一个总体性理论视角[J]. 社会学研究,2017(1):105-128+248.

132. 黄晓星,熊慧玲. 过渡治理情境下的中国社会服务困境基于Z市社会工作服务的研究[J]. 社会,2018(4):133-159.

133. 姬生翔,姜流. 社会地位、政府角色认知与公共服务满意度——基于CGSS2013的结构方程分析[J]. 软科学,2017,31(1):1-5.

134. 籍磊,陈立泰,叶长华. 长江经济带金融集聚对城镇化影响的机制研究[J]. 预测,2019(3):70-75.

135. 贾辉. 三维资本视角下失地农民非农就业扶助机制研究——基于对北京市大兴区的调研[J]. 经济社会体制比较,2017(5):84 - 96.

136. 贾建国. 我国城乡教师差异的制度分析与教师制度的变革[J]. 教育学术月刊,2008(4):26 - 28.

137. 贾新征. 加快职业教育转型升级　助推农村青年就业创业[J]. 中国劳动,2015(10):40 - 41.

138. 江立华. 城市性与农民工的城市适应[J]. 社会科学研究,2003(5):92 - 96.

139. 姜振华. 社区参与:对社区居民与居委会互动关系的透视[J]. 中国青年政治学院学报,2007(3):114 - 120.

140. 接栋正. 从社会结构变迁看中国人口城镇化政策[J]. 浙江社会科学,2013(6):14 - 19 + 156.

141. 解新华,刘传江. 世界城市化的发展模式[J]. 世界经济,1998(4):14 - 18.

142. 金碚. 论经济全球化 3.0 时代——兼论"一带一路"的互通观念[J]. 中国工业经济,2016(1):5 - 20.

143. 金逸民,乔忠. 关于小城镇产业发展问题的思考[J]. 中国人口·资源与环境,2004,14(1):62 - 66.

144. 金英红,周云. 小城镇人口成分分析[J]. 城市问题,2003(4):53 - 55.

145. 康宇. 中国城市社区治理发展历程及现实困境[J]. 贵州社会科学,2007(2):65 - 67.

146. 孔祥智. 中国农村小城镇建设:现状、问题与对策[J]. 农业经济问题,2001(3):47 - 52.

147. 孔雪松,谢世姣,朱思阳,等. 湖北省人口 - 土地 - 产业城镇化的时空分异与动态耦合分析[J]. 经济地理,2019(4):93 - 100.

148. 匡贤明. 以贫为荣,何以脱贫?[J]. 商周刊,2012(3):84.

149. 雷咸胜. 社会资本对基本医疗保险参与的影响——基于 CGSS(2015)数据的实证分析[J]. 华中农业大学学报(社会科学版),2019(5):146 - 155 + 173 - 174.

150. 雷叙川,赵海堂. 中国公众的社会资本与政治信任——基于信任、规范和网络视角的实证分析[J]. 西南交通大学学报(社会科学版),2017,18(2):1 - 10.

151. 黎熙元,陈福平. 社区论辩:转型期中国城市社区的形态转变[J]. 社会学研究,2008(2):192 - 217 + 246.

152. 李斌,曾东霞. 城镇化进程中失地中青年"偏离性"发展研究[J]. 中国青年研究,

2017(2):5－9.

153. 李斌,段兰英.失地农民市民化过程中的身份认同[J].石家庄学院学报,2008,10(2):5－10.

154. 李斌,田志娟.是谁阻挡他们融入城市?[J].学习月刊,2010(19):17.

155. 李斌,王镱霏.走向协同型的社会治理[J].社会工作与管理,2015(1):21－26.

156. 李斌,张贵生.居住空间与公共服务差异化:城市居民公共服务获得感研究[J].理论学刊,2018(1):99－108.

157. 李斌,张贵生.农业转移人口身份认同的分化逻辑[J].社会学研究,2019,34(3):146－169＋245.

158. 李斌,张贵生.住房产权与农业转移人口社区治理参与[J].社会治理,2019(1):35－43.

159. 李斌.分化与效率:中国城市住房改革40年[J].学术前沿,2018(11):68－80.

160. 李斌.迈向"共建共治共享"的中国社区治理[J].中南大学学报(社会科学版),2018,24(6):140－146.

161. 李斌.农村居民的城市融入:基于工作状态研究的分析[J].国际社会科学杂志(中文版),2013,30(4):25－39＋5＋8－9.

162. 李斌.社会排斥理论与中国城市住房改革制度[J].社会科学研究,2002(3):106－110.

163. 李斌.效率与分化:中国城市住房改革40年回顾[J].人民论坛·学术前沿,2018(21):68－80.

164. 李斌.住房价值结构化:人口迁移的一种筛选机制[J].中国人口科学,2008(4):53－60.

165. 李秉文.甘肃省精准扶贫与新型城镇化联动机制研究[J].生产力研究,2018,314(9):15－18＋45.

166. 李春玲.当代中国社会的声望分层——职业声望与社会经济地位指数测量[J].社会学研究,2005(2):74－102.

167. 李春玲.社会阶层的身份认同[J].江苏社会科学,2004(6):108－112.

168. 李春生.中国两个城镇化率之差的内涵、演变、原因及对策[J].城市问题,2018(1):1－16＋25.

169. 李丹,裴育.城乡公共服务差距对城乡收入差距的影响研究[J].财经研究,2019(4):111－123.

170. 李飞，钟涨宝. 人力资本、社会资本与失地农民的职业获得——基于江苏省扬州市两个失地农民社区的调查[J]. 中国农村观察，2010(6)：11 – 21.

171. 李富田. 失地与失业：城市化进程中失地农民就业状况调查[J]. 江汉论坛，2009(2)：125 – 129.

172. 李国梁. 可持续生计视角下失地农民就业能力开发[J]. 开发研究，2014(1)：27 – 30.

173. 李国平，宋昌耀，孙瑀. 中国县域小城镇就业岗位对人口集聚的影响研究——基于分位数回归的实证检验[J]. 地理科学，2017(12)：1785 – 1794.

174. 李行，杨帅，温铁军. 城市社区治理的再组织化——基于对杭州市社区治理经验的分析[J]. 中共中央党校学报，2014，18(2)：83 – 87.

175. 李和中，廖澍华. 行政主导的“村改居”社区治理困境及其化解——基于深圳市宝安区S街道的个案分析[J]. 社会主义研究，2017(2)：105 – 111.

176. 李慧凤. 社区治理与社会管理体制创新——基于宁波市社区案例研究[J]. 公共管理学报，2010，7(1)：67 – 72.

177. 李晋芳，张爱国，薛龙义，等. 平陆县扶贫移民城镇化的途径及其效应研究[J]. 山西师范大学学报(自然科学版)，2014(4)：105 – 111.

178. 李景盛. “推拉”视角下小城镇人口集聚能力研究[J]. 法制与社会，2014(4)：206 – 207.

179. 李景治，熊光清. 中国城市新移民的政治排斥问题分析[J]. 文史哲，2007(4)：155 – 160.

180. 李静秋. 青年就业创业“三位一体”协同创新机制研究[J]. 人力资源管理，2015(10)：2.

181. 李军红. 基于乡村文化资源开发的产业扶贫路径探析[J]. 东岳论丛，2019(2)：107 – 114 + 192.

182. 李玲. 构建城乡一体化的教育体制机制研究[J]. 教育科学研究，2011(5)：5 – 9.

183. 李路路，石磊. 经济增长与幸福感——解析伊斯特林悖论的形成机制[J]. 社会学研究，2017(3)：95 – 120 + 244.

184. 李路路，王鹏. 转型中国的社会态度变迁(2005—2015)[J]. 中国社会科学，2018(3)：83 – 101.

185. 李路路，朱斌. 当代中国的代际流动模式及其变迁[J]. 中国社会科学，2015(5)：40 – 58 + 204.

186. 李培林. 流动民工的社会网络和社会地位[J]. 社会学研究,1996(4):42-52.

187. 李培林. 透视"城中村"——我研究"村落终结"的方法[J]. 思想战线,2004,30(1):21-26.

188. 李培林. 小城镇仍然是个大问题[J]. 甘肃社会科学,2013a(3).

189. 李培林. 中国就业面临的挑战和选择[J]. 中国人口科学,2000(5):1-8.

190. 李强,陈宇琳,刘精明. 中国城镇化"推进模式"研究[J]. 中国社会科学,2012(7):82-100+204-205.

191. 李强,陈振华,张莹. 就近城镇化与就地城镇化[J]. 广东社会科学,2015(1):186-199.

192. 李强,邓建伟,晓筝. 社会变迁与个人发展:生命历程研究的范式与方法[J]. 社会学研究,1999(6):1-18.

193. 李强,李凌. 农民工的现代性与城市适应——文化适应的视角[J]. 南开学报(哲学社会科学版),2014(3):129-139.

194. 李强. 从"整体型社会聚合体"到"碎片化"的利益群体——改革开放30年与我国社会群体特征的变化[J]. 新视野,2008(5):15-17.

195. 李强. 关于城市农民工的情绪倾向及社会冲突问题[J]. 社会学研究,1995(4):63-67.

196. 李强. 社会学与社会治理[J]. 中国民政,2015(3):9-11.

197. 李强. 当前我国城市化和流动人口的几个理论问题[J]. 江苏行政学院学报,2002(1):61-67.

198. 李强. 影响中国城乡流动人口的推力与拉力因素分析[J]. 中国社会科学,2003(1):125-136+207.

199. 李强. 中国城市化进程中的"半融入"与"不融入"[J]. 河北学刊,2011(5):106-114.

200. 李琴,孙良媛,罗凤金. 失地农民是自愿还是非自愿退出劳动力市场——基于珠江三角洲的实证研究[J]. 农业经济问题,2009,30(8):78-84+111-112.

201. 李若建. 城镇户籍价值的显化与淡化过程分析[J]. 社会科学,2001(9):53-57.

202. 李森圣,张宗益. 人口城镇化与基础设施建设协调性检验——空间效率异质性视角[J]. 山西财经大学学报,2015(3):60-69.

203. 李诗和. 失地农民再就业社会支持网络完善的社工介入研究[J]. 荆楚学刊,2018,19(3):22-30.

204. 李实,罗楚亮. 中国城乡居民收入差距的重新估计[J]. 北京大学学报(哲学社会科学版),2007(2):111-120.

205. 李威利. 党建引领的城市社区治理体系:上海经验[J]. 重庆社会科学,2017(10):34-40.

206. 李晓江,尹强,张娟,等.《中国城镇化道路、模式与政策》研究报告综述[J]. 城市规划学刊,2014(2):1-14.

207. 李雪萍,陈艾. 社区组织化:增强社区参与达致社区发展[J]. 贵州社会科学,2013(6):150-155.

208. 李迎生,杨静,徐向文. 城市老旧社区创新社区治理的探索——以北京市P街道为例[J]. 中国人民大学学报,2017,31(1):101-109.

209. 李迎生. 我国城乡二元社会格局的动态考察[J]. 中国社会科学,1993(2):113-126.

210. 李增元. 集体产权背景下的农村社区治理:困境及出路[J]. 理论与改革,2014(2):70-74.

211. 李宗华,高功敬,李伟峰. 基于Logistic模型的城市老年人社区参与影响因素分析——以济南市老年人社区参与为例[J]. 学习与实践,2010(11):101-110.

212. 理查·弗克,张敦敏. 旨在社会一体化的政策选择[J]. 国际社会科学,2000(4):143-150+7.

213. 厉以宁. 如何缩小城乡制度差距[J]. 当代财经,2012(2):5-6.

214. 厉以宁."城归"将成为新的人口红利[J]. 理论与当代,2017(2):52.

215. 梁波,王海英. 城市融入:外来农民工的市民化——对已有研究的综述[J]. 人口与发展,2010(4):73-85+91.

216. 梁栋,吴存玉. 论乡村振兴的精准推进——基于农民工返乡创业与乡村振兴的内在逻辑与机制构建[J]. 青海社会科学,2019(2):122-128.

217. 梁迎修. 我国城市社区治理法治化探析[J]. 郑州大学学报(哲学社会科学版),2014(2):64-67.

218. 廖鸿冰,廖彪. 农村空心化视阈下社会服务体系构建研究[J]. 湖南社会科学,2017(3):68-75.

219. 林江,周少君,魏万青. 城市房价、住房产权与主观幸福感[J]. 财贸经济,2012(5):114-120.

220. 林雪霏. 协商民主与老旧社区的"集体危害品"治理[J]. 国家行政学院学报,

2018(2):128－133.

221. 刘爱芳. 转型时期社会组织化方式的变迁及其对社会秩序的影响[J]. 湖南社会科学,2015(2):105－111.

222. 刘宝香. 产城融合视角下我国城市低成本住房制度研究——基于农业转移人口家庭化迁移消费效应作用渠道的分析[J]. 经济问题探索,2016(4):72－78.

223. 刘奔. 时间是人类发展的空间——社会时－空特性初探[J]. 哲学研究,1991(10):3－10.

224. 刘博轩. 三大产业对城镇化各阶段的影响研究[J]. 中国城市经济,2011(29):9－10.

225. 刘成军,孙育红. 主导产业对城镇化的促进作用探析[J]. 理论月刊,2015(3):124－127.

226. 刘承水,刘玲玲,史兵,等. 老旧小区管理的现存问题及其解决途径[J]. 城市问题,2012(9):83－85.

227. 刘凤. 以政府为主导"4050"失地农民就业培训的优化分析[J]. 企业改革与管理,2014(21):70－71.

228. 刘佳燕. 关系 · 网络 · 邻里——城市社区社会网络研究评述与展望[J]. 城市规划,2014(2):91－96.

229. 刘家强,等. 可持续生计视野下的失地农民社会保障制度研究——基于成都市的调查与思考[J]. 人口研究,2007(4):27－34.

230. 刘建娥. 从农村参与走向城市参与:农民工政治融入实证研究——基于昆明市2084份样本的问卷调查[J]. 人口与发展,2014,20(1):70－80.

231. 刘健,刘春林,刘润刚,等. 高科技企业员工弹性工作时间的绩效研究:基于工作自主性的调节中介模型[J]. 科技管理研究,2015,35(19):119－124.

232. 刘精明,李路路. 阶层化:居住空间、生活方式、社会交往与阶层认同——我国城镇社会阶层化问题的实证研究[J]. 社会学研究,2005(3):52－81＋243.

233. 刘精明. "文革"事件对入学、升学模式的影响[J]. 社会学研究,1999(6):19－36.

234. 刘林平. 交往与态度:城市居民眼中的农民工——对广州市民的问卷调查[J]. 中山大学学报(社会科学版),2008(2):183－192＋210.

235. 刘鹏. 从分类控制走向嵌入型监管:地方政府社会组织管理政策创新[J]. 中国人民大学学报,2011(5):91－99.

236. 刘盛和,王雪芹,戚伟. 中国城镇人口“镇化”发展的时空分异[J]. 地理研究,2019,38(1):85-101.

237. 刘卫平. 社会协同治理:现实困境与路径选择——基于社会资本理论视角[J]. 湘潭大学学报(哲学社会科学版),2013,37(4):20-24.

238. 刘霞. 生命历程视角下新生代农民工的返乡选择[J]. 中共青岛市委党校青岛行政学院学报,2014(2):80-85.

239. 刘彦随,刘玉,翟荣新. 中国农村空心化的地理学研究与整治实践[J]. 地理学报,2009,64(10):1193-1202.

240. 刘又萁,刘科伟,程永辉. 新时期陕西省县域城镇化发展研究[J]. 西北人口,2019(4):58-67.

241. 刘玉兰. 生命历程视角下童年期迁移经历与成年早期生活机会研究[J]. 人口研究,2013(2):93-101.

242. 刘玉照. “移民化”及其反动:在上海的农民工与台商“反移民化”倾向的比较分析[J]. 探索与争鸣,2005(7):22-25.

243. 龙花楼,戈大专. 新型城镇化对扶贫开发的影响与应对研究[J]. 中国科学院院刊,2016(3):309-319.

244. 芦恒. 后单位社会的“历史连续性”与基层社会的“优势治理”——基于东北棚户区改造后的思考[J]. 山东社会科学,2016(6):51-56.

245. 芦恒. 以内生优势化解外部风险——“社区抗逆力”与衰落单位社区重建[J]. 社会科学,2017(6):71-80.

246. 陆军. 中国城镇集群的空间演化逻辑与制度保障体系[J]. 经济社会体制比较,2010(2):21-28.

247. 陆学艺. 重新认识农民问题——十年来中国农民的变化[J]. 社会学研究,1989(6):1-14.

248. 陆益龙. 户口还起作用吗——户籍制度与社会分层和流动[J]. 中国社会科学,2008(1):149-162+207-208.

249. 路锦非. 中国城市移民二代的社会融入测量研究——理论反思与实证检验[J]. 公共管理学报,2018,15(2):82-92.

250. 罗宏翔. 中国小城镇发展的动力和阶段[J]. 青海社会科学,2002(2):36-39.

251. 罗明忠. 共青团组织推进青年创业与就业的策略思考[J]. 青年探索,2009(6):3-7.

252. 罗强强."嵌入式"发展中的"内卷化"——社会工作参与基层社会治理的个案分析[J]. 江西师范大学学报(哲学社会科学版),2018(4):49 - 56.

253. 罗士泂,赵旭东. 文化的抵抗:美丽乡村建设的遭遇及反思[J]. 河北学刊,2019(1):159 - 173.

254. 罗亚娟. 依情理抗争:农民抗争行为的乡土性——基于苏北若干村庄农民环境抗争的经验研究[J]. 南京农业大学学报(社会科学版),2013,13(2):26 - 33.

255. 罗耀平,范会勇,张进辅. 工作 - 家庭冲突的前因、后果及干预策略[J]. 心理科学进展,2007,15(6):930 - 937.

256. 吕萍. 以促进两个转化为目标推进住房制度改革[J]. 中国房地产,2015(34):53 - 56.

257. 吕维平. 失地农民住房安置模式探讨[J]. 城市问题,2007(5):57 - 60.

258. 马继迁,张宏如. 人力资本、政治资本与失地农民的工作获得[J]. 华东经济管理,2015,29(12):101 - 105.

259. 马继迁,郑宇清. 家庭禀赋如何影响就业? ——对失地农民的考察[J]. 华东经济管理,2016,30(10):116 - 122.

260. 马继迁. 劳动力市场分割对失地农民就业的影响[J]. 华东经济管理,2017,31(12):178 - 184.

261. 马静,施维克,李志民. 城市住区邻里交往衰落的社会历史根源[J]. 城市问题,2007(3):46 - 51.

262. 马亮. 人口流出让农村治理"空心化"? [J]. 社会政策研究,2017(1):150 - 152.

263. 马太建. 更好地发挥法治在社会治理中的作用[J]. 群众,2014(10):57 - 58.

264. 马涛. 基层社区治理需注入法治化动能[J]. 人民论坛,2018(13):110 - 111.

265. 马威,罗婷. 行动中的文化:乡—城移民子女文化适应的社会工作介入[J]. 青年研究,2014(3):1 - 10.

266. 马晓磊. 城市化背景下失地农民的社会保障问题研究[J]. 农村经济,2010(5):71 - 73.

267. 马志雄,张银银,丁士军. 农村征地补偿安置政策的路径与选择[J]. 农村经济,2016(12):34 - 40.

268. 马志雄,张银银,丁士军. 失地农户生计策略多样化研究[J]. 华南农业大学学报(社会科学版),2016,15(3):54 - 62.

269. 毛丹,王燕锋. J 市农民为什么不愿做市民——城郊农民的安全经济学[J]. 社会学研究,2006(6):45－73＋244.

270. 毛丹. 赋权、互动与认同:角色视角中的城郊农民市民化问题[J]. 社会学研究,2009,24(4):28－60＋243.

271. 毛小平. 住房产权、社会和谐与居民幸福感研究[J]. 统计与决策,2013(3):88－91.

272. 孟续铎,王欣. 企业员工超时工作成因与劳动时间特征[J]. 经济与管理研究,2015(12):66－74.

273. 米庆成. 进城农民工的城市归属感问题探析[J]. 青年研究,2004(3):25－32.

274. 宁述峰,张琦. 新型城镇化背景下农村公路发展研究[J]. 中共济南市委党校学报,2016(6):79－82.

275. 潘柄涛. 社会资本与居民社区参与——基于深圳3个村改居社区的实证分析[J]. 学习与实践,2009(6):126－131.

276. 潘苗苗,高春荣,姜莉,等. 信访工作人员专念与工作旺盛感:心理资本和幸福感的多重中介作用[J]. 中国临床心理学杂志,2018(2):358－362.

277. 潘泽泉. 参与与赋权:基于草根行动与权力基础的社区发展[J]. 理论与改革,2009(4):69－72.

278. 潘泽泉. 社会分类与群体符号边界:以农民工社会分类问题为例[J]. 社会,2007(4):48－67＋206.

279. 潘泽泉. 社会资本影响个人健康水平吗?——基于CGSS2008的中国经验证据[J]. 浙江社会科学,2019(1):66－78＋157－158.

280. 裴彬. 来自亚洲基金会的报告:以社区为依托构建外来工社会支持网络[J]. WTO经济导刊,2007(Z1):118－121.

281. 裴志军. 村域社会资本:界定、维度及测量——基于浙江西部37个村落的实证研究[J]. 农村经济,2010(6):92－96.

282. 彭惠青,仝斌. 社会工作在基层治理专业化中的角色与功能[J]. 中国行政管理,2018(1):46－50.

283. 彭远春. 论农民工身份认同及其影响因素——对武汉市杨园社区餐饮服务员的调查分析[J]. 人口研究,2007(2):81－90.

284. 戚晓明. 人力资本、家庭禀赋与被征地农民就业——基于CFPS2014数据的分析[J]. 南京农业大学学报(社会科学版),2017,17(5):59－67＋152.

285. 亓昕. 农民工社会认同的形成——基于建筑业农民工的考察[J]. 人口与经济,

2013(1):37-43.

286. 齐秀琳,伍骏骞. 身份异质性、差序格局与社会信任[J]. 中南财经政法大学学报,2017(2):41-49+159.

287. 钱超英. 身份概念与身份意识[J]. 深圳大学学报(人文社会科学版),2000(2):89-94.

288. 秦海龙,李秋萍,李斐,等. 医务社会工作机构主导的服务型医疗救助实践与反思——以陕西秦怀社会工作服务中心医疗救助服务为例[J]. 社会与公益,2018(9):14-17.

289. 秦佳,李建民. 中国人口城镇化的空间差异与影响因素[J]. 人口研究,2013(2):25-40.

290. 秦明瑞. 复杂性与社会系统——卢曼思想研究[J]. 系统辩证学学报,2003(1):19-25.

291. 丘海雄,黄嘉文. 效用论、互动论与幸福感:解读中国的"幸福悖论"[J]. 安徽师范大学学报(人文社会科学版),2014(1):35-41.

292. 丘海雄,李敢. 国外多元视野"幸福"观研析[J]. 社会学研究,2012(2):224-241+246.

293. 邱林,郑雪. 人格特质影响主观幸福感的研究述评[J]. 自然辩证法通讯,2013(5):109-114+128.

294. 邱林,郑雪. 主观幸福感的结构及其与人格特质的关系[J]. 应用心理学,2005(4):330-335+353.

295. 秋缬滢. 以"绿水青山就是金山银山"理念引领新行动[J]. 环境保护,2017(23):7.

296. 渠敬东,周飞舟,应星. 从总体支配到技术治理——基于中国30年改革经验的社会学分析[J]. 中国社会科学,2009(6):104-127+207.

297. 渠敬东:涂尔干的遗产、现代社会及其可能性[J]. 社会学研究,1999(1):21.

298. 任敏,胡一迪. 从社工视角探讨失地农民问题[J]. 社会工作,2012(7):9-11.

299. 任远,乔楠. 城市流动人口社会融合的过程、测量及影响因素[J]. 人口研究,2010(2):11-20.

300. 任远,邬民乐. 城市流动人口的社会融合:文献述评[J]. 人口研究,2006(3):87-94.

301. 佘湘. 城市社区治理中的集体行动困境及其解决——基于理性选择制度主义的

视角[J]. 湖南师范大学社会科学学报,2014,43(5):32 - 38.

302. 沈关宝.《小城镇大问题》与当前的城镇化发展[J]. 社会学研究,2014(1):1 - 9.

303. 沈跃春. 以社区党建创新为引领推进社区治理现代化[J]. 唯实,2014(10):42 - 45.

304. 盛广耀. 城市化模式研究综述[J]. 城市发展研究,2011(7):13 - 19.

305. 盛广耀. 中国城市化模式的反思与转变[J]. 经济纵横,2009(9):31 - 35.

306. 时立荣. 透过社区看农民工的城市融入问题[J]. 新视野,2005(4):64 - 65.

307. 史柏年. 治理:社区建设的新视野[J]. 社会工作学术版,2006(7):4 - 10.

308. 宋立. 着力推进三次产业内部结构调整优化[J]. 宏观经济管理,2014(11):20 - 22.

309. 宋明,钟玉英. 推进失地农民市民化的社会工作方案探索[J]. 社会工作下半月(理论),2008(6):40 - 43.

310. 宋学来,王福兴. 马克思政治经济学批判中的时间理论及其现实意义[J]. 北方论丛,2016(4):140 - 143.

311. 宋月萍,陶椰. 融入与接纳:互动视角下的流动人口社会融合实证研究[J]. 人口研究,2012(3):38 - 49.

312. 孙立平,王汉生,王思斌,等. 改革以来中国社会结构的变迁[J]. 中国社会科学,1994(2):47 - 62.

313. 孙立平."厨师困境"与农村问题[J]. 中国软科学,1994(9):58 - 63.

314. 孙立平. 快速城市化的前夜[J]. 宁波经济(财经视点),2002(11):37 + 45.

315. 孙璐. 失地农民的社区融入和社区支持研究[J]. 广西社会科学,2009(2):83 - 87.

316. 孙伟增,郑思齐. 住房与幸福感:从住房价值、产权类型和入市时间视角的分析[J]. 经济问题探索,2013(3).

317. 孙肖远. 社区复合治理与社区党建领导体制创新——以南京市鼓楼区社区治理实践为例[J]. 理论导刊,2012(6):51 - 53.

318. 孙兆霞. 脱嵌的产业扶贫——以贵州为案例[J]. 中共福建省委党校学报,2015(3):14 - 21.

319. 塔娜,柴彦威,刘志林. 过滤理论的起源、概念及研究进展[J]. 人文地理,2011,26(1):10 - 14 + 159.

320. 谭日辉. 社会空间特性对社会交往的影响——以长沙市为例[J]. 城市问题,2012(2):59－66.

321. 谭祖雪,张江龙. 赋权与增能:推进城市社区参与的重要路径——以成都市社区建设为例[J]. 西南民族大学学报(人文社会科学版),2014,35(6):57－61.

322. 唐磊雯. 中国社会城镇化深层动力机制探究[J]. 中国集体经济,2009(3):19－22.

323. 唐美玲. 青年农民工的就业质量:与城市青年的比较[J]. 中州学刊,2013(1):77－81.

324. 唐有财,胡兵. 社区治理中的公众参与:国家认同与社区认同的双重驱动[J]. 云南师范大学学报(哲学社会科学版),2016,48(2):63－69.

325. 唐有财,王天夫. 社区认同、骨干动员和组织赋权:社区参与式治理的实现路径[J]. 中国行政管理,2017(2):73－78.

326. 田慧. 小组工作视角下失地农民重建自我效能感初探[J]. 长春理工大学学报(社会科学版),2014,27(7):66－69.

327. 田凯. 关于农民工的城市适应性的调查分析与思考[J]. 社会科学研究,1995(5):90－95.

328. 田雄,郑家昊. 被裹挟的国家:基层治理的行动逻辑与乡村自主——以黄江县"秸秆禁烧"事件为例[J]. 公共管理学报,2016(2):141－151.

329. 田雪原. 城镇化还是城市化[J]. 人口学刊,2013(6):5－10.

330. 田毅鹏,康雯嘉. 单位社区精英的"资本"构成及其运作研究——以C市H社区为例[J]. 学习与探索,2017(11):42－50.

331. 田毅鹏. 后单位时期社会的原子化动向及其对基层协商的影响[J]. 南京社会科学,2015(6):62－67.

332. 涂晓芳,汪双凤. 社会资本视域下的社区居民参与研究[J]. 政治学研究,2008(3):17－21.

333. 涂一荣,鲍梦若. 超越工具理性:我国户籍制度改革的实践反思[J]. 华中师范大学学报,2016(4):11－18.

334. 万斌,章秀英. 社会地位、政治心理对公民政治参与的影响及其路径[J]. 社会科学战线,2010(2):178－188.

335. 万秀丽. 精准扶贫视野下"空心化"农村治理探析[J]. 甘肃社会科学,2017(2):118－122.

336. 汪小红,朱力. 失地农民身份认同及其分异——基于生命历程范式的解释[J]. 中州学刊,2014(4):67－72.

337. 汪勇. “农民工”称谓的历史演变及其启示[J]. 南京社会科学,2007(11):89－93.

338. 王宝刚. 国外小城镇建设经验探讨[J]. 规划师,2003,19(11):96－99.

339. 王昺,梁晓. 温哥华华人新移民的社会融合[J]. 世界民族,2003(4):29－37.

340. 王春光,赵玉峰,王玉琪. 当代中国农民社会分层的新动向[J]. 社会学研究,2018(1):63－88.

341. 王春光. 农村流动人口的“半城市化”问题研究[J]. 社会学研究,2006(5):107－122.

342. 王春光. 新生代农村流动人口的社会认同与城乡融合的关系[J]. 社会学研究,2001(3):63－76.

343. 王放. “四普”至“五普”间中国城镇人口增长构成分析[J]. 人口研究,2004,28(3):60－67.

344. 王放. 市镇设置标准及城镇人口统计口径对中国城市化发展的影响[J]. 人口与发展,2011,17(2):82－87.

345. 王放. 我国“三普”至“四普”间市镇人口增长构成分析[J]. 人口研究,1993,17(4):11－18.

346. 王刚. 社会排斥与农民工社会权利的缺失[J]. 华东理工大学学报(社会科学版),2006(1):100－103.

347. 王广慧,张世伟. 教育对农村劳动力流动和收入的影响[J]. 中国农村经济,2008(9):44－51.

348. 王广州,王军. 中国家庭幸福感测量[J]. 社会,2013,33(6):139－160.

349. 王桂新,武俊奎. 城市农民工与本地居民社会距离影响因素分析——以上海为例[J]. 社会学研究,2011(2):28－47.

350. 王海洋. 迈向实践范式的社会工作知识观[J]. 华东理工大学学报(社会科学版),2017,32(1):22－32＋42.

351. 王辉龙. 农业转移人口住房贫困问题研究:基于交换权利的视角[J]. 郑州大学学报(哲学社会科学版),2017,50(6):60－67.

352. 王惠林,洪明. 政府治理与村民自治的互动机制、理论解释及政策启示——基于“美丽乡村建设”的案例分析[J]. 学习与实践,2018(3):105－112.

353. 王慧，等. 流动人口就业空间的集聚性和城市就业空间的关联研究——以南京市主城区为例[J]. 人文地理，2014(5)：31－39.

354. 王建国，胡克. 农村居民点整理的必要性与可行性[J]. 国土资源，2003(4)：42－44.

355. 王建民. 去单位化、社区记忆的缺失与重建——资源枯竭型城市社区建设的社会学分析[J]. 甘肃社会科学，2006(6)：50－52.

356. 王杰秀，何立军. 社区治理创新的"武汉经验"——武汉市社区治理创新调研报告[J]. 中国民政，2015(1)：32－35.

357. 王静. 共青团组织促进务工返乡青年创业工作的思考[J]. 青少年研究(山东省团校学报)，2009(4)：25－28.

358. 王乐，涂艳国. 城市化进程中失地农民的闲暇危机与教育支持研究[J]. 湖南师范大学教育科学学报，2017，16(6)：61－68.

359. 王丽丽. 失地农民问题的社会工作介入[J]. 社会工作(下半月)，2010(3)：53－56.

360. 王良健，陈坤秋，李宁慧. 中国县域农村人口空心化程度的测度及时空分异特征[J]. 人口学刊，2017(5).

361. 王亮. 制度的建构与媒体的共谋——失地转制居民身份认同的影响因素分析[J]. 理论月刊，2010(10)：170－172.

362. 王茂福，徐艳. 农民工的职业适应与继续社会化研究[J]. 华中科技大学学报(社会科学版)，2010(1)：110－116.

363. 王茂林. 小城镇建设的地位和作用[J]. 上海城市发展，2004(6)：1－2.

364. 王美艳，蔡昉. 户籍制度改革的历程与展望[J]. 广东社会科学，2008(6)：19－26.

365. 王名，蔡志鸿，王春婷. 社会共治：多元主体共同治理的实践探索与制度创新[J]. 中国行政管理，2014(12)：16－19.

366. 王南湜. 社会时空问题的再考察[J]. 社会科学战线，2009(3)：34－37.

367. 王任，冯开文. 改革以来农民住房的改善及其原因探讨——基于返乡调查数据的实证分析[J]. 中国农业大学学报，2017，22(3)：198－204.

368. 王蓉蓉. 大城市青年就业现状探析——以上海为例[J]. 南京人口管理干部学院学报，2012(3)：46－52.

369. 王桑成，杨子强. 社会生态系统理论视角下城镇低收入青年劳动力就业现状、影响因素及对策研究[J]. 中国青年研究,2018(8):57-63.

370. 王思斌,阮曾媛琪. 和谐社会建设背景下中国社会工作的发展[J]. 中国社会科学,2009(5):128-140.

371. 王思斌. 社会工作参与社会治理的特点及其贡献——对服务型治理的再理解[J]. 社会治理,2015(1):49-57.

372. 王思斌. 社会治理结构的进化与社会工作的服务型治理[J]. 北京大学学报(哲学社会科学版),2014,51(6):30-37.

373. 王思斌. 我国小城镇发展的制度分析[J]. 社会学研究,1997(5):77-81.

374. 王思斌. 中国社会工作的嵌入性发展[J]. 社会科学战线,2011(2):206-222.

375. 王思斌. 转型期我国社会工作专业的地位[J]. 北京大学学报(哲学社会科学版),1997(4):59-65+159.

376. 王天夫,崔晓雄. 行业是如何影响收入的——基于多层线性模型的分析[J]. 中国社会科学,2010(5):165-180.

377. 王文龙. 警惕农村的另类"空心"问题[J]. 经济体制改革,2010(4):95-98.

378. 王喜平. 城乡人际关系差异成因的系统考察[J]. 系统科学学报,2001,9(3):73-77.

379. 王潇,焦爱英. "村改社区"居民主观幸福感、社区认同与社区参与关系的实证研究[J]. 兰州学刊,2014(11):71-80.

380. 王小章,王志强. 从"社区"到"脱域的共同体"——现代性视野下的社区和社区建设[J]. 学术论坛,2003(6):40-43.

381. 王笑天,等. 工作时间长真的不快乐吗? 异质性视角下工作时间对幸福感的影响[J]. 心理科学进展,2017,25(1):180-189.

382. 王旭辉. 城市化理论的价值取向转变与反思——兼论包容性发展理论对我国城市化的启示[J]. 新视野,2012(5):36-39.

383. 王业强,魏后凯. 大城市效率锁定与中国城镇化路径选择[J]. 中国人口科学,2018(2):24-38.

384. 王轶,陈建伟,王琦. 人力资本和社会资本能提高失地农民就业水平吗——基于北京地区连续跟踪的调查数据[J]. 经济理论与经济管理,2017(4):42-59.

385. 王益富,秦启文,潘孝富. 新生市民主动发展倾向对城市生活适应性的影响:社会支持的中介效应[J]. 应用心理学,2013,19(1):80-89.

386. 王毅杰,童星. 流动农民社会支持网探析[J]. 社会学研究,2004(2):42-48.

387. 王颖. 上海城市社区实证研究——社区类型、区位结构及变化趋势[J]. 城市规划汇刊,2002(6):33－40.

388. 王永红. 城市社区治理中政府的角色定位及其职能[J]. 城市问题,2011(12):79－83.

389. 王永生,程萍,钟骁勇. 绿水青山就是金山银山——2014 年以来各省(区、市)生态文明建设新举措梳理[J]. 南方国土资源,2015(11):15－18.

390. 王羽,史占彪,周启帆. 公务员工作投入与心理幸福感的关系:有中介的调节模型[J]. 中国临床心理学杂志,2017(6):1109－1113.

391. 王园,张敏,罗佳丽. 拆迁农民安置区社会空间的重构——以镇江市平昌新城为例[J]. 城市问题,2017(10):90－96.

392. 王振霞. 中国住房制度改革 40 年:回顾与反思[J]. 财经智库,2018,3(2):128－136＋144.

393. 韦曙林,许经勇. 透过“民工荒”现象看其问题的本质[J]. 学术研究,2005(1):63－67＋147.

394. 魏后凯,苏红键. 中国农业转移人口市民化进程研究[J]. 中国人口科学,2013(5):21－29＋126.

395. 文军,吴晓凯. “理”从何来:农民抗争正当性的建构逻辑——基于上海 H 机场外围居民区的调查[J]. 社会科学研究,2018(1):128－136.

396. 文军. 农民的“终结”与新市民群体的角色“再造”——以上海郊区农民市民化为例[J]. 社会科学研究,2009(2):118－125.

397. 巫敏. 社区治理创新的“武侯经验”[J]. 社区,2017(12):10－11.

398. 吴碧波,黄少安. 中国农村就地城镇化模式选择研究[J]. 制度经济学研究,2016(1):163－184.

399. 吴宾,李娟. 基于住房视角的农业转移人口市民化的漂浮困境及其化解机制[J]. 农村经济,2016(12):95－100.

400. 吴菲,王俊秀. 相对收入与主观幸福感:检验农民工的多重参照群体[J]. 社会,2017,37(2):74－105.

401. 吴菲. 更富裕是否意味着更幸福? 基于横截面时间序列数据的分析(2003—2013)[J]. 社会,2016,36(4).

402. 吴海盛. 农村老年人农业劳动参与的影响因素——基于江苏的实证研究[J]. 农业经济问题,2008(5):96－102.

403. 吴婧. 失地农民的再就业困境及就业率提升的路径探索[J]. 江苏社会科学, 2017(3):100-105.

404. 吴克明,卢同庆,曾新. 高等教育社会流动功能弱化现象研究[J]. 教育发展研究,2013,33(9):42-47.

405. 吴理财. 农村社区认同与农民行为逻辑——对新农村建设的一些思考[J]. 经济社会体制比较,2011(3):123-128.

406. 吴平. 贵州黔东南传统村落原真性保护与营造——基于美丽乡村建设目标的思考[J]. 贵州社会科学,2018(11):92-97.

407. 吴穹,仲伟周,张跃胜. 产业结构调整与中国新型城镇化[J]. 城市发展研究, 2018(1):37-47.

408. 吴秋明,黄灿煌. 新型城镇化背景下的基本公共服务水平提升研究——以福建省泉州市为例[J]. 发展研究,2017(11):67.

409. 吴婷. 新型城镇化背景下农村公路网规划目标探讨[J]. 四川建筑,2015(4): 21-22.

410. 吴伟炯,刘毅,路红,谢雪贤. 本土心理资本与职业幸福感的关系[J]. 心理学报, 2012,44(10).

411. 吴晓刚. "下海":中国城乡劳动力市场转型中的自雇活动与社会分层(1978—1996)[J]. 社会学研究,2006(6):120-146.

412. 吴晓燕,赵普兵. "过渡型社区"治理:困境与转型[J]. 理论探讨,2014(2): 152-156.

413. 吴毅,陈颀. 农地制度变革的路径,空间与界限——"赋权-限权"下行动互构的视角[J]. 社会学研究,2015,30(5):36-62+243.

414. 吴莹,叶健民. "村里人"还是"城里人"——上楼农民的社会认同与基层治理[J]. 江海学刊,2017(3):88-95.

415. 吴莹. 空间变革下的治理策略——"村改居"社区基层治理转型研究[J]. 社会学研究,2017,32(6):94-116+244.

416. 吴长青. 英雄伦理与抗争行动的持续性——以鲁西农民抗争积极分子为例[J]. 社会,2013,33(5):204-229.

417. 伍淑. "4050"失地农民群体的就业安置问题研究[J]. 商,2013(24):299.

418. 武力. 略论新中国60年经济发展与制度变迁的互动[J]. 中国经济史研究,2009(3):14-23.

419. 郗戈. 资本:历史唯物主义视野中的“现代性动力”[J]. 山东社会科学,2013(8):30 – 33.

420. 夏建中. 社会学的社区主义理论[J]. 学术交流,2009(8):116 – 121.

421. 夏建中. 现代西方城市社区研究的主要理论与方法[J]. 社会学,2000(8):1 – 6.

422. 夏历. 城市农民工的语言资源和语言问题[J]. 云南师范大学学报(哲学社会科学版),2009(4):8 – 14.

423. 向冠春,刘娜. 我国高等教育与社会流动关系嬗变[J]. 现代教育管理,2011(1):4 – 7.

424. 向楠,尤文晓. 新型城镇化背景下公路网规划方法研究及应用[J]. 交通与运输(学术版),2018(1):171 – 174.

425. 肖立梅. 家庭共有财产的性质研究[J]. 法学杂志,2009,30(1):115 – 117.

426. 萧楼. 柔性政权:“政治动员”下的乡镇和村庄——东南沿海 D 镇个案分析[J]. 浙江学刊,2002(4):66 – 74.

427. 谢桂华. 中国流动人口的人力资本回报与社会融合[J]. 中国社会科学,2012(4):103 – 124.

428. 谢琼彦. 社会工作者在促进国企下岗失业职工再就业中的角色——以“4050”再就业困难人员社区就业为例[J]. 商,2015(12):54 + 38.

429. 谢新华,李思明,马润生. 在乡青年及其观念中的社会互动——以湖南 M 镇为例[J]. 青年研究,2008(5):8 – 15.

430. 谢勇. 土地征用、就业冲击与就业分化——基于江苏省南京市失地农民的实证研究[J]. 中国人口科学,2010(2):65 – 72 + 112.

431. 谢正观,武爽. 阜新市城镇化综合发展和人口城镇化的测度及二者的协调关系研究[J]. 安徽农业大学,2015,43(5):295 – 299.

432. 谢治菊. 比较与反思:村民社区参与对社区认同影响之实证研究[J]. 南京农业大学学报(社会科学版),2012,12(4):34 – 43 + 69.

433. 谢治菊. 村民社区认同与社区参与——基于江苏和贵州 L 村和 G 村的实证研究[J]. 理论与改革,2012(4).

434. 邢占军. 我国居民收入与幸福感关系的研究[J]. 社会学研究,2011(1).

435. 熊光清. 新生代农民工社会排斥问题分析——基于五省市的实地调查[J]. 学习与探索,2014(6):39 – 45.

436. 熊建生,程仕波. 试论习近平关于人民获得感的思想[J]. 马克思主义研究,2018

(8):105 - 114 + 160.

437. 熊易寒. 从业主福利到公民权利——一个中产阶层移民社区的政治参与[J]. 社会学研究,2012,27(6):77 - 100 + 243.

438. 熊易寒. 社区选举:在政治冷漠与高投票率之间[J]. 社会,2008,28(3):180 - 204.

439. 熊跃根. 转型时期中国社会工作专业教育发展的路径与策略:理论解释与经验反思[J]. 华东理工大学学报(社会科学版),2005(1):23 - 28.

440. 徐朝旭,裴士军. "绿水青山就是金山银山"理念的深刻内涵和价值观基础——基于中西生态哲学视野[J]. 东南学术,2019(3):17 - 24.

441. 徐辉. 青年公务员职业价值取向对离职倾向影响研究——基于不同工龄群体的回归方程解析[J]. 中国行政管理,2017(1).

442. 徐静,徐永德. 生命历程理论视域下的老年贫困[J]. 社会学研究,2009(6):122 - 144.

443. 徐琪. "混合型"主观阶层认同:关于中国民众阶层认同的新解释[J]. 社会学研究,2018(6):101 - 129.

444. 徐晓勇,罗淳,雷冬梅. 中国小城镇人口集聚能力的省际比较分析[J]. 西北人口,2013(4):1 - 6.

445. 徐选国. 嵌入性治理:城市社区治理机制创新的一个分析框架——基于对国家 - 社会关系范式的批判性反思[J]. 社会工作,2015(5):55 - 64.

446. 徐宇珊. 服务型治理:社区服务中心参与社区治理的角色与路径[J]. 社会科学,2016(10):99 - 106.

447. 徐臻. 社会分层与农业转移人口的身份认同[J]. 四川师范大学学报(社会科学版),2018,45(1):114 - 121.

448. 许化宁. 费孝通社区研究方法考析[J]. 学理论,2010(2):70 - 71 + 75.

449. 许琪,戚晶晶. 工作 - 家庭冲突、性别角色与工作满意度——基于第三期中国妇女社会地位调查的实证研究[J]. 社会,2016,36(3):192 - 215.

450. 许小成. 浅谈城市社区治理法治化[J]. 改革与开放,2015(14):67 - 68.

451. 薛晓东,王灵垚,邢浩然. 城市社区治理中公民参与的困境研究[J]. 电子科技大学学报(社科版),2017,19(2):1 - 4.

452. 颜慧娟. 民生法治:十八大以来农村社区治理创新的法治保障研究[J]. 社会主义研究,2016(4):129 - 135.

453. 颜玉凡,叶南客. 认同与参与——城市居民的社区公共文化生活逻辑研究[J]. 社会学研究,2019,34(2):147 - 170 + 245.

454. 杨恢武. 农村居住空间分异与社会生态[J]. 安徽农业科学,2012(5):2841 - 2843.

455. 杨慧芳,郭永玉. 大学生个人奋斗、人格特质与主观幸福感的关系[J]. 心理发展与教育,2008(3):58 - 64.

456. 杨建华. 马克思、韦伯和卢曼的社会分化研究及启示[J]. 浙江学刊,2008(5):194 - 200.

457. 杨江华. 协同治理视野下的单位制社区建设:路径模式与制度框架[J]. 人文杂志,2015(10):104 - 110.

458. 杨菊华. 浅议《居住证暂行条例》与户籍制度改革——兼论居住证与新型城镇化[J]. 东岳论丛,2017(3):58 - 66.

459. 杨菊华,张莹,陈志光. 北京市流动人口身份认同研究——基于不同代际、户籍及地区的比较[J]. 人口与经济,2013(3):43 - 52.

460. 杨菊华. 从隔离、选择融入到融合:流动人口社会融入问题的理论思考[J]. 人口研究,2009,33(1):17 - 29.

461. 杨菊华. 流动人口在流入地社会融入的指标体系——基于社会融入理论的进一步研究[J]. 人口与经济,2010(2):64 - 70.

462. 杨菊华. 中国流动人口的社会融入研究[J]. 中国社会科学,2015(2):61 - 79.

463. 杨君,徐永祥,徐选国. 社区治理共同体的建设何以可能?——迈向经验解释的城市社区治理模式[J]. 福建论坛(人文社会科学版),2014(10):176 - 182.

464. 杨筠. 政府主导还是市场主导?——新疆城镇化进程中政府的角色定位[J]. 经营与管理,2009(4):13 - 14.

465. 杨立新. 论家庭共同财产[J]. 政法学报,1994(4):33 - 38.

466. 杨丽霞,苑韶峰,王雪禅. 人口城镇化与土地城镇化协调发展的空间差异研究——以浙江省 69 县市为例[J]. 中国土地科学,2013(11):18 - 22 + 30.

467. 杨敏. 作为国家治理单元的社区——对城市社区建设运动过程中居民社区参与和社区认知的个案研究[J]. 社会学研究,2007(4):137 - 164 + 245.

468. 杨慊,程巍,贺文洁,等. 追求意义能带来幸福吗?[J]. 心理科学进展,2016,24(9):1496 - 1503.

469. 杨巧,陈诚,张可可. 收入差距、住房状况与居民幸福感——基于 CGSS2003 和

CGSS2013 的实证[J]. 西北人口,2018,39(5):11 - 20 + 29.

470. 杨善华. 血缘、姻缘、亲情与利益——现阶段中国农村社会中“差序格局”的“理性化”趋势[J]. 宁夏社会科学,1999(6):51 - 58.

471. 杨涛,施国庆. 我国失地农民问题研究综述[J]. 南京社会科学,2006(7):102 - 109.

472. 杨晓英,李纪华,田壮,等. 城镇化进程中的农民生活用水研究[J]. 交通与港航,2013,22(4):880.

473. 姚从容. 失地农民的征地补偿与就业安置及社会福利政策趋向[J]. 贵州社会科学,2008(9):91 - 93.

474. 姚士谋,陈爽,汤茂林,等. 我国小城镇发展战略问题初探[J]. 现代城市研究,1999(3):8 - 12.

475. 叶继红. 集中居住区移民社会网络的变迁与重构[J]. 社会科学,2012(11):67 - 75.

476. 叶继红. 失地农民职业发展状况、影响因素与支持体系建构[J]. 浙江社会科学,2014(8):77 - 85 + 157.

477. 叶敬忠,贺聪志. 基于小农户生产的扶贫实践与理论探索——以“巢状市场小农扶贫试验”为例[J]. 中国社会科学,2019(2):137 - 158 + 207.

478. 叶南客. 中国城市居民社区参与的历程与体制创新[J]. 江海学刊,2001(5):34 - 41.

479. 叶耀先,新中国的城镇化的回顾和启示[J]. 中国人口·资源与环境,2006(2):1 - 7.

480. 易成栋,高璇,刘威. 中国城镇住房制度改革的效果——总体改善、阶层分化以及对房屋普查、人口普查等数据的实证分析[J]. 中国房地产,2018(15):23 - 35.

481. 易方,周云华. 论进城就业农民的再社会化[J]. 求索,2005(10):7 - 9.

482. 易宪容. 中国住房居住功能的理论论证——基于现代房地产理论的一般性分析[J]. 社会科学战线,2017(11):55 - 63.

483. 殷俊,李晓鹤. 失地农民征地补偿安置状况调查分析——以武汉市为例[J]. 中共贵州省委党校学报,2014(3):96 - 100.

484. 尹成杰. 小城镇建设与农业现代化[J]. 农业经济问题,1999(9):2 - 8.

485. 尹浩. 碎片化社区的多维整合机制研究[J]. 社会主义研究,2015(5):110 - 118.

486. 尹忠海. 加强城市失地农民社会工作的针对性[J]. 社会工作,2004(4):34 - 36.

487. 应巨林,陈建勇,邹良影,等. 构建“3 + X”模式服务农村青年就业创业[J]. 中国商贸,2012(30):236.

488. 应星. “气”与中国乡村集体行动的再生产[J]. 开放时代,2007(6):106 – 120.

489. 应优优. 公众参与行为的影响因素及城乡差异——基于社会资本的视角[J]. 甘肃行政学院学报,2018(4):76 – 85 + 125 – 136.

490. 游宏滔,王士兰,汤铭潭. 不同地区、类型小城镇发展的动力机制初探[J]. 小城镇建设,2008(1):13 – 17 + 37.

491. 于建嵘. 当代中国农民的“以法抗争”——关于农民维权活动的一个解释框架[J]. 文史博览(理论),2008(12):60 – 63.

492. 于建嵘. 我国现阶段农村群体性事件的主要原因[J]. 中国农村观察,2003(6):75 – 78

493. 于建嵘. 新型城镇化:权力驱动还是权利主导[J]. 探索与争鸣,2013(9):8 – 12.

494. 余佶,余佳. 城镇化进程中的城乡基本公共服务均等化——基于供需视角的分析框架及其路径选择[J]. 上海师范大学学报(哲学教育社会科学),2014(1):101 – 106 + 154 – 155.

495. 余兴厚,胡翠. 新型城镇化与公共服务协调发展的时空特征及影响因素分析——基于长江经济带空间面板数据的实证[J]. 重庆理工大学学报(社会科学版),2019(7):31 – 45.

496. 郁建兴,高翔. 地方发展型政府的行为逻辑及制度基础[J]. 中国社会科学,2012(5):95 – 112 + 206 – 207.

497. 郁建兴,任泽涛. 当代中国社会建设中的协同治理——一个分析框架[J]. 学术月刊,2012(8):23 – 31.

498. 郁晓晖,张海波. 失地农民的社会认同与社会建构[J]. 中国农村观察,2006(1):46 – 56 + 81.

499. 袁华音. 民政工作与社会工作趋合论[J]. 社会学研究,1993(4):53 – 60.

500. 袁金辉. 论简政放权背景下的乡村治理[J]. 行政管理改革,2015(10):69 – 73.

501. 约翰 · 奈特,拉曼尼 · 古纳提拉卡,等. 经济增长会提高中国人的幸福感吗?[J]. 国外理论动态,2014(5):62 – 74.

502. 岳晓鹏,刘畅,吕宏涛,等. 城镇化背景下天津乡镇农村人口空间分布研究初探[J]. 现代城市研究,2019(6):78 – 85.

503. 臧雷振,黄建军. 大政府还是小政府:灵巧型政府建构进路[J]. 中国行政管理,

2013(7):20－23.

504. 臧良震,苏毅清. 我国新型城镇化水平空间格局及其演变趋势研究[J]. 生态经济,2019(4):81－85＋110.

505. 翟敬朋,齐麟,彭华民. 四城市老人幸福感与三维度社区社会参与关系研究——基于中国适度普惠社会福利数据库的分析[J]. 东岳论丛,2015,36(7):24－28.

506. 翟年祥,项光勤. 城市化进程中失地农民就业的制约因素及其政策支持[J]. 中国行政管理,2012(2):50－53.

507. 詹小美. 试论人的目的性生成与发展[J]. 马克思主义研究,2006(11):64－68.

508. 张春龙,聂玉梅. “农民”向“市民”的转化——城市化过程中进城农村人口的再社会化[J]. 城乡建设,2001(8):16－17.

509. 张丛,张道华. 资源型小城镇产业发展战略研究[J]. 小城镇建设,2012(2):94－97.

510. 张存刚,李明,陆德梅. 社会网络分析——一种重要的社会学研究方法[J]. 甘肃社会科学,2004(2):109－111.

511. 张贵生,李斌. 农转非对农业转移人口城里人身份认同度的影响——基于中国综合社会调查数据的分析[J]. 城市问题,2019(7):86－94.

512. 张海波,童星. 被动城市化群体城市适应性与现代性获得中的自我认同——基于南京市561位失地农民的实证研究[J]. 社会学研究,2006(2):86－106＋244.

513. 张海东,杨城晨. 住房与城市居民的阶层认同——基于北京、上海、广州的研究[J]. 社会学研究,2017(5):39－63＋243.

514. 张和清,杨锡聪,古学斌. 优势视角下的农村社会工作——以能力建设和资产建立为核心的农村社会工作实践模式[J]. 社会学研究,2008(6):174－193＋246.

515. 张红,谢娜. 新时期中国农村住房消费状况[J]. 中国房地产,2009(3):13－17.

516. 张鸿雁. 城市定位的本土化回归与创新:“找回失去100年的自我”[J]. 社会科学,2008(8):64－71＋189.

517. 张鸿雁. 论中国新型城镇化的优先战略选择——“零失误城镇化战略”的理想类型与模式[J]. 山东社会科学,2014(5):49－55.

518. 张鸿雁. 中国城市化进程中的社会“解构”与“结构”——新城市社会学的视角[J]. 社会科学,2012(10):77－87.

519. 张鸿雁. 中国城市化理论的反思与重构[J]. 城市问题,2010(12):2－8.

520. 张鸿雁. 中国城市化理论新模式的建构[J]. 学术月刊,2012(8):14－22.

521. 张鸿雁. 中国新型城镇化理论与实践创新[J]. 社会学研究,2013(3):1 – 14.

522. 张互桂,王中. 试论高校毕业生就业力[J]. 湖南社会科学,2009(2):177 – 179.

523. 张慧. 我国城市化进程中失地农民的研究综述[J]. 理论界,2012(12):31 – 34.

524. 张捷. 城市化进程中农民工再社会化问题的思考[J]. 人口与经济,2008(1):217 – 218.

525. 张莉. 我国有限社区参与框架探析[J]. 社会科学战线,2015(7):264 – 267.

526. 张领先,王德成. 小城镇产业发展战略分析[J]. 农机化研究,2004(5):33 – 35.

527. 张鲁宁. 基层政府在城市社区治理中的责任担当[J]. 人民论坛,2017(13):64 – 65.

528. 张陆,佐斌. 自我实现的幸福——心理幸福感研究述评[J]. 心理科学进展,2007(1):134 – 139.

529. 张鸣宇,汪智汉. 转型时期居委会的三重角色——以武汉市 C 社区为例[J]. 社会主义研究,2005(4):94 – 97.

530. 张鹏. 农民工媒介形象嬗变——从“边缘人”到“新市民”[J]. 新闻世界,2011(12):181 – 182.

531. 张茜,张俊. 农村“空心化”现象的经济学解释[J]. 生产力研究,2008(8):34 – 35.

532. 张瑞平,李庆安. 大学生人格特质与主观幸福感的关系:儒家心理资产的中介作用[J]. 心理科学,2017,40(3):657 – 663.

533. 张淑华,李海莹,刘芳. 身份认同研究综述[J]. 心理研究,2012,5(1):21 – 27.

534. 张卫枚. 农民工融入城市过程中的文化适应[J]. 城市问题,2012(8):64 – 67.

535. 张文宏,雷开春. 城市新移民社会认同的结构模型[J]. 社会学研究,2009(4):61 – 87 + 243 – 244.

536. 张文宏,雷开春. 城市新移民社会融合的结构、现状与影响因素分析[J]. 社会学研究,2008(5):117 – 141 + 244 – 245.

537. 张文宏. 中国的社会资本研究:概念、操作化测量和经验研究[J]. 江苏社会科学,2007(3):142 – 149.

538. 张新洁,黄少安. 城市化进程中失地农民摩擦性失业问题研究[J]. 中国高校社会科学,2017(3):44 – 55 + 158.

539. 张旭升,吴中宇. 社会保障与“4050”人员再就业观念——以杭州市为例[J]. 人口与发展,2008(2):69 – 74 + 14.

540. 张学志,才国伟. 收入、价值观与居民幸福感——来自广东成人调查数据的经验证据[J]. 管理世界,2011(9):63-73.

541. 张云武. 不同职业阶层的幸福感、获得路径及演变趋势——基于浙江省五个地区的实证分析[J]. 浙江社会科学,2015(8):140-150+68.

542. 张展新. 从城乡分割到区域分割——城市外来人口研究新视角[J]. 人口研究,2007(6):16-24.

543. 张钊,郭永玉. 个人奋斗及其相关研究[J]. 心理科学进展,2006(6):950-955.

544. 张志胜. 土地流转视域下的"空心村"治理[J]. 新视野,2009(2):30-32.

545. 章诚,方心清. 社区民间组织发育的资源、权威与社会认同困境——以X社区安全自治管理小组为例的分析[J]. 江苏社会科学,2015(4):34-40.

546. 赵德余. 土地征用过程中农民、地方政府与国家的关系互动[J]. 社会学研究,2009,24(2):93-129+244-245.

547. 赵环. 社会工作的实践迷思及其范式转型[J]. 学海,2016(5):126-130.

548. 赵建军,杨博. "绿水青山就是金山银山"的哲学意蕴与时代价值[J]. 自然辩证法研究,2015(12):104-109.

549. 赵沛楠. 加快建设保障性安居工程多渠道解决住房困难家庭的住房问题 专访住房和城乡建设部住房保障司司长侯淅珉[J]. 中国投资,2009(12):52-55.

550. 赵双. 易地扶贫搬迁在推进城镇化进程中面临的主要问题及对策探析——以X乡为例[J]. 小城镇建设,2018,36(12):15-21.

551. 赵新平,周一星,曹广忠. 小城镇重点战略的困境与实践误区[J]. 城市规划,2002(10):36-40.

552. 赵延东,罗家德. 如何测量社会资本:一个经验研究综述[J]. 国外社会科学,2005(2):18-24.

553. 赵延东. 测量西部城乡居民的社会资本[J]. 华中师范大学学报(人文社会科学版),2006(6):48-52.

554. 赵晔琴. 身份建构逻辑与群体性差异的表征——基于巴黎东北新移民的实证调查[J]. 社会学研究,2013(6):193-214+245-246.

555. 折晓叶. 合作与非对抗性抵制——弱者的"韧武器"[J]. 社会学研究,2008(3):1-28+243.

556. 甄小英. 党建科学化助推社区治理现代化[J]. 人民论坛,2015(1):64-65.

557. 郑殿元,文琦,王银,等. 农村人口空心化驱动机制研究[J]. 生态经济,2019(1):

90 – 96.

558. 郑沪生. 建构农民参与的农村公共产品供给制度[J]. 长白学刊,2007(5):57.

559. 郑永兰. 新生代农民工政治参与:现实困境与改进路径[J]. 武汉大学学报(哲学社会科学版),2014,67(6):74 – 79.

560. 郑昱. 生活满意度与政府满意度的关系变迁——基于 2005 年 ~ 2010 年某省城乡居民社会态度的调查数据[J]. 天津行政学院学报,2014(3):20 – 26.

561. 中共垦利县委,垦利县人民政府. "三个体系""一个平台"——山东省垦利县社区治理经验[J]. 中国民政,2014(11):44.

562. 中国人口与发展研究中心课题组. 中国人口城镇化战略研究[J]. 人口研究,2012(3):3 – 13.

563. 周毕芬. 社会排斥视角下的失地农民权益问题分析[J]. 农业经济问题,2015,36(4):59 – 65 + 111.

564. 周飞舟. 财政资金的专项化及其问题　兼论"项目治国"[J]. 社会,2012(1):1 – 37.

565. 周飞舟. 锦标赛体制[J]. 社会学研究,2009(3):54 – 77 + 244.

566. 周建国,童星. 社会转型与人际关系结构的变化——由情感型人际关系结构向理性型人际关系结构的转化[J]. 江南大学学报(人文社会科学版),2002,1(5):49 – 52.

567. 周黎安. 行政发包制[J]. 社会,2014(4):1 – 38.

568. 周明. 公共服务均等化的区域比较研究——以陕西省基本养老保险省级统筹为例[J]. 西北大学学报(哲学社会科学版),2011(1):15 – 19.

569. 周晓光. 实施乡村振兴战略的人才瓶颈及对策建议[J]. 世界农业,2019(4):32 – 37.

570. 周晓虹. 流动与城市体验对中国农民现代性的影响——北京"浙江村"与温州一个农村社区的考察[J]. 社会学研究,1998(5):60 – 73.

571. 周雪光. 基层政府间的"共谋现象"——一个政府行为的制度逻辑[J]. 开放时代,2009(12):40 – 55.

572. 周怡. 社会结构:由"形构"到"解构"——结构功能主义、结构主义和后结构主义理论之走向[J]. 社会学研究,2000(3):57 – 68.

573. 周幼曼. 推进人口城镇化的财税体制改革研究[J]. 经济与管理评论,2014(4):102 – 107.

574. 周祝平. 中国农村人口空心化及其挑战[J]. 人口研究,2008,32(2):45 – 52.

575. 朱光华. 消除城乡制度分割、促进城乡协调发展[J]. 南开学报(哲学社会科学版),2007(2):5－7.

576. 朱海龙,周春发. 社会排斥与社会认同——农民工社会政策调整的影响研究[J]. 湖南师范大学社会科学学报,2008(6):24－27.

577. 朱佳木. 党的十一届三中全会与中国当代史上的伟大转折[J]. 当代中国史研究,2008(5):4－15＋124.

578. 朱健刚,陈安娜. 嵌入中的专业社会工作与街区权力关系——对一个政府购买服务项目的个案分析[J]. 社会学研究,2013(1):43－64.

579. 朱考金,刘瑞清. 青年农民工的社会支持网与城市融入研究——以南京市为例[J]. 青年研究,2007(8):9－13.

580. 朱孔芳. 灾区重建中的社区能力建设——基于社会工作的"增权"视角[J]. 华东理工大学学报(社会科学版),2008,23(4):15－18.

581. 朱力,葛亮. 社会协同:社会管理的重大创新[J]. 社会科学研究,2013(5):1－7.

582. 朱力. 论农民工阶层的城市适应[J]. 江海学刊,2002(6):82－88＋206.

583. 朱力. 群体性偏见与歧视——农民工与市民的磨擦性互动[J]. 江海学刊,2001(6):48－53.

584. 朱明芬. 农民工家庭人口迁移模式及影响因素分析[J]. 中国农村经济,2009(2):67－76＋93.

585. 朱启臻,梁栋. 基于乡村价值的精准扶贫[J]. 贵州民族大学学报(哲学社会科学版),2016(2):56－64.

586. 朱启臻. 乡村振兴背景下的乡村产业——产业兴旺的一种社会学解释[J]. 中国农业大学学报(社会科学版),2018,35(3):89－95.

587. 李丹,裴育. 城乡公共服务差距对城乡收入差距的影响研究[J]. 财经研究,2019(4):112

588. 邹兵. 我国小城镇产业发展中的困境与展望[J]. 城市规划学刊,1999(3):40－45.

589. 邹泓. 同伴接纳、友谊与学校适应的研究[J]. 心理发展与教育,1997(3):57－61.

590. 邹一南. 中国城镇化水平的再认识与城镇化转型——基于新增城镇人口的来源结构角度[J]. 东岳论丛,2016(11):120－127.

591. 邹远修. 中国小城镇的曲折发展及其原因[J]. 山东师范大学学报(人文社会科

学版),2003,48(3):80-83.

592. 李小平. 态度研究的动向[J]. 南京师大学报(社会科学版),1999(3):93-97.

中文报纸

1. 新华社. 中共中央国务院出台《关于促进小城镇健康发展的若干意见》[N]. 新华每日电讯,2000-7-5(1).

2. 深圳等一批经济特区设立[N]. 中国经济网,2004-6-26.

3. 刘武俊. 关注2.2亿流动人口的诉求[N]. 人民日报·海外版,2011-7-19(5).

4. 匡贤明. 人口城镇化:中国走向公平可持续的战略选择——2012新兴经济体智库经济政策对话综述[N]. 中国经济时报,2012-11-27(5).

5. 华挺. 城镇化中心任务是人口城镇化[N]. 光明日报,2013-3-11(15).

6. 蒋秀娟. 人口城镇化将带来百万亿内需潜力[N]. 科技日报,2013-3-28(8).

7. 童海华. 新型城镇化本该市场主导[N]. 中国经营报,2014-1-20(B11).

8. 鲍小东. 新城傍高铁:"死城"隐忧[N]. 南方周末,2014-8-14.

9. 特朗普或揭开美军封印中国将遭重兵围堵[N]. 环球网,2016-11-11.

10. 俄媒:入世15年,中国商品遭遇反倾销调查不减反增[N]. 参考消息网,2017-1-26.

11. 潘媛媛. 参与社区治理的"南锣经验"[N]. 人民政协报,2017-5-19(7).

12. 中共中央国务院关于打赢脱贫攻坚战三年行动的指导意见[N]. 人民日报,2018-8-20(1).

13. 李强. 就近城镇化与就地城镇化——以城市群为主体的大中小城市协调发展的重要支撑[N]. 北京日报,2019-2-25(18).

14. 李强. 怎样认识中国社会?这是学界的基本话题——社会学的本土化没有止境[N]. 北京日报,2020-1-16(6).

中文学位论文

1. 陈辉. "过日子":农民的生活哲学[D]. 上海:华东理工大学,2013.

2. 崔莹. 人口城镇化对三线城市住宅需求的影响研究——以常州市为例[D]. 武汉:华中师范大学,2014.

3. 柯尊清. 当代中国城市基层社会治理研究——基于政府管理的分析[D]. 昆明:云南大学,2016.

4. 李双双. 大学生人际压力与人际交往效能感、应对方式的关系研究[D]. 福州:福建师范大学,2011.

5. 李彦卿. 小城镇人口规模研究[D]. 天津:天津大学,2004.

6. 连德宏. 长江三角洲地区小城镇发展动力机制研究[D]. 杭州:浙江大学,2007.

7. 刘刚. 农村城镇化的动力机制及路径选择研究[D]. 天津:天津大学,2008.

8. 王淑敏. 中学生人际压力及其应对策略特点的研究[D]. 重庆:西南大学,2004.

9. 吴碧波. 中国农村就地城镇化模式选择研究[D]. 北京:中央财经大学,2016.

10. 吴欢欢. 乡村社区公共空间的重建与社区认同——以广西百色右江区濑浩屯为例[D]. 南宁:广西民族大学,2010.

11. 吴江. 重庆新型城镇化推进路径研究[D]. 重庆:西南大学,2010.

12. 夏晓丽. 城市社区治理中的公民参与问题研究[D]. 济南:山东大学,2011.

13. 袁中金. 中国小城镇发展战略研究[D]. 上海:华东师范大学,2006.

14. 张岩. 区域一体化背景下的长江三角洲地区城镇化发展机制与路径研究[D]. 上海:华东师范大学,2012.

15. 赵锦玉. 吉林省小城镇人口集聚研究[D]. 长春:吉林大学,2016.

16. 郑力. 镇村体系下小城镇功能结构研究[D]. 郑州:河南农业大学,2010.

英文图书

1. Losch. The economics of location[M]. City of New Haven:Yale University Press,1940.

2. Bell C, Newby H. The Sociology of Community:A Selection of Readings[M]. London: Frank Cass and Company, 1974.

3. Blau, Peter M,ODDuncan. The American Occupational Structure[M]. New York: Wiley,1976.

4. Bourdieu P. The Forms of Capital, in Richardson, J. G. eds, Handbook of Theory and Research in the Sociology of Education[M]. New York: Greenwood Press,1986.

5. Bryan S,Turner. Outline of a general theory of cultural citizenship[M]. New York : Routledge ,1994.

6. Campbell A,Converse PE , Rodgers WL. The Quality of American Life: Perceptions, Evaluations and Satisfactions[M]. New York: Russell Sage,1976.

7. Christopher Wilson. The Dictionary of De-mography [M]. Oxford: Basil Blackwell Ltd. ,1986.

8. Coale AJ, Hoover EM. Population growth and economic development in low – income countries: a case study of India's prospects[M]. Princeton:Princeton University Press, 1958.

9. Coleman. Foundations of Social Theory [M]. Cambridge: Harvard University Press,

1990.

10. David Clark. Urban World/Global City[M]. London:Psychology Press,2003.

11. David Harvey. Social Justice and the City[M]. Baltimore:Johns Hopkins University Press,1973.

12. Day G. Community and everyday life[M]. London: Routledge,2006.

13. De Silva , Mary. System Review of the Methods Used in Studies of Social Capital and Mental Health[M]. London:Jessica Kingsley Publisher,2006.

14. Dorothy J, Solinger. Contesting Citizenship in Urban China: Peasant Migrants, The State, and the logic of the market[M]. Berkeley: University of California press. 1999.

15. Dunlop, John T. Industrial Relations Systems[M]. Boston: Harvard Business School Press, 1993.

16. EW Burgess. The Urban Community: Selected Papers from the Proceedings of the American Sociological Society[M]. London:Greenwood Press, 1925.

17. Elder Jr GH. Children of the Great Depression: Social change in life experience[M]. Boulder:Westview Press, 1999.

18. F Perrous, Benjamin Higgins, Donald J Savoie. The Pole of Development's New Places in a General Theory of Economic Activity[M]. London:Unwin Hyman Ltd. Press,1988.

19. F Tönnies. Community and Society[M]. London:Dover Publications, 1887.

20. Fisher C S. The Urban Expetience [M]. New York: Harcourt Brace Jovanovich, 1984.

21. Fornäs J. Cultural Theory and Late Modernity[M]. California:Sage Publications,1995.

22. Francis Fukuyama. Trust[M]. London :Hamish Hamilton ,1995.

23. Giulianotti R, Robertson R. Glocalization[M]. Manhattan:John Wiley & SonsInc, 2012.

24. Glenn H Bayer. Housing and Society[M]. London :The Macmillan Company Collier - Macmillan Limited,1965.

25. Gurr TK. Why Men Rebel[M]. Princeton:Princeton University Press,1970.

26. Hagerstrand T. Innovation Diffusion as a Spatial Process[M]. Chicago:University of Chicago Press , 1968.

27. Halpern D. Social Capital[M]. Cambridge: Polity Press, 2005.

28. Hogg MA, Abrams D. Social Identification: A Social Psychology of Intergroup Rela-

tions and Group Processes[M]. London: Routledge, 1988.

29. Howard E, Hall, Sir Peter, Hardy, Dennis. Tomorrow: A Peaceful Path to Real Reform[M]. London: Routledge, 2003.

30. Hoyt H. The Structure and Growth of Residential Neighbourhoods in American Cities [M]. Washington: Federal Housing Administration, 1939.

31. Hugh Davis Graham, Ted Robert Gurr. The history of violence in America: historical and comparative perspectives[M]. New York: F. A. Praeger, 1969.

32. J Kooiman. Governance and Governability: Vsing Complexity. Dynamics and Diversity [M]. London: Sage, 1993.

33. James W. The principles of psychology [M]. Beijing: China Social Sciences Publishing House, 1999.

34. Jenkins, Richard. Social Identity[M]. London: Routledge, 1996.

35. Jhon P Burns, Political Participation in Rural China[M]. California: University of California Press, 1988.

36. John Friedmann. Urbanization, Planning and National Development [M]. Honolulu: University of Hawail Press, 1991.

37. Keith Popple. Analysing Community Work: Theory and Practice [M]. Sydney: Abbey's, 2015.

38. Kornblum M. Blue Collar Community[M]. Chicago: University of Chicago Press, 1974.

39. Kramsch C. Language and culture. [M]. Shanghai: Shanghai Foreign Language Education Press, 2000.

40. Kroeber AL. Anthropology[M]. New York: Holt, 1923.

41. Lefebvre, Henri. The Survival of Capitalism: Reproduction of the relations of Production [M]. London: Allison & Busby, 1976.

42. LinN. Social Capital: A Theory of Social Structure and Action[M]. Cambridge: Cambridge University Press, 2001.

43. Loewenber F M . Fundamentals of Social Intervention[M]. New York: Columbia Press, 1977.

44. Lowry, Ira S. Migration and Metropolitan Growth: two analytical models[M]. San Francisco: Chandler Pub. Co., 1966.

45. Melucci, Alberto. Nomads of the Present [M]. Philadelphia: Temple University Press. 1989.

46. Park R E. The City: Suggestion for Investigation of Human Behavior in the Urban Environment[M]. New York: Appleton – Century – Crofts, 1916.

47. Parsons T. Social System[M]. New York: Free Press, 1951.

48. Pierre Bourdieu, Loic Wacquant. Invitation to Reflexive Sociology[M]. Chicago: University of Chicago Press, 1992.

49. Polanyi, Karl. The Great Transformation: The Political and Economic Origins of Our Time[M]. Boston: Beacon Press, 1957.

50. Portes A, R Rumbaut. Immigrant America: A Portrait[M]. California: University of California Press, 1996.

51. Putnam R. Making Democracy Work: Civic Traditions in Modern Italy[M]. Princeton: Princeton University Press, 1993.

52. Ray M Northam. Urban geography[M]. New York : Wiley, 1975.

53. Rex J. Moore R. Race, Community and Conflict [M]. New York: Oxford University Press, 1967.

54. Richmond, Mary. Social Diagnosis[M]. New York: Free Press, 1917.

55. Saskia Sassen. The Global City: New York, London, Tokyo[M]. Princeton: Princeton University Press, 1991.

56. Scott, James. Weapons of the weak: Everyday Forms of Peasant Resistance[M]. New Haven and London: Yale University Press, 1985.

57. Sennett R. The Psychology of society : an anthology[M]. New York: Vintage Books, 1977.

58. Shaffer, Ron, Steve Deller, Dave Marcouiller. Community Economics 2nd ed. [M]. Iowa: Blackwell Publishing, 2004,

59. Siporin, Mas. Introduction to Social Work Practice[M]. New York: Macmillan, 1975.

60. Stren. R, Yeng YM. Urban Research in Developing Countries: Towards an agenda for the 1990s[M]. Hong Kong: Hong Kong Institute of Asia – Pacific Studies, 1994.

61. Sturt M. The Psychology of Time[M]. London: Kegan Paul, Trench, Trubner & Co., Ltd., 2014.

62. Talcott Parsons. Societies : Evolutionary and Comparative Perspectives[M]. Engle-

wood Cliffs: Prentice – Hall, 1966.

63. Tonnies F. Community and society[M]. London: Dover Publications, 1887.

64. Verba S, Schlozman K L, Brady H. Voice and Equality: Civic Voluntarism in American Politics[M]. Cambridge:Harvard University Press,1995.

65. Ashforth, Blake E. Role Transitions in Organizational Life:An Identity – Based Perspective[M]. Mahwah:Lawrence Erlbaum Associates,Inc,2000.

66. WhyteMK. One country, two societies : rural – urban inequality in contemporary China. [M]. Massachusetts: Harvard University Press,2010.

67. Willis P. Learning to Labor: How Working Class Kids Get Working Class Jobs[M]. New York: Columbia University Press,1977.

68. Yin Yue. Attained social position and personality among rural migrants to urban China. [M]. Baltimore:Johns Hopkins University,2012.

69. Granovetter MS. The Strength of Weak Ties[M]. London: Sage Publications Inc, 1973.

英文期刊

1. Abigail M,York ,Milan Shrestha,et al. Land fragmentation under rapid urbanization: A cross – site analysis of Southwestern citie[J]. Urban Ecosyst, 2011(14): 429 – 455.

2. Barlow KE ,Jones G . Function of Pipistrelle social calls: field data and a playback experiment[J]. Animal Behaviour,1997,53(5):991 – 999.

3. Kline J, Azuma DL,Alig RJ. Population growth, urban expansion, and private forestry in Western Oregon[J]. Forest Science ,2004,50(1):33 – 43.

4. Peter T,Knight, Mantz Yorke. Employability: judging and communicating achievements [J]. The Higher Education Academy, 2006(1).

5. Verkuyten M. Dual identity and immigrants protest against discrimination: The moderating role of diversity ideologies[J]. Group Processes & Intergroup Relations, 2016(6): 924 – 934.

6. Wang Z, Zhan F, Wu F. Intergroup neighbouring in urban china: implications for the social integration of migrants[J]. Urban Studies,2016,53(4):651 – 668.

7. Ye Li ,Meng Qin. Study on urbanization process evaluation and provincial urbanization process evaluation[J]. Grey Systems,2014(8):18.

8. Alberti M,Marzluff JM. Ecological resilience in urban ecosystems: linking urban pat-

terns to human and ecological functions[J]. Urban Ecosyst,2004,7:241 -265.

9. Anneleen Forrier, LucSels. The Concept Employability:A Complex Mosaic[J]. International Journal of Human Resources Development and Management,2003(2):102 -124.

10. Arne Kalleberg,Aage Sorensen. The Sociology of Labor Markets[J]. Annual Review of Sociology, 1979(5):351 -379.

11. Azam M, Chin A, Prakash N. The Returns to English - Language Skills in India[D]. Cream Discussion Paper, 2013,

12. Beal DJ,et al. Episodic processes in emotional labor:perceptions of affective delivery and regulation strategies[J]. Journal of Applied Psychology, 2006, 91(5):1053.

13. Berliant M, Kung FC . Bifurcations in regional migration dynamics[J]. Mpra Paper, 2009, 39(6):714 -720.

14. Bernardo F, Palma - Oliveira JM. Urban neighbourhoods and intergroup relations: the importance of place identity[J]. Journal of Environmental Psychology, 2016(45):239 -251.

15. Betty L. Baer, Ronald Federico. Educating the Baccalaureate Social Worker. Report of the Undergraduate Social Work Curriculum Development Project[J]. Social Service Review, 1978, 53(4):249.

16. Bian, Yanjie. Bring Strong Ties Back In: Indirect Connection, Bridge, and Job Search in China[J]. American Sociological Review,1997(62):366 -385.

17. Biddle N. The Relationship between Community and Individual Measures of Wellbeing: comparisons by remoteness for Indigenous Australians[J]. Australian Geographer, 2014, 45(1):53 -69.

18. Borjas G. Self - Selection and the Earnings of Immigrants[J]. American Economic Review, 1987(77):531 -553.

19. Brockmann H , Delhey J , Welzel C , et al. The China Puzzle: Falling Happiness in a Rising Economy[J]. Journal of Happiness Studies, 2009, 10(4):387 -405.

20. Brown E. Immigrant Bodily Incorporation: How the Physical Body Structures Identity, Mobility, and Transnationalism[J]. Social Problems, 2017,64(1):1028.

21. Burke PJ, Stets JE. The Development of Identity Theory[J]. Advances in Group Processes,2014(31):57 -97.

22. Camagni R, Gibelli MC, Rigamonti P. Urban mobility and urban form: the social and environmental costs of different patterns of urban expansion[J]. Ecol Econ, 2002 (4):

199 -216.

23. Carsjens GJ, van der Knapp W. Strategic land - use allocation: dealing with spatial relationships and fragmentation of agriculture[J]. Landscape and Urban Planning, 2002(58): 171 - 179.

24. Casale D, Posel D. English language proficiency and earnings in a developing country: The case of South Africa[J]. Journal of Socio - Economics, 2011(40):181.

25. Clark JK, McChesney R Munroe, DK IEG. Spatial characteristics of exurban settlement pattern in the United States[J]. Landscape Urban Plan. 2009(90):178 - 188.

26. Cohen E A. phenomenology of tourist experience[J]. Sociology, 1979, 13(2):179 - 201.

27. Cohen B. Urbanization in developing countries: Current trends, future projections, and key challenges for sustainability committee on Population [J]. Technology in Society, 2006, 28 (10):63 - 80.

28. Dale V, Archer S, Chang M, Ojima D. Ecological impacts and mitigation strategies for rural land management[J]. Ecol Appl, 2005, 15(12):187 - 1892.

29. Davis JL, Love TP. The Effect of Status on Identity Stability[J]. Sociological Perspectives, 2016, 60(3):497 - 509.

30. Deleon RE, Naff KC. Identity Politics and Local Political Culture: Some Comparative Results from the Social Capital Benchmark Survey[J]. Urban Affairs Review 2004, 39(6): 689 - 719.

31. Deller SC, Tsai T, Marcouiller DW, English DBK. The role of amenities and quality - of - life in rural economic growth[J]. Am J Agr Econ, 2001, 83(6):352 - 365.

32. Dennis A. Rondinelli. Asian urban development policies in the 1990s: From growth-control to urban diffusion[J]. World Development, 1991(19):791 - 803.

33. Downs A. How America's cities are growing: the big picture[J]. Brookings Rev. 1998(16):8 - 12.

34. Dr. Biswajit Das, Tushar Dash. Sustainable Urbanization and Housing Infrastructure: An observation[J]. Social Science International, 2014(2):409 - 416.

35. Eisinger PK. The conditions of protest Behavior in American cities [J]. The American political Science Review, 1973(1):11 - 28.

36. Emmons RA, King LA. Conflict among personal strivings: immediate and long - term

implications for psychological and physical well – being[J]. Journal of Personality & Social Psychology, 1988,54(6):104 – 108.

37. Ersoy, Melih. Integration of migrants into the urban residential setting of Ankara[J]. Ekistics,1992(59):136 – 145.

38. Fugate M,Kinicki AJ,Ashforth BE . Employability: A psycho – social construct, its dimensions, and applications[J]. Journal of Vocational Behavior, 2003(65):1.

39. Gerd Bohner ,Nina Dickel. Attitudes and attitude change[J]. Annual Review of Psychology,2011,62(1):391 –417.

40. Ghulam Yasin, Sumaira Sattar. Rapid Urbanization as a Source of Social and Ecological Decay: A Case of Multan City, Pakistan[J]. Asian Social Science, 2012(4):180 – 189.

41. Granovetter. Economic Action and Social Structure: The Problem of Embeddedness [J]. American Journal of Sociology,1985(6):481 –493.

42. Grimm NB, Foster D, Groffman P,et al. The changing landscape: ecosystem responses to urbanization and pollution across climatic and societal gradients[J]. Front Ecol Envrio, 2008(6):264 –272.

43. Gusfield JR. Community: a critical response[J]. Contemporary Sociology, 1975, 5 (6):826.

44. Haller William,Portes Alejandro,Lynch Scott M. Dreams Fulfilled,Dreams Shattered: Determinants of Segmented Assimilation in the Second Generation[J]. Social Forces, 2011,89 (3):733 –762.

45. Harpham T, Grant E,Thomas E. Measuring social capital within health surveys: Key issues[J]. Health Policy and Planning, 2002(171):106 – 111.

46. Harrie AA,Verbon, Lex Meijdam . Too many migrants, too few services – a model of decision – making on immigration and integration with cultural distance[J]. Popul Econ,2008 (21):665 –677.

47. Harvey D. Labor, capital and class struggle around the built environment in advanced capitalist societies[J]. Politics & Society,1976(63):265 –295.

48. Harvey D. The urban process under capitalism: a framework for analysis [J]. International Journal of Urban & Regional Research,1978,21(4):101 – 131.

49. Hays RA. Unfair Housing: How National Policy Shapes Community Action[J]. Perspective on Politics, 2003, 20(2):602 –603.

50. Hillery GA. Definitions of community: areas of agreement, Rural Sociol[J]. 1955 (20): 111 - 123.

51. Hogg MA, Abrams D, Brewer MB. Social identity: the role of self in group processes and intergroup relations[J]. Group Processes & Intergroup Relations, 2017(10):108 - 115.

52. Hogg MA, Meehan C, Farquharson J. The solace of radicalism: self - uncertainty and group identification in the face of threat[J]. Journal of Experimental Social Psychology ,2010 (10):1105 - 1135.

53. Huang Y, Jiang L. Housing Inequality in Transitional Beijing[J]. International Journal of Urban & Regional Research,2009,334(5):936 - 956.

54. Ian Scoones. Livelihoods Perspectives and Rural Development[J]. The Journal of Peasant Studies,2009(36):171 - 196.

55. Jean S, San Giovanni. Ex - Nuns. A Study of Emergent Role Passage[J]. Pakistan Journal of Biological Sciences, 1981, 12(19):1330 - 1333.

56. Joonha Park, Mohsen Joshanloo, Heinz Scheifinger. Predictors of life satisfaction in a large nationally representative Japanese sample[J]. Social Science Research, 2019 (82): 45 - 58.

57. Jorge Ginieniewicz. Identity Politics and Political Representation of Immigrants: The Perceptions of Latin Americans in Toronto[J]. Journal of Immigrant & Refugee Studies, 2010, 83(4):261 - 283.

58. Knippenberg AV. Social identifications: a social psychology of intergroup relations and group processes[J]. British Journal of Social Psychology, 1991, 30(3):271 - 272.

59. Krugman Paul. Increasing Returns and Economic Geography[J]. Journal of Political Economy, 1991, 99(3):483 - 499.

60. Lawler S. Identity: sociological perspectives[J]. Sociological Perspectives, 2008(50): 150 - 159.

61. Legault L, Weinstein N, Mitchell J, et al. Owning Up to Negative Ingroup Traits: How Personal Autonomy Promotes the Integration of Group Identity[J]. Journal of Personality, 2017(10):687 - 701.

62. Lewis WA. Economic development with unlimited supplies of labor[J]. Manchester School of Economics and Social Studies, 1954, 222(4):139 - 191.

63. Li B, Zhang Y. Housing Provision for Rural - Urban Migrant Workers in Chinese Cit-

ies: The Roles of the State, Employers and the Market[J]. Social Policy & Administration, 2011,456(3):694 - 713.

64. Li Lianjiang, Kevin O Brien. Villagers and Popular Resistance in Contemporary China [J]. Modern China, 1996(12):224.

65. Lilius J M. Recovery at Work: Understanding the Restorative Side of "Depleting" Client Interactions[J]. Academy of Management Review, 2012, 37(4):569 - 588.

66. Lin D, Li X, et al. Discrimination, perceived social inequity, and mental health among rural - to - urban migrants in China[J]. Community Mental Health Journal, 2011, 47 (1):171 - 180.

67. Malhotra KB. Sustainable Urbanisation with Compact Cities[J]. Indian Management, 2014, 53(2):31 - 34.

68. Manzoor MM, Rabia E, Raghib N. Socio - economic status and modern values with the impact of internal and international migration in a transitional economy of Pakistan[J]. European Journal of Social Sciences, 2010(2):243 - 256.

69. McCarthy, John D, Mayer Zald. Resource Mobilization and Social Movements: A Partial Theory[J]. American Journal of Sociology, 1977, 82(6):1212 - 1241.

70. Mcelwee G, Smith R, Somerville P. Conceptualising animation in rural communities: the Village SOS case[J]. Entrepreneurship & Regional Development, 2018(30):1 - 26.

71. Mcmillan DW, Chavis DM. Sense of community: A definition and theory[J]. Journal of Community Psychology, 1986, 14(1):6 - 23.

72. Mel Fugate, Angelo J, Kinicki, Blake E. Employability: A Psycho - Social Construct, Its Dimensions and Applications[J]. Journal of Vocational Behavior, 2004, 65(1):14 - 38.

73. Mieszkowski P, Mills ES . The causes of metropolitan suburbanization[J]. J Econ Percept, 1993(7):135 - 147.

74. Mohammed S, Angell LC. Surface - and deep - level diversity in workgroups: examining the moderating effects of team orientation and team process on relationship conflict[J]. Journal of Organizational Behavior, 2004, 25(8): 1015 - 1039.

75. Narayan D, Cassidy MF. A Dimensional Approach to Measuring Social Capital: Development and Validation of a Social Capital Inventory[J]. Current Sociology, 2001 (49): 59 - 102.

76. Ong, Lynette H. State - Led Urbanization in China: Skyscrapers, Land Revenue and

"Concentrated Villages"[J] . The China Quarterly,2014(217): 162 – 179.

77. Orsetta Causa, SÈbastien Jean . Integration of Immigrants in OECD Countries: Do Policies Matter? [J]OECD Economics Department Working Papers, 2007(24): 1 – 33.

78. Parkinson J, Tayler K. Decentralized wastewater management in peri – urban areas in low – income countries[J]. Journal of Environment and Urbanization, 2003(1): 15 – 75.

79. Paxton P. Is Social Capital Declining in the United States? A Multiple Indicator Assessment[J]. American Journal of Sociology, 1999,51(10):88 – 127.

80. Peter A, Kemp, Margaret Keoghan. Movement Into and Out of the Private Rental Sector in England[J]. Housing Studies,2001(1):21 – 37.

81. Peter A. Kemp. Low – income Tenants in the Private Rental Housing Market[J]. Housing Studies,2011(7 – 8): 1019 – 1034.

82. Pratt G. Why Canadian homeowners are more conservative than tenants[J]. Urban Geography,1986(73):187 – 209.

83. Pronovost G. Time in Sociological Historical Perspective[J]. International Social Science Journal,1986(2):5 – 18.

84. Putnam R. Bowling Alone: America' s Declining Social Capital in America[J]. Journal of Democracy,1995,6(1):65 – 78.

85. Qing Jingwei ,Zhou Ling. Paths for New Urbanization in Chongqing, China: Study on Overall Design and Strategic Framework[J]. Canadian Social Science,2013(5):22 – 30.

86. Rex J. The Concept of Housing Class and the Sociology of Race Relations[J]. Race & Class,1971,12(3):293 – 301.

87. Rickenbach MG, Gobster PH. Stakeholders' perceptions of parcelization in Wisconsin's northwoods[J]. Forestry , 2004(9):18 – 23.

88. Rios A, Cascales P, Martinez L. Emigration from the British isles to southeastern Spain: A study of attitudes toward organ donation[J]. American Journal of Transplantation 7 , 2007(8):156 – 178.

89. Rubin M, Milanov M, Paolini S. Uncovering the diverse cultural bases of social identity: ingroup ties predict self – stereotyping among individualists but not among collectivists[J]. Asian Journal of Social Psychology,2016,19(3):225 – 234.

90. Rudolf R. Work Shorter, Be Happier? Longitudinal Evidence from the Korean Five – Day Working Policy[J]. Journal of Happiness Studies,2014,15(5):1139 – 1163.

91. Sabatini F. Social Capital as Social Networks: A New Framework for Measurement and an Empirical Analysis of Its Determinants and Consequences[J]. The Journal of Socio - economics,2009(38):429 - 442.

92. Saunders P. Social Theory and the Urban Question[J]. New York :Holmes & Meier Pub,1986(1):368 - 369.

93. Schneider A,Woodcock CE. Compact, dispersed, fragmented, extensive? A comparison of urban growth in twenty - five global cities using remotely sensed data[J]. Pattern metrics and Census Information, 2008(45):659 - 692.

94. ShiYuanyuan,JianningDang,Wenwen Zheng,Li Liu. Dual Identity and Prejudice: The Moderating Role of Group Boundary Permeability[J]. Frontiers in Psychology. 2017,195(8): 223 - 256.

95. Shuya Zhang ,Guoliang Luo. China's Migrant Workers: How Far from Being Citizens?[J]. Asian Social Science, 2013(9):171 - 178.

96. Solinger,Dorothy J. Citizenship Issues in China's Internal Migration: Comparisons with Germany and Japan[J]. Political Science Quarterly,1999,114(3):455 - 478.

97. Spilerman S, Habib J. Development Towns in Israel: The Role of Community in Creating Ethnic Disparities in Labor Force Characteristics[J]. American Journal of Sociology, 1976, 81(4):781 - 812.

98. Stryker S,Burke PJ. The past, present, and future of an identity theory[J]. Social Psychology Quarterly ,2000,3(4):284.

99. Swedberg R. New Economic Sociology: What Has Been Accomplished, What Is Ahead? [J]. Acta Sociological, 1997, 40(2):161 - 182.

100. Tajfel H,Turner JC. The social identity theory of intergroup behavior[J]. Political Psychology,2004(5):276 - 293.

101. Tajfel H. Differentiation between social groups: studies in the social psychology of intergroup relations[J]. American Journal of Sociology,1978(86):332 - 345.

102. Verberg N. Homeownership and Politics: Testing the Political Incorporation Thesis [J]. Canadian Journal of Sociology,2000(252):169 - 195.

103. Walker RT, Solecki WD,Harwell C. Land use dynamics and ecological transition: the case of South Florida[J]. Urban Ecosyst, 1997(1):37 - 47.

104. Wang Y,Moskovits DK. Tracking fragmentation of natural communities and changes

in land cover: applications of Landsat data for conservation in an urban landscape Chicago Wilderness[J]. Conserv Biol, 2001(154):835 - 843.

105. WANG Zhizhang ,LI Mengzhu,HE Cuicui. Inclusive Innovation Path Design of the New - Type Urbanization Development in Multiple - Block - Joint Impoverished Regions[J]. Studies in Sociology of Science,2014(51):12 - 19.

106. Wellman B. The Community Question: The Intimate Networks of Last Yorkers[J]. American Journal of Sociology,1979(84):896 - 923.

107. Winter I. Home ownership and political activism: An interpretative approach[J]. Housing Studies, 2007(54):273 - 285.

108. Yinon Cohen. Self - Selection and Earnings Assimilation : Immigrants from the former soviet union in israel and the united states[J]. Demography, 2007,44(3):649 - 668.

109. Yong JC. East Asian Low Marriage and Birth Rates: The Role of Social Status Affordance in Marriage and Childbearing Behavior[J]. Personality and Individual Differences, 2014,141(4):127 - 132.

110. York AM,Munroe DK. Urban encroachment into agricultural and forested landscapes in southern Indiana, USA[J]. Land Use Policy, 2010,272(8):471 - 479.

后　记

纵观历史，中国共产党成立一百年来，党带领全国各族人民，不断消解城乡二元结构，突破乡村发展的体制机制障碍，持续推动农村农业改革。尤其是迈入21世纪以来，我国先后实施脱贫攻坚战略和乡村振兴战略，进一步释放农村生产力，实现城乡统筹发展，真正走出了一条具有中国特色的社会主义农村农业发展改革之路，奠定了农村现代化的丰厚基础。党的二十大报告指出："推进以人为核心的新型城镇化"。坚持以创新、协调、绿色、开放、共享的发展理念为引领，以人的城镇化为核心，继续凝心聚力抓落实、蹄疾步稳往前走，才能让新型城镇化建设站在新起点、取得新发展。

中国新型城镇化促使人与空间均发生根本性变动。一方面，人因为新型城镇化或积极主动或消极被动地"市民化"；另一方面，新型城市化使城市空间越来越成为"增长机器"，向四周迅速扩张。城市拓展使传统农村空间性质发生转换，附着其上的价值发生根本性变化。我们知道，城市空间发展的表征有很多，而居住空间的变动以及变动后的结构动态，则最具有政治、经济、社会等多重含义。因此，人口城镇化的中国战略是以促进城乡协调发展、居民生活幸福、社会和谐有序为基准的，且其实践效果是丰富多样的。

此外，本书是课题组成员共同努力的成果。笔者指导的几名博士生为相关章节资料的收集与文字的撰写作了重要贡献，具体为（按章节顺序排列）：黄改，现为中南大学马克思主义学院讲师，主要关注农村社区治理等相关议题（第二章、第三章）；曾东霞，现为湖南科技大学副教授，主要关注失地青年的社会融入与就业创业等相关议题（第六章、第七章）；汤秋芬，现为中南大学马克思主义学院讲师，主要关注失地农民等相关议题（第八章、第九章、第十八章、第十九章）；张贵生，现为清华大学社会学系助理研究员，主要关注城市社会学和移民融合等相关议题（第十一章、第十四章、第十七章）；刘海云，中南大学社会学系在读博士生，湖南女子学院社会发展与管理学院讲师，主要关注社区社会资本等相关议题（第十五章）。同时，由衷感谢中国社会出版社曲丽媛编辑的辛勤努力。